普通高等教育国家级规划教材系列

“九五”规划高等学校法学教材

法医学

Medical Jurisprudence

第二版

主编 陈世贤

副主编 庄明洁 万立华

撰稿人（以撰写章节先后为序） 陈世贤 庄明洁 刘晓维 谢仁福 闵建雄 万立华 吴军 崔家贵 叶健

法律出版社

始创于1954年

www.lawpress.com.cn

好书，同好老师和好学生分享

图书在版编目(CIP)数据

法医学/陈世贤主编．--2版．--北京:法律出版社，2005.9(2020.1重印)
普通高等教育国家级规划教材系列
ISBN 978-7-5036-5859-4

Ⅰ.法… Ⅱ.陈… Ⅲ.法医学—高等学校—教材 Ⅳ.D919

中国版本图书馆CIP数据核字(2005)第108277号

法医学(第二版)
FAYIXUE (DI-ER BAN)

陈世贤 主编

策划编辑 陈 慧
责任编辑 陈 慧
装帧设计 乔智炜

编辑统筹 法律教育出版分社
出版 法律出版社
开本 720毫米×960毫米 1/16
总发行 中国法律图书有限公司
印张 19.5
经销 新华书店
字数 397千
印刷 固安华明印业有限公司
版本 2005年10月第2版
责任印制 沙 磊
印次 2020年1月第10次印刷

法律出版社/北京市丰台区莲花池西里7号(100073)
网址/www.lawpress.com.cn
投稿邮箱/info@lawpress.com.cn
举报维权邮箱/jbwq@lawpress.com.cn
销售热线/400-660-8393
咨询电话/010-63939796

中国法律图书有限公司/北京市丰台区莲花池西里7号(100073)
全国各地中法图分、子公司销售电话:
统一销售客服/400-660-8393/6393
第一法律书店/010-83938432/8433 西安分公司/029-85330678 重庆分公司/023-67453036
上海分公司/021-62071639/1636 深圳分公司/0755-83072995

书号:ISBN 978-7-5036-5859-4 **定价:**29.00元

出版说明

法律出版社是中国历史最悠久的法律专业出版社，与国际出版同仁论剑，本社之专业出版品牌亦广受肯定。

本社素来注重法学教材出版。从20世纪50年代中国法学教材建设的起步，到20世纪70年代末中国法学教材的复兴，法律出版社均走在前列。1949年以来，我国第一部法理学、宪法、中国法律思想史、外国法制史、刑法、民法、民事诉讼法、国际法、国际私法、国际经济法教材，均出自法律出版社。

从20世纪80年代到90年代，再到21世纪，本社对于法学教材的出版更投入移山心力。而本社与权威法学家合作，渊源有自。作者中有法学宿耋，有中年英士，有青年才俊，均来自杰出法学学府与研究机构。本社教材，正旨在秉继法学先辈之思想财富，与新一代法律人分享。

自我国建设国家级教材以来，本社延揽名家，于此多有收获。从更早的国家级规划教材，到"九五"、"十五"，再到2006年评定的"十一五"国家级规划教材，法律出版社之法学类国家级教材，积累已多，忝居诸社首列。为整体性展现这批品质教材，本社乃以"普通高等教育国家级规划教材系列"为题，统一推出。

"好书，同好老师和好学生分享"，本社愿与法律共同体诸同仁，与中国法学与法律实践的学习者和建设者一起，分享好书，分享智识，分享法治进程中的点点滴滴。

法律出版社

第二版说明

为适应高等学校法学专业深化教学改革的需要，我们邀请部分教授、专家编写了这本《法医学》。该书以邓小平同志建设有中国特色的社会主义理论为指导，贯彻党的十四大精神，编写时力求完整、准确地阐述法医学的基本概念、基本原理和基本知识，努力做到科学性、系统性和实用性相统一。

尽管作者力求编写高质量和高水平的法学教材，但不足之处在所难免，尚祈广大读者批评指正，以便再版时修订。

本书由陈世贤任主编，庄明洁、万立华任副主编，全书由正、副主编统稿、定稿。

各章撰稿人分别为：

陈世贤　第一章第一、二节，第九章

庄明洁　第一章第三节，第三章第二、三、四、五节

刘晓维　第三章第一、六节，附录图片的收集、制作加工

谢仁福　第二、五章

闵建雄　第四章第一、二、三、五节，第七章

万立华　第四章第四节，第六、八章

吴　军　第十章第一、二、三、四节，第十二章

崔家贵　第十章第五节，第十一章

叶　健　第十章第三节

责任编辑　谭柏平

编者

2005 年 7 月

作者简介

陈世贤 教授，主任法医师，国家专业技术一级警监，公安部特聘刑侦专家，国务院特殊津贴获得者。

庄明洁 北京人民警察学院教授，国家专业技术一级警监，国务院特殊津贴获得者。

万立华 教授，主任法医师，重庆医科大学副校长。

谢仁福 西南政法大学教授。

闵建雄 医学博士，主任法医师，国家专业技术三级警监，公安部特聘刑侦专家，公安部物证鉴定中心病理损伤室主任。

吴　军 研究员。

崔家贵 主任法医师。

刘晓维 北京市公安局法医检验中心副主任法医师，北京市公安局特聘刑侦专家。

叶　健 主任法医师，国家专业技术二级警监，国务院特殊津贴获得者。

目　录

第一章 绪 论

第一节 法医学概述

一、法医学的概念

法医学(legal medicine,forensic medicine)主要应用医学、生物学和其他自然科学的理论和方法,研究尸体、活体及人的组织、体液斑等,以解决法律上有关问题的一门应用科学。它植根于医学,是社会医学的重要组成部分;又服务于法律,是法学的一个分支——鉴定科学。因此,法医学是联结医学与法学的一门交叉科学。

近代法医学分为基础法医学和应用法医学。前者注重研究法医学的原理和基础,如对与法律有关的伤病、死亡的成因机制、表现形式及发展过程的研究,对血型及其他遗传标记的研究等。后者注重研究法医学的应用,包括:司法上的应用,如对杀人、强奸、投毒、伤害、交通事故、亲子鉴定等案件的鉴定,为侦查、审判提供线索和证据;立法上的应用,如制定轻伤、重伤鉴定标准,法医精神病鉴定规范和标准以及医疗纠纷、剧毒药物管理、人身保险赔偿原则等涉及法医学的法规、条例;行政上的应用,主要是通过尸检与解剖发现传染病予以适当处理,并及早发现食物中毒、药物中毒加以预防和治疗。此外,医师职责制度的建立以及医学伦理学的产生也都有赖于法医学的参与。

法医学的产生和发展与法学、医药学和其他自然科学的成就密切相关。自从人类历史上出现阶级社会之后,最初的法律制定和法律实施中已经运用了朴素的医学知识。随着法律的需求和医药科学的发展,才逐渐形成较为完整的法医科学。现代健全的法律制度和科学技术的突飞猛进,给古老的法医学带来了巨大的发展,如应用病理学和生理学的理论和技术研究死因;应用体质人类学的理论与技术和计算机技术,确定个体的(包括骨骼)性别、年龄、身高、面貌特征,进行个人识别;借助分子生物学、免疫血清学和细胞遗传学的理论和技术,解决人体组织和体液(斑)的性别、遗传类型直至某个个体的认定;应用现代仪器分析技术、免疫化学技术等解决各种毒物的检验;等等。由于司法实践不断向法医工作者提出新的课题,法医学内容愈来愈丰富,需要开拓的领域愈来愈多,逐渐向分科发展,于是先后出现:法医病理学、法医血清学、法医毒理学、法医化学、法医损伤学、法医人类学、法医牙科学、法医临床学、法医精神病学、法医遗传学、法医放射学、法医昆虫学以及法医伦理学等。

二、法医学的研究对象和内容

法医学的研究对象是根据法律需要进行专门技术鉴定的尸体、活体(人身)、物证、文证和现场。

尸体是法医工作中最重要的对象之一,检验尸体主要是为了确定死亡的原因和性质,判明暴力死(他杀、自杀、灾害)或非暴力死(病死、衰老死),确定暴力作用方式、致伤凶器,推断死亡时间和受伤时间。对于无名尸体尚需做个人识别。

活体检查包括检查被害人、被告人或当事人的生理状态和病理状态。主要有判断损伤性质、程度及致伤方式,确定损伤与疾病的关系,劳动力丧失程度;鉴定性机能状态和性犯罪;检查诊断诈病及造作病、造作伤;鉴定精神状态和责任能力;进行个人识别(确定性别、年龄及其他个体特征)和亲子鉴定。

法医学所研究的物证是指人体组织器官,人体的分泌物、排泄物、肤纹(指纹、掌纹、唇纹等),食物、药物、毒物、烟头、凶器、衣着及其他物品上留下的与人有关的斑迹。物证检验包括血液、体液及其斑迹的定性、种属、型属、性别、出血部位、DNA 的检验和毒物的定性、定量检验等。

文证(书证)是指对案件有证明意义的文字、图表、资料,包括病历、诊疗意见书、死亡诊断书、现场勘查笔录、尸体剖验报告、物证检验报告书、访问调查材料、法医学鉴定书等。法医鉴定人对文证进行审查,并按司法机关的要求,做出相应的结论。

现场即案件发生的场所。涉及人身伤亡的现场、灾害事故现场都是法医学研究的重要对象。对现场进行实地调查、检验尸体外表,发现并提取犯罪证据,称法医现场勘验。法医研究现场是为了查明死亡原因、判断死亡时间、了解死亡过程和致死手段、方法,以确定案件性质、推断致伤或致死工具、提取法医物证。

三、法医学的任务

法医学的首要任务是研究刑事诉讼案件中涉及有关医学、生物学方面的问题,为揭露犯罪事实真相提供科学证据,作为司法机关定罪的依据;为公安机关、检察机关追缉犯罪嫌疑人提供线索。

其次,是研究民事诉讼案件中涉及的有关问题,为正确处理人民内部的纠纷提供科学证据。例如各种非暴力死亡、性功能状态、亲生子问题、劳动能力丧失程度、精神状态的确定等,通过法医学鉴定,查明死亡原因、澄清性质、确定生理状态、分清是非、明确责任,供司法机关及时妥善地处理。

再次,帮助医疗机构提高医疗服务质量,促进医学科学的发展。法医学在对医疗纠纷案件的鉴定中,查明疾病和死因,确定是否为医疗事故和医疗差错,指出临床检查、诊断、治疗、护理、管理制度方面存在的问题,有关医护人员对病人的死亡或残废应负何种责任，从而使广大医务人员吸取经验教训，有助于提高医疗质量。此外，通过法医学对急死、损伤、中毒及血清学方面的研究，可以丰富医学内容，促进相关学科的发展。

最后，研究与立法有关的医学问题，为法律的制定和有关法律条文的解释提供依据。如脑死亡、脏器移植、试管婴儿、性转换术、伤害程度、刑事责任能力等与法律有关的问题，均需要法医学提供依据。

四、法医学的研究方法

研究法医学必须以辩证唯物主义为指导思想，采用先进的科学技术、严谨的科学态度、严密的工作方法，进行观察、检验、分析和综合。其研究方法有以下几种：

（一）医学的研究方法

法医学以医学为基础，其最基本的研究方法为医学的某些特殊研究方法。

1. 尸体解剖

法医学在司法鉴定实践中为了查明死亡原因、判断死亡性质、推断死亡时间，必须对一切暴力死、嫌疑暴力死、无名尸体以及涉及医疗纠纷尸体进行尸体检验。故尸体解剖是研究法医学的主要方法。

法医学尸体解剖包括尸体外表检查和尸体内部的剖验。有用肉眼直接观察方法进行研究，也有按常规方法提取尸体的器官、组织，制作组织切片，常规染色或特殊染色后，借助显微镜进行观察研究。此外，还采用现代仪器透射电子显微镜和扫描电子显微镜观察和研究超微结构的变化。有必要的还需进行细菌学、病毒学、生物化学方面的辅助检查。

2. 人身检查

法医学对伤害程度的确定，精神状态的鉴定，性功能、劳动能力的确定，性别、年龄的认定，都需要对人身进行检查。主要应用临床医学的检查方法，如体格检查，临床化验，X线、CT、磁共振检查，心电图、脑电图、脑干诱发电位检查，妇产科、男性科检查等。对医疗纠纷案件，要判断医疗过程是否正确，医护人员是否负有医疗责任，也需应用临床医学各科的知识，才能得出正确的结论。此外，一些生活反应、伤害程度、性质、愈后的变化，也需要对人身进行检查、观察和记录自然的变化情况，为制定鉴定标准提供科学依据。

3. 动物实验

法医学的各个领域都需要采用动物实验的研究方法，用人工制造的动物模型来研究损伤、病变和死因，以加深对人体各种暴力死及伤害的了解。例如，机械性损伤、机械性窒息、其他物理性（电、热等）损伤、化学性损伤（中毒）的模拟试验。某些法医血清学方面的研究，也经常采用动物实验的方法，用免疫动物制作各种抗血清更为常见。但由于人类对疾病、损伤、中毒的反应能力有生物、心理、行为和社会的特点及所生存的外部环境的多种因素所决定，故动物实验的结果不能无条件地应用于人类,多大程度上适用于人体,还要另外验证。

(二)化学的研究方法

法医学研究毒物与中毒,确定毒物的性质和用量,需要用化学的方法对毒物进行定性和定量分析。如毒物的常量或微量的化学显色反应,用分析化学方法对毒物进行精细的检验。研究鉴定法医物证,如搜查现场黑暗处的血迹,常使用鲁米诺荧光化学反应;确定检材中是否有微量血痕,常使用血色原结晶和氯化血红蛋白结晶反应等化学研究方法。

(三)物理学的研究方法

随着现代化科学技术的不断发展,物理仪器技术已广泛应用到法医学的各个领域。用X线技术检查骨折、体内异物、推断年龄、性别;用微电子技术进行人相组合、颅骨面复原和其他人体图像的自动识别;用紫外、红外线技术辨别各种物质的痕迹,显现人体深层软组织损伤;用扫描电镜研究超微结构确定生前伤和死后伤;近年来气相色谱、质谱分析,紫外、红外分光光度法,X射线衍射法,核磁共振频谱分析法已被广泛应用于毒物鉴定技术。

(四)生物学的研究方法

法医学还经常应用生物免疫学的研究方法,解决人和动物的血痕、骨骼、毛发、精斑等物证的种属和个人识别问题。例如,应用免疫血清确定是否人血、属何血型。此外,应用放射免疫测定技术对吗啡等毒物进行分析。

随着现代科学技术的不断进步,法医学亦应不断吸收最新的技术方法和科研成果来充实自己的科学领域,才能适应与犯罪手段日趋智能化、复杂化的犯罪现象作斗争的需要,才能完成历史赋予法医工作者的重大任务。

五、司法人员、律师学习法医学的意义

法医学是司法人员必备的基本知识。涉及人身伤亡案件的侦查、预审、审查、起诉、定案、审判等各个环节,都与法医学密切相关。不了解和掌握法医学知识,要查明人身伤亡案件的真相几乎是不可能的。

侦查人员对他杀、自杀、意外案件必须应用法医学知识参加现场勘查,分析死亡时间和致死手段,判断案件性质,寻找罪犯在现场上遗留的物品和痕迹。同样必须具有法医学的基本知识,才能应用法医学鉴定人所提供的技术鉴定证据和线索,确定侦查方向,缩小侦查范围,达到迅速破案的目的。

检察人员在审查案件时,亦须应用法医学知识研究公安机关的现场勘查和法医学的鉴定,审查犯罪事实是否清楚、证据是否确凿、结论是否正确。对于需要复查、复验的案件,检察人员需要掌握法医学知识,才能识别法医鉴定书的科学性,评定法医学鉴定人的结论是否正确。

审判人员在审理案件过程中,必须运用法医学知识查证定案的依据是否正确、属实,判断法医鉴定是否合乎程序、法医检验方法是否合乎科学、检验记录是否客观、结论的根据是否充分。审判过程中对当事人的口供和辩护人的辩词、证人的证言的真伪，也需运用法医学的知识和其他有关材料进行甄别。对于依法申请重新鉴定或者勘验者，审查人员需要根据法医学知识正确评价法医学鉴定书，确定是否需要重新鉴定以及遴选重新鉴定人。

法医学鉴定人必须由具有系统的医学理论和技术知识并经过法医学专业培养和训练的人员来担任。不能要求高等学校法律专业的学生具有法医鉴定能力、去执行鉴定任务，但现代的法律工作者不但应努力提高自身的政治理论水平和法律专业知识，而且还要掌握从事司法工作所必需的科学技术知识，包括与司法工作密切相关的法医学。

第二节 法医学发展简史

一、祖国法医学发展简史

我国是世界上最早出现法医学的国家。法医学的诞生和发展，与社会经济的发展、法的出现以及医学和其他自然科学的进步有着密切的关系。我国的法医学发展大体可以分为三个时期：

（一）萌芽时期

大约在公元前500年到10世纪期间。这时不仅法已经出现，而且医学已经得到一定程度的发展，在处理人命案件时，执法人员已知征求医生的意见来处理案件。如中国先秦时期就有了损伤检验，《礼记·月令》中记载："孟秋之月，……命理瞻伤、察创、视折、审断、决狱讼，必端平。"蔡邕解释说："皮曰伤，肉曰创，骨曰折，骨肉皆绝曰断。言民斗辨而不死者，当以伤、创、折、断、深浅、大小正其罪之轻重。"1975年12月湖北云梦睡虎地秦墓中发掘大批秦代竹简，大都是秦代的法律条文和治狱案例，其中与法医学关系最密切的是《封珍式》，全书约3000余字，而勘验是本书的中心内容，约占一半多，所介绍的勘验范围包括活体检验、首级检验、尸体检验、现场检验等，已经形成法医学的雏形。检验人员也有分工：令史负责活体检验、尸体检验；医生参加与疾病有关的活体检查；隶妾检查妇女下部。汉唐时期（公元前206年~公元907年）法律制度进一步完善，相应的法医检验日趋进步，提出诈死诈伤概念及其检验方法，我国最早的一部法典——《唐律》中对于不同程度的损伤提出了检验鉴定标准。汉代哲学家王充首先记载了雷击纹，说"雷，火也。……如炙处，状似文字"。三国吴末（公元253~280年）张举首次结合他杀而后焚尸的案例，用猪做动物实验，发现烧死者口内有灰，死后焚尸者口内无灰。即著名的"张举烧猪"。五代后晋高祖时（公元936~941年），和凝及其子𡸫，将汉代以来的疑难案例收集成册,名《疑狱集四卷》,论述了损伤和年龄鉴定方面的经验。

(二)形成时期

约11~19世纪,这时社会经济得到进一步发展,法制趋向健全,案件的鉴定开始有专业人员参与,开始有较系统的法医学著作出现。宋代重视检验狱案,先后有王皞《续疑狱集》、元绛《谳狱集》、无名氏《内恕录》、《结案式》等书,后来又有郑克《折狱龟鉴》、桂万荣《棠阴比事》。这个时期重要的进展是宋孝宗淳熙元年(公元1174年)印发了《验尸格目》,使狱案验尸成为官方制度。稍后(1211年)又颁布了检验正背人形图,进一步对尸检做了规范。宋理宗淳祐7年(1247年),湖南提点刑狱官宋慈(字惠文,福建建阳人,1186~1249年)在处理刑事案件中深感"事莫重于人命"、"狱情之失,多起于发端之差;定验之误,皆原于历试之浅",于是"遂博采近世所传诸书,自内恕录以下凡数家,会而粹之,厘而正之,增以己见,总为一编,名曰洗冤集录"。《洗冤集录》共五卷,内容包括检复总说、疑难杂说、初检、复检、验尸、四时变动、验骨、自缢、溺死、自刑、塌压死、服毒、杀伤、针灸死及其他各种死伤共53项检验方法和尸体改变,是现存世界最早的系统法医学著作,比西方最早的法医学专著,即1598年意大利医师菲德利斯(Fortunato Fidelis,1551~1630年)发表的《医生关系论》,还早350多年。1779年后有法、英、荷、德文译本相继出版。

《洗冤集录》之后,约在宋末元初之间,赵逸斋校订的《平冤录》(已失传)、元代武宗至大元年(1308年)王与编著的《无冤录》,都是重要的法医学著作。《无冤录》是以《洗冤集录》、《平冤录》为主体,结合元代检验制度和个人经验编纂而成,影响颇大,于明英宗正统三年(1438年)先后传入朝鲜和日本。明代的法医学著作还有以《洗冤集录》改编的《洗冤捷录》和《洗冤法录》。

清代对检验颇重视,律例馆参证古书数十种,修订了《洗冤录》,编为《律例馆校正洗冤录》并作为官书颁行全国。乾隆35年(1770年)增添检骨图格,附于《洗冤录》之后。至嘉庆17年(1812年),吴鼒将《洗冤集录》、《平冤录》、《无冤录》合成一编,称为《宋元检验三录》。道光年间,又将王又槐《洗冤录集证》、汪歙之《补遗》、国抽斋《备考》、《杂说》以及世传的《宝鉴编》合编为《补注洗冤录集证》,即目前所通称的《洗冤录》。

这个时期我国法医学在世界上取得了辉煌的成就,但由于封建社会制度的束缚,从事检验的多是缺乏医学知识的官吏和仵作,检验方法停留在尸体外表的自然观察,不注重内部的变化,不准解剖尸体,统治者又闭关自守、墨守成规,这些都阻碍了法医科学的进一步发展。

(三)发展和成熟时期

工业革命为科学技术的发展开辟了广阔的前景。18世纪以前的法医学主要靠肉眼观察活体、尸体现象,所得到的是直观的、浅显的结论;19世纪后则由于解剖尸体的开展、显微镜技术的出现和化学分析方法的应用,法医学的研究工作得到深入开展,同样也促进了我国法医学的发展。甲午战争(1894 年)以后,我国开始建立医学院校和医院,这标志着近代医学的输入。光绪 25 年(1899 年)英国现代法医学传入,1913 年我国第一个《解剖规则》发表,其中第 2 条规定:“警官及检验官对于变死体非解剖不能确知其致命之由者,指派医士执行解剖。”1915 年先后在北京医学专门学校和浙江省立医药专门学校设立了裁判医学课,开始讲授法医学。1929 年,浙江、江西医药专门学校附设法医专修班,上海同德医学专门学校设法医讲习所,开始培养法医学专业人才。1930 年,国立北平大学医学院创立法医教研室。1932 年,国民党政府司法行政部在上海真如成立我国第一个法医研究所,培养法医人才,承办各地疑难检案,开展科学研究,出版《法医月刊》。

中华人民共和国成立以后,为了加强社会主义法制建设,1950 年卫生部颁布《解剖尸体规则》,明确了法医尸体解剖。1951 年南京大学医学院、1955 年沈阳中国医科大学,为高等医学院校开设法医必修课培养了 42 名师资;司法部法医研究所除办理疑难检案外,1952 年至 1956 年培养了一批专业法医共 400 余人,分配至全国公安、检察、法院从事检案工作,初步建立起全国性的法医鉴定体系。此期间还翻译出版了苏联波波夫(Н. В. Попов)的《法医学》和阿夫捷也夫(М. Н. Авдеев)的《法医学》,徐英含编著的《法医毒物学》和陈履告、徐英含编著的《法医病理学》以及陈康颐主编的医学院校教材《法医学》也相继出版,法医事业出现了欣欣向荣的局面。

1957 年至 1976 年,由于种种原因,我国法医学事业出现了暂时停顿。

1977 年以后,法医学事业又得到较快的发展。1979 年全国三所高等医学院校开始招收法医学专业学生,公安部人民警察干部学校恢复培训大批法医人员,充实各地鉴定机构。1979 年在西安召开第一届全国法医学术交流会。郭景元主编的《实用法医学》、陈世贤的《法医骨学》、仲许的《机械性窒息》、赵经隆的《法医学颅脑损伤》、郑钟璇主编的高等学校法学教材《法医学》相继出版。1979 年 7 月,颁布了第一部刑法和刑事诉讼法后,社会主义法制不断得到加强和健全,从而也促进了法医事业的发展。公安机关全面恢复和健全了法医学鉴定机构,法院系统、检察院系统也依法设立了法医学鉴定机构和研究机构。军队、铁路、航运、林业等公安或司法部门也设有专职法医。1983 年教育部会同公安部、司法部、卫生部、最高人民法院和最高人民检察院在太原召开了全国高等法医专业教育座谈会。同年 7 月,教育部与卫生部确定中山、华西、上海、中国、同济、西安等六所医科大学设置法医学专业,建立法医学系,招收法医专业学生,编写出版了多种法医学专业教材,并且开始培养我国的法医学硕士、博士,充实法医学检案、教学、科研岗位。一些重要的高等法律院校亦开设法医学课。1985 年 10 月 27 日中国法医学会成立,1986 年 9 月全国性学术刊物《中国法医学杂志》创刊。司法部司法鉴定科学技术研究所主办的《法医学杂志》发行。1988 年 9 月,在北京召开国际法医学术讨论会,来自五大洲27个国家和地区的296位专家、学者参加了会议。全国法医学术活动十分活跃,科学研究硕果累累,出版了一批反映国内法医学水平的著作,涌现出一批活跃在法医学鉴定、教学、科研岗位上的思想和专业都过硬的法医学术带头人。

二、我国法医工作体制

我国现行的法医体制是公安、检察、法院三个系统中都设有法医鉴定机构,完成各自管辖范围内的法医学鉴定任务。公安机关法医的主要业务是对杀人案、伤害案、致死人命案、强奸案、放火案、爆炸案、投毒案、交通肇事案、重大责任事故案的现场勘查、检验尸体、活体(人身)检查和物证检验。检察院法医的主要业务是对刑讯逼供案、重大责任事故案、体罚虐待人犯案等由检察机关直接受理、自行侦查的案件,进行现场勘查、检验尸体、活体(人身)检查、物证检验;对刑事、监所、控告申诉检察的法医学检验、鉴定进行审查、复核;提前介入公安机关对重大案件的现场勘查。法院法医的主要业务是对伤害案件中有原告和被告、因果关系清楚、不需要侦查的虐待案及其他属于法院受理案件中的有关法医学的检验鉴定;对审判活动中涉及法医学的检验和鉴定进行审查复核;对处决死刑犯的尸体检验。

公安系统法医鉴定组织比较庞大,分省(市)、市(地)、县(市)三级设置,三级间有业务指导关系。公安部设物证鉴定中心,负责重大疑难案件的技术鉴定、科学研究和业务培训,并负责整个公安系统法医工作的业务指导。

法院、检察院在省(市)、地(市)及部分县(市)设有法医鉴定机构。司法部也设有司法鉴定科学技术研究所(上海),除鉴定工作外,也开展研究工作。此外,在军队、铁路、航运、林业等部门的公安、司法机构中也有一定的法医鉴定组织。

我国法医人员的技术职务分为:主任法医师、副主任法医师、主检法医师、法医师、法医士五级。

中山、华西、上海、中国、同济、西安等九所医学院校培养法医学专业本科生、大专生,部分院校培养硕士和博士研究生。中国刑事警察学院、司法部司法鉴定科学技术研究所也设有法医专业培训班。

我国法医鉴定部门主要受理公安、检察、法院部门委托的鉴定任务,一般不对私人及其法律代理人服务。

2005年2月28日第10届全国人民代表大会常务委员会第14次会议通过的《关于司法鉴定管理问题的决定》中规定:"侦查机关根据侦查工作的需要设立的鉴定机构,不得面向社会接受委托从事司法鉴定业务。人民法院和司法行政部门不得设立鉴定机构。"

该决定还规定"申请从事司法鉴定业务的人、法人或者其他组织,由省级人民政府司法行政部门审核,对符合条件的予以登记,编入鉴定人和鉴定机构名册并公告。""各鉴定机构之间没有隶属关系,鉴定机构接受委托从事司法鉴定业务,不受地域范围的限制。"

三、世界法医学发展简史

外国法医学发展以欧洲国家为最早，法医学的形成大约在16世纪。1507年，德国曾颁布过刑法法典，规定所有的暴力死案例都应有医学鉴定人参与检验。1532年德王卡尔五世（Karl V.）颁布的刑法明确规定：他杀、自杀、伤害、窒息死、中毒、杀婴、堕胎、医疗过失等，都必须由医学鉴定人鉴定。为查清被损害人的身体内部情况，规定医生可以进行解剖。1562年著名的法医外科医生巴雷（Ambroise Part）进行了第一例法医尸体解剖，证实为汞中毒死亡，并于1575年在其《外科手术》一书中，阐述了伤害致死、杀婴、机械性窒息、处女鉴定、雷击死、中毒等检验和鉴定。1598年意大利巴勒莫（Palermo）大学教授菲特利斯（Fortunato Fidelis）出版了《医师关系论》，这是公认为欧洲第一部系统的法医学著作，内容包括创伤、诈病、医疗过失、生与死、中毒、电击死、窒息死等。17世纪法医学有了发展，罗马御医保罗・札恰（Paolo Zacchia）在1630年出版了《法医学问题》。1681年，德国医生湿列也尔（John Schreyer）首次用肺脏浮沉试验鉴定新生儿是否活产问题，被认为是法医学的重要成就。18世纪后，法医学更加系统化，1722年德国人瓦伦利尼（Valenlini）出版了《法医学大全》，1725年泰克迈耶（Teichmeyer）发表了《系统法医学》。19世纪，俄国法医学迅速发展，1868年涅金戈（И. И. нейдининг）采用显微镜研究颈部索沟的改变，来判断是生前或死后勒死。

现代法医学的许多重要成就是在19至20世纪初取得的，特别是法医病理学和中毒学的进展尤其显著。第二次世界大战以后，科学技术的发展也促进了法医学的发展，20世纪60年代大量现代分析仪器的运用，新的检验技术的开发，使法医学得到突飞猛进的发展。《法医人类学》、《法医遗传学》、《法医牙科学》、《法医损伤学》、《法医血清学》、《法医病理学》等法医学分科纷纷诞生。1985年英国遗传学家杰夫利斯（Jeffreys）首次成功应用DNA技术对移民亲子案件进行鉴定。由于DNA分析技术的应用，给法医学的发展带来了一场深刻的革命。

四、外国法医工作体制

英国有两种法医学检验制度，英格兰、威尔士实行验尸官制度，距今已有1000多年的历史。初期的验尸官是由国王任命，通常由贵族担任。遇有凶杀或凶杀嫌疑、狱中死亡，即在验尸陪审团参与下，由验尸官主持验尸、查明死因。1887年公布“验尸官条例”，1926年公布“验尸官修正条例”，规定验尸官可由具备5年以上经验的专业医师、律师担任。1953年公布的“验尸官规则”规定验尸官工作独立负责、不受政府影响，并再次强调验尸官一定要由医学上或法律上合格的人员担任。对于他杀、过失杀人或杀婴、狱中死亡、中毒、事故、车祸及其他有怀疑的尸体，必须在验尸陪审团参加下由验尸官主持进行检验。苏格兰实行检察官制度，检察官由检察长任命，检察官必须取得律师资格，但不一定有医师资格，职责是接受警方所有刑事案件的报告，指挥警方工作，有权决定解剖尸体，解剖工作则由病理医师或法医师负责。苏格兰重视法医教育,有四所大学设有法医学科,培养法医人才,担任鉴定工作。

美国现行法医鉴定人和验尸官两种制度。各州情况不同,有的州实行验尸官制度,有的州两种制度并存。验尸官通常不考虑其法律和医学上的资格,在两党候选人中产生,验尸由病理医师进行。法医鉴定人必须持有州发的医师证明和美国病理学会发的证明,受政府雇用,有权开具死亡证明书,发现死亡与犯罪有关,立即通知州检察官。美国的法医病理检验都由各县、市设立的法医局进行。法医局的隶属关系各州不同,有直属于县、市政府;有属当地卫生局领导;有属警察系统领导。无论形式如何,县、市都有一个法医机构。由法医局检验的尸体有:他杀、自杀、意外、猝死、狱中死、不明死因者、堕胎、中毒、危及公共卫生的疾病,等等。联邦调查局还设有血清物证检验机构。

日本检验尸体有检视、检尸和尸体解剖三种。检视由检察官进行,检尸由监察医或普通医师进行,尸体解剖由设立监察医务院的监察医和医科大学法医学教室教授、助教授进行。医师法规定,医师如发现有与犯罪有关的尸体应在 24 小时内向当地警察署报告,警察调查后对不同尸体分别由医师、法医、警察医或监察医进行验尸。司法解剖一般由医科大学法医学教研室负责。科学警察研究所是日本最高刑事技术机构,法科学第一部设有两个法医研究室,分别对生物物证进行研究和鉴定。

德国的法医鉴定工作主要在大学研究所和其他类型研究所中进行,都由教授领导,由经过 5 年法医培训的医师从事法医病理学、法医血清学、毒物学、法医精神病、性犯罪、医疗事故、酒精中毒等方面的检查鉴定。发现非自然死亡即通知警方。刑事技术鉴定主要在警方刑事技术实验室内进行。

意大利法医学检查先由警方进行预检,然后由法官命令进一步检查或解剖。初检在现场进行,尸检、解剖则委托法医研究所进行。活体损伤检查以及与保险有关的检查较受重视。所有的法医学鉴定可以平等地为被告律师或民事诉讼的当事人服务。

第三节　法医学鉴定

一、法医学检验的基本方法

法医学检验的基本方法包括现场勘查、尸体检验、活体检验、物证检验、文证审查五种。

(一)现场勘查

案件发生的地点和其他遗留有与犯罪(或事件)有关的痕迹、物证的场所称现场。人身伤亡案件一般都有现场。多数案件现场只有一个;但也有不少人身伤亡案件有两个以上的现场。有多个现场者,实施杀人或伤害等主要犯罪行为的地点称主体现场;移尸、抛尸以及犯罪分子隐匿、清理、转移赃物、凶器等与实施主要犯罪行为有关的地点称关联现场。也有按照被发现的顺序,把它们分为第一、第二、第三……现场。凡发案后保存完好未被变动破坏的称原始现场,已经变动破坏的称变动现场。

我国刑事诉讼法第101条规定"侦查人员对于与犯罪有关的场所、物品、人身、尸体应当进行勘验或者检查。在必要的时候,可以指派或者聘请具有专门知识的人,在侦查人员的主持下进行勘验、检查"。这里指的便是现场勘查。其中聘请具有专门知识的人,主要是法医和刑事技术人员。

在人身伤亡案件中,现场勘查对于判断死因和死亡性质,分析成伤和死亡的过程,印证死(伤)者身上的各种损伤、痕迹和附着物,发现和提取各种物证,查明有关事实真相等一系列问题都有重要的不可代替的作用。因此,现场勘查是法医学鉴定的重要组成部分。

现场勘查一般包括静的观察和动的勘验两个过程,但实际上这两个过程难以截然分开。一般的做法是:第一,到达现场后先向发现和保护现场的人员了解有关的情况;第二,对现场周围进行巡视,以判定是主体现场还是关联现场,附近还有无第二、第三……现场,并进而确定勘查的范围,分析死者和犯罪分子可能的出入道;第三,清理出一条进入现场中心的道路,保护好此道路上的痕迹、物证;第四,进行现场拍照、摄影,以记录现场原来的状态;第五,对尸体进行拍照、录像、绘图、记录,并发现、提取尸体、尸体底下及其周围的物证痕迹,然后将尸体移出现场中心,于现场附近适当场所进行初步尸体外表检验;第六,对现场进行全面的动的勘查,以发现和提取相关的痕迹物证,并进行拍照、记录;第七,制作勘查笔录和现场图;第八,召集现场讨论会,对有关问题进行现场分析;第九,决定现场的后处理;第十,及时将尸体送解剖室进一步做详细检验,将提取的相关物证痕迹送实验室进行检验。现场勘查中如发现还有受伤人员应及时进行抢救并送医院治疗。

人身伤亡现场勘查的重点是:

1. 案情方面,主要是了解死者的身份及其基本情况,死前的行踪和表现(如有无疾病、反常表现、自杀因素、被害因素和其他可疑迹象),报案和发现情况,发现人发现后在现场的活动情况,以及现场的保护情况等。

2. 物的勘验方面,主要是注意:现场与案件性质的关系,特别是那些只有死者自己才能到达或死者自己不能到达的地方;现场的概况,是动态的现场,还是静态的现场,或是人为变动的现场;现场上有无死者和凶手的出入道以及出入道的情况;现场上有无死者或凶手的手印、足迹(特别是血手印);尸体的位置和姿势符合自杀、他杀还是意外;有无移尸现象;血迹的有无、量、形态和分布;尸体上的衣服有无异常和损伤、特殊痕迹、附着物；有无凶器；有无引起某种死亡的特定条件，如一氧化碳中毒的气源、环境条件，车祸的车辆与环境条件；有无遗书和其他字迹；有无特殊气味；现场物品有无数量的增减和位置的变动；最后还要注意日常生活的痕迹与案情有无矛盾。

由于人身伤亡案件往往与抢劫、盗窃、投毒、纵火、强奸等案由有关，具有综合性，故现场勘查时还要根据不同案件的特点，采取相应的方法。

为了保证法医鉴定的顺利进行和结论的准确，现场勘查应力争及时进行，应该做到全面和细致，并且注意安全，特别是爆炸、毒气、电击、塌方、枪击等案件，安全问题尤应倍加注意。对于发现较晚或已被破坏的现场，应加倍努力进行细致的勘查。在整个勘查过程中，要注意将尸体上的所见与现场的情况相对照，互相印证。对于疑难案件的现场，如有必要，应视条件的可能，可采取全部或部分继续封锁保留，并尽快组织复查和补充勘查。

(二)尸体检验

尸体是法医检验的主要对象。尸体检验是查明死因、估计死亡时间、判断死亡性质与致死方式、分析损伤、推断认定凶器、识别身源等项工作的基础。尸体检验包括尸体外表检验、尸体解剖检验。

1. 尸体外表检验

尸体外表检验一般在现场附近有屏蔽的适当场所或解剖室内进行。

尸体外表检验的主要内容是：

(1)尸体的一般外观，如身高、体格、营养状况、发育情况、皮肤色泽、毛发情况以及有无分泌物、排泄物、附着物等。

(2)各种尸体现象。

(3)个人特征。

(4)各种损伤、病变及异常痕迹。

尸体外表检验时一定要将衣服及遮盖物全部脱去。要注意全身的所有部分，特别是发内、生理孔窍等隐蔽部位。检验损伤时，要先拍照固定伤口原始状况，提取损伤处的异物(各种遗留物、附着物)，然后清洗、剃毛，全部暴露损伤的状况，进行第二次拍照。检验结束之前要将全身洗净，对全身正、反两面拍照供全面分析和复查使用。无名尸体除按要求进行个人特征记录、拍摄辨认照片外，还要捺印死者十指指纹。

2. 尸体解剖检验

我国刑事诉讼法第104条规定："对于死因不明的尸体，公安机关有权决定解剖，并且通知死者家属到场。"为查清死因不明、暴力和怀疑暴力致死的尸体的死亡原因、死亡性质、死亡时间以及体内损伤、中毒、病变的详细情况，在尸体外表检验的基础上，进行尸体解剖检验是必不可少的。因此对于非正常死亡或死因不明的尸体凡条件许可的都应进行解剖检验。此种解剖应由司法机关或司法机关委托的法医和病理医师进行。

尸体解剖必须按技术规范全面进行，并做好各种记录。一般不能只做局部解剖。解剖时应提取必要检材和样本供进一步做显微病理检验、毒物检验和其他必需的实验。解剖时还要注意将解剖所见和尸体外表所见相对照，以便联系起来考虑问题，避免片面性。解剖检验不可当众进行。

3. 尸体检验的注意事项

(1)尸体检验应力争尽快进行。因为尸体极易自溶、腐败，以及遭到各种动物和环境因素的影响而迅速破坏解体。对于某些病理变化、痕迹和损伤尤其如此。如法医未能及时赶到，则应尽快采取遮阴、降温(如放置冰块、放入冰箱)、派人专门看护等措施进行补救。

(2)尸体检验前一定要先了解情况，这样工作起来才能有的放矢，避免走弯路。在检验过程中，也要随时与调查组互通情况，及时吸收有用信息，以开拓思路，印证疑难。检验之后，做结论之前，也要与调查方面通信息，处处都要与调查的情况核对，以发现矛盾，防止疏漏。

(3)尸体检验还应与现场勘查相结合，互相参照，使之互相启迪、印证和补充。

(4)尸体检验的所见，要认真拍照、录像，仔细测量、描述并做文字记录和画图。记录要明白、准确。必要时要把原始标本保存下来，准备接受复查。死亡性质未最后认定，或意见还不一致、还有某些问题没弄清楚，尸体最好暂时保存。还有些征象，如索沟、某些损伤，需反复察看，放置一段时间后再检验，反映会更清楚。保存尸体应有专人负责，定期观察，并按情况需要采取措施，确保尸体不产生严重损坏。

(三)活体检查

活体检查也称人身检查，是应用临床医学的方法(包括望、问、察、听，临床化验，理疗诊断仪器检查等)对活人的身体进行检查。我国刑事诉讼法第105条规定："为了确定被害人、犯罪嫌疑人的某些特征、伤害情况或者生理状态，可以对人身进行检查。"活体检查的主要内容包括：

1. 损伤检验。其具体包括辨别损伤的真伪，判断损伤的程度(重伤、轻伤、轻微伤)、损伤与疾病的关系、损伤时间、自伤与他伤以及致伤工具等。

2. 性问题检验。其具体包括强奸案件被害人和嫌疑人的人身检验，鸡奸、猥亵的检查，性成熟、性机能、性变态、生育能力、怀孕、妊娠、分娩、堕胎等的检查。

3. 劳动能力丧失程度的鉴定。

4. 诈病、匿病、造作病的检查。

5. 精神鉴定。这是指检查被检人的精神状态，确定有无精神病及其严重程度，以判断其责任能力和行为能力。

6. 亲权鉴定。这是指根据遗传特征,判断被检人之间是否具有父母与子女的亲缘关系。

7. 个人识别。这是指根据个人特征鉴定其身份。

8. 检查虐待老人和儿童所致的损伤和疾病。

9. 酩酊状态检查。这是指通过检验呼吸及血液中的酒精浓度,推断被检人在事件当时的酩酊程度。

活体检查一般在法医门诊或医院进行;若被检者失去行动能力也可由法医到其住所进行。如被检人拒绝检查,司法机关认为必要时,可根据我国刑事诉讼法第105条第2款之规定实施强行检查。检查妇女身体应由女工作人员或者医师进行。

(四)物证检验

凡能证明案件的真实情况的一切物品、痕迹统称物证。物证的范围很广,其中凡需用法医学的方法加以检验鉴定的物证,称法医物证。由于法医物证检验的对象是生物检材,其检验主要手段是生物学的方法,所以也称生物物证。法医物证在揭露和证实犯罪、提供侦查范围和线索、澄清事实真相和解决民事纠纷等方面都有重要的作用。

法医物证检验的主要内容包括:人体组织(血、毛发、骨质、组织细胞)和分泌物(精斑、唾液、乳汁、痰、阴道分泌物)、排泄物(汗、尿、粪便)两大类。

物证检验的方法,包括细胞学、免疫学、遗传和分子遗传学等生物学的方法,也借助一些化学、物理学的方法。在检验之前,必须认真做好物证的发现、提取、包装和送检工作。检验过程中必须严格遵守相关的程序和要求,以确保检验结论的准确性。

(五)文证审查

凡对案件有证明意义的文字资料称文证或书证。对文证的内容进行审查称文证审查或文证鉴定。法医文证审查是司法机关将人身伤亡的有关文件资料,如病历及各种疾病诊断材料、现场勘查材料、各种访问笔录、各种记录(包括文字、绘图、录音、录像等)、鉴定书等,送请上级法医机关的鉴定人员或法医专家,针对需要解决的法医学问题,进行专门的审查(鉴定),并出具书面审查(鉴定)结论(或意见书)。

法医文证审查的过程是:首先,确定送审的材料是否适于鉴定,即这些材料与案件是否有关,是否真实可信,产生的过程是否合法,原鉴定人是否具备应有的资格、知识和经验;其次,对各个材料进行个别分析,研究它是否合乎科学性和全面性的要求,"去粗取精、去伪存真",为鉴定结论打下牢固基础;最后,对全部材料进行综合分析,即从正反两个方面研究结论依据的数量、质量(特定性),以及依据的自身和各个依据之间的一致性和矛盾,从而做出实事求是的结论。

二、法医学鉴定与法医学鉴定人

法医学鉴定　是指法医学鉴定人受司法机关的指派或委托,运用法医科学的理论和方法，对尸体、人身、物证、现场和其他有关材料，进行检验、研究，并对其结果进行客观的实事求是的综合分析，如实地做出结论的过程。

如司法机关或鉴定人认为已做出的鉴定不够全面或有新的检材或资料，或犯罪嫌疑人、被害人提出申请需要交原鉴定人进行补充或复验，可做补充鉴定。

如司法机关认为必要，或犯罪嫌疑人、被告人提出申请，可以进行重新鉴定、或复核鉴定。

补充鉴定一般由原鉴定人进行，重新鉴定由司法机关视情况需要可以委托新的鉴定人单独进行或与原鉴定人共同进行。

法医学鉴定人　我国刑事诉讼法第119条规定："为了查明案情，需要解决案件中某些专门性问题的时候，应当指派、聘请有专门知识的人进行鉴定。"法医鉴定人一般就是指被委派的司法机关的专职法医和受司法机关聘请的从事法医学科研、教学部门的专家。鉴定人应是自然人而不是法人，只能以个人名义进行鉴定，而不是用机关、团体、学校等名义进行鉴定。我国目前鉴定人只接受司法机关的指派、聘请进行鉴定，而不接受私人的委托进行鉴定。关于法医鉴定面向社会的问题，是否接受私人委托进行司法鉴定目前法律上尚无明文规定。

关于法医学鉴定人的资格要求，2005年2月28日第10届全国人民代表大会常务委员会第14次会议通过的《关于司法鉴定管理问题的决定》第4项规定：

（1）具有与所申请从事的司法鉴定业务相关的高级专业技术职称；

（2）具有与所申请从事的司法鉴定业务相关的执业资格或高等院校相关专业本科毕业以上学历，从事相关工作5年以上；

（3）具有与所申请从事的司法鉴定业务相关工作10年以上经历，具有较强的专业技能。

为保证鉴定工作的顺利进行，法医学鉴定人有权参加现场勘查，进行尸体、人身、物证的检查；有权查阅与本案有关的案卷，了解案情；如材料不足，有权要求补充材料，参加调查或拒绝参加鉴定。同时，法医鉴定人应依法办事，履行一定的义务：忠于事实真相，公正无私；进行人身检查不得有污辱人格或有伤风化的行为；保守案件秘密；根据庭审需要，经人民法院依法通知，鉴定人应出庭作证，回答检察官、当事人、辩护人等提出的有关鉴定的问题。

法医学鉴定人应与案件没有利害关系。根据我国刑事诉讼法第28条和第31条规定，鉴定人有下列情形之一者，应该回避：

（1）是本案的当事人或当事人的近亲属的；

（2）本人或其近亲属与本案有利害关系的；

（3）担任过本案的证人、辩护人或诉讼当事人的代理人的；

（4）与本案当事人有其他关系，可能影响公正处理案件的。

案件当事人及其法定代理人对有上述情况的法医鉴定人有权要求他回避。

刑事诉讼法第 29 条及第 31 条规定：鉴定人不得接受当事人及其委托的人的请客送礼，不得违反规定会见当事人及其委托的人。

因严重不负责任给当事人合法权益造成重大损失者，司法主管部门予以停职处罚，直至撤销鉴定人资格。

法医学鉴定人故意做虚假鉴定构成犯罪者，按刑事诉讼法第 120 条之规定追究法律责任。

法医学鉴定人进行鉴定之后，应当出具鉴定结论。鉴定人应由本人签名对结论负责，不能由他人代替签名。鉴定人不只一人时，如鉴定意见一致，可以共同签名；如果不一致，可以分别做出结论，分别签名。

三、法医学鉴定程序

法医学鉴定的程序包括受理、检验、鉴定三个环节。

(一)受理

法医学鉴定人受理鉴定一般有两种形式：司法机关的专职鉴定人员接受上级的指派或下级司法机关或其他省市司法机关的委托、聘请而受理鉴定；非司法机关(如院校的法医教研室)的法医鉴定人则是接受司法机关的委托(聘请)进行鉴定。司法机关和非司法机关的法医鉴定人接受委托(聘请)鉴定必须有委托的司法机关的正式委托(聘请)函件或介绍信。受理鉴定时必须由送检人填写有关的表格，载明有关案情和发现、提取、包装、运送被检验客体的情况；提出鉴定的项目和要求；对检材进行具体描述和逐件登记；以及送检人的姓名、具体单位、地址、邮编、联系电话等。然后检查送检客体是否适合鉴定条件，审查被检客体的真实性和合法性，并与表格填写的内容核对无误。对于不真实、不合法、不符合鉴定条件或鉴定人受主、客观条件限制无力解决的问题，可以拒绝受理。对于送检材料和有关资料不足或不合要求者可以要求补充送检或重新取材、送检。

受理鉴定后应立即采取措施妥善保存检材并尽快组织检验鉴定。

(二)检验

检验是鉴定人根据鉴定的要求，运用各种必要的检验方法和手段，对与案件有关的人身、尸体和物证等被检验客体进行认真、仔细、全面的检查验证，并准确地如实记录各种所见和结果。检验所采用的方法必须是公认的、规范的。必要时应采取多种方法对照和空白对照以保证结果的可靠性。检验的主要所见和结果应有照片、录像和仪表记录等客观记录材料作为佐证。主要标本、物证应予保存。对予易腐烂变质的物品，应有法定的保有期限。对消耗性检材不能全部用完，剩余部分应妥善保存或退还送检单位，如需消耗全部材料者应事先征得送检单位同意并签字。

(三)鉴定

法医学鉴定人根据被检验客体(人身、尸体、物证、书证)的检验所见和结果，必要时并结合现场所见和参考案情进行综合分析，针对鉴定事项，实事求是地做出结论,结论根据充分者可做肯定或否定结论;根据不十分充分但有倾向性意见者,可做参考性结论;没有可靠根据者不应做任何结论。

四、法医学鉴定书

我国刑事诉讼法第120条规定:"鉴定人进行鉴定后,应当写出鉴定结论,并且签名。"法医鉴定人经过对尸体、人身、物证及现场和有关材料的检验和分析研究之后,应就委托单位提出的鉴定要求,制作书面鉴定材料,即"鉴定书"或"鉴定意见书"。

鉴定书的格式,我国目前尚无统一的明文规定,一般包括以下五个组成部分:

(1)绪言。主要叙述委托单位、委托日期、鉴定要求,被鉴定对象的情况,检验的时间、地点、检验人和在场人等。

(2)案情摘要。主要包括发现情况、发案经过和有关调查、访问材料,力求简明。

(3)检验。列举检验的方法及检验所见的全部事实,只做客观描述。

(4)分析说明。对检验所见进行科学抽象,提炼成若干条依据,并按逻辑需要进行结构和文字上的组织,使之成为有说服力的根据,为结论奠定基础。

(5)结论。根据分析说明,做出明确扼要的结论。

最后是鉴定人签字和鉴定日期,加盖鉴定机关鉴定专用章。

鉴定书是一种科学证据,一定要客观、准确、全面地反映检验所见,书写用词要准确,文字要简练,概念要清楚,不能用可做多种解释或模棱两可、易引起误会的词句;结论要实事求是,能做结论的一定要明确结论,不能做结论的绝不勉强做结论。

凡是不能明确做出结论,而只是根据分析说明提出倾向性意见的鉴定材料,一般不称"鉴定书",而称"鉴定意见书",仅供侦查、审判机关结合其他证据材料,参考使用。

鉴定书要附必要原始照片、绘图和有关的补充检验结果,以加强鉴定的科学性和说服力。

五、法医学鉴定结论的审查和运用

法医学鉴定结论是运用科学原理对客观事物进行检验和分析后得出的论断,是科学的、可靠的,是重要的法庭证据。但鉴定人的素质各不相同,鉴定过程中有诸多因素的参与,因此对待法医学鉴定结论也应采取科学的实事求是的态度。我国刑事诉讼法第42条规定:鉴定结论必须经过查证属实,才能作为定案的根据。

对于法医学鉴定结论的审查主要有以下几个环节:

(一)审查鉴定主体

即鉴定人本身是否具备作为鉴定人的条件。鉴定人必须具备一定的文化程度,受过医学和法医学的专门培训,有一定的法医实践经验并取得司法机关认可的从事法医鉴定的资格。否则,其鉴定结论是不可信和不具备法律效力的。另外,有的鉴定人虽然有很高的学位或是医学和其他科学的专家,但他从未学习和研究过法医学,也没有从事法医实践的经验,对他做出的法医学鉴定,司法办案人员在使用时应持慎重态度。

(二)审查鉴定客体

鉴定客体指被检验的人身、尸体、物证、书证。首先要审查被检验客体的合法性,非法收集的客体、未经司法机关委托的鉴定,是不合法的、无效的。其次是审查客体的客观真实性,排除有任何调换、掺假、变造的可能,防止造成虚假鉴定。再次是审查被检验客体与案件的关联性,不能将与案件无关的物品或其他案件的物证拿来做鉴定。最后是审查被检验客体的可检性,即量是否足够,质是否具备(如有无腐败变质、挥发、污染、过于陈旧等影响鉴定结果的因素),做鉴定的客观条件是否具备,是否有以局部代替全部的情况。

(三)审查检验方法和过程

首先,应审查根据检材和送检要求采用的方法是否科学、先进,是否采取多种方法对照或空白对照的措施,所用的检验方法是否为法医界所公认(未经实践检验和法医界公认的方法不能用于案件鉴定)或经过严格考核、验收、鉴定认为可靠的方法。其次,审查检验过程是否符合科学程序和操作规范。再次,审查检验过程所用的试剂、血清是否有效,仪器、器材是否性能良好而没有干扰。最后,审查检验所见的客观真实性并与其客观记录、标本相核对。有些检验会出现假阳性或假阴性的结果,也应给予必要的注意。

(四)审查鉴定结论本身

第一是审查结论依据的客观性,即结论的依据必须是检验的客观所见和结果,而不能是鉴定人的主观想象和没有根据的猜测。第二是审查依据是否全面,例如只做胃肠内容物化验未发现毒物,就做出不是中毒死亡的结论,显然其根据不足,因为如果是静脉注射或吸入中毒致死者胃肠内容可以检验不到毒物。反之,如果发现胃肠内容含有某种毒物也不能认定为中毒致死,因为毒物必须经人体吸收后才能发生中毒,应进一步检验血、肝等器官组织中的含量达到中毒或致死量才能确定。第三是审查依据的质量。有的依据在鉴定中的作用具有决定性,是判断问题的特定依据;而有些依据是共有的,在鉴定中只起辅助作用。所以鉴定结论可靠性的关键在于它的质量,即特定性。例如,水中捞出的尸体,如有蕈形泡沫,手中紧握有水草等水中杂物则可证明是生前入水溺死,因为这两项依据是溺死所特有而且难以伪装的。如果尸体上有窒息现象,皮肤上有鸡皮疙瘩,这是溺水常有的现象,它只能与特有现象结合,起辅助证明生前入水溺死的作用,而不能单独起证明溺死的作用。因为其他死因(如电击等)也可出现窒息现象,而死后迅速置于水中,因冷水刺激,不管什么死因,均可产生鸡皮疙瘩。所以,审查结论的依据既要注意其数量,但主要是注意其质量。第四是审查结论的合理性。结论是从依据推导出来的,所以它必须合乎逻辑、合乎科学道理,各个结论依据之间不能互相矛盾。例如,有一尸体,颈部有类似掐伤,眼结膜下有少数出血点,身上有烧伤,血中有20%碳氧血红蛋白,鉴定结论为掐死后焚尸。这显然是不合理的,因为如果是掐死后焚尸,死者血液里就不可能吸入这么多的一氧化碳。因此,本案结论的依据之间是相互矛盾的,得出的结论是不合逻辑的。综上所述,结论依据的真实性、全面性、特定性和合理性是结论可信性的基础。

关于鉴定结论的运用,首先要弄清不同类型的结论的证据价值。例如,血型检验相同的结论,实际上是种类相同而不是同一认定,它只能起否定嫌疑人和缩小侦查范围的作用,而不能用于认定作案人。但如果检材新鲜而且量充足,做检验的血型种类数目很多,又都不能排除,那么通过数学的推算可以算出肯定的机率,做出定量化的倾向性或接近同一的结论,不过它仍然不是完全的同一。又如,同一认定的结论,如是否定结论可以直接用于办案;如是肯定结论,其证据价值则因情况不同而不同。人的整体认定(个人识别)的同一的结论可以直接应用于侦查审判之中;而人的部分与整体(如精斑与嫌疑人)、物与物(如血迹与血迹之间)的同一认定结论,必须与其他证明材料结合起来才能起证据作用。再如真伪的鉴定,能起直接证明作用;而有无的鉴定,有(肯定)能起直接证明作用,而无(否定)则只能说明未发现,不能完全排除有。以血迹检验为例,没有检验出血迹,可能是本来就没有血迹;但也不能排除原来有血迹,因腐败变质等原因而检验不出来。特别该强调的是法医学鉴定结论只解决办案中的证据问题,而不解决办案中的法律问题,如认定有罪无罪、罪轻罪重等。

其次是明确法医学鉴定解决问题的范围。有些办案要求解决的问题是法医鉴定应该而且能够解决的,如死因鉴定、DNA 的鉴定等,应该做出明确的结论。有些问题则法医鉴定只能判断出一个范围,而不能做出十分明确的结论,如根据某块骨骼推断死者的身高,往往有数公分的标准差;推断死亡时间,也无法做出几点几分的结论;其他如推断凶器、根据颅骨恢复生前面容等都是如此。再有一些本来可以做出明确结论的鉴定,因为检材条件部分或全部地丧失而无法做出肯定结论或无法做出结论。对此,法医只能如实反映情况。这是实事求是的态度,是法医对工作认真负责的表现,办案人员不应要求法医勉强做结论。

另外,法医的鉴定结论有的是肯定结论,有的是推断性结论,一定不要把一些推断性结论当做肯定结论使用。

最后是要正确处理法医鉴定结论与侦查调查结果的矛盾。这也是运用好法医鉴定结论的一个重要方面。这里要防止对法医鉴定结论采取轻信的态度,以为法医学鉴定是一种科学检验,不会有错。其实法医检验,特别是生物物证检验,难度大,影响其结论准确性的各种主客观因素很多,出差错也是有的,故不可采取轻信甚至迷信的态度。同时,也要防止采取不信的态度,特别是侦查办案人员通过艰苦努力得到的情况与法医检验结论不符,往往容易用侦查调查的情况去否定法医鉴定的结论,这种态度也是不妥的,因为法医检验毕竟是一种客观的科学检验,其结果,多数是可靠的。因此,对待鉴定结论与调查情况相矛盾的正确态度应该是通过实践来检验。法医方面要组织复验、会检,进一步证实原来鉴定结论是否正确;而侦查调查方面也要组织复查,认真查明有关情况,落实每一个细节。通过复验、复查谁错了谁改正。如果经认真复验,法医鉴定结论肯定没错,而调查情况仍然不符,则办案人员可以根据掌握的各种证据全面衡量,综合判断,但不能要求法医根据侦查情况改变原来的鉴定结论。

第二章　死亡与尸体现象

第一节　死　　亡

一、死亡的概念

死亡的标志是心跳和呼吸停止。临床医学也以心跳停止的时刻作为患者死亡的时间。20世纪60年代,有学者提出脑死亡的概念。所谓脑死亡是指不可逆转的全脑功能丧失,处于昏迷状态,即便是机械复苏装置维持其心肺功能,也无法恢复意识。随着医学科学的发展,器官移植技术的成熟,脑死亡者作为自然人的个体虽然已经死亡,但是他的内脏(如肾、肝、心等)短时间内仍有活力,是器官移植的理想供体。在立法认可且死者生前自觉履行法律手续的前提下,可以从供体摘出活器官移植给受体,以延长受体的生命,促进医学的发展。但关于死亡的确定,我国立法认同的仍是心跳、呼吸停止为死亡的标志。

脑死亡的依据是:一切神经反射消失、双侧瞳孔散大、无自主呼吸和心跳、脑电波消失、脑电图显示完全性脑平波等。

二、死亡的过程

死亡是一个逐渐的发展过程。典型的死亡过程包括濒死期、临床死亡期和生物学死亡期三个阶段。了解死亡发展过程,对于急救垂危伤病员、利用超生反应判断死亡时间等,都有重要的法医学意义。

(一)濒死期

濒死期又称临终状态、死期,是死亡过程的开始阶段。其生命重要器官功能严重紊乱,脑干以上的中枢神经深度抑制,出现昏迷、神经反射迟钝、呼吸和心跳微弱、血压下降、大小便失禁、面容苦闷,有时出现抽搐、胡言乱语等症状。但是,心跳、呼吸尚存,此时受伤仍有较为微弱的生活反应。濒死期的长短和表现,与死因、年龄、健康状况等个体因素有关。一般说来,暴力死亡、某些急死者濒死期较短,而慢性消耗性疾病死者此期较长。各种暴力死亡临终状态持续的时间也不一样。脑干和心脏传导系统损伤、神经抑制性死亡、心脏和大血管破裂所致的窒息、损伤、中毒死亡,一般都有或长或短的濒死期。青年和体格健壮者通常比老年人和体格瘦弱者的濒死期持续时间长。

(二)临床死亡期

中枢神经系统的抑制扩展到延髓,生命中枢深度抑制,出现呼吸停止、心跳停止和各种神经反射消失,并以心跳停止的时间作为一个人死亡的时间,故称临床死亡。但是,在脑缺氧极限时间4~6分钟之内,经及时抢救,恢复血液循环和氧气供给,仍有完全复苏的可能性。

如果未加抢救或抢救无效,大脑皮层缺氧损害严重,发展到脑死亡阶段,即便采用机械复苏技术维持其心肺功能,也不可能恢复其意识,作为整个人体而言再也不能复苏,称为个体死亡或躯体死亡。从临床死亡发展到个体死亡经过时间的长短,受个体条件、死亡原因、环境条件等多种因素的影响。老年人、甲状腺功能亢进、濒死期较长者、高温环境等,其经过时间较短;新生儿、经缺氧耐受训练者、濒死期短或者低温环境等,其经过时间较长。

(三)生物学死亡期

生物学死亡又称细胞死亡,是死亡发展的最后阶段。此时,不仅整个人体已经死亡并不可能复苏,而且各器官、组织、细胞也先后死亡。随之出现的是尸斑、尸僵等早期尸体现象。

人体各器官、组织、细胞,对缺氧的耐受能力是不一样的。凡是进化程度高、耗氧量大的,对缺氧就越敏感。大脑皮层耐受缺氧的时限时间为4~6分钟,脑干约10~11分钟,小脑约10~15分钟,脊髓约30分钟,超过缺氧极限时间其功能就不可能恢复。肝脏缺血15~30分钟,肾脏缺血超过1.5小时,就会失去活力。肌肉组织缺血8~12小时,对电流和机械刺激仍有收缩反应;瞳孔在死后4小时左右,对缩瞳剂依色林和散瞳剂阿托品仍有反应;皮肤竖毛肌在死后12小时或更长时间内,遇冷水刺激仍能发生收缩,出现"鸡皮疙瘩";死后30~70小时精子在精囊内仍保持活动能力,活精子在女尸阴道内能存活12~24小时。这种在个体死亡时间之后,某些器官、组织、细胞还保持短暂生命力,并能对外界刺激发生反应的现象,称为超生反应。

三、假死

假死是指生命体征非常微弱,从外表或听诊等常规方法检查不能发现,犹如已经死亡的状态。但是,这种处于假死状态的人,实际上还活着,经过抢救或改变环境,经过自身代偿还能复活。实践证明,假死状态往往难以识别,某些水平较高的医师,曾将处于假死状态的婴儿送进了太平间;有人将假死农妇收棺埋葬,棺材头外露没钉牢,后守坟供饭两天才发现该妇未死,掘坟开棺而得救。国内在20世纪90年代,亦有将假死婴儿送进殡仪馆,待第二天早晨听到婴儿哭声而获救的报道。

假死常见于各种窒息(尤其是新生儿窒息)、电击伤、颅脑外伤、寒冷晕厥、日射病、热射病、癫痫发作、破伤风等。

由于死亡是一个发展过程,此种假死真生状态又难以识别。因此,除严重开放性颅脑损伤、心脏或大血管破裂急性大失血和其他致命性损伤十分明显，足以诊断其真正死亡者之外，其余得在尸斑、尸僵等早期尸体现象出现以前，应当进行急救，更不得进行尸体解剖、火化、埋葬或人工防腐。

四、死亡的分类

法医学上通常将死亡分为暴力死亡和非暴力死亡两大类。

（一）暴力死亡

暴力死亡是由外界物理（包括机械）、化学和某些生物因素引起的非正常死亡，由他杀、自杀、意外造成，为法医学研究的重点内容。如机械性窒息、机械性损伤、烧死、冻死、电击死、雷击死、各种毒物中毒死亡等。某些生物（如有毒植物、蛇毒、致病菌）有时也被犯罪分子用做杀人手段，其造成的死亡也属于暴力死亡的范畴。

（二）非暴力死亡

指疾病或衰老引起的正常死亡。这类死亡一般不涉及他杀、自杀、意外等死亡性质，无须司法解剖查明其相关人员的责任。但是，某些急死者突然发病，在数分钟、数小时或24小时之内死亡，往往引起种种怀疑；某些狡猾的罪犯杀人之后伪称病死，企图逃脱罪责。为了查明死者的死因，消除怀疑，揭露犯罪，也需要进行法医尸体解剖检验。

第二节　早期尸体现象

一、概述

人死后，在体内外物理、化学和某些生物因素的作用下，尸体本身发生一系列有相对规律性的死后变化，死后变化中有些肉眼即能观察到的，称为尸体现象。国内外有些学者，为了进一步研究死亡时间的客观依据，对死后化学变化进行了众多研究，但目前能够用于法医实践的还不多。故本教材侧重于尸体现象的描述及其价值的阐述。

各种尸体现象所出现的时间不一样。通常把死后数小时或一昼夜以内发展起来的称为早期尸体现象，常见的有肌肉松弛、尸冷、尸斑、尸僵、尸体痉挛、角膜混浊、皮革样化、自溶等。某些现象一般要在第二昼夜或更迟才明显可见，而且持续的时间比较长，称为尸体晚期现象，有尸体腐败、干尸（木乃伊）、尸蜡、软尸和特殊保存型尸体等。这种划分的时间，是以春秋季节常温（18～20℃）和陆地上成人尸体为准，不同的季节、地区、尸体所在环境以及死者个体条件等多种因素，都能影响尸体现象发生和发展的时间指标。例如，南方地区盛夏气温常持续于37～40℃，甚至出现42℃高温天气，死后12小时左右就开始出现尸体腐败现象；冬天或寒冷地区3～5天或更长时间才出现尸体腐败。因此，法医实践中通常把腐败绿斑出现后的尸体，称为腐败尸体；腐败绿斑未出现的尸体，称为新鲜尸体。

二、尸冷

人死后代谢停止，体内不能再产生热量，而尸体原有热量通过辐射、传导、对流和水分蒸发而不断散发，尸体温度逐渐下降至与外界温度相当或略低，称为尸冷。

尸体温度下降的速度，受众多因素的影响，如气温、湿度、风速、接触物导热性、环境、尸体健康情况、年龄、性别、死因以及有无覆盖物等。因此尸温下降的速度与死亡经过时间的关系只是相对的，只能作为新鲜尸体判断死亡经过时间的依据之一。

一般来说，春秋季节成年尸体，在室内每小时下降速度为0.83℃；水中尸体每小时可下降3～4℃；夏季室外烈日下的尸体、死前发生肌肉痉挛或者激烈搏斗的尸体，死后一段时间内，尸温还能暂时上升。

三、尸斑

心跳停止死亡之后，血液失去继续循环的动力，沿血管流向尸体低下部位，坠积于低下部位未受压迫的血管之中，进而红细胞破裂溶解，血红素渗透扩散浸润到血管周围组织细胞间隙，在皮肤上显现紫红色斑块，称为尸斑(图2－1)。尸斑是确认死亡、判断死亡时间、分析死因、判明尸体的原始体位、是否移尸和何时移尸的重要依据之一。同时，识别尸斑和内脏血液坠积现象，还可以避免与生前损伤、病变相混淆。

(一)尸斑的发展过程

尸斑通常在死后2～4小时开始出现，12～14小时发展到高峰，24～36小时后固定部位不能转移，一直保持到尸体腐败。尸斑的发展过程可分为三个阶段：

1. 坠积期

坠积期通常在死后2～12小时之内。尸斑出现初期为小块状或条纹状，死后3～6小时，尸斑逐渐扩大并融合成片，范围逐渐扩大，颜色加深，大约在死后12～14小时发展到最高程度。

坠积期尸斑的特点：手指压迫尸斑，局部血液沿血管流走，尸斑可出现颜色完全消退，手指移开解除压力，血液流回原处尸斑复现，即通常所说指压完全褪色；若改变尸体体位，在新的低下部位可形成新的尸斑，而原有的尸斑可完全消退，即尸斑转移；切开尸斑部位的皮肤，可见血滴从断端流出；提取尸斑部位皮肤做组织切片观察，可见真皮和皮下组织毛细血管扩张，充满完整的红细胞。

2. 扩散期

扩散期在死后12～24小时左右。由于红细胞溶血，被血红蛋白染红的血浆扩散到血管周围组织间隙，形成比较固定的扩散期尸斑。

扩散期尸斑的特点:手指压迫尸斑可部分退色,翻动尸体尸斑部分转移,即在新的低下部位可形成新的尸斑,而原有的尸斑颜色减弱,不能完全消退;切开尸斑部位的皮肤,不仅可见血滴从断端流出,且组织中也有血样液体渗出。

3. 浸润期

浸润期通常在死后24~36小时左右出现,而且持续时间久,直至尸体腐败。此期被血红蛋白染红的血浆不仅渗入组织间隙,而且已经浸润到细胞内,使组织细胞着色,称为浸润期尸斑。

浸润期尸斑的特点:手指压迫尸斑不退色,翻动尸体尸斑不转移。切开尸斑部位的皮肤,组织呈均匀一致的紫红色,血管断端无血滴流出。

扩散期、浸润期尸斑皮肤切片观察,血管内已无完整的红细胞,而呈橘红色均匀的无结构状态,血管周围亦显同样的颜色。

(二)影响尸斑发展的因素

尸斑出现的快慢和强弱,与尸体血液数量、是否呈流动状态、尸体体位是否不断变动等因素有关。例如,窒息死、急死、中毒死、电击死等,因体内血量未损失,血液呈流动状态,尸斑出现早而强,并有散在性溢血点,有时在尸体非低下部位(如颈部、锁骨上下窝、腹股沟等处)出现片状尸斑;大失血或死前严重贫血者,因血量减少或血红蛋白含量低,尸斑出现迟而弱,若失血量特别大则可以不会出现尸斑;尸体在水中体位经常改变,体表受到均匀的水压,加之冷水刺激所致竖毛肌收缩压迫毛细血管,尸斑出现迟而弱;如果尸体浸泡在碱性溶液(如石灰水)中,则已形成的尸斑可因血红蛋白变性丧失红色而使尸斑消失。

(三)尸斑的颜色

尸斑的颜色取决于体内血红蛋白的颜色,不同人种皮肤色素的多少也有一定的影响。我国汉族成年人尸斑通常呈紫红色。一氧化碳中毒者,血液中含有大量鲜红色的碳氧血红蛋白(COHb),尸斑呈樱桃红色;氰化物中毒死者,因组织细胞不能利用氧气,血液中氧合血红蛋白含量高,尸斑呈鲜红色;冻死者死前组织细胞代谢降低,耗氧量减少,血液中氧合血红蛋白含量高,尸斑呈鲜红色;尸体在冰雪或冷藏库内,由于空气中的氧浸润皮肤进入毛细血管,形成氧合血红蛋白,亦能使尸斑呈红色;亚硝酸盐、氯酸钾等毒物中毒时,因形成高铁血红蛋白(变性血红蛋白),血液呈酱油色,故尸斑为暗褐色。因此,尸斑的颜色变化与死因有关,可以作为判断死因的依据之一。

(四)尸斑的分布

尸斑分布于尸体低下部位,因此根据尸斑的分布状况可以判明死者死后的体位和姿势、死后有无移尸以及何时移尸等问题。例如,仰面平卧的尸体,尸斑出现于枕部、项部、背部、腰部、臀部两侧和四肢的后侧;俯卧位的尸体,尸斑分布于颜面、胸部、腹部和四肢的前面;尸体处于立位(如缢死),则尸斑出现于下腹部、下肢和前臂。如果现场尸体违背上述尸斑分布规律,尸斑固定于非低下部位,或者背侧、腹侧均有较淡的尸斑,可以判明该尸体被翻动和翻动的大概时间。

同时,尸斑区域的受压迫部位呈苍白色,不出现尸斑。例如,仰卧尸体的肩胛部、臀部和小腿后侧,以及裤带、领带、衣领、衣裤皱褶处往往没有尸斑,形成苍白色压痕或红白相间的条纹。亦可结合固定受压的形态,判明停尸物表面形态特征,从而判明是否移尸。

四、尸僵与尸体痉挛

(一)尸僵

人死后全身肌肉经过一段时间的松弛,便逐渐强直变硬,将尸体固定成一定的姿势,称为尸僵。尸僵与尸斑可以确定一个人死亡;尸僵固定的姿势可以推断死后原始状态,是否移尸、何时移尸;尸僵的出现、发展和缓解有相对规律性,是新鲜尸体判断死亡时间的依据之一。

尸僵通常在死后1~3小时出现,死后6~8小时波及全身,10~12小时发展到高峰,3~5天缓解消失。尸僵发展顺序,一般从咬肌开始,逐渐发展到颈部、上肢、躯干、下肢,称为下行顺序。亦有少数尸体呈上行顺序或者呈混合型顺序发展。尸僵发展初期人为地加以克服,又可以重新僵硬;全身僵硬之后再行克服,就不会重现了。

心肌、平滑肌经过一段时间的松弛之后,也会发生僵直现象。心肌僵硬一般于1小时以内开始出现,由心尖逐渐扩展至心室,7~8小时达到高峰,可以持续20小时以上;平滑肌僵硬可使散大的瞳孔缩小,胃肠道、膀胱、精囊、子宫的平滑肌经过松弛和僵硬,可使大小便和精液溢出。

尸僵出现和缓解的时间、强度,与死者肌肉发育状况、年龄、死因以及环境温度等多种因素有关。儿童、老年人、肌肉衰弱者,尸僵出现早,持续时间短;肌肉发达者、青壮年,尸僵出现迟而久;死者剧烈运动、搏斗,或破伤风、士的宁中毒以及其他肌肉痉挛者,尸僵出现早而强;夏天尸僵出现早,冬天出现较迟。

尸僵的发生机制尚未完全清楚。多数学者认为,死后三磷酸腺苷(ATP)不断分解减少,使肌球蛋白与肌动蛋白的结合不可逆转,肌节缩短不能恢复舒张状态,从而使肌肉强直性收缩是形成尸僵的主要原因。也有学者认为,尸僵是死后无氧代谢产物乳酸的蓄积,使肌凝蛋白凝固的结果。随着蛋白质腐败分解产生氨使肌肉呈碱性,此时凝固的肌凝蛋白溶解,尸僵便缓解消失。

(二)尸体痉挛

尸体痉挛是一种少见的特殊肌肉僵直现象。人死后没有经过肌肉松弛阶段,在死亡的瞬间,全身或局部的肌肉立即僵硬,把临死时的姿势和表情固定下来,直至尸检。尸体痉挛是他人无法伪装的,因此是判明死者临终状态和鉴别他杀、自杀的可靠依据。例如,被害人手中紧握罪犯的头发、纽扣、衣裤碎片等,能反映死前与罪犯搏斗的状况；某些拿刀刎颈、持枪自杀者，死后手中仍紧握致伤工具；生前溺水死者，手呈鹰爪状，或者紧握水草、泥沙(团)等物；某些中毒或雷电击死者，留下临死时的痛苦表情，等等。这些由局部肌肉痉挛保留下来的临死姿势和表情，称为局部尸体痉挛(图2-2)。全身性尸体痉挛更为少见：如偶见于战争中战士激战死亡时，保持刺杀、斗拳状等姿势；有检案报道一对男女投河自杀，死后仍保持上肢互相拥抱、下肢膝关节弯曲呈90度痉挛姿势。

尸体痉挛的发生原因还不清楚。有人认为，多发生于中枢神经系统损伤和紧张、搏斗、激动的时候。

五、皮革样斑

皮革样斑指死后水分蒸发，局部皮肤干燥变薄变硬的一种死后变化，又称羊皮纸样斑。法医实践中所见的局部皮肤干燥现象，可以分为下列三类。

(一)生前损伤性皮革样斑

活体受伤表皮剥脱，真皮外露，死后水分易于蒸发而形成的皮革样斑(图2-3)。创面呈褐红色，有痂皮覆盖，切开皮肤有时可见皮下出血。如生前大面积擦伤、硬索沟、扼颈伤痕，以及强奸杀人案件被害人乳房、外阴部的抓伤等。

(二)死后损伤性皮革样斑

多在移尸或翻动尸体过程中，体表擦过粗糙不平的物体所形成，呈褐色或褐黄色，没有痂皮，切开皮肤无皮下出血等生活反应。大片皮革样斑，由于真皮干燥变薄，还能看见下面的静脉血管网。研究此斑的形态、分布、方向，对于判明有无移尸和移尸方式有重要意义。

(三)自发性皮革样斑

嘴唇、伸出齿外的舌尖、外露的结膜、阴囊、阴唇以及婴儿颈部皱褶处，因其表皮薄而潮湿，死后经过一段时间的水分蒸发，局部皮肤变薄变硬，颜色加深，形成自发性皮革样斑。不能把这些死后尸体局部干燥现象，误认为损伤或毒物的腐蚀痕迹。

六、角膜混浊

人死后，角膜内层上皮细胞自溶，房水浸入角膜中层，使胶原纤维膨胀改变其折光率，角膜出现乳白色云雾状斑块，并逐渐失去透明，不能透视瞳孔，称为角膜混浊。

角膜混浊程度是新鲜尸体判断死亡时间的常用依据之一。通常死亡后6~12小时，角膜轻度混浊；12~24小时角膜中度混浊，已不能透视瞳孔；大约死后24~36小时以后，角膜高度混浊，已不能透视瞳孔。此种分级主要依靠法医鉴定人的经验。有人用激光测试离体角度，按其递减度确定角膜混浊程度，以寻求判断死亡时间的客观依据。

七、自溶

人死后，组织细胞在自身释放的酶作用下分解溶化，使其形态结构模糊、消失，产生脏器变软、黏膜易于脱落的现象,称为自溶。

眼结膜、口腔黏膜的自溶,在夏天死后5~6小时、春秋天约10小时、冬天约24小时就明显出现,用棉签擦拭或镊子钳取,黏膜就会脱落。内脏自溶以胰腺、脑、肾上腺、胃等出现快,表现为质地变软、结构模糊、细胞结构和界线消失等。

胰腺自溶在尸检中经常出现,应与急性出血性胰腺炎区别开来。死后组织细胞自溶和随之出现的尸体腐败,能使软组织形态结构发生严重改变,甚至失去检验(特别是显微观察)的条件。因此,法医尸体检验应尽早进行。

第三节　晚期尸体现象

一、尸体腐败

(一)概述

尸体蛋白质在腐败细菌的作用下分解液化,逐渐毁坏和消失的过程,称为尸体腐败。尸体腐败现象及腐败进度有相对的规律性,可以作为腐败尸体判断死亡时间的依据之一。

腐败细菌有需氧菌和厌氧菌两大类。前者如变形杆菌、枯草杆菌、绿脓杆菌等;后者如腐败杆菌、产气荚膜杆菌等。活体时,腐败细菌就存在于人体消化道、呼吸道之内,对于分解食物残渣有重要作用。回盲部是人体贮存粪便处所,亦为腐败细菌之大本营,因此,地面尸体绝大多数右下腹部最早开始出现腐败绿斑,其后随着腐败的进展扩展全腹乃至全身。外界空气、水中的腐败细菌也可以通过口鼻腔侵入体内,因此水中尸体多由头面部开始腐败。

尸体腐败还产生具有恶臭的刺激性气体,称为腐败气体。其主要成分为硫化氢、氨、甲烷、二氧化碳、氮、氢、氧等。

(二)尸体腐败现象

随着腐败细菌的繁殖、腐败气体增多,尸体出现一系列腐败现象。

1.腐败绿斑(尸绿)

腐败气体硫化氢与血红蛋白结合生成污绿色硫化血红蛋白,或者与血红蛋白游离出来的铁结合成硫化铁,在皮肤上呈现的污绿色斑块,称为腐败绿斑。腐败绿斑初为淡绿色,以后颜色逐渐加深呈污绿色,中央色深边缘色淡,与周围皮肤的境界不甚清楚。地面上的尸体,通常在右下腹部首先出现腐败绿斑,以后逐渐扩展到全腹乃至全身,故又称尸绿。

地面成年人尸体,腐败绿斑出现的时间,在南方区夏季死后12小时左右,春秋季1~2天,冬天约3~5天。

2. 腐败血管网

随着尸体腐败的进展，腐败气体大量产生使胸腹腔压力增高，内脏血液受压沿血管流向体表，皮下静脉内充满腐败血水和腐败气体，形成污褐色（后为污绿色）网状条纹，称为腐败血管网或腐败静脉网（图2-4）。这种由腐败气体压迫内脏血液流向体表的现象，称为死后循环。

腐败血管网常最先出现于躯干两侧、大腿内侧，其后可以逐渐扩展至全身。

腐败血管网开始出现的时间，夏季约1~2天，春秋季约3~5天，冬天约5~7天。

3. 腐败水气泡

因死后循环流向聚积，形成腐败水气泡（图2-5）。水气泡破裂后，表皮脱去真皮外露，形成红色、褐红色或污绿色潮湿的创面，其后水分蒸发形成皮革样斑。

腐败水气泡往往在尸体腐败进展较快的条件下出现。南方地区腐败水气泡开始出现的时间，夏季约1~2天，春秋季约3~5天，冬天气温低，腐败进展较慢，一般不出现腐败水气泡。

4. 腐败巨人观

高度腐败尸体其体腔和皮下组织充满腐败气体，整个尸体膨胀变形，颜面肿胀、眼球突出、嘴唇肿胀变厚外翻、舌尖肿胀挺出、腹部膨隆、阴囊膨大如球，形似巨人，已不能根据其面貌辨识死者，称为腐败巨人观（图2-6）。

地面成年人尸体在南方地区出现腐败巨人观的大概死后经过时间，夏季约2~3天，春秋季约3~7天，冬季约15~30天。

5. 白骨化

腐败进一步发展，软组织逐渐分解、液化消失，毛发、指甲脱落，仅存骨骼，称为白骨化。尸体白骨化所需时间，因季节、环境、地区等条件不同而差异很大。夏季地面尸体，在蝇蛆和腐败作用下，大约2周即可白骨化。埋葬尸体白骨化，南方地区大约1年以内，上海地区约1~1.5年，我国北方约4~5年。

此外，腹部膨胀、口鼻流出腐败血水以及死后分娩、死后呕吐等也是常见的尸体腐败现象。死后分娩是指腐败气体充满腹腔将死者子宫内的胎儿尸体压出产道，并伴有子宫脱出、子宫内膜外翻，是孕妇的一种尸体腐败现象；腐败气体将胃内食物压出口腔之外，称为死后呕吐。其呕吐物（包括蛔虫等肠道寄生虫）也可能通过喉部，进入气管、支气管。不能将此种死后现象，误作为生前吸入窒息死亡的依据。

（三）影响尸体腐败的因素

凡是有利于腐败细菌生长繁殖的因素，都能加快尸体腐败的进度。反之，则尸体腐败进展缓慢，甚至停止。其主要因素有：

1. 温度

25~35℃适宜腐败进行，低于5℃或高于55~60℃，腐败细菌生长繁殖受到抑制或死亡,尸体腐败可以减慢或停止。

2. 湿度

适当水分也是腐败细菌生长繁殖的必备条件之一,若空气干燥、通风良好,尸体水分迅速蒸发,容易形成干尸,腐败也可以停止。

3. 空气

尸体腐败初期主要是需氧菌的作用,故暴露于空气之中供氧充分的地面尸体,腐败进展快;水中尸体因容氧有限,腐败进展较慢;土中埋藏的尸体,由于缺氧腐败最慢。三者腐败进度的比例关系是,地面:水中:土中 =1:2:8,即地面尸体腐败1周达到的程度,在水中则要2周,埋在土中要8周才能达到。

4. 尸体自身的因素

一般来说,肥胖者较瘦弱者、幼儿比老年人腐败进展快,大面积创伤、烧伤、细菌容易侵入,腐败进度快;窒息死、电击死、急死尸体,血液未受损并呈流动状态,有利于细菌滋生和传播,菌血症、脓毒血症患者,死前细菌已大量进入人体血液之中,其腐败进度较快。反之,大失血者、死前剧烈呕吐和腹泻等,使尸体血量、水分减少,同时呕吐、腹泻排除了大量细菌,故尸体腐败的进度较慢。

二、干尸

尸体处于干燥通风环境,水分很快蒸发消失,组织变干,体积缩小,尸体腐败停止,形成干尸(木乃伊)。

干尸有全身性干尸和局部性干尸之分。局部性干尸多见于头面部和上肢;全身性尸则整个尸体均木乃伊化。皮肤皱缩变硬,呈褐色或暗褐色,组织干燥失去弹性,内脏干涸缩小呈黑色或黑褐色。南方地区因湿度大,多发现局部性干尸,而很少出现过全身性干尸。

成年人全身性干尸形成需要时间,通常2~3个月。日本报道,形成一具男性干尸只经过了25天。四川凉山地区一具成年人干尸,死后经过时间为40天。

干尸若条件适当,不被昆虫破坏,可以长期保存。新疆楼兰古尸,就是一具保存了6000多年的女性干尸。干尸可以保留某些个体特征和生前损伤、索沟、扼痕等,具有较好的尸体检验和个人识别的条件。

三、尸蜡

尸体长期处于水中或埋葬在空气不足的湿润泥土里,皮下脂肪组织分解产物脂酸经皂化和氢化,形成尸蜡。法医实践中见到的多为局部性尸蜡,全身性尸蜡较为少见。尸蜡能保留体表损伤、索沟,乃至"鸡皮疙瘩"等细微痕迹,对于揭露和证实犯罪有重要作用。

尸蜡的主要成分为脂酸盐,大部分是脂酸与钙、镁、铵离子结合皂化而成。另一部分脂酸经氢化形成硬脂酸。尸蜡为黄色或灰白色蜡样物,具有酸臭气味,用手触摸有油腻感;组织切片观察,皮下脂肪组织中有脂酸结晶,遇稀硫酸铜溶液显示脂酸的蓝绿色反应。

通常皮下脂肪组织形成尸蜡，需要 2 ~ 3 个月时间，深层脂肪组织则需 4 ~ 5 个月，全身性尸蜡至少在 1 年以上。

此外，在保存型尸体中，还有软尸（泥炭鞣尸）、特殊保存型尸体等。前者是在酸性溶液中骨骼脱钙变软所致；后者如长沙马王堆汉墓女尸、湖北江陵县凤凰山汉墓男尸。这两具古尸保存完好，既非干尸亦非尸蜡、软尸，故称为特殊保存型尸体。

第四节　死亡时间的判断

一、概述

推断死者的死亡时间，是法医尸体检验和命案现场勘查的任务之一，对于判明罪犯作案时间、确定侦查范围、甄别重点嫌疑人等都有重要作用。

死亡时间的法医学判断，国内外法医学界都进行了大量的研究，从肉眼观察发展到组织学、组织化学、生物化学检测的新阶段。但是，由于影响尸体死后变化的因素太多，每具尸体在同一地区、同一季节仍有其个案的特殊性，至今只能判断出死者大概的死亡时间。一般说来，新鲜尸体容易判断，其误差也比较小。成为世界性法医学难题的是腐败尸体，而且死后经过时间越长，其难度和误差也越大。我们国家地域辽阔，南北气候差异很大，各地区法医在长期检案实践中所积累的丰富经验，对死亡时间的判断，应依照当地自然环境客观规律进行分析，做出准确的判断。

在法医实践中，判断死亡时间的常用依据是：尸体现象、胃肠道食物状况、蝇蛆生长发育情况和玻璃体钾离子浓度等。此外，现场、访问资料也是不可忽视的客观依据。

二、从尸体现象推断死亡时间

尸体现象的发生、发展有相对的规律性，可以作为判断死亡时间的重要依据，特别是尸僵、尸斑、角膜浑浊、尸体腐败现象，对于死后经过时间不太久的尸体价值很大。

法医实践中，通常把尸体变化过程分为三个阶段，即新鲜尸体、腐败尸体、白骨化和保存型尸体。

（一）新鲜尸体

指从死亡到腐败绿斑出现之前的尸体。其判断依据主要是早期尸体现象、超生反应和一些死后化学变化的指标，一般不难判明死亡时间，而且误差多在数小时之内。春秋季节（15 ~ 25 小时），地面成年人尸体的一般规律是：面部及四肢发凉，尸僵、尸斑开始出现，死后经过时间 1 ~ 2 小时；尸斑呈片状分布，尸僵大部分出现，死后3~4小时左右;尸斑融合成大片,尸僵全身出现,角膜轻度浑浊,嘴唇开始皱缩,死后约5~6小时;尸僵高度出现,尸斑经手指压迫仅部分退色,角膜中度浑浊,结膜开始自溶,死后12小时左右;尸斑已不能压退,皮革样斑形成,角膜高度浑浊,结膜和口腔黏膜自溶,擦刮可以脱落,死后24小时左右。若在夏天,尸体变化进度加快;冬天则慢。

水中尸体除尸温下降比地上尸体快之外,其余尸体现象均比地面尸体发展慢。例如,角膜轻度浑浊约在死后12小时,中度浑浊约在死后24~48小时,重度浑浊约在3~5天以上。春秋季节,手掌浸软皮肤容易剥离约3~4天,皮肤脱离形成手套、袜套约5~7天。

(二)腐败尸体

指腐败绿斑出现至全身软组织液化消失仅存白骨这个阶段的尸体。随着腐败进展,先后出现腹部肿胀、腐败绿斑、腐败血管网、腐败水泡、腐败巨人观和软组织液化消失等现象。推断这类尸体的死亡时间难度较大,死后经过时间越长,误差也越大。南方地区地面成年人尸体,各种尸体腐败现象开始出现的时间如表2-1。

表2-1 尸体腐败现象在不同季节开始出现的时间

尸体腐败现象	夏 季	春秋季	冬 季
腹部膨胀	4~5小时	8~10小时	2~3天
腐败绿斑	约12小时	约24小时	3~5天
腐败血管网	1~2天	2~3天	5~7天
腐败水气泡	1~2天	3~5天	一般不出现
腐败巨人观	2~3天	3~7天	15~30天

尸体软组织毁坏消失,往往是腐败和蝇蛆蛀蚀共同造成。软组织腐烂通常先从头颈部开始,皮下和肌肉组织液化消失,皮肤贴于颅骨。同时,肺脏腐败塌陷,心肌质软变薄,腹部胀气消失,胃肠道变薄塌陷,肝脏质软萎缩。其后,头颈部皮肤腐烂消失,胸腹皮肤紧贴骨骼,内脏消失,有时仅存子宫、直肠平滑肌纤维和肝脏网状纤维组织。最后,全身软组织完全消失,仅存骨骼。

地面成年人尸体,在蝇蛆蛀食和腐败的共同作用下,夏天15~30天,全身软组织就能完全消失。

地面、水中和埋藏尸体的腐败程度,一般是地面尸体(特别是室外尸体)腐败最快,水中尸体约慢2倍,埋葬土中的尸体慢8倍。但是,南方地区湿度大,气温高,很少刮风。所以,水塘、小溪中的尸体与地面尸体的腐败进度差别不大;嘉陵江的水温比长江高,与地面尸体的腐败进度的比值,约为1:1.5;长江上游含雪山融化之水,其水温低,与地面尸体腐败进度的比值约为1:2。

埋葬土中的尸体,因其土质、深度和棺材质量、埋藏季节等因素不同,各地白骨化的形成时间差别很大。我国北方约 4 ~ 5 年，上海地区约 1 ~ 1.5 年。重庆夏季闷热，地热散发慢，泥土温度高，此时埋藏的尸体，约经 4 ~ 6 月就能白骨化；其他季节埋藏的尸体，白骨化一般不超过 1 年。

（三）白骨化和保存型尸体

尸骨和干尸、尸蜡等保存型尸体，有的可以保存数年、数十年，有的则可保存数百年、数千年。例如，我国半坡博物馆保存有 6000 多年前母系社会的尸骨，其外形完整，能分清性别，颅骨骨折线仍然清晰可辨，所以，判断此类尸体的死亡时间更加困难，一般只能根据软骨、毛发、指（趾）甲、衣物、棺材的腐烂消失情况，估计出大概的时间。

通常地面尸体，骨风化约 5 ~ 10 年，骨骼崩坏在 10 ~ 15 年以上；埋藏土中的尸体，骨风化约 10 ~ 15 年，骨骼崩坏在 50 年以上。

干尸和尸蜡形成时间前面已有记载。部分干尸多见于上肢和小腿，通常 1 个月即可形成；部分尸蜡常见于大腿内侧和腹部，时间大约为 2 ~ 3 个月以上。

三、从尸体胃肠道食物推断死亡时间

（一）胃肠道食物消化程度

绝大多数人食物进入、停留在各段消化道时间的规律性，早被生理学家所证实；从法医实践来看，胃内食物的消化程度对推断死亡时间有很大帮助。一般来讲，胃肠内食物形态和位置与死者最后进餐时间的关系如表 2 – 2。

表 2 – 2　根据胃肠道食物消化程度推测死亡时间

胃肠道食物	死亡时间（餐后）
胃充满未消化食物	即刻
胃内食物变软，外形完整	1 小时
胃内食物移向十二指肠	2 ~ 3 小时
胃、十二指肠有消化食物及残渣	4 ~ 5 小时
胃排空	5 ~ 6 小时以上

但是，值得注意的是，此种推断时间的方法与饮食习惯、消化力强弱、死后（特别是尸温下降缓慢者）胃肠道有消化和蠕动功能、食物的性质等因素的影响。若是肉类或油腻性的食物，因其不易消化，其进食到死亡的经过时间应推迟 1 ~ 2 小时。

（二）食物成分与进食地点和时间

死者胃内食物成分与调查资料相结合，可以确定死者死前最后一餐进食的地点和时间，不仅为推断死亡时间提供可靠依据，而且还能为分析判断案情、确定侦查范围提供线索和证据。

胃肠道食物成分，对反映死者的生活习惯（饭后吃水果、瓜子等零食）、经济状况（食物成分多样，价格较贵等）、生活地区（如以粗粮、粗细粮结合为主食）以及死前的活动范围(从食物成分调查死者死前的行踪)等,都有重要意义。因此,杀人案件应当将胃肠道食物成分作为常规检查,从中发现有侦查价值的线索。

四、从嗜尸昆虫生长发育状况推断死亡时间

近20年来,研究和应用昆虫学及相关知识解决法医学实践中的有关问题,在国内外均有较大发展,并形成一门新兴的法医学分支学科——法医昆虫学。昆虫具有各自的特异生长周期,如苍蝇从产卵,卵孵化为蛆,蝇蛆生长成熟以后变成蛹,经翼化成蝇后破壳飞走,完成一代苍蝇的生活史。由于昆虫的种类不同,其生活习性也有差异。表现之一是在尸体上出现的时间差异性,如嗜尸性蝇类最为敏感。

(一)利用蝇类发育周期推断死亡时间

嗜尸性蝇类是指寄生于尸体或腐败物质的蝇类,据文献报道有17科数百余种。利用嗜尸性蝇类判断死亡时间,特别是腐败尸体的死亡时间有重要价值,是目前腐败尸体上最有效的方法。

苍蝇生长发育各个阶段所需时间,与季节、气温、湿度、苍蝇的种类等因素有关。以夏天为例,尸体处于苍蝇容易飞到的场所,一般死后1小时左右,苍蝇就在尸体的口、鼻、眼角、创口、女性会阴及其他潮湿部位(如头发黏附血迹处、婴儿颈部皱褶等)产卵。蝇卵为白色颗粒,有少许胶质互相粘成黄豆或米粒大小的堆积物(每堆有数十粒至数百粒蝇卵),胶质粘附物很少,极易松散。有时蝇卵也单个分布。大约经过7~8小时,蝇卵孵化成蛆,每天生长0.24~0.3厘米,约经过4~5天达到1.2~1.5厘米时,蝇蛆成熟,在屋角、尸体上或泥里逐渐变成蛹,约经过1周翼化成蝇,蝇破壳飞出,在现场留下蛹壳。夏天在尸体附近发现苍蝇的蛹壳,说明死者已经死亡10~15天以上。

蛹壳的颜色和破碎状况,也可以用于死亡时间的判断。蝇飞走后留下的新鲜蛹壳呈褐红色,如果变成黑色约经过10天左右,呈灰黑色塌陷变脆约15~20天左右,蛹壳破碎成残渣约1个月以上。

(二)根据昆虫在尸体上的演替规律推断死亡时间

国内周红章等(1977年)的观察结果表明,嗜尸性昆虫侵袭尸体的过程可分为侵入期、分解期和残余期。一般侵入期8~25天,以蝇类为主;分解期为42天,以甲虫类为主;残余期昆虫明显减少,无蝇类出现。甲虫为最早,尸体上第7天出现,其优势种类有尖腐阎甲、大隐翅虫、双带皮囊、介真阎甲以及短角露尾甲等。

五、从死后化学变化推断死亡时间

(一)眼球玻璃体钾离子浓度

人死后视网膜细胞自溶,原存于细胞之内的钾离子,逐渐进入玻璃体内。据研究,玻璃体钾含量随死后经过时间的延长呈规律性升高,每小时约为0.17mEq/L。

(二)脑脊液的变化

死后10小时内,脑脊液乳酸含量有规律性地升高,10小时以后升高速度减慢并失去规律性；死后 30 小时以内，非蛋白氮呈等差级增加，以后增加速度减慢，脑脊液中的钾，在死后 20 小时内呈现规律性增加，但 20 小时以后变异较大，不宜用于死亡时间的推断。

（三）血液的变化

正常血液中乳酸含量为 1 mEq/L，死后 1 小时乳酸含量可增加 2 倍，死后 12 ~ 24 小时可增加 50 ~ 70 倍；尸体血液中非蛋白氮的含量随死后经过时间的延长而增高，可以用于死后 24 小时之内死亡时间的判断；尸体血液中的钠随死后经过时间的延长而降低，平均每小时下降 0.9 mEq/L。死后组织细胞酶的活性变化与死后经过时间也存在一定的关系，如肝脏的乳酸脱氢酶、葡萄糖 - 6 - 磷酸脱氢酶、苹果酸脱氢酶、谷氨酸脱氢酶，死后 6 小时活性仍然升高，死后 12 小时开始下降，24 小时尚有中等活性，36 小时仍可查出活性，48 小时活性完全消失。

（四）根据组织学变化

某些器官如肝、心、骨骼肌等，在死后组织细胞的形态改变与死亡时间关联方面有一定的规律性，也可作为死亡时间推断的参考，如肝脏，死后 6 小时出现血管的扩张溶血，12 小时血细胞渗出，肝细胞糖原减少或消失，RNA 与 DNA 减少，24 ~ 36 小时嗜银纤维变粗，48 小时肝细胞浆呈碱性，RNA 与 DNA 消失。死后细胞的超微结构改变有一定的规律性，死后 30 分钟心肌细胞核染色质靠近核膜；60 分钟线粒体嵴断裂、溶解，基质内出现类圆形或形状不规则的絮状致密体；4 小时后细胞核膜破裂，致密体增大，数量增加；8 小时后基质内出现环状体。

六、从其他方面推断死亡时间

（一）超生反应

超生反应是指个体死亡发展到生物学死亡之间，尚具有活力的器官、组织、细胞，对外界刺激表现出的反应现象。某些超生反应现象，可以作为死后不久的尸体死亡时间的判断依据。如心搏停止后 4 小时左右，瞳孔对依色林和阿托品仍有缩瞳和扩瞳反应；死后 8 ~ 12 小时或更长时间，骨骼肌对电流、机械刺激还有收缩反应；死后 12 小时或更长时间，皮肤竖毛肌对冷刺激可发生收缩，出现“鸡皮疙瘩”；精子在女尸阴道内 12 ~ 24 小时，还保持活动能力等。

（二）尸体的其他变化

目前尚可根据骨组织 DNA 的降解速度、角膜内皮细胞的活性率以及腐败尸体腹腔气压的变化规律判断死亡时间。

（三）能证明死前状况的时间依据

1. 死者衣服的季节性。一般人（精神病患者除外）的衣服具有明显的季节性，如果郊外或水中尸体、白骨，身上穿有棉衣，表明其死亡时间可能在冬季。

2. 成年人头发平均每天生长 0.35 毫米，胡须 0.4 ~ 0.5 毫米，根据头发、胡须生长情况，可以判断死前理发、修面的时间，再查证其理发、修面的地点、时间，即可推断其死亡时间。

3. 睡眠中死亡者，如果膀胱中储留多量尿液，则可能死于下半夜；尿少或无尿，既可能是上床不久死亡，也可能是死亡过程中或死后排泄。

(四)与死亡时间有关的现场现象

1. 气候变化。气候是指下雪、下雨等天气现象。如雪地上留有死者的鞋印，则说明在下雪后发生。

2. 现场日历撕至何日、手表毁坏时显示的时间以及死者随身携带的车船票、电影票的时间等，都可以作为推断死亡时间的参考依据。

3. 现场血迹和其他痕迹的新旧程度。现场血迹的颜色变化也可以作为判断死亡时间的参考依据。新鲜血迹呈鲜红色，很快呈暗红色，其后血红蛋白转变成变性血红蛋白，血迹呈褐色。由红色到褐色所需时间，在阴暗凉爽处约2~3周，在散射光线照射处约5~7天，在阳光直射处约1~2天。

总之，推断死亡时间是复杂而难度较大的问题，早期死亡时间的推断是较可靠的，但中晚期尤其是对待高度腐败、仅存白骨的尸体，要确切判明死亡时间则很难做到。在侦查、审判实践中，应当根据尸体的个体情况，考虑多种依据和影响因素，结合案情和调查材料综合分析，才有可能做出可靠的结论。

第三章　机械性窒息

第一节　概　　述

一、呼吸与窒息

生命的基本特征是新陈代谢。新陈代谢过程需要不断地消耗氧并产生二氧化碳。人体为了维持正常的新陈代谢,就需要不断地从外界环境摄取氧和排出体内的二氧化碳。这个过程,就称为呼吸。

呼吸是一个复杂的生理过程:在吸气动作的牵引下,肺泡扩张,通过呼吸道将环境空气吸入肺泡内。由于空气中含氧量比血液中含氧量高,氧分压大,通过弥散作用,大量的氧便从肺泡腔进入肺泡壁的毛细血管内,并与红血球中的血红蛋白相结合,成了氧合血红蛋白。继之,带大量氧的红血球,随肺静脉回到左心房,再到左心室,通过主动脉,输送到全身的毛细血管。近动脉端的毛细血管内红血球中氧的分压比周围组织细胞内氧的分压高;这时毛细血管中的氧就弥散进入到组织细胞内,供组织细胞使用。组织细胞内因代谢产生了大量的二氧化碳,其二氧化碳分压比毛细血管内的高,组织细胞内的二氧化碳便向毛细血管内弥散,并与毛细血管内的红血球中的血红蛋白结合,生成还原血红蛋白。这时带着大量二氧化碳的红血球,便从近静脉的毛细血管,进入静脉,通过静脉,回到右心房,进右心室,经过肺动脉,到了肺毛细血管。由于这些毛细血管内的红血球带有大量的二氧化碳,其二氧化碳分压比肺泡内的高,于是它们便离开红血球,弥散进入肺泡,通过呼气动作的挤压,将二氧化碳从呼吸道排出。综上所述,呼吸过程包括三个环节:(1)空气与血液之间,在肺脏进行了气体(氧和二氧化碳)的交换,即外呼吸;(2)氧和二氧化碳由血液进行运输;(3)血液与组织细胞之间的气体交换,即内呼吸。

正常的呼吸功能有赖于各种内外条件:如外环境氧气充足、呼吸道通畅、肺结构和机能正常、胸膜腔结构完好、呼吸肌能正常舒缩、血液循环保持运输氧和二氧化碳的能力、组织细胞能利用氧、组织细胞与毛细血管内血液之间的气体交换正常、呼吸中枢无异常等。这其中的任何一个条件丧失,都会引起呼吸机能的障碍。

由于呼吸过程的障碍,使体内缺氧和二氧化碳蓄积,引起人体生理机能的紊乱甚至死亡,称为窒息。外呼吸障碍引起的窒息称外窒息;内呼吸障碍引起的窒息称内窒息。窒息引起的死亡称窒息死。

二、窒息的原因

窒息的原因很多,主要可归纳为:

1. 环境乏氧,如人在缺氧的窖内,或人在容器小的箱、柜内,并可见于坑道塌方引起坑内人员窒息等。

2. 机械作用,包括机械外力压迫引起的窒息,如勒、扼、闷捂、缢吊等和液体或固体堵塞呼吸道引起的窒息。

3. 外伤。外伤可以引起呼吸道堵塞,或引起气胸、血胸和大量的出血,从而导致窒息。

4. 中毒。毒物可以麻痹呼吸中枢,也可以引起呼吸肌痉挛或麻痹,或引起喉头黏膜水肿、喉头痉挛以及血液失去携带氧和二氧化碳的能力,组织细胞与毛细血管内的血液之间气体交换过程障碍,组织细胞失去利用氧的能力等,从而导致窒息。

5. 疾病,如白喉、肺炎、破伤风、狂犬病等,都可导致窒息。

6. 电击。电击者由于呼吸中枢受抑制和呼吸肌痉挛,也常引起窒息。

此外,新生儿由于在分娩过程中胎盘供血障碍或脐带受压等原因,致使氧的供应和二氧化碳排出障碍引起窒息,称新生儿窒息;电击者由于呼吸中枢受抑制和呼吸肌痉挛,也常引起窒息。

三、机械性窒息

机械原因引起的窒息称机械性窒息。机械性窒息是外呼吸道障碍所致。根据机械作用的部位和方式不同,又可分为“压迫性窒息”和“堵塞性窒息”两大类。

压迫性窒息包括:

1. 压迫口鼻:闷死。

2. 压迫颈部:缢死、勒死、扼死。

3. 压迫胸腹部:如塌方、人群拥挤、意外压住婴儿等。

堵塞性窒息包括:

1. 液体堵塞:溺死,意外吸入液体(如灌胃将液体误灌入气管内,自刎中吸入大量血液等)。

2. 固体堵塞:吸入异物(如玻璃球、花生豆、纽扣等)、异物强行堵塞上呼吸道等。

机械性窒息方法简单,条件(如绳索、徒手、水域)易得,致死迅速(一般只需数分钟),故常见于自杀、他杀,意外(如溺水等)也常发生,是非正常死亡中法医检验的重要内容。

四、机械性窒息的过程

机械性窒息的发生和发展是一个连续的过程,这个过程一般认为有以下六个阶段:

1. 窒息前期。呼吸障碍刚开始的阶段,体内尚有余氧可供利用,存留的二氧化碳也在人体可以容纳的程度之内,故不会出现窒息症状;当窒息原因去除之后,也不会留下任何不良后果。此期一般人为半分钟左右。受过游泳、潜水等特殊训练者,可持续一分钟以上。1989 年,古巴运动员曾创造了在水中屏气 5 分 24 秒的记录。

2. 吸气性呼吸困难期。由于体内缺氧和二氧化碳蓄积,刺激延髓的呼吸中枢,引起呼吸加快加深,吸气强于呼气,苦闷面容。同时,心跳加快,血压上升。由于强深的吸气动作,胸腔内的负压剧增,回心血量增多,右心扩张淤血,进而使整个静脉系统淤血,出现紫绀。此期大约持续 1~1.5 分钟。

3. 呼气性呼吸困难期。由于体内二氧化碳增多,刺激迷走神经,引起反射性呼气动作加剧,呼气强于吸气。由于中枢神经乏氧,引起意识丧失,全身出现阵发性痉挛甚至发生角弓反张现象。又由于植物神经兴奋,引起平滑肌收缩,出现排精、排尿、排便等现象。此期持续时间约 1 分钟。

4. 呼吸暂停期。中枢神经抑制,呼吸暂停,肌肉痉挛消失,心跳减慢,血压下降,状似死去。故也称假死期。持续时间约 1 分钟。

5. 终末呼吸期。出现间歇性的张口深吸气动作,瞳孔散大,肌肉松弛,血压下降。

6. 呼吸停止期。呼吸完全停止,心跳微弱可持续数分钟至 10 多分钟。

上述各期的长短和症状的明显程度因个人年龄、健康状态而有差异,也受到窒息原因不同的影响。

五、窒息死的一般征象

窒息致死者,由于体内乏氧和二氧化碳蓄积,引起一系列的病理生理变化。这些变化,死后从尸体上表现出来的一系列共有的征象,称窒息现象。

窒息死的一般征象包括尸体外部征象和尸体内部征象。

(一)尸体外部征象

1. 颜面青紫、肿胀

由于血中缺氧和二氧化碳增多,与二氧化碳结合的血红蛋白(还原血红蛋白)占多数,与氧结合的血红蛋白(氧合血红蛋白)占少数,而还原血红蛋白呈暗紫红色,故窒息者的血液呈暗紫红色。机械性窒息,如勒、扼等,由于头面部血液回流受阻,静脉怒张,颜面高度淤血,故呈青紫肿胀状态,口唇、指甲也呈暗紫红色,也称发绀、紫绀(图 3-1)。

2. 尸斑呈暗紫红色

由于血液中还原血红蛋白占多数,故血液呈暗紫红色。血液沉坠,颜色透过皮肤,故尸斑也呈暗紫红色。由于窒息死者血液多不凝固而呈流动状态,故尸斑出现一般较早。

3. 眼结膜下有点状出血

此多为散在出血点,针头大小,严重的也有互相融合成出血斑,色暗红。多发生在睑结合膜近穹窿部和球结合膜的内外眦处。特别严重的窒息,面部、上胸部皮下也出现散在出血点。一般认为,这是由于缺氧造成毛细血管壁通透性增大和血管内压力升高的缘故,也和眼结膜的解剖结构（血管周围组织疏松）有关(图 3－2)。

此外,机械性窒息死者,常有流涎、排精、大小便失禁和尸温下降较慢等现象。

(二)尸体内部征象

1. 血液呈暗红色、流动性

暗红色是由于血中大量的二氧化碳与血红蛋白结合形成暗紫红色的还原血红蛋白的缘故。又由于缺氧使血中纤维蛋白溶解酶增多,导致能使血液凝固的纤维蛋白溶解,故血液不凝固而呈流动性。

2. 内脏淤血

吸气性呼吸困难期,胸腔均因回流障碍而淤血,导致各内脏淤血。肺脏淤血尤为严重,并合并有气肿和水肿。因缺氧脾脏内的血液应急注入全身血循环,故脾脏收缩,呈贫血状态。

3. 各内脏的浆膜和黏膜下出现出血点

肺及心浆膜下的出血点尤为明显,呈红色或红褐色,针尖大到粟粒大,这种现象是法国医生塔雕(Tardieu)氏首先报道的,认为是确定窒息的重要证据,故称塔雕氏斑(图 3－3)。但在实践中,某些猝死、中毒、血液病和传染病也可检见出血点。

4. 肺气肿、水肿

吸气性呼吸困难期,肺急剧扩张,肺泡过度膨胀出现肺气肿。肺高度淤血易发生肺水肿。有时水肿液、呼吸道黏液与呼吸时空气混合形成泡沫,解剖时可在气管内见到多量泡沫,甚至经口鼻溢出。

第二节　缢　　死

一、缢死的概念

缢死俗称吊死,是指利用自身的重力,拉紧套在颈部的绳索,压迫颈（项）部,引起窒息而死亡。个别案例有将颈部卡在树岔、横木或其他物体上引起窒息死亡者,也可视为缢死。

缢死简便易行,是自杀的常见形式;但也有他杀缢死或用其他方式杀死后伪装缢死者;意外事故引起的缢死也偶有发生。由于缢死的数量较多,出现各种异常的表现也较多,易引起死者所在单位和亲属的怀疑。故缢死既是一种多发案件,时常也会形成疑难案件。

二、缢死的机制

缢死的原因是由于绳索压迫颈部器官,其死亡机制有以下三个方面:

(一) 呼吸道闭塞

一般多系着力的绳索将舌根推向后上方,压住咽喉部,使呼吸通道完全闭塞而窒息;侧位缢死者,缢绳的前支可以直接压住气管使之闭塞;后位缢死者,着力于项部的绳套将颈椎椎体推向前突,压迫气道并使之闭塞,造成窒息。据文献报道,15公斤重的压力即可造成呼吸道闭塞,引起窒息死亡。

(二) 脑部血液循环障碍

着力的绳索压迫颈部通向脑部的静脉、动脉,便会引起脑部淤血或贫血,导致脑缺氧,迅速失去知觉,进而脑机能完全丧失而死亡。据文献报道,受力1.5公斤即可使颈静脉闭塞;3.5公斤可使颈动脉闭塞;16.5公斤即可使行走于颈椎(横突)内的椎动脉(供应脑后1/3部分的血液)也发生闭塞。

(三) 反射性心跳停止

着力的绳索压迫或牵引,使颈部的迷走神经或颈动脉窦受到强烈的刺激,可以引起反射性心跳停止而迅速死亡。

另外,如悬吊时突然去掉垫脚物,身体猛然下坠,可导致颈椎骨折或脱臼,伤及脊髓而迅速死亡。

以上诸机制中,呼吸道闭塞和脑血循环障碍是主要的,反射性心跳停止及颈椎损伤较为少见。

三、缢死的征象

(一) 颈部有生前形成的缢吊索沟

绳索压迫颈部皮肤造成的压痕称索沟。缢吊的索沟一般都呈马蹄形或鸭梨形;下部受力处最深,称兜住弧,然后经两侧向后上方斜行而逐渐变浅,最后于上方形成提空,《洗冤集录》上称之为“八字不交叉”(图3-4)。由于兜住弧位置不同,缢吊的形式可分为三种:正位缢吊(兜住弧在颈前部)、侧位缢吊(兜住弧在颈侧部)、后位缢吊(兜住弧在项部)(图3-5、图3-6、图3-7)。索沟可以是一道,也可以是两道、多道,这完全取决于所用缢绳的道数。如果所用绳索质地坚硬、粗糙,形成的表皮损伤严重,死后干燥发硬变褐色,称硬索沟;如所用绳索质地柔软,皮肤受损不明显,死后无明显的变硬变色现象,称软索沟。生前缢吊时形成的索沟,其边缘或内部(尤其是多道绳索形成的索沟压痕之间)有充血现象和皮下、皮内的点状或条状出血;有时可见到有成串的针头大小的水泡形成。如果索沟压痕及皮下出血不明显,可用酒精涂擦,使其透明度增加,一般便可显现出来。有的缢吊时间短、绳索柔软,检验时索沟隐约不清,可将尸体放置一两天后,由于受压部皮肤易干燥,索沟便可显现出来。

(二) 颈内部有缢吊形成的损伤

在索沟的相应部位的皮下及肌肉等软组织有出血现象;舌骨和喉头软骨可能发生骨折,骨折处周围软组织出血;由于绳索将喉头推向后上方,可撞压咽后壁并使该处形成黏膜下出血斑;颈总动脉的内膜可能因受绳索的强力牵扯而产生横行的断裂,一般裂纹只有一条,也有两条或两条以上者。缢吊动作过猛者,可产生颈椎的骨折、脱臼,造成脊髓损伤,骨折处周围软组织出血。

(三) 窒息现象

由于缢死的机制不同,有的窒息现象明显,颜面青紫肿胀、眼结膜下有明显的出血点,尸斑色暗红;有的窒息现象不很明显。死于反射性心跳停止者,可以没有任何窒息现象,颜面苍白,称“白缢死”。

(四) 其他征象

口鼻经常有分泌物流出,甚至垂滴于颈胸前(图3-8);也有因鼻黏膜血管高度淤血而破裂流血者。另外,不少缢死者舌尖伸于牙列之间或伸出牙列外1~2厘米。

四、缢死的鉴定

缢死的鉴定,主要有以下四个方面的问题:

(一) 缢死的确定

确定生前缢死的主要根据可归纳为以下三点:(1)颈部有生前一次形成的缢吊索沟。其特点是:方向自前下方经颈部两侧斜行向后上,形成下深上浅、马蹄形或鸭梨形、后上方有提空(八字不交叉)的压印痕,其内部和边缘可见有充血、皮下(或皮内)出血点,并有针头大小的水泡形成;索沟的宽度、道数和纹理应与缢绳相一致。(2)经解剖可见,索沟相应部位颈部皮下组织、肌肉内有出血现象,舌骨和甲状软骨骨折,咽后壁黏膜下有出血斑和充血现象,颈动脉内膜横行破裂,颈椎骨折、脱臼、出血。(3)有不同程度的窒息现象,颜面青紫肿胀、眼结膜下有出血点、尸斑颜色暗红。解剖可见血液呈流动性,颜色暗红,各内脏淤血(肺脏尤为明显),脾脏收缩,各内脏被膜下有出血点。

(二) 缢死现场的勘查

1. 悬挂点

第一是悬挂点的有无。有些“套白狼”勒死的他杀案件,颈部索沟和尸体上其他表现极似缢死,但现场上往往找不到合乎情理的悬挂点。第二是悬挂点位置的选择,有的死者把悬挂点选在几十米高的烟囱上或白杨树上,这种位置他杀和伪装都是难以做到的。而有些老弱病残者如悬挂点过高或位置特殊,则死者是无力达到的。第三是悬挂点处的痕迹。他杀缢吊的悬挂点处的绳子印痕往往呈滑动状态，例如，某伪装缢吊案，作案人将绳索一端套在死者颈部，中间穿过悬挂点，另一端牵拉绳子，将尸体硬抽上去，现场勘查时，发现悬挂点（木质门楣）上拉出一道明显的沟来。第四是悬挂点上的指纹，不管明显与否，都要用心找寻提取，这对于判断案件性质具有决定意义。第五是要注意悬挂点上的纤维与报案人提供的绳子的纤维是否一致，悬挂点上的尘土与绳子上污染的尘土是否一致，有时从中可能发现问题。

2. 垫脚物和攀缘物

相当一部分缢死的悬挂点较高，拴绳索时常用桌椅等物品垫脚或依靠梯子、沿树干、管道、柱子攀缘而上，因而通过垫脚物和攀缘物的勘查有时可以获得分析判断案件的有力的证据和线索，如遗留的指纹、足迹、衣服（特别是毛线衣、粗呢等）的纤维和纤维的印痕以及蹬蹭痕迹及其他相关附着物。

3. 缢绳

先将缢绳本身及其打结方法进行仔细勘查；再将绳子与索沟相比对，确定其宽度、数目、硬度、纹理等的一致性；然后查找绳子的来源。如是死者自家物品，要查找家中是否有剩余部分，两者断端是否吻合，组成的纤维成分数目是否一致，并寻找和确定剪绳的工具（如通过剪刀刃口的检验、粘附纤维及指纹检验等方法），如不是死者自己家中的绳子，如有必要则应在对绳索的解剖、化验弄清特征的基础上，进行调查，从中发现线索。

4. 注意死者衣着的状况

要注意死者衣着上精斑、血迹（有的缢死者口鼻流血）、口鼻分泌物的流向（是否自上向下自然流淌）、尸体和周围环境的关系，注意其有无反常。死者手上和衣兜里有时可能遗留的绳子的纤维成分（特别是一些干燥的粗制麻绳），有助于分析死亡性质。

（三）缢死性质的判断

1. 自杀缢死

自杀缢死占缢死中的绝大多数。判断的主要依据是：尸体检验证实系生前缢吊致死，没有其他致死的原因和可疑现象；现场上和缢死有关的各种痕迹物证是死者自己形成的；有自杀的因素，没有他杀和伪装的迹象。

2. 他杀缢死

单纯用缢吊方式杀害一个健康、清醒的成年人十分困难，而用于杀害孩童和老弱病残者则是可能的。被害人尸体上除有生前缢死的征象外，往往有致昏或导致失去抵抗能力的损伤、中毒、电击等造成的特征，或有捆绑、堵嘴的现象，有搏斗挣扎反抗造成的损伤，或有索沟出现错动、现场上有凶手一人或多人作案留下的痕迹物证、情况调查上有他杀的因果关系和作案的迹象，这是一种情况。

另一种情况是将人杀死后伪装缢死。判断的主要依据是：无生前缢死的征象，索沟是死后形成的(无充血、出血、小水泡形成等生活反应);经尸体解剖检验能找到损伤、中毒、电击等真正的致死原因,现场上有各种伪装的迹象;尸体反映的死亡时间与发现、报告的死亡时间不符,当事人提供情况矛盾百出等。这类案件的判断一般困难不大。

3. 意外缢死

意外缢死也时有发生,主要见于玩耍、做试验、自淫上吊、"吓唬人"、工伤等。如:有一人夜间快速骑自行车经过集体宿舍楼前,被晾晒衣服用的铁丝挂住颈部悬吊起来。这类案件往往情况明显,现场具备造成意外缢死的条件,而尸体表现为单纯的生前缢死征象,又没有自杀、他杀因果关系,故判断没有困难。对意外缢死也要过细勘验现场、检验尸体,注意发现和排除伪装迹象,并按规格做好记录资料(含照片)存档备查。

(四)其他需要鉴别的问题

在缢死的尸体检验中,经常遇到一些可疑现象和死者亲属感到可疑的问题,需要加以认真的研究鉴别。最常见的问题有:

1. 缢死尸体上的损伤问题

缢吊的尸体时常伴有不同程度的损伤,对此要引起高度的警惕。首先要确定损伤是生前造成的还是死后造成的,是什么致伤物在什么情况下造成的,损伤程度如何及是否致命,是自伤、他伤还是意外伤。对于可能使人致死、致昏的损伤,特别是勒、掐、闷捂、打击头部、强奸、抵抗、搏斗伤尤其要加倍注意。

但同时也要注意到,有的缢吊尸体上出现损伤并不是他杀。第一,缢死往往可能是多种自杀形式的最后完成,此前死者可能自刎颈部、摸电门、吞食锐器、切开腹部……均没能达到自杀目的而最后采取上吊的办法。第二,死前遭到体罚、虐待,遍体鳞伤,在无法忍受时自杀。这种损伤种类形状多样,单个伤较轻,分布广泛,新伤旧伤同时存在,没有致命伤和综合致命伤。第三,缢死过程中,在呼气性呼吸困难期,经常出现全身肌肉抽搐痉挛,如果周围有一些突出物品与身体有关部位碰撞接触,可以形成以片状(和条状)为主的表皮擦伤。这是缢死的伴随现象,与死亡性质无关。

2. 缢吊尸体上的捆绑问题

他杀在缢吊前可能把人捆绑起来以限制其活动和反抗,故尸体上有捆绑现象。但也有的自缢者,怕达不到目的,在缢吊前也进行自我捆绑。故缢死尸体上有捆绑现象者,需要区别是别人捆的还是自己捆的。

首先,注意捆绑的位置和方式,他杀往往把死者的上肢、背部和颈部捆在一起,俗称"五花大绑",有的则只把被害人双手反绑在背后,而自杀者往往只捆双脚、双手,多半事先捆好绳套,然后套在手脚上,仅仅为限制自救而已。其次,注意捆绑的方法,他杀捆绑绳子往往勒得很紧,道数多,结系得很实,且不止一个;自杀捆得较松,经常是绕上、套上而已,道数少,打结多在前面,往往只打一个结,结打得不紧,有时打结动作是靠手和牙咬共同完成的，有时则是利用环境条件帮助完成，因此绳结所在位置都是死者手、牙所易及的地方。综观全局，自杀的捆绑各个环节都是死者自己能完成的；而他杀的捆绑动作则是死者自己所无法完成的。此外，有些尸体的手足和身体的其他部位有绳子的捆绑痕，但现场并无绳子，这种情况说明曾受过捆绑，有他杀可能。

3. 缢吊尸体胃肠内容发现毒物问题

在检验缢死的尸体中有时可发现其胃肠内容、血液中含有毒物。出现这种情况一般有三种可能：第一，被毒死后伪装自缢；第二，中毒昏迷失去抵抗能力之后被吊死；第三，自杀者为减轻痛苦或保证自杀成功，在自缢前先服用毒物。

区别这三种情况并不难，除勘验现场、注意毒物性质和进入体内的途径……外，主要是将各内脏分别取材、分别包装、分别定量检验，以确定毒物是否已经吸收，吸收进入血液的毒物量是否足以引起昏迷、死亡。同时结合尸体的病理变化，便可做出明确结论。

4. 不完全缢死

法医学上把死者双脚悬空、整个尸体都离开地面的缢死称完全缢死；把尸体没有完全离开地面的（包括站、跪、蹲、坐、爬、仰、卧）称为不完全缢死（图3－9、图3－10、图3－11、图3－12、图3－13）。这两种缢死的方式，自杀他杀都可能发生。有些人把不完全缢死作为判断他杀的依据是不正确的，因为临案事实证明，自杀采用不完全缢死者数量不少。据学者研究，压迫颈总动脉使之闭塞引起脑部缺氧而死亡所需力量只要3公斤；而使颈部静脉闭塞，断了脑部血液回路使之缺氧致死所需力量为1.5公斤。而一般成人的头部重量都在6～7公斤以上，即仅用头部重量即可压迫颈部的动、静脉使之闭塞。所以不管采用何种缢吊体位，身体上有关部分的重量均足以将人缢死。而当人的脑部血管受阻得不到足够的氧气便会很快丧失意识，因此采取不完全缢吊方式自缢的人，在缢吊到一定程度之后，想自己站起来终止缢吊是不可能的。反之，从他杀的角度分析，犯罪分子的目标是使活人迅速有效地被吊死或将死人吊上以使人们相信其伪装，显然把人完全悬吊起来比不完全缢吊更具有效性和欺骗性。因此，不完全缢吊不是认定他杀或他杀伪装自杀的依据。

5. 离奇现象

最常见的有奇装异服、光身、自残。如有自缢者鼻中膈穿过一细铁丝下垂以秤砣；有切去阴茎；有用绳子捆绑阴囊悬于悬挂点；有在自缢的同时在脚下纵火自焚，等等。离奇现象多见于精神病和心理变态患者，要结合死者生前情况、现场调查和技术勘验加以解决。

6. 幼童自缢

幼童自缢时有发生，如有的是因功课不好，或偶然偷东西被发现、被家长打骂；

有的是看了小人书、电影、电视有缢吊的场面而盲目模仿;有的是为了玩耍;有的是为了“吓唬”自己的家长。这类不幸事件的产生,家长感情上往往无法接受,因而常常提出疑问。故遇到幼童缢死一定要把工作做细,要在认真搞好尸体检验、毒物检验等各项检验的同时,认真做好现场勘查和情况调查,使结论具有充分的说服力。

第三节　勒　　死

一、勒死的概念

运用肢体力量或其他外力,将缠绕在颈部的绳索勒紧,压迫呼吸道,引起窒息死亡,称勒死。有些法医教科书称勒死为“绞死”。欧洲有些国家实行的绞刑,是用绳索勒住颈部,依自身重量悬吊致死,应属缢死。

一般认为勒死多为他杀,还很少有用其他方式将人致死后伪装自杀勒死的报道。但在法医实践中,自杀勒死并不少见。北京地区统计 156 例勒死中,他杀勒死为 104 例,自杀勒死 52 例,他杀勒死与自杀勒死比例为 2:1。意外事故的勒死偶有发生。

二、勒死的机制

勒死的机制与前述缢死基本相同,包括压迫呼吸道、压迫颈部血管和压迫迷走神经及颈动脉窦引起的反射性心跳停止三个方面。但由于力量来源和作用方式的不同,勒死时压迫颈部的暴力一般不如完全缢死的暴力强大,且绳索压迫的部位比缢死部位低(多在甲状软骨及其下方)。由于甲状软骨、环状软骨、胸锁乳突肌等的支撑而减轻了部分压力,同时被勒者的挣扎反抗,致使呼吸和血循环往往难以持续、彻底地中断,因而死亡的过程较缢死要长,头面部淤血以及各种窒息现象表现较为显著。勒死的三种致死机制中,死于呼吸道受压所致的窒息和伴有颈部血循环障碍是多数,单纯的因血循环障碍或反射性心跳停止致死的是少数。

三、勒死的征象

(一) 颈部有生前形成的勒颈索沟

此也称“勒沟”,是绳索环缠并压迫颈部皮肤造成的压痕。勒沟一般多位于颈中部、呈环形、近乎水平方向(横行),因受压力较均匀,故深度基本一致,圈数以两道为多,一道次之,多道也常发生,并常有绳结压痕。由于勒绳在勒死过程中常有错动,故索沟周围及内部往往有擦拭造成的表皮剥脱,绳索粗糙僵硬者尤为明显(图 3－14)。勒沟因绳索质量不同,也有硬索沟与软索沟之分。有时绳索虽然粗糙,但勒死后马上解掉,或勒紧时绳套内垫有柔软物品,索沟也可以不很明显。生前造成的勒沟,其边缘及沟内有充血、皮下出血及针头大小的小水泡形成。

（二）颈内部有损伤

一般在勒沟相应部位的皮下组织、肌肉、甲状腺等软组织有不同程度的出血；喉头软骨经常发生骨折；若勒沟位置较高，可引起舌骨骨折；勒沟位置较低，可引起气管软骨骨折；勒颈（特别是绞勒）的力量特别强大时，可发生颈椎棘突骨折。同时，甲状腺、舌根、咽喉部可发生严重的淤血和不同程度的出血。

（三）窒息现象

由于勒死过程中气管和颈总动脉往往不能彻底闭塞，因而窒息过程较长，头面部淤血严重，故窒息现象明显，颜面青紫肿胀严重，眼结膜下出血点大而多，甚至面部皮肤、口腔黏膜都有散在的皮下及黏膜下的出血点，尸斑紫黑并有出血点形成，舌尖吐出牙列外并有咬伤。

四、勒死的鉴定

（一）勒死的确定

确定勒死一般没有大的困难，主要根据是颈部有勒颈形成的有生活反应（索沟边缘或内部有充血、皮下出血和小水泡形成）的索沟；与索沟相应的皮下软组织及喉头软骨有损伤和出血，全身（尤其索沟以上的颈部及头面部）有较明显的窒息现象；并除外其他致死原因。

（二）勒死性质的确定

确定勒死的性质，除现场勘验和情况调查能提供重要情况外，尸体检验也能提供重要的依据。

他杀的勒死，一般绳索勒得都很紧，索沟深而明显，常有擦拭、错动造成的表皮剥脱；索沟缠绕圈数偏多；打结常于颈部的侧方或项部（俯位时），结很紧。有时凶手恐其不死，勒一道绳子打一个结，直至缠绕好几圈（图 3－15），打好几个结。经常将衣领、毛发、杂物捆在绳套内，甚至将耳朵、口唇也捆进套中。同时，经常有捂嘴、往嘴里塞东西、扼颈等现象；头部等处可能有打击伤，手及前臂有搏斗、保护性损伤；妇女还有可能被奸的迹象。

自杀的勒死，一般取仰位，绳套紧张度稍差，圈数为 1～2 圈，打结于颈前部，也有先做成死套，然后插入木棍等物，逐渐绞紧后将木棍卡于颈前，也有死后绳子两端还握在手中者。有时单从尸体检验认定自杀有困难，要结合现场勘查和调查方能做出结论。

意外勒死，多因偶然被丝带绳索套住颈部而绞死（如被转动的机器绞住等），此种勒死，根据现场情况和发生经过，一般不难判断。

第四节 扼 死

一、扼死的概念

用手压迫颈部引起窒息死亡称扼死,俗称“掐死”。少数也有用肘弯钩压或前臂压迫、脚掌踩压引起窒息死亡者,也可归入扼死一类。自己扼颈,至意识丧失后,手自然松开,呼吸和循环便可迅速恢复,故不会引起死亡。意外扼死从理论上看虽不是绝对不可能,但至今未有正式报道。故法医界一般认为扼死应是他杀。

二、扼死的机制

扼死的机制与勒死基本相似,包括压迫气管引起的窒息、压迫血管引起的脑部血液循环障碍和压迫迷走神经和颈动脉窦引起的反射性心跳停止。由于扼颈很难使脑的供血完全阻断,特别是手压很难使从颈椎里行走的椎动脉断流,因此,血循环障碍虽在致死中有一定作用,但它不是最主要的,最主要的原因还是呼吸障碍引起的窒息。单纯由于压迫神经引起反射性心跳停止而死亡者为数极少。

三、扼死的征象

(一) 颈部有扼(掐)痕

扼痕一般指指甲印和手指印,实际上还应包括虎口和掌内侧的压痕。典型的指甲印是半月形的表皮剥脱,但由于掐颈时手和颈部都在剧烈地活动,因而实际上半月形的表皮剥脱很少见,大多数表现为条状、片状、点状或不整形的表皮剥脱(图3-16);典型的手指印应为长圆形的皮下出血,实际上多表现为条状或不整形的皮下出血;虎口和掌侧造成的多是大片状、不规则形的皮下出血。扼痕一般集中在喉头两侧,但由于加害人的手的大小、作用力方向、作用部位、掐颈的方向、方式不同,颈部的各部分乃至项部和下颌都可能造成损伤。扼颈时,若颈部有硌垫物,扼痕可以很不明显而不易被发现。如硌垫有硬物也可在皮肤上造成相应的损伤。

(二) 颈内部的损伤

这主要在喉头及气管周围乃至整个颈部软组织有不同程度的出血、挫伤,喉头软骨、舌骨骨折,周围组织出血。在有硌垫物(如棉被)的扼死案例中,颈外部可以没有明显的损伤,而颈内部的损伤则较明显。

(三) 窒息现象

由于扼颈很难将呼吸道完全、持续地阻断,窒息经过时间相对较长,故窒息现象明显,眼球、睑结膜下出血明显,甚至脸部皮下也有散在的出血点。但因掐死后一般颈部压力即被解除,面部青紫肿胀有所消退,不像勒死的那么严重。因压迫神经引起的反射性心跳停止死亡者,尸体上没有窒息现象。

（四）其他现象

扼死一般多有捂压口鼻造成的口鼻周围表皮剥脱和上下唇（主要是上唇牙面）黏膜的硌垫伤（黏膜破损、黏膜下出血，组织挫伤）（图3－17）。仰卧位被扼死者，因受加害人膝部顶压，往往发生两侧肋骨骨折，肩胛部有挫擦伤，头部可能有拳击伤，手及前臂常有搏斗伤。被害人手指可能揪下加害人的毛发，手指甲内可能抓下加害人的表皮成分，甚至染有血迹。女性被害人，时常有被奸迹象。

四、扼死的鉴定

由于扼死一般都是他杀，故它的鉴定关键在于准确地判断是否为扼死。扼死的判断，除了根据前述扼死征象之外，还要结合现场勘验的情况并完全排除其他原因致死的可能。有些扼死可能伴有损伤和中毒，而这些损伤和中毒应该是他人所为并且不是致死的主要原因。有些勒死、溺死、外伤死可能有扼颈的过程，但如果扼颈不是主要的，不是致死的原因则不应列为扼死。有些疾病发作时呼吸困难，因憋闷而乱抓颈前部可造成该处的表皮擦伤和皮下出血，注意防止误诊为扼死。有人曾抢救一自缢者，用手从其颈前抠开缢吊绳套，用力较大，结果在被救者颈前部造成明显的表皮擦伤和皮下出血，与扼痕颇为相似，而被误判为掐死。在临案中，这些情况都是需要注意甄别的。

第五节　溺　　死

一、溺死的概念

由于大量液体吸入并堵塞呼吸道引起的窒息死亡称溺死，也称“淹死”。液体主要是水，也可以是酒、油、血、尿等。溺死一般是全身浸没在液体内；但有时仅头面部乃至口鼻浸没于液体内也可引起溺死。溺死多见于灾害事故，如游泳事故、失足落水、水运工具沉没等；自杀也很常见；他杀溺死也时有发生，如突然袭击将不会游泳的人推入深水域、对人攻击后打入水中、将人强摁入水中或致昏后置于水中等；也有将人杀死后置于水中伪装溺死或将尸体沉入水中以掩盖罪行者，故溺死是法医检验工作的重点课题之一。

二、溺死的机制

溺死的主要机制是液体堵塞呼吸道引起窒息而死亡。同时，大量的液体吸入肺泡后能迅速进入血液循环（据实验，淡水中溺死者血容量可增加10%～55%），将血液稀释，引起渗透压降低，红血球破裂、溶解，释放出大量的钾，发生高钾血症，使心搏徐缓乃至心力衰竭。如是海水，则引起肺内盐分大增，渗透压增高而产生严重肺水肿，血液浓缩，呼吸衰竭。少数溺水者由于受冷水刺激，可以引起声门痉挛而窒息死亡,或因迷走神经受刺激产生强烈抑制作用致心跳骤停而死亡。

三、溺死的征象

(一) 尸体外部征象

1. 口鼻有蕈形泡沫

由于吸入的溺液刺激气管黏膜,分泌大量黏液,气管内的溺液、黏液和气体在呼吸作用的搅拌下,形成了大量的白色泡沫。捞出水面后,这些泡沫便从口鼻溢出,如蕈形堆集于口鼻周围,故称"蕈形泡沫"(图 3-18)。这些泡沫主要是在终末支气管形成的,因而非常细小、均匀;由于其成分中含有蛋白质,因而具有一定的黏度,排出体外后比较稳定,一般能保存 2~3 天,即便被风干,仍会留下泡沫的痕迹。又因肺毛细血管高度扩张,可造成部分红血球渗出肺泡内,成为组成蕈形泡沫的成分,故蕈形泡沫也可能是粉红色的。蕈形泡沫是生前入水溺死的重要征象。一些有严重肺水肿死亡者,呼吸道内也有泡沫状液体形成并可流出口鼻,但一般不聚集成蕈形;另外,通过解剖还可找到其形成的病理变化和成因,因而与溺死的蕈形泡沫是可以区别的。

2. 手中握有水里漂浮的水草、树枝等杂物

溺水过程中,人出于自救的本能,企图抓住某些物体以便使身体浮出水面进行呼吸。因此两手在水中乱抓,抓住一些杂物并将之使劲抓牢,结果往往造成手部肌肉痉挛,一直保持至死后。这在死后是无法伪装的,因而是确定生前入水溺死的一项重要依据。

3. 尸斑颜色淡、出现慢

死者血液受大量水分的稀释,水中尸体受到水的压力,血液不易坠积到近体表部位,故其尸斑颜色较淡。由于尸体在水中常随水流移动翻转,加之毛细血管因受冷水刺激而收缩,故尸斑出现较慢。由于尸斑本来颜色就较淡,加之尸体周围水中氧气渗入到尸斑处的毛细血管内,形成颜色鲜红的氧合血红蛋白,故溺死者的尸斑不像其他窒息死者的尸斑那样呈现暗紫红色,而呈淡红色。

4. 窒息现象

这主要表现为眼结膜充血和眼结膜下散在出血点的形成;部分溺死者也有颜面肿胀和颈部静脉怒张的现象。

5. 皮肤苍白皱缩,鸡皮疙瘩形成

由于受冷水刺激,皮肤及皮下毛细血管收缩,除有尸斑部位外,其余部位皮肤显著苍白,阴囊、阴茎及乳头皱缩。由于立毛肌受冷水刺激而收缩,在大腿及上臂的外侧和躯干腹侧等处的皮肤上常有鸡皮疙瘩形成。但上述这些现象,在死亡不久体温尚存的尸体,如果突然受冷水等寒冷刺激也可出现,故它在诊断溺死中的意义,需经过甄别才能肯定。

(二)尸体内部征象

1. 肺水气肿,浆膜下有出血斑

由于大量溺液进入肺泡,同时原肺泡内的空气被挤压至肺的边缘部,使溺死者的肺,既有水肿,又有气肿,称“水气肿”或“水性肺气肿”。此种肺,体积膨胀,表面有肋骨压痕,重量明显增加;切开有大量的血性泡沫、液体流出。由于血液被稀释,肺毛细血管破裂之后,在肺表面形成散在的颜色较淡的出血斑,尤其在肺下叶和叶间沟处更为明显,有的教科书上把它称为“溺死斑”。

2. 呼吸道内有溺液

在溺死过程中,由于大量溺液被吸入呼吸道,故解剖时可发现喉头、气管、支气管及细支气管内有溺液、泥沙以及随溺液进入的各种异物。死后入水者,有时口鼻也可进入泥沙,但一般仅至喉头,很少进入气管,而不像溺死者溺液成分可达细支气管和肺泡内。

3. 左右心血浓度不同

肺内的溺液通过肺泡壁进入毛细血管,经肺静脉进入左心。这时,左心的血经过溺液的稀释,浓度明显降低,血色素含量左心可比右心低25% ~40%,氯、镁、钠等元素的浓度也明显降低,黏度下降。通过实验室的检验,可以准确做出判断。如果是在海水中溺死则相反,因肺泡里的海水中含有大量盐分,能吸收血液中水分并有部分液体进入血管而使左心血液中氯、镁、钠的浓度明显增高。另外,溺液进入左心,使产生溶血、血红蛋白染红左心壁及主动脉壁,呈红色。

4. 消化道内有溺液

溺死过程中,溺液除被吸入呼吸道外,还有大量溺液被咽进胃内,量一般较多,往往使胃部膨胀,十二指肠内也经常有溺液和随溺液进入的异物、泥沙等。

5. 内脏器官中能检出硅藻

在自然水域中生长着许许多多的浮游生物,包括浮游动物和浮游植物两大类。浮游植物就悬藻类,包括蓝藻、绿藻、硅藻等。硅藻也称矽藻,一般为单细胞,有时也集成群体,它的细胞壁很坚硬,是由二氧化硅构成的,故称硅藻。其形状多样,大小不一,一般在8~15微米范围内。在溺死的过程中,大量溺液通过肺泡壁处破裂的毛细血管进入血中,各种硅藻也随之进入血液循环,通过左心而被送至全身各处。故溺死者可在肺、心、肝、肾、脾、骨髓等脏器内检查出硅藻。由于硅藻的细胞壁含二氧化硅,具有很强的抗腐蚀能力,因而即便尸体高度腐败也不影响硅藻的检出。故检验硅藻在溺死的鉴定中,尤其在尸体已经高度腐败的情况下就具有重要的意义。但如果是死于喉头痉挛和反射性心跳停止者,因为没有吸入多量的溺液,故脏器内也就不含有硅藻。另外,在检验过程中也需防止人为的污染,将外来的水中硅藻带进脏器检材之中。此外,从理论上讲,不同的自然水域生长的硅藻会有差异,因此,根据尸体内的硅藻和不同水域的硅藻做对比,可以确定死者入水的地区,但在办案实践中,由于诸多因素的影响,这项工作难度很大,国内外很少有成功的报道。

此外,颞骨锥体内出血、颈部及胸背部肌肉内出血、胸腹腔内有大量溺液也可作为溺死诊断的参考。

四、溺死的鉴定

(一) 溺死的确定

水中发现的尸体,首先应确定是否是生前入水溺死。确定生前入水溺死的重要依据有:

1. 口鼻周围有蕈形泡沫;

2. 手中紧握有水里漂浮的水草、树枝等杂物;

3. 呼吸道及消化道内有溺液成分;

4. 肺水气肿,浆膜下有淡红色的出血斑;

5. 左右心血浓度不同;

6. 内脏器官内能检出硅藻。

新鲜尸体,确定是否溺死一般不难。有少数因喉头痉挛或反射性心跳停止死亡者,上述征象可能很不明显;但采取排他法,在全面的尸体检验,确实否定了损伤、中毒、疾病等死因的基础上,结合有落水的情况和原因,并排除了其他的可能,那么溺死的诊断也能够成立。对于腐败尸体确诊溺死就有一定难度,主要的依据是检查肺小支气管及胃、十二指肠内的泥沙和心、肝、肺、肾等内脏中有无硅藻。

如果不是生前入水溺死,就必须找出其致死的真正原因,另做专门的研究和处置。

(二) 溺死性质的判断

1. 他杀溺死

单纯溺死的他杀见于采取突然袭击将不会游泳的人推入水中;将不会游泳的人骗入、拖入深水区;将死者头面部强摁入水中;捆绑后将人沉入水中。另一种他杀的形式是将人打昏(经常是打击头部),或用窒息(如扼颈、闷捂)、电击、中毒(包括醉酒)的方法,致昏后投入水中溺死。他杀的溺死,通过仔细的尸表检验、解剖检验和实验室的检验(包括毒物检验),除发现溺死的征象外,可发现各种各样的损伤、中毒等加害手段。有些隔着被子等软物将人捂、闷、勒,或压迫胸腹部致死者,只有窒息现象而无明显伤痕,抛于水中,易误为溺死;电击死亡电流印记极不明显者,尸表只有窒息现象,置于水中,也易误认为溺死;酒精及安眠药中毒,有时除窒息现象外无其他特殊所见,外表上也易被误为溺死,在检验中需加倍注意。特别应指出的是,有些他杀溺死的认定,单凭尸体检验有时非常困难,如突然将人推入或诱入深水区淹死者,单凭尸体检验便无法确定其死亡性质,很大程度上必须依靠案情调查和现场、物证等的研究。

2. 自杀溺死

这往往是单纯的溺死，在情况调查、现场勘查和各种物证检验中可找到认定自杀的依据。也有自溺同时有自捆、自缠重物、自电、自伤、服毒者，都是决心自杀的有力的证明。

3. 意外溺死

这见于游泳事故、山洪暴发、失足落水、舟船沉没等，除尸体检验应是生前溺死而无其他可疑外，情况的调查和现场的勘查也能为其性质的判断提供有力的依据。另外，有水中发病死亡者，称水中急死，也属意外事故，通过解剖检验，可以找到致死病变，同时，也可能伴有不同程度的溺水现象。

（三）水中尸体上的损伤分析

水中捞出的尸体经常有各种各样的损伤。这些损伤，可以是生前形成的，也可能是溺死过程中或溺死后造成的。综合起来，常见的水中尸体的损伤有以下几种情况：

1. 生前因伤致死后抛尸于水中。尸体上的损伤是生前形成的，有致命伤，死因是损伤，无生前入水溺死征象。

2. 生前虐待伤。损伤是生前形成的，多发，无致命伤，身上新伤与旧伤并存，死因是生前入水溺死（个别也有中毒等原因致死后抛尸水中的）。有生前虐待伤的溺死，可以是自杀，但也有他杀的，需加警惕。

3. 入水过程中造成的损伤。常见的有自高处跳下（如从大桥上跳下）造成的摔伤，入水过程头部等处与井壁或河床的突出物（如石块）的撞伤，或与水面拍击造成上、下肢出现透视性皮下出血。

4. 溺死过程中造成的损伤。此常见于窒息过程尸体痉挛或在水中挣扎，使身体与水中硬物相碰撞，形成尸体的上、下肢或其他突出、易与周围物体接触部位的局限性表皮剥脱和皮下出血。

5. 死后伤。此主要有：尸体在水中漂流与河床、河岸的撞碰擦拭伤；尸体通过水闸、电站装置造成的严重损伤；水中交通工具如机船的螺旋桨的打击、撑船杆的捅伤；水中动物的咬伤；打捞尸体的工具、绳索造成的钩划、拖拉等损伤以及搬运尸体粗暴操作造成的摔伤、碰伤等。

对于水中尸体的损伤，首先要鉴别是生前还是死后形成的。生前伤的伤口因组织收缩而呈现一定程度的紧绷状态，伤处有皮下、肌肉内出血，创口内（特别是钝器创口内）往往有凝血块。凝血块被水浸泡，血球破裂溶解，但血块中的纤维蛋白还存在，仔细检查，能看到一些黄色的丝胶状物，揭之能与创壁组织分离，这是生前伤的有力证据。

其次要研究损伤的种类、形态，并与现场勘查和情况调查结合起来，以判断损伤的成因、致伤物和成伤的过程。

最后要分析判断这些损伤是自伤、他杀还是意外或环境因素造成的。

（四）关于水中尸体发现体内毒物问题

水中尸体解剖检验发现有毒物者一般有以下三种情况：(1)将中毒致死的尸体抛于水中；(2)将人用毒物致昏后投入水中溺死；(3)自杀者为确保自杀成功，在投水前事先服用毒物。解决的办法是在确定所用为何种毒物及中毒途径的基础上，将死者的胃、肠、血及各内脏分别提取，分别定量，通过分析毒物在体内的吸收、分布情况并结合尸体检验所见便可做出判断。如是中毒致死，则毒物吸收已超过致死量，尸体上有中毒致死的病理变化而无生前入水溺死的征象；中毒致昏后投入水中溺死者，毒物吸收已达中毒量而尸体上呈现生前入水溺死的变化；自杀溺死前服毒者，毒物仅有少量或极少量被吸收，尸体呈现生前溺死征象，并可查出有自杀因素。

（五）入水点的勘查

入水点的勘查是溺死现场勘查的重点。入水点多在尸体所在处及其附近，也可能在尸体所在处的上游，极个别尸体也有因潮汐、大风等原因逆流而上的。勘查前要先了解并查看河道、水域的流向及其水底和两岸的自然状况，掌握水位、水的流量、流速，风的方向、风力等的变化，河闸开闸放闸、潮汐涨落的情况。在此基础上判断该尸体从何处入水比较合理，以便有目的地查找。然后在尸体的所在处开始并沿岸线寻找可能的入水点。主要是寻找死者的足迹、遗留物（如鞋子、帽子、衣物、书包、自行车等）、细小物证（钥匙、扣子、粘挂在现场如小树岔上的衣服纤维等）和入水痕迹（如滑蹭痕等）；同时，要注意有无凶器、血迹、搏斗痕迹、抬尸拖尸痕迹、可疑交通工具、捆绑包裹物以及犯罪分子的足迹、负重足迹、遗留物等。此外还要注意有无与死者并行的可疑足迹。由于溺死现场多在野外江河湖海之滨，地域宽，地形条件和地面情况复杂，有时入水点确定非常困难，只能做可能性分析而无法做出具体的、准确的认定。

关于入水点水的深度问题。如果入水点水深足以没人，自然不成问题；但有时水比较浅也能溺死人，这在临案中时常遇到。其原因是一些不会游泳的人落入水中，受到水的浮力的影响而失去平衡，结果心慌意乱，手脚乱动，在水中挣扎而被淹死。另一种情况是自杀者决心大，头面部钻入水中呼吸一两分钟后，较多量的水分吸入呼吸道，便可因窒息而意识丧失，任其溺死(图3－19)。再一种是因癫痫等疾病发作而昏迷跌倒，口鼻埋入极浅的水内被淹死。同时还要考虑到水位的升降变化，注意尸体在水里可能产生的漂移。

（六）关于尸体身上的捆绑问题

被害溺死，有时尸体上有捆绑现象，或将双手捆于背后，或五花大绑，可从捆绑的部位、方式、松紧程度和打结的情况加以分析判断。有些自杀者为了防止自救也进行自我捆绑，常见有用绳套套住双腿和颈部，或套住双手，捆绑双腿脚，但其绳索位置、捆绑方式方法、打结位置和方法，都是死者自己可以独立完成的。也有两人互相捆绑在一起者。身上捆有石块也是一种常见现象，他杀、自杀均有发生。他杀捆的石头一般较大而重，捆得紧，道数多，结多而紧，而且经常将手脚也和石块捆在一起。自杀者捆石块一般方法简单，多数用绳索将石块缠绕在腰上或腿脚上（图3-20），也有挂在颈部，还有将石块装在衣兜或背包里，双手往往没有捆绑现象，判断起来，一般没有困难。

（七）尸体在水中停留时间的判断

判断尸体在水中停留时间，对于溺死者，可以根据尸体现象、胃肠内容消化情况和体内组织细胞和组织化学的变化，通过判断死亡时间进而判断在水中停留时间。但水中尸体变化比陆地上尸体变化进程慢，特别在很深的江河湖海中，由于水温度低，尸体变化更慢。另外，从尸体皮肤的浸软情况也可分析判断其入水时间。如在夏天，手指、脚趾面皮肤发皱需2~4小时；手掌、脚掌皮肤发白，需24小时；手背、足背皮肤发白，需48小时；手上整个皮肤膨胀发白，呈手套样脱落（称溺死手套）（图3-21）需1~2周。当然，这和水温高低、水的酸碱度以及水中细菌多少有关。如水温高、碱度大、细菌多，皮肤发皱发白、膨胀脱落就快；反之，则减慢。

（八）人身识别问题

水中尸体无名尸较多，特别是遇到舟船沉没等灾害事故有大批人员死亡时，多数死者身份不明，而且刚死的尸体多为下沉，等到浮出水面时已经腐败而无法辨识。因此，水中尸体经常需要进行人身识别。具体方法请参阅本书关于人身识别的章节。

第六节　其他机械性窒息

一、闷死

用手或较柔软的物体如被子、枕头、毛巾等捂压口、鼻引起的窒息死亡称闷死，也称捂死。

闷死是由于口、鼻被捂压，体内外气体交换受阻，引起肺呼吸障碍而死亡，是单纯的窒息死。

闷死多见于意外，如乳儿面部被衣被覆盖、喂奶时被母亲乳房压闭口鼻、夜里被熟睡的母亲的手臂压住口鼻、俯卧时口鼻贴在厚而软的被褥上等，均可造成闷死。

闷死作为他杀手段，多与勒、掐同时发生。单纯采用闷死手段杀害一个健壮、清醒的成年人很困难，而用于杀害老、弱、病、残及醉酒者则较为常见。

自杀闷死者很少见。当自己捂压口鼻至昏迷时，手会自然松开，呼吸便得到恢复,故不会导致死亡。但也有自己用枕头捂住口鼻并在枕头上方压以重物而引起闷死者,也有自己用大张的胶布贴住口鼻引起闷死的,故自杀闷死也偶有发生。

闷死的所见主要有明显的窒息现象:颜面青紫肿胀显著,眼结膜充血、水肿及出血点明显,有时颜面部皮肤也有散在多发的皮下出血点,尸斑色暗并常有出血点形成。他杀的闷死用力较大,往往使死者口鼻周围有表皮擦伤和大小不等的皮下出血斑,口唇(特别是上唇)的牙面常有硌垫造成的挫伤或挫裂伤,牙龈出血,个别的有牙齿损伤、舌尖咬伤;同时,有不同程度的挣扎、搏斗造成的损伤,或伴有掐、勒和其他损伤。但用棉被捂压的,往往损伤不明显。意外的闷死,口鼻的捂压伤很轻微,或者没有捂压伤。故有的闷死单纯从尸表上确定有困难,需经过解剖检验,排除其他致死可能,并结合现场勘查和情况调查,通过综合分析做出判断。

二、堵死

固体异物堵塞呼吸道引起的窒息死亡称堵死,或哽死、噎死。

多数堵死的机制是由于异物堵塞呼吸道引起的窒息,也有异物刺激引起的喉头水肿、喉头痉挛,或异物刺激喉头黏膜引起反射性心跳停止。

堵死一般多见于意外,如婴幼儿吸入蚕豆、花生米、纽扣、玻璃球等,或大块食团嵌顿在喉头、昏迷醉酒者食物反流或假牙脱落而堵塞呼吸道等。堵死作为他杀手段多见于婴幼儿及老、弱、病、残或昏迷醉酒等缺乏抵抗能力者。但更多的异物堵塞是作为杀人的辅助手段,如掐、勒时为防止被害人叫喊而往其口腔内填塞纺织品、棉花、纸团,起加速死亡的作用。自杀堵死也偶有发生。

堵死的尸体主要表现为较明显的窒息现象;同时,呼吸道内能检出堵塞的异物。一般认定没有困难。反射性心跳停止而死亡者,缺乏窒息现象,应在通过解剖检验进行过细的排除其他致死原因的基础上,结合调查和现场勘查,综合判断后做出结论。

他杀堵死,除上述堵死的一般尸体所见外,异物一般填的较多,塞得紧,口腔和喉头黏膜多数有损伤、出血,有的口腔周围、口唇、牙龈都可能有损伤。意外堵死者口腔、喉头黏膜很少有损伤,并多有明显的案情可供参考。

三、压迫胸腹部所致的窒息死

呼吸运动是靠胸腹部呼吸肌的收缩与舒张来实现的。当胸腹部受到外来的压力超过呼吸肌的收缩力时,呼吸运动便无法正常进行,肺的气体交换就会发生障碍,乃至窒息死亡。据研究,一般人胸腹部持续受 40 ~ 50 公斤,健壮者持续受压 80 ~ 100公斤便可引起窒息死亡。仅胸部或腹部或一侧胸廓单独受压达 30 ~ 50 分钟以上也可发生窒息死亡。

压迫胸腹部引起的窒息死亡多见于灾害事故,如熟睡的成人的肢体压迫婴幼儿的胸腹部、人群挤压、坑道塌方、建筑物倒塌等。推倒墙壁、重物故意压迫他人致死者也偶有发生。犯罪分子用棉被蒙住被害人身体后骑压在胸腹部使其窒息死亡者、活埋等也是杀人手段之一。用压迫胸腹部自杀者极少见。长期将胸腹部捆绑过紧,影响呼吸运动,或捆绑后悬吊起来使胸腹呼吸运动受限制者,也可引起窒息死亡。

尸体所见主要有两方面。一是严重的窒息现象:颜面青紫肿胀严重;眼结膜充血、水肿、出血,甚至面部、颈部、胸部及皮下也有出血点;尸斑色暗红,内脏淤血,肺水肿,内脏被膜下有出血点。二是有各种各样的压伤,严重的有骨折和内脏损伤,尸表上经常有明显的挤压性皮内或皮下出血。

压迫胸腹部引起的窒息死亡,根据尸体所见,结合现场勘查和情况调查,一般比较容易认定。但须注意与重物压挤造成的机械性损伤致死和用其他原因致死后压以重物进行伪装者相鉴别。

四、由于周围环境乏氧引起的窒息死

由于周围环境乏氧引起的窒息死亡多见于灾害事故,如误入乏氧的菜窖、粮仓、发酵室、枯井、废坑道以及狭小的密封容器(如箱子、粮食柜等)内。有意将人骗入密封容器等缺氧环境中使其窒息而死者也偶有发生。

此类死亡者尸体上主要表现为窒息现象,有的可能窒息过程中与周围物体磕碰而在人体突出和暴露部位形成了一些表皮剥脱和皮下出血。

由于周围环境乏氧引起的窒息死亡的诊断要点是:(1)尸体上有窒息现象;(2)排除了其他致死的原因;(3)现场具备乏氧并导致窒息死亡的条件。

五、性窒息死

(一)性窒息死的概念

性窒息是性心理和性行为变态者,用非常奇异的窒息方式,引起身体一定程度的缺氧以刺激其性欲、增强其性快感的一种变态的性行为。由于性窒息导致的死亡,称为性窒息死亡。

性窒息死亡的案例在国外并不少见,近几年来,国内也屡有报道。死者一般都是性心理变态或性行为反常者,以青少年男性居多。性窒息死者常被认为是他杀或自杀,因此,必须掌握性窒息的特征,并结合案情、现场环境、绳套特点和尸体检验资料等进行综合分析,审慎鉴定。

(二)性窒息死的机制

死者之所以采取这样奇异的窒息手段,是性心理变态和性行为反常的一种反映。其心理活动是十分复杂的,目前尚未完全明了。至于其目的一般认为用窒息的方法,在大脑缺氧状态下,刺激性欲并增强手淫过程中的性快感。性窒息者的本意并非自己寻死,而只是企图在低氧窒息过程中求得性的满足,由于窒息可引起大脑缺氧,造成意识丧失之自救能力,造成意外死亡。

(三)性窒息死的征象

性窒息死者除了所采用的窒息方式和尸体姿态较为奇特外,其全身形态学变化与一般窒息死亡的征象相类同。颈项部的缢沟或勒沟痕迹均与缢颈或勒颈死者相似。

(四)性窒息死的鉴定

性窒息死亡,是一种较特殊的缢死或自勒死。常因人们不了解居然还有这种死亡方式而提出怀疑。其鉴定依据主要考虑以下几个方面:

1. 地点选择,常是隐蔽而僻静之地,如独居的卧室、浴室、地下室,常从里边关锁门窗;或选用人迹不到或少到之处,如树林深处、库房、年久不用的厕所等。这些地方,死者可独自而秘密地进行所预期的性行为活动,不易被人发现或干扰。

2. 现场物品。在现场常可发现色情画报和书刊、淫秽小说、女人照片、音像制品以及电脑内播放一些色情画面;在性活动中自照镜子观察性行为或自己照相等,以起到刺激性欲兴奋的作用。

3. 尸体着装多为女性梳妆,如头戴假发辫,或留长发结成发辫,做假乳房挂于胸前,身着女性花衣衫、内裤,足穿尼龙长袜和高跟女皮鞋,并常用女性化妆用品,梳妆打扮,怪模怪样。

4. 捆绑方式是用绳索、皮带等物品,进行自我捆绑,其方式奇特,如五花大绑或多道绳索缠绕身体、捆绑手足,还有自己带上自购的镣铐后进行性活动。

5. 窒息方式是多种多样的,最常见的是用各种绳索、围巾、布带等进行缢吊,以立位或半立半蹲位较多见。性缢死的绳套、绳结基本与自缢者类同,但以比较简单的前位开放型为多见。还可见用绳索绾成奇特的绳套而进行绞勒,也有用塑料薄膜袋笼罩头面部造成缺氧而完成其目的。

6. 索沟形态。颈项部的缢沟或勒沟痕迹,均与缢颈或勒颈死者相似。窒息的征象与一般窒息死亡的征象相类同。

7. 现场痕迹。现场通常还可发现以往多次进行性窒息活动时所遗留的痕迹,如绳索摩擦床头、衣柜把手的痕迹,屋梁上的印痕等。

性窒息死亡者因其绳套绳结奇异复杂,常被误认为是他杀。又因常隐蔽、秘密地进行活动,家属亲友对其死亡提不出任何情况或线索,有时还怀疑是他杀。因此,在性窒息死亡者的临案检验中一定要深入调查,了解死者过去的习性和爱好,仔细勘验现场,认真检查尸体,进行解剖和毒物检验,排除其他可能的死因,并结合其奇异复杂的绳套绳结的方式,运用性窒息的特征和知识,进行综合分析,一般不难做出正确的鉴定结论。

六、体位性窒息死

(一)体位性窒息死的概念

体位性窒息死是因受害者被强迫固定在一个特殊体位,使呼吸运动发生障碍或致使上呼吸道阻塞及静脉回流受阻而导致的窒息死亡。近年来体位性窒息引起的死亡案例国内外都有报道。常见的固定体位有:将四肢固定捆绑在背部、将头部过度屈曲或伸张;被限制在胸腹屈曲或同时上肢也内收的屈曲体位等。此外,还有捆绑双上肢的悬挂、捆绑胸腹部的水平悬挂、捆绑双下肢的倒立悬挂、将一上肢或一下肢悬挂在一定高度的斜挂等。也有人认为属于体位性窒息的范畴。

从捆绑至死亡的时间一般由几分钟至几个小时不等,受害人多数为犯罪服刑人员,少数为儿童学生。

（二）体位性窒息死亡的机制

体位性窒息致死案例的死因和导致死亡的机制至今仍有争议,归纳起来有以下几个方面:

1. 呼吸道通气障碍,如头下垂过屈体位可使呼吸道受阻,倒置性悬挂可使颈部长时间处于过伸状态。这些都可影响呼吸道的通畅,呼吸运动不能正常进行,从而导致窒息发生。

2. 肺换气功能障碍,如胸腹部屈曲受压等可限制膈肌和胸壁运动;躯干长时间被悬挂(无论是头向上还是向下),由于重力的作用胸廓被动下拉,使呼吸肌长时间处于吸气或呼气的状态,导致呼吸肌的疲劳,换气功能障碍致呼吸运动逐步减弱,使二氧化碳在体内不断堆积,机体内缺氧,继之发生窒息。

3. 代谢障碍。除肺换气功能障碍以及呼吸通气障碍外,代谢功能的紊乱也是致死的重要原因。体位性窒息发生时,机体内的二氧化碳潴留,可引起呼吸性酸中毒,血浆中氢离子增多并向细胞内转移,使细胞内钾离子外移,血浆内钾、钙离子升高,从而使心肌动作电位失调,发生心律失常。此外,还可能有其他机制,如休克的参与。

（三）体位性窒息的症状和体征

体位性窒息和其他窒息死不同,其死亡过程较慢。死前有的头晕、烦躁、口渴、腹痛、四肢无力而不能上举,有的可见流涎、晕厥、尿失禁,被悬吊者感肢体疼痛,最后面色苍白、呼吸困难、脉搏细弱、血压下降、四肢厥冷而死亡。

体位性窒息因没有机械性暴力直接作用于颈部和口鼻部,故没有颈部的损伤,其中包括颈部血管、气管及其他软组织损伤。在一些被他人强制造成的体位性窒息者,常见肢体被捆绑的痕迹,身体其他部位有被殴打所致的损伤。在大多数体位性窒息者中,窒息征象常较为明显,如全身性淤血,紫绀,黏膜、浆膜以及皮肤出血点,内脏的水肿等。

（四）体位性窒息死的法医学鉴定

体位性窒息死亡是一种罕见的特殊类型的窒息死亡。其鉴定要点有:

1. 现场

多数受害者常被悬挂在某一高度,双上肢、双下肢或四肢和躯干皆被捆绑。常用的绳索包括麻绳、尼龙绳、皮带、链条,个别使用手套等。少数可发生在家庭内或汽车内。

2. 尸体检验

首先是尸表及尸体解剖都具有窒息死的一般征象;其次是有长时间固定在某一特定体位而形成的特殊身体形状和尸体现象。

此外,在做出体位性窒息死亡鉴定之前,要注意以下几个问题:(1)要排除呼吸、循环、中枢神经等系统疾病发作后,短时间内死亡的疾病。(2)要排除严重精神病患者在服药后,由于这种体位改变而突然引起的死亡。(3)要排除中毒或服用毒品、酒精后引起的突然死亡。(4)对存在损伤的尸体,要弄清伤情、分清主次、综合分析,排除致命伤所致的死亡。

体位性窒息死亡的性质应结合案情加以考虑。据目前所报告体位性窒息死亡的案例,多属意外死亡(严格意义上讲是一种过失伤害死亡,或者说意外性过失死亡),故意杀人或自杀罕见。体位性窒息死亡还可见于交通事故时车内人员,当其神志丧失而头面部向下屈曲持续较长时间,或者疾病发作、酒醉后出现意识障碍时头部也能固定在与上述相似的位置,导致上呼吸道闭塞发生窒息死亡,尤其多见于肥胖的人,这类死亡显然属于意外死亡。

第四章　机械性损伤

第一节　概　　述

物体以机械运动的方式作用于人体所造成的器官组织结构破坏或功能障碍称为机械性损伤。

按作用物体的性状不同,法医学界普遍将机械性损伤分为钝器伤、锐器伤和火器伤三大类。棍棒、斧锤、砖石等无刃、无尖端的物体所致的损伤称钝器伤;刀、剪、匕首等具有锋利刃缘、刃口或尖端的物体所致的损伤称锐器伤;枪弹、炸药、雷管等物体作用于人体的损伤称火器伤。

机械性损伤是法医学检验中最常见的暴力损伤,在法医学中占有十分重要的地位。国内外报道的相关文献资料表明:机械性损伤在凶杀案中占80% ~90%,在民事纠纷所引起的伤害案件中占95%以上。

一、机械性损伤形成的机理

机械性损伤的形成受作用力、致伤物及受伤机体三个基本因素的影响,其机理十分复杂。作用力的大小、方向、作用时间和致伤物的种类、形态以及人体的运动状态、受力部位的生理解剖特点、人体的健康状况等因素均直接影响着机械性损伤的形成和程度。

(一)作用力

作用力通过致伤物的运动所产生的能量转移到机体便产生了损伤。按物理学的基本原理分析,在物体质量一定时,影响作用力和能量的关键因素是速度和时间,速度越快,时间越短,损伤便越严重。有实验表明:一个686g的物体在0.009秒时间内作用于颅骨将不会发生颅骨骨折,而同样重量的物体在0.004秒内作用则可产生严重的颅骨骨折。据国外资料报道:以每小时30公里的速度行驶的汽车发生事故后死亡数与每小时60公里的速度时相比为1:4。

作用力和能量除直接作用于机体造成损伤外,还可通过能量的传导引起机体内部器官的损伤,如胸部受打击时,心腔内血液因受外力挤压骤然涌入上腔静脉导致头面部淤血及毛细血管甚至小血管的破裂出血;腹部被打击后,胃肠内气体和液体压力可因外力挤压而突然升高导致胃肠破裂。

(二)致伤物

前已述及,法医学将机械性损伤的致伤物概括地分为钝器、锐器和火器。一般来说,损伤的形态、特征与致伤物的形态直接相关,法医学家可根据损伤的特征推断致伤物。但是,由于致伤物种类繁多,有时数种致伤物可形成相似的损伤,如柴刀、菜刀、匕首所致的切创,棍棒、酒瓶、铁管造成的挫裂创等。有时同一种致伤物可造成不同形态的损伤,如棍棒在头部可形成条形挫裂创,在臀部造成中空性皮下出血。所以,法医学家在具体推断致伤物时需要了解和掌握许多相关知识,仔细观察认识损伤的各种特征。

致伤物与机体的接触面以及致伤方式是影响损伤特征的关键因素之一,比如同样是棍棒打击,如果棍棒体接触则形成长条形的损伤;如果棍棒端缘接触,则形成圆弧形的损伤;如果是棍棒端面接触,则形成圆形的损伤。同样,斧背垂直接触形成方形损伤,而斜行打击时则多形成两边夹一角的类三角形损伤。

致伤物与人体的接触面不仅影响到损伤的形态,而且还与损伤的严重程度密切相关。按照物理学压强原理,在作用力相同时,致伤物作用面积越小则所造成的损伤越重。不难理解,在一般的作用力下,圆钝和方形的物体很难直接进入体内,而头部尖锐的物体则容易进入人体深处。

(三)受伤机体

除了机体的年龄、性别、健康状况等一般因素外,影响损伤的形成和损伤的特征的机体因素主要是作用部位组织解剖结构的特点、机体的体位和运动状态以及体表的保护状况。

实验研究表明,人体胶原纤维具有较强的韧性及抗张(牵拉)能力,但其伸展性较差,伸展长度只是原长度的5%,而人体弹性纤维却相反,其韧性较差,抗张能力小而伸展性大,伸展长度可达原长度的100% ~140%,基于这一特性,在同样的钝性作用力下,由胶原纤维为主构成的头皮易破裂损伤而由弹性纤维为主构成的腹部皮肤及皮下组织不易破裂。

相对于人体体位的变化而言,机械性损伤的形成表现为三种形式,即运动的物体作用于静止的人体(加速运动),如打击、射击站立者等;运动的人体作用于静止的物体(减速运动),如高坠、摔倒等;运动的物体作用于运动的人体,如交通工具相撞等。某些人体体位的变化与机械性损伤的特征有十分明显的关系,比如颈椎嵌入枕骨大孔往往反映高坠所致,而对冲性损伤,特别是前额及颞极部位的对冲性损伤往往多见于枕部倒地所致。

机体体表的保护状况对机械性损伤的形成影响也很大,如头盔、帽、衣着等对人体保护作用很大。如果有厚实衣服的衬垫,一般钝器在普通作用力下不易形成皮肤表面明显的损伤如表皮剥脱、挫裂创等;头发、头皮对颅骨及大脑的保护作用是通过吸收能量、减缓作用时间、分散作用面积来实现的,有人研究提出,有无头皮存在对于导致颅骨骨折的作用力来说相差10～20倍。

二、机械性损伤的形态分类

(一)表皮剥脱

致伤物与表层皮肤呈切线方向互相擦挫作用而引起的皮肤表皮层与真皮层脱离称表皮剥脱。表皮剥脱生前死后均可形成。生前表皮剥脱伤面有无色的组织液渗出,而后干燥、呈棕褐色或暗红色;死后形成者最初呈蜡黄色,干后亦呈黄褐色。另外,生前表皮剥脱多伴有皮肤真皮乳突层缺损,出现少量出血称擦伤。表皮剥脱的法医学意义在于:(1)表皮剥脱的部位反映暴力致伤物的作用点;(2)表皮剥脱的形态特征常能反映物体打击面的形态特征和作用方向(图4－1);(3)表皮剥脱一般很少发生继发感染,故其愈合程度可用于大致伤后时间的推断;(4)根据表皮剥脱的形态、数目及位置特征有助于案件性质的判断,如颈部的圆弧形表皮剥脱常系指甲掐压的结果,女性大腿内侧的弧形表皮剥脱常反映有性攻击行为的发生。

(二)皮内及皮下出血

致伤物打击或挤压造成皮肤及皮下组织的闭合性损伤。皮内出血指皮肤真皮层的出血,而皮下出血则指真皮层以下皮下组织间出血。一般而言,皮内出血常为较小的外力或柔软的物体所致,常呈散点状出血;皮下出血则多系较大的暴力所形成,呈块片状,形态多样。皮下出血和尸斑有时易混淆,更多的是非法医专业人员易将尸斑误认为是生前暴力所致,故需鉴别(表4－1)。皮内和皮下出血的法医学意义是:(1)出血部位指示钝器作用部位;(2)皮下出血的颜色改变可用于推断损伤经过时间;(3)皮内及皮下出血的某些特殊形态有助于分析推断致伤物或致伤物的打击面。

(三)创

致伤物作用于人体使皮肤全层的完整性受到破坏者,称为创。创由创口、创缘、创角、创壁、创腔以及创底构成(图4－2)。根据致伤物及形成的创的不同可将创分为钝器创、锐器创及枪弹创三种。钝器创与锐器创的区别见表4－2和图4－3。在钝器创中由于发生机制及创口形态的差异又可分因皮肤被过度牵拉在原创口一端形成的无挫伤带或表皮剥脱、创角尖锐的撕裂创,物体直接挫压皮肤形成的挫裂创以及由于巨大暴力牵拉皮肤在远离受力部位的皮肤组织沿皮纹方向形成的伸展创。枪弹创是创中一种较为特殊的损伤。

表4－1　皮下出血与尸斑的区别

	尸　斑	皮下出血
发生部位	尸体低下未受压部位	任何暴力作用部位
周边境界	弥漫,不清楚	局限且清楚
指甲褪色	死后12小时前存在	无
凝血块	无	常有

表 4－2 锐器创和钝器创的区别

	钝 器 创	锐 器 创
创 缘	锯齿状,多不规则	整齐,呈直线状
创 角	圆钝或伴有撕裂	锐利,多无撕裂
创 壁	不平整,有组织断端露出	平整
创 腔	有组织间桥	无组织间桥
挫伤带	有,分布于创周	无
毛 根	少见断裂	多有齐断现象
骨 折	线状和凹陷骨折多	骨质表面线状痕、砍击面整齐

带有钝性尖端(如伞头、木棍等)的物体"刺"入人体皮肤组织所形成的创称捅创(锐性尖端物所致的刺创将在后节中专门述及)。捅创虽然具有锐器刺创相同的形成方式及某些刺创特征,但其本质上仍属钝器创,故具有钝器创的普遍特征,如创角不明显、创缘常有表皮剥脱、创壁不平整、创腔有组织间桥等。

(四)组织挫碎

钝性物体挫压致皮下结缔组织、脂肪组织以及肌肉组织发生出血坏死称组织挫碎。引起组织挫碎的外力往往不一定很大,多在致伤物有一定的接触面经反复打击时形成。组织挫碎均伴有皮下及深部组织出血,但不一定有皮肤的破裂,有时甚至发生表皮损伤轻微而皮下及深部组织却发生广泛坏死的现象。

(五)关节脱位

构成关节的骨端脱离正常位置者称关节脱位,俗称脱臼。活动范围较大的关节(如肩关节等)受到大的外力作用或体位剧烈变动时易发生关节脱位。关节脱位常见于高处坠落、交通事故、重物挤压及巨大牵拉等。发生脱位的关节呈明显变形,或肢体变短并伴有关节处肿胀、疼痛、出血以及运动障碍。

(六)骨折

外力作用使骨的解剖学完整性被破坏时称骨折。骨折有直接骨折(致伤物着力处发生的骨折)和间接骨折(远离受力点的骨折,如正面挤压胸部引起肋骨在腋下部位发生的骨折)之分。按照骨折的形态可分为线性骨折、塌陷性骨折、孔状骨折以及粉碎性骨折四种基本形态(图 4－4)。

1. 线性骨折

骨骼受致伤物打击后出现的长线状骨裂而无骨板错位或塌陷者称线性骨折。线状骨折的裂隙一般在 3mm 以内,其长度依作用力大小和骨折部位而异,短则几毫米,长则几十厘米。颅骨上的线性骨折可单独发生于外板或内板,也可发生于全层。在成年人中颅骨缝已愈合,受外力作用后使颅缝再次裂开也属于一种特殊的线性骨折。

2. 塌陷骨折

致伤物的突出部分进入骨质面造成骨板单层或全层凹陷并伴有骨裂者称塌陷骨折，亦称凹陷骨折。典型的塌陷骨折多见于颅骨。塌陷骨折常根据其形态特征不同分为舟状、阶梯状、角状以及同心圆(套环)状等。

3. 孔状骨折

骨折区内骨片完全断裂、脱落而洞穿者称孔状骨折，亦称洞状骨折。孔状骨折周围一般都具有不同程度的环状或放射状排列的骨折线。形成孔状骨折的致伤物一般具有接触面小、质硬、打击力集中且速度快的特征，如子弹发射、圆锤挥击等。

4. 粉碎性骨折

局部骨质碎裂而成多快游离的骨片并脱落者称粉碎性骨折。粉碎性骨折常由较大的暴力作用所致，如高坠、交通事故、枪弹等，较小暴力但反复作用亦可形成粉碎性骨折。脊椎体的压缩性骨折和由于肌肉强烈收缩所致的撕脱性骨折是粉碎性骨折的特殊类型。

(七)内脏损伤

外力作用导致的体内脏器破裂者称内脏损伤。内脏损伤可由外力直接传导所致，一般见于实质性脏器如肝、脾、肾等；也可见于非直接暴力而由于受剧烈震荡和体腔内压改变所致。一般见于空腔脏器如胃、肠、肺等，多见于高坠、臀部先着地时。

(八)肢体断离

巨大暴力使人体各部遭受广泛而严重破坏及肢体离碎者称肢体(包括四肢和躯体)断离。肢体断离多见于高坠、交通事故、飞机失事、爆炸以及建筑物倒塌等。这是所有机械性损伤中最严重的一种，常常不仅肢体分离，而且面目全非，法医往往需要与死后碎尸相鉴别。

三、机械性损伤的死亡机理

凡能引起生命组织、器官损害的一切因素均可导致死亡。所以从本质上来说机械性损伤引起死亡的机理并无特殊性。但是，不同的因素所导致的死亡机理却不一定都相同，比如同样是心功能障碍致死，中毒者可能通过影响心肌酶的改变，而机械性损伤则可能是直接损伤心肌或损伤心脏血管而影响心脏的功能。

根据损伤导致死亡的方式和占据的程度不同，一般可将损伤归属直接致死的原因、间接致死的原因以及诱发致死的原因三个范畴。

(一)直接致死的原因

直接致死的原因指重要生命脏器的直接不可逆的损伤，如脑、脊髓、心、肺等重要生命脏器的严重损伤。这种损伤致死常表现为以下几个特点：(1)暴力较大，如高坠、交通事故、爆炸等；(2)直接受损，如脑组织挫裂伤、脑部开放性损伤、全颅崩裂、压迫生命器官等；(3)迅速死亡，来不及救治或无法救治。

(二)间接致死的原因

间接致死原因指损伤的合并症所导致的死亡。与重要脏器直接受损死亡不同,这类死亡机理在于损伤与死亡之间有一个中间过程,这个过程即表现为损伤的合并症。这类死亡的最后原因往往是全身性的功能障碍而不仅仅是某一脏器。另外,由于合并症的发生发展需要有一定的或长或短的时间,所以相对来说,这类死亡发生较为缓慢。

机械性损伤后常见的合并症有:

1. 休克

休克是人体有效循环血量减少所引起的,临床表现为血压低、脉搏快、四肢湿冷、呼吸浅而速、尿量减少、意识障碍等的一种综合征。根据休克发生的原因不同,一般可将机械性损伤所引起的休克分为:(1)出血性休克,指急性出血量达人体总血量(成人一般5000ml)的20%,或者出血不多但同时伴有严重脱水者,如肝、脾破裂等;(2)疼痛性休克,损伤后剧烈的疼痛会导致神经反射性血管舒缩功能紊乱而引起有效血循环量下降发生休克;(3)感染性休克,损伤后继发微生物感染或自体组织受损后吸收入血所引起的中毒而发生休克。

2. 栓塞

这主要包括脂肪栓塞和空气栓塞。脂肪栓塞常发生于长骨骨折或脂肪组织广泛损伤时,骨髓及组织中的脂肪滴随创口处受损的静脉回流至右心,最后到达肺,当有60%以上的肺毛细血管内有脂肪栓塞时,可立即发生急性右心功能衰竭死亡。空气栓塞一般见于颈部血管或锁骨下静脉损伤,外界空气随血管内负压作用进入血管后回流至心脏,如一次进入空气100ml以上时,数分钟内即可由于心腔空气阻塞而致死。

3. 窒息

损伤后流出的血液有时会被伤者不自主地吸入气道而发生窒息,或由于颈部软组织广泛损伤导致喉头水肿引起通气障碍而发生窒息,或肋骨骨折、胸部受损后产生的气胸或血气胸压迫肺组织使其无法进行呼吸运动而导致窒息死亡。

4. 挤压综合征

由于软组织丰富的部位(如臀部、四肢)较长时间受外力挤压或打击致皮下组织变性坏死及出血,出现以肌红蛋白血尿、高钾血症为特点的急性肾功能衰竭者称挤压综合征。急性肾功能衰竭进一步发展可引起休克或因机体自体有毒产物在体内蓄积而损伤心、脑、肺等重要脏器发生死亡。挤压综合征常见于塌方、地震、交通事故、高坠以及反复殴打等。

(三)诱发致死的原因

作为诱发致死的原因,损伤仅起引发潜在病变发作导致死亡的作用。损伤引发潜在病变所致死亡有两个明显特征:一是损伤本身十分轻微不足以致死;二是死者患有已知或未知的生前疾病或特异条件。因此,严格说起来,这类死亡不属于损伤致死,而是属于意外猝死。

人体在有潜在疾病的状况下,一经外界因素,包括轻微的损伤刺激,易使疾病发作导致死亡。属于这类的情况常见的疾病是:脑血管畸形、脑动脉瘤所引起的颅内出血;冠状动脉粥样硬化性心脏病、高血压性心脏病、风湿性心肌病、心肌肥厚等引起的急性心功能障碍;肝脾的慢性病变肿大引起的破裂出血等。

值得一提的是作为诱因的损伤不仅可以是肉体性的,精神性的因素有时亦可作为诱因致死,其机理在于精神情绪的变化如激动、恐惧、紧张等能导致机体神经内分泌改变、血压升高等,这对于患有心、脑潜在疾患的人来说,即可诱发疾病发作导致死亡。

【案例】　某地小学二年级女生因考试成绩不佳遭班主任拿小松木尺在教室内当众敲打手心及背部。几十秒钟后该女生突然倒地不省人事,经医院 CT 检查及动脉造影确诊为脑血管畸形破裂出血。该女生苏醒且恢复一段时间后因突发再次出血死亡。法医学鉴定结论:该女生患有先天性脑血管畸形,因体罚、恐惧、紧张等因素诱发畸形血管破裂致脑出血死亡。

第二节　锐　器　伤

具有刃或尖端的锐器所致的损伤称锐器伤。常见的锐器有各种刀、匕首、斧刃、剪刀等,薄铁片、裂开的玻璃等亦能形成锐器创。根据锐器的种类及其着力方式不同,可将锐器伤分为切创、砍创、刺创及剪创四种基本类型。但在法医学实践中常常会遇到作用方式的变化而出现混合型锐器创如切割、砍切、刺切、刺剪等,所以在研究分析具体的损伤机制时,应联系、考虑到这些情况。

一、切创

(一)概念

各种具有锋利刃缘的锐器,以刃缘压迫皮肤并沿刃缘长轴方向牵引,将组织断离形成的损伤称切创。常见的切器如菜刀、刀片、剃刀、屠刀、手术刀、碎玻璃、金属片等。

(二)切创的性状

切创多呈梭形,合拢时呈线形。创缘整齐、创角尖锐、创壁光滑、创腔内无组织间桥。切创创口一般长度大于深度(图 4－5)。切创创口的哆开程度与皮肤及肌肉纤维的走向有关,如创口与纤维排列方向一致时,创口哆开较小呈裂隙形;切口与纤维排列方向垂直时,创口哆开明显,呈纺锤形。创口的长度取决于刀刃沿体表压迫牵引移动的距离,与其刀刃的长短无关。如果在同一部位反复切割,多次形成的切创互相可重叠连成一创,但在创角及创缘可出现多个锐角形小皮瓣。切创深达骨骼时,骨面上可留下线状切痕。

(三)切创的部位

切创多见于颈部、腕部、腹股沟部。切断一侧或两侧颈动脉、桡尺动脉或股动脉可致大出血休克死亡。在产生自卫抵抗伤时,常可在手、臂部形成切痕;而手持双面刃刀片或碎玻璃片自杀时,手指及手掌等部位可形成表浅的切痕。

(四)切创的鉴定

切创多见于自杀,以切颈者最常见。右利手切颈者,创口多起始于颈部左侧上方,斜下越过颈前部、止于颈部右侧下方。创口一般起始端较深而收尾端较浅。在致命性的切创附近,常可见到数条长短不一、深浅不等的平行创口,称之为试切创或犹豫创,为一自杀的特征。左利手者正好相反。他杀切创分布无规律,一般有多个致命创。单纯切割他杀少见,多伴有附加手段或使(乘)被害人处于某种特殊状态如熟睡、麻醉、捆绑手脚等,或发生在妇女、老弱、儿童等无力抵抗的情况下。意外切创致死常见于交通事故中车内人员头颈部被破裂的窗玻璃切划,或者儿童在玩耍中不小心被锐器切割颈部、腹股沟部。

二、砍创

(一)概念

挥动有把手并有一定重量的锐器,其刃口砍入人体致组织离断的损伤称砍创。常见的砍器有斧子、菜刀、屠刀、柴刀等。

(二)砍创的性状

砍创创口一般较宽,呈明显哆开状,创角可锐可钝,取决于砍器的厚度及砍入的深度。如斧子垂直砍击时,创角可为钝性。砍创创壁一般整齐,创腔无组织间桥,但有时创缘可见轻微的表皮剥脱及皮下出血(图4-5)。砍创一般较深,常伴有骨骼损伤(线状或塌陷骨折),砍创的长度一般与砍器的刃口长度相似。砍创与切创的区别要点见表4-3。

表4-3 砍创与切创的区别

	砍 创	切 创
常见部位	身体任何部位	多见于颈、腕、腹及腹股沟
创口形态	菱形,短而宽	线形细而长
创口长度	与刃面长度相仿	一般大于刃缘长度
创 深	较深,一般达骨质	较浅
尾状划痕	无或少见	多伴随
骨 折	可见	极少见
性 质	多见于他杀	多见于自杀

（三）砍创的部位

砍创多见于头面部，多伴有严重的骨损伤。颅骨、下颌骨、颈椎等部位易于形成砍创。常常被害人的手指、手背、前臂等处因自卫或抵抗而形成砍创。

（四）砍创的鉴定

砍创多见于他杀或他人所为。自杀性砍伤极少见且一般创伤程度较轻，多位于额顶等自己用手能触及之处，创口排列整齐，位置集中，大部分仅伤及骨外板，致命创往往只有一处。

三、刺创

（一）概念

具有尖端的物体沿其纵轴方式刺入人体所形成的管状损伤称刺创。常见的刺器有匕首、尖刀、水果刀、短剑、剪刀等。根据刃面及形态的差异可将刺器分为单面刃、双面刃、三角刮刀以及无刃而尖的刺器如铁钉、竹签等几种基本类型。锐器伤中以刺器最为常见，据资料统计，美国的凶杀案中，刺器损伤居第二位。

（二）刺创的性状

刺创具有创口小、创底深（与切创恰相反）、体表损伤较轻而内部器官损伤严重的典型特征。有时刺器若刺穿人体则为贯通性刺创，有刺入口、刺创管及刺出口（图4－5）。刺入口的形态与刺器的横截面形态基本一致，其创口长度不短于刺器的宽度。如单刃刺器的刺入口，其创角一锐一钝；双刃刺器则其两创角均锐；三棱刺器的创口呈类等边三角形；圆弧形刺器的刺入口呈半圆或弧形（图4－6）。刺创管主要反映刺器的作用力、方向和刺器长度。刺创管的长度一般与刺器长度一致；其方向和刺入方向一致。但在软组织丰富或伸缩性较大的部位（如腹部），则较短的刺器亦可形成较长的刺创管，但此时易在皮肤上留下刺器柄的压痕或挫伤痕；骨质上的刺创可反映出刺器尖端或近尖端横截面的形态。刺出口只出现于贯通性刺创，其形态一般与刺器刺出部分横截面的形态相似，一般刺出口较刺入口小。

（三）刺创的部位

刺创最常见于胸腹部，一般刺创部位集中，次数较多。他杀时可在被害人手、臂等处形成刺创或刺切创。在四肢屈曲和皮肤的皱褶处，有时可出现一刺多创，系贯穿多层皮肤所致。

（四）刺创的鉴定

刺创多见于他杀，也可见于自杀，如日本武士道剖腹自杀。偶也见于意外，如坠落在尖端的物体上等。一般根据刺创的刺入口形态特征，结合刺创道的情况不难认定刺器及其种类、长度等。但有时受体位的变动如刺入和拔出的方向转变，或作用方式的改变如刺入的同时伴有划切动作时，刺创的形态就会发生变异，这对鉴定带来一定困难。这时一方面要认真仔细观察，在有多个刺创存在时，首先考虑典型的创口；另一方面由于纤维织物受影响较小，所以任何时候均应注意对刺创相应部位的衣着上的损伤认真检查比对,往往更能发现刺创的特征。在法医学实践中,还有两种较为特殊的刺伤致死。一是颅内钉钉;二是针刺重要脏器如脑(通过哑门穴)、心、肺等。以上两种在自杀、他杀均有发生,但前者多见于自杀,后者多见于他杀或意外。

四、剪创

(一)概念

以剪刀两侧刃口剪切(铰)作用所造成的损伤称剪创。剪创是剪刀造成的创伤,一般剪刀的形态大同小异,只是头部有所差别如尖头剪、圆头剪或一尖一圆剪等。

(二)剪创的种类及形成方式

根据剪刀作用人体方式的不同,剪创有夹剪创、剪断创和刺剪创三种类型(图4-7):(1)夹剪创,指用剪刀呈垂直方向或以一定角度将两面剪刀互相铰剪错切使组织离断的创。(2)剪断创,多指用剪刀剪断人体突出部位的组织如乳头、手指、耳垂、阴茎等。(3)刺剪创,指用剪刀的一爿或两爿刺入组织后再夹剪所造成的损伤。

(三)剪创的形态

剪创的最典型的形态特征是在同一部位一次形成两个创口。如夹剪创呈线形或弧形的中间有一小突起或"√"字形或"八"字形的创口;刺剪创呈距离不等、两两相对应的瓜子形或"S"形创口;即使是表面看来创面十分平整的剪断创,如果仔细辨别仍可清楚地看到两个创面之间的小夹角(图4-7)。

(四)剪创的鉴定

根据剪创的典型特征一般不难认定,但常需和刺创相鉴别(表4-4)。夹剪创多见于剪断颈及腕部大血管的自杀案件;刺剪创多见于他杀如刺破胸腹部重要脏器而死亡;剪断创多见于他人所致的奸情案件,但一般不是导致死亡的直接原因,往往伴有其他的手段。

表4-4　剪创和刺创的区别

	剪　创	刺　创
基本形态	两两相对,多种形态	单一
好发部位	胸部和突起部位多见	胸腹多见
排列方式	较分散	较集中
损伤程度	相对较轻	较重
衣着损伤	较少	较多

第三节　钝　器　伤

钝器作用于人体所致的损伤称钝器伤。国内资料统计表明，钝器伤在机械性损伤中占50%以上，而在活体损伤检案中占80%以上。虽然作为凶杀手段在国外，尤其在发达国家钝器损伤所占比例较小，但大量的交通事故使这些国家法医在实际检案中也不少见。由于钝器种类繁多、形态各异、分布广泛，在人体上形成的损伤又千姿百态，一种钝器在某些条件下可形成数种形态的损伤，而有时数种钝器可形成相似的损伤。所以，钝性损伤的鉴定，尤其是工具推断比锐器损伤要困难得多。本节将重点扼要地介绍棍棒伤、砖石伤、斧锤伤、徒手伤、坠落伤以及车辆交通事故伤的基本知识。

一、棍棒伤

（一）概念

棍棒种类很多，具有粗细长短各异、容易获取、便于携带、挥动性强、致伤力大等特点。棍棒的基本形态是具有一个狭长的棒体和两个棒端，一般以棒体打击居多，但也有用棒端打击或戳击。棍棒的外形一般有圆柱形、方柱形和不规则形三种，其质地大致可分为木质类、金属类、竹藤类以及胶塑类，在棍棒损伤中最常见的是前两种。

（二）棍棒伤的基本形态

1. 条状表皮剥脱和皮肤出血

棍棒体平行打击人体较平坦的软组织部位可形成与棍棒长轴方向一致的条形表皮剥脱和皮肤出血，其损伤宽度一般小于棍棒直径。

2. 中空性皮下出血

棍棒，特别是圆柱形棍棒以较快的速度打击在软组织十分丰富的部位如臀部、腿部、腰部等，可一次形成两条平行的皮下出血带，其中间皮肤苍白，故又称“竹打中空”、“中空性皮下出血”，中空区的宽度一般小于棍棒直径。

3. 条状挫裂创

沿棍棒长轴形成的条状挫裂创是典型的钝器伤特征，多见于头部或有骨骼衬垫的部位。创缘两侧伴表皮剥脱及皮下出血称为镶边状挫伤带，是棍棒类，尤其是金属棍棒打击的典型特征。挫伤带在垂直打击时两侧的宽度相等；偏击时着力较重一侧的挫伤带较窄但损伤更严重。

4. 弧形挫裂创

这是指棍棒端头着力时形成的挫裂创。由于此时棍棒与人体组织接触面小受力大故损伤往往更严重。

5. 骨折

棍棒打击人体各部位均可造成骨折,棍棒形成的骨折多为线性骨折,在颅骨上有时产生凹陷性骨折,尤其是金属类棍棒打击时。棍棒多次反复打击亦可形成粉碎性骨折,一般线状骨折的延伸方向与棍棒的长轴一致。

6. 组织挫灭

金属棍棒因质地坚硬而重,打击有骨质衬垫的部位如头皮、软组织易形成挫碎,造成着力部位软组织失去正常结构或组织缺损,木质棍棒在反复多次打击时也能造成此种损伤。

(三)棍棒伤的鉴定

除在某些意外情况下如房屋倒塌等外,棍棒伤多为他人所为。棍棒伤最易累及的部位是头部,其次是属于抵抗伤的上肢。值得注意的是某些方柱形棍棒的棱边所致的挫裂创貌似锐器创,检验时应重点观察创缘、创腔及骨质损伤。金属和木质类棍棒损伤各有其相类似点和不同点,应注意鉴别(表4-5)。棍棒损伤在凶器推断中多仅能确定棍棒种类,只有在某些特殊情况下如接触面形态特殊,创口内留有棍棒的附着物及端断物等,才有助于确定具体是某一凶器。

二、砖石伤

(一)概念及定义

砖石类物体作用于人体所引起的损伤称砖石伤。砖是用黏土经过加工、焙烧而成的建筑材料,有黏土砖、耐火砖、灰渣砖、瓷砖、空心砖等之分;石器分自然与人造两种,自然石是指没有加工的岩石,主要有斤石和鹅卵石,人造石指水泥制品、砂轮、水磨石等。砖石伤有主动和被动两种,前者是指手持砖石贴近砸击人体或抛掷砖石,系运动中的砖石打击相对静止的人体所形成的损伤;后者则是指撞墙、跳岩、磕碰等,多系运动的人体碰撞在相对静止的砖石上所致的损伤。

表4-5　木质与金属钝器损伤的区别

	木质钝器	金属钝器
单纯性表皮剥脱	有	极少
中空性皮下出血	多见	极少见
皮下出血界线	多不清晰	清晰
锯齿状创缘	十分明显	不明显
镶边状挫伤带	少,即使有也不显著	多而明显
骨质表面压痕	无	可有
骨折形态类型	线性骨折居多	凹陷、粉碎性骨折多见
骨折边缘的挤压现象	无	多有
创腔内遗留物	木质碎屑	金属碎屑少,可有锈物
创口反映致伤物	相关性差	相关性较好

（二）砖损伤的基本形态

1. 片状表皮剥脱伴皮下出血

砖块平面打击可形成不规则的片状擦伤，擦伤区内常伴有粗糙砖面所致的点状或断续的条状擦痕。若砖块与人体表面或近似切线方向擦蹭则多易形成平行排列的条状梳子般擦痕。擦痕由轻而重反映出外力的作用方向。

2. 条形、角形或不规则形皮下出血

砖块的一边或一端打击在头部较平坦而软组织丰富的部位可形成条状、直角形皮下出血，出血区内常有表皮剥脱，反映出砖块棱边和一个角的打击方式。砖块以较大平面拍击在头部、面部等软组织较丰富但不平整的部位可形成边界不清、形状不规则的皮下出血，因组织凸凹不平，受力不匀，故其皮下出血区不连续且有轻有重，貌似多次损伤。

3. 角形、条形及不规则形挫裂创

条形挫裂创多系砖块棱边所致，有时伴有组织挫灭，创腔组织间桥显著，创口内常留有砖块的碎屑、灰砂和泥土，创周常有不规则形的表皮剥脱和皮下出血，但不如棍棒打击所致的镶边状那么整齐。直角形、三角形挫裂创多系砖块一个角面形成；不规则形挫裂创则多系砖块断碎后打击或重复打击所致，一般范围较大，创腔则口小底大。

4. 线性、粉碎性骨折

砖块打击头部可致颅骨形成各式各样形态的骨折，但由于砖块持握不便，不便于猛力挥动且接触面较大，因此打击头部时引起颅骨线性骨折或颅骨缝分离多见，粉碎性骨折多发生于重复打击或在小儿、老年人等颅骨本身强度较差的情况下。

（三）石器损伤的基本形态

1. 类圆形、椭圆形皮下出血

鹅卵石打击头部，由于是两个球面接触可形成类圆或椭圆形皮下出血，中心部分受力较大，出血严重，颜色深；外周部分出血轻且颜色较淡，边界不清楚。此种皮下出血似月晕故又称之为月晕状皮下出血。

2. 挫裂创

类圆形或球面的鹅卵石猛击头部有骨质衬垫的部位，其中心受力较大，头皮在石块和颅骨两种坚硬物体夹击下易破裂形成圆形、椭圆形、弧形、菱形以及星芒状形挫裂创。挫裂创的形态与石块接触面、用力方向及其着力部位相关。片石打击形成的挫裂创大多形态不规则，创口周围伴有若干小创，创腔有时可出现囊腔。

3. 骨骼损伤

鹅卵石打击头部如力量适中，可在骨外板上形成类圆形或椭圆形压迹或骨质擦伤；而片石则多在骨质表面形成条状、平行排列、深浅宽窄不一的“梳状”擦痕，如法线打击可形成深浅不一的骨质面的浅“坑群”。如打击力量大，鹅卵石打击可形成线状骨折,片石则可形成塌陷骨折;在力量十分剧烈时,鹅卵石可引起颅骨类圆形或椭圆形塌陷骨折或粉碎性骨折,骨折周边较整齐,而片石打击则形成以着力点为中心的放射状、龟裂状的塌陷性骨折或范围较大的粉碎性骨折,大石块砸击头部甚至出现全颅变形。

(四)砖石伤的鉴定

砖石伤多系他杀或者意外,极少用于自杀。砖石伤一般易在创口内留有砖屑或者其附着物,应注意检查提取,被血污染不易辨认时应将提取的可疑物冲洗后放大观察,有时可进行理化成分分析明确砖的来源。石击伤的创口形态多不规则,而且严重程度不一,易出现所谓的"一击多伤",锥形或弧面的凹陷性骨折应考虑石击伤的可能,如在创内发现石屑则更有利于石击的判断。

三、斧锤伤

(一)概念及定义

斧背、锤面所致的人体损伤称斧锤伤。

斧由斧体和斧柄组成,斧体多为金属类,分斧刃和斧背两部分,斧背有方形、长方形、圆形三种基本形态。斧按其用途不同分木工斧、肉斧、柴斧、消防斧、矿工斧等。

锤也由锤体和锤柄构成,锤体多为金属类,分锤击面和锤背面两部分,锤击面有方形、圆形和多角形等多种形态,锤背则根据其形态分奶头状、羊角状、鸭嘴状等。

(二)斧背损伤的基本形态

1. 表皮剥脱和皮下出血

斧背垂直打击在人体较平坦且软组织较丰富的部位易形成方形或长方形表皮剥脱伴皮下出血,皮肤及皮下组织损伤的边界一般比较清楚,能基本反映出斧背的轮廓和大小。斧背偏击在人体平坦的部位或垂直打击在弧度较大的部位时,多形成槽形表皮剥脱和皮下出血,这种皮下出血常反映出斧背的两个直角、一条完整的夹边以及两条不完整的直角边,夹边可反映斧背的一侧边长。斧背垂直打击在头部弧度大的部位时,由于作用面仅仅是斧背的中央部分,因而形成的表皮剥脱和皮下出血多呈类方形或类圆形,不能较完整地反映出斧背的直角和棱边。

如果以较快的速度用斧背垂直打击在人体平坦且软组织丰富的部位,有时可形成类方形中空性皮下出血,此种出血常出现在斧背的周边和或四个角上,多伴有表皮剥脱,出血边界一般不明显,但其出血区内经常能反映出斧背的大小。

2. 挫裂创

斧背偏击头部,如以一个角面着力,易形成直角形或三角形的挫裂创;而以其中一侧棱边着力时,则形成条状挫裂创。创口的内侧缘常伴有组织挫灭,外侧缘与正常皮肤的界限比较清楚。斧背垂直打击在头部突出的部位如额、顶结节、枕外隆突等,因其作用面只是斧背中央部分故易形成星芒状挫裂创,在挫裂创周围有时可见类方形皮下出血;斧背垂直以快速猛击头部较平坦的部位,头皮等软组织瞬间受强大外力作用而挫灭造成皮肤缺损,露出骨质,其挫灭缺损的范围,常反映出斧背作用面的形状和大小。

3. 骨质损伤

如果力量适中,斧背在颅骨上多在外板骨质上形成与打击接触面相似的骨质压迹,一般骨内板不受损。通过骨质压迹常可反映出斧背棱角的特征。斧背垂直猛击颅骨当力量足够大时,一般形成类方形或椭圆形塌陷骨折,骨折的范围等于或稍大于斧背面积,骨折区周围一般钝圆不易反映出斧背的棱边或角的特征;有时骨折区周边上常伴有放射状骨折,如果在头颅骨质菲薄如颞部则可形成与斧背接触面相关的洞状骨折,但此种骨折区一般要大于斧背面积,有时周边能反映出斧背的棱边、棱角的特征。

如斧背偏击,一个角顶着力,可形成以斧背角顶为中心的三角形或类圆形塌陷骨折,如果一个角面着力则形成三角形阶梯状塌陷性骨折,这种骨折常能反映出斧背一个角的形态特征。

(三)锤类损伤的基本形态

1. 表皮剥脱和皮下出血

锤击面垂直打击在人体较平坦的部位,一般形成与锤击面形态相类似的表皮剥脱和皮下出血,如圆形、角形、方形等,有时圆形锤击面垂直打击在人体软组织丰富的部位,可形成类圆形中空性皮下出血,其内径多反映出锤击面的直径。锤击面偏击人体组织,其作用面只是锤击面的一部分,因此损伤也反映出接触面的一部分,如圆形锤面所致的半月形表皮剥脱伴皮下出血、多角形锤面所致的单个或连续多个钝角形的表皮剥脱伴皮下出血、方形锤面所致的两角夹一边的槽形表皮剥脱伴皮下出血。

2. 挫裂创

圆形锤击面垂直打击时形成的挫裂创多为两个相对的弧形,两个弧形挫裂创之间可伴有圆形皮下出血,能反映锤击面的形态和大小;圆形锤击面偏击时则形成单条弧形挫裂创,创缘常伴有挫伤区;圆形锤击面垂直打击在头部较突出的位置时易形成星芒状或不规则形的挫裂创。多角形锤击面偏击头部时常可形成单个或多个连续的钝角形挫裂创,创口边缘常不齐整,头皮挫灭现象明显,有时软组织缺损,多个连续钝角出现能帮助人们识别其夹角和夹边的大小。方形锤击面所致的挫裂创与斧背所致的挫裂创相类似。

3. 骨质损伤

圆形锤击面垂直打击头部,可形成颅骨外板半月形、类圆形骨质压迹,从切线方向观察为坑状凹陷,力量大时可形成骨外板弧形、环形或套环形线状骨折或颅骨全层的半月形、类圆形塌陷骨折,力量更大且速度快时可形成类圆形洞状骨折,骨折区常伴有放射状骨裂纹,如重复打击则可形成骨折区范围大、周边似"花瓣"状的、弧度大小相似的粉碎性骨折。

多角形锤击面在骨质上一般难以形成与锤击面相一致的多角形态,而常表现为钝角形的骨外板压迹、类圆形的塌陷骨折以及阶梯样(偏击时)塌陷骨折,多角形锤击面一般不易造成洞状骨折。方形锤击面所致的骨质损伤与斧背相似。

(四)各种锤背所致的损伤

锤背直接打击虽然较锤击面打击少,但实践中也时有所遇,各种锤背形态各异所形成的损伤也各不相同,表4-6归纳了四种类型的锤背引起损伤的特征。

表4-6 四种锤背所形成的损伤特征

	奶头状	羊角状	鸭嘴状	圆锥形
表皮剥脱及皮下出血	月晕状	少见	条形或扁长方形	少见
挫裂创	类圆形或星芒状	对称的两个孔状	条形或扁长方形	圆孔状
骨骼损伤	圆形或套环形凹陷性骨折	成对的阶梯状或孔状骨折	扁长方形凹陷性或洞状骨折	孔状骨折

(五)木槌损伤

木槌损伤虽在法医学实践中不多见,但其本质上也属锤类。木槌槌体为圆柱形,两端具有圆形的槌击面,木槌打击时作用面大,力点分散且木槌质地较轻,因此所致的损伤一般也较轻。木槌槌击面垂直打击可引起类圆形表皮剥脱伴皮下出血,其出血范围往往小于槌击面直径;打击力大或偏击时有时可形成半弧形、不规则形的皮肤挫裂创。木槌打击一般不易形成骨折,如打击力十分强大且反复多次则多形成线性骨折,严重时可致大面积的粉碎性骨折。

(六)斧锤伤的鉴定

斧锤是人们在生产和日常生活中常用的工具,因其把柄短、体积小,便于携带,故常被用做凶器,斧锤伤绝大多数系他杀,极少有自杀的报道。斧锤损伤85%以上发生在头部。斧锤损伤相对来说,其皮肤表面的损伤能较好地反映打击面形态,特别是垂直打击在较丰富的软组织且平坦的部位时。一般来说,方形打击面易形成类方形的损伤;圆形打击面易形成类圆形的损伤。但是由于体位、打击次数、打击方向等因素的影响,在法医学实践中要准确识别与鉴定,不能死守教条,只有经过认真观察、仔细检验以及全面分析才能得到比较客观的结论。

四、徒手伤

(一)概念与定义

徒手伤是指运用自身肢体作为作用物体所造成的损伤。最常见的徒手伤有拳击、掌击、手扼、足踢、头撞、牙咬等。徒手伤多发于伤害案中,但有时也可致人死亡。

（二）手指所致的损伤

手指所致损伤以末节指腹、指甲损伤为多见。当手指用力压迫身体软组织，可在体表留下类圆形或椭圆形皮下出血；指端抠压则可形成弧形指甲压痕或新月形表皮剥脱；用手指端抠划则形成挠伤。手指所致损伤多见于颈部、大腿内侧、阴部以及女性胸部，挠伤则多见于颜面部。

1. 扼痕的基本形态特征

颈部手指伤（扼痕）最多见于扼颈时，在受害人颈部留下类圆形或椭圆形损伤为指腹所致。右利手扼颈可见颈前区正中线右侧出现一个扼痕（拇指所致），左侧为2~4个半月形或弧形扼痕。相应部位深层组织充血或出血，甚至造成舌骨或喉部软骨折断；左利手则相反。有时在颈部还可见到由拇指和食指构成的"虎口"形成的条状皮下出血，如在颈项部扼压，则可在颈前及颈两侧留下弧口向后的指甲印。扼颈时如强烈挣扎，手指和颈部软组织反复摩擦形成条状或片状皮下出血伴深部肌肉出血，此时指甲痕往往呈细条形划伤。加害过程中如颈部有其他物体衬垫或加害人戴手套，则指甲痕可不出现，指腹印痕也不明显，但有时可检见纺织物品的花纹手套印痕。

2. 挠痕的基本形态特征

挠痕，也称抓痕，多发生于脸部，多见于斗殴、厮打时形成，其特征为浅条状表皮剥脱，重者可达真皮层，形成条形红色划伤，表面有血液渗出，几小时后呈红色至暗紫色，一般一周后可结痂脱落。

3. 掐、捏、拧伤的基本形态特征

掐伤系指手拇指指甲缘与食指指甲缘相对夹起皮肤，在皮肤上留下"八"字形或弧背相对的指甲痕，严重者可致皮肤破裂出血；捏伤是指手拇指和其他指腹部相对夹起皮肤所造成的损伤，一般表现为小片状皮肤充血及出血、肿胀但不会引起破裂；拧伤是两个手指（一般是拇指与食指或食指与中指第一指关节）扭住皮肤用力转动所致的损伤，受损处皮肤红肿，往往形成蝴蝶形皮下出血斑，一般不会导致皮肤破损。

（三）拳击伤

紧握手掌猛击人体组织所致的损伤称拳击伤，拳击时常以食、中、环、小指的第一指骨和指掌关节的背侧作为打击面，作用力较集中，拳击伤可发生于任何部位，但以头面部居多，拳击一般可导致以下损伤：

1. 皮下出血

当拳击人体较平坦而又有骨质衬垫的部位，可形成散在略呈弧形排列、大小不一、轻重不同、边界不清的皮下出血。此种皮下出血有时能反映出拳头作用面的凹凸形态和大小。较大面积且深浅相似的皮下出血常发生在皮下组织疏松、软组织丰富的部位如眼睑、面颊、胸部等；在皮肤及皮下组织菲薄且有骨质衬垫处如眼眶、鼻部等常伴有条、片状表皮剥脱。

2. 肌肉出血

拳击在软组织丰富的部位如面颊等,易导致皮下组织及肌肉组织形成明显的出血,而皮肤表面损伤反而轻微。

3. 挫裂创

拳击引起挫裂创少见,但拳击在皮肤较薄而又有突出的骨质垫衬的部位,如眼眶、眉部、眼外角、颧骨等,则可形成条形或弧形的挫裂创。

4. 内脏损伤

拳击导致颅内出血尽管少见,但时有发生。根据文献报道,许多类型的颅脑损伤,如硬膜外、硬膜下出血和蛛网膜下腔出血以及脑挫伤、脑干出血等均可由拳击所致。至于拳击胸腹部造成肺、肝、脾、胃肠内脏破裂更是多见。拳击致内脏损伤往往表现为外轻内重的特点。

5. 骨折

拳击可引起鼻骨骨折、牙折断;颅骨骨折多见于颞骨且一般为线性骨折;拳击胸部导致肋骨骨折也很常见。

(四)脚踢、脚踩伤

用脚致伤常作为一种辅助手段。赤足致的踢伤一般很轻微;穿软帮鞋踢人致伤多表现为皮下出血;穿硬底鞋踢人轻者出现皮下出血,重者可出现血肿甚至挫裂创。有时在损伤处的皮下出血形态能反映出与鞋接触部位的形态特征,尤其是鞋底头部和鞋跟部。

脚踩指脚蹠向下踩跺人体所致的局部损伤,可造成轻重不同的损伤。由于脚踩时最用力的是足跟部,所以造成的损伤无论是衣着和人体组织上易留有鞋底,尤其是鞋后跟接触面的花纹特征。

五、坠落伤

(一)概念与定义

运动着的人体从高处坠落于地面或某种物体上发生的损伤称坠落伤。坠落伤在自杀、他杀、意外各种情况下均可发生。坠落伤的形成及损伤程度受体重、坠落高度、坠落速度、人体与物体的接触方式、着落部位以及碰撞物体的性质等多种因素影响。

(二)坠落损伤的特点

1. 体表损伤较轻而体内损伤严重。除头部着地者外,尸表检验多仅见到局部表皮剥脱、擦伤、皮下出血以及挫裂伤,有时甚至无明显的体表损伤,但体内往往有明显的出血、内脏破裂、骨折等严重损伤。

2. 坠落伤既可见于人体着地部位,也可发生于远离着力点的部位。如头部着地者除可见撞击部位的颅骨骨折和脑挫伤外,枕骨大孔周围及颈椎也常被波及;下肢着地时,胸腹内脏常发生破裂出血以及脊椎和颅底骨折十分常见;一侧躯干着地,同侧或对侧的肋骨均有可能发生骨折。

3. 无论人体哪一部位着地,都可形成广泛性损伤,一次外力往往在头、躯干、四肢同时发生损伤,即使是尸表损伤比较局限。这种损伤往往用凶器打击难以解释。

4. 坠落引起的骨折一般均较严重,但其外力作用的方向和方式是一致的,用一次外力作用形成可以解释。

(三)影响坠落损伤的因素

1. 体重与高度

根据物理学冲力公式 $\bar{F}=mg\left(\frac{h}{\Delta h}\right)$(式中 $\bar{F}$ 为平均冲力,m 为物体质量,g 为重力加速度,h 为坠落高度,Δh 为从撞碰开始至身体静止过程中的距离)可清楚得知:身体越重、坠落高度越高,所受的冲击力也就越大。

2. 地面(物体)的性质

从上述公式 Δh 的作用可看到:坠落于柔软而有弹性的地方,其 Δh 值大而冲击力则小。另外,人体坠落在松软的地面时其碰撞的时间相应延长,使外力得到缓冲,因而损伤也较轻。

3. 接触方式和着地部位

接触方式和着地部位与损伤有密切关系,一般来说,肢体垂直着地较肢体弯曲着地损伤严重;头部着地较背部着地损伤严重。

(四)坠落死亡现场的勘查

1. 坠落的起点

任何人可涉足的空中物体均可作为坠落的起点,如楼房的平台、阳台、窗户、楼梯,工厂的烟囱、天车等,工地的脚手架、吊车等,自然界中的树、桥梁、悬崖陡壁等。坠落的起点往往会留有坠落者的痕迹,如窗框及玻璃上的指纹,地面或蹬爬物体上的鞋(足)印,以及各种坠落者的遗留物等。如系凶杀可留有血迹、搏斗痕迹以及凶器等。

2. 坠落的空间

人体坠落过程中可能与空间突出的物体接触而形成附加损伤,如开着的窗户、伸在墙外的烟筒、棚子、电线、树枝等。在这些物体的痕迹检验中一旦留有人体的毛发、组织、血迹以及衣着碎片等物体,将对分析人体上的损伤有重要意义。

3. 坠落的终点

坠落的终点对坠落损伤的形成有直接影响,还可根据不同的地面或物体的状况分析人体的损伤形成,借以分析坠落的性质。有时在尸体周围可找到死者坠落后从身上脱落的物品如鞋、帽、钢笔、钥匙等。

4. 衣物的检查

人体坠落后在衣着上可留有地面的物质如泥、土、油垢、沥青等。受力的震荡作用,坠落时可造成衣服撕扯、腰带断裂、皮带环脱落、手表停走(指出坠落时间)等现象,对帮助认定坠落死有很大价值。

六、交通工具伤

(一)概念与定义

交通工具损伤,是指由各种机动交通工具,如汽车、摩托车、拖拉机、火车、飞机和非机动车辆如自行车等在行驶过程中所致的人体损伤。交通工具损伤及其死亡者大多数属意外事故,也有故意碰车或卧轨自杀的,也有用其他手段杀人后移尸伪装车祸,或直接使用交通工具杀人的。法医在检验交通工具损伤时主要通过尸体、现场及其衣着的勘查检验,判明死亡原因,确定损伤的性质。本处主要涉及道路交通事故中的损伤,以汽车为代表。

(二)损伤的形成机理

交通工具损伤涉及车内外人员,其损伤过程又是在运动中迅速完成的,因此,其损伤的机理较为复杂。车外人员(多系行人)的损伤一般经多次、分阶段形成。如汽车与行人相遇首先行人受车的某一部分撞击形成撞击伤;其次人体受撞后被反弹摔跌在地形成摔伤;如果反弹力量较大,则人体摔在地面上仍有翻滚或与某些物体相撞形成第三次损伤;最后如果位置符合,车辆继续前行则可形成对人体的碾压伤。一般一次交通工具损伤出现上述典型的四种损伤不多见,最常见的是前两种损伤。但法医在检验鉴定时应充分考虑到损伤的阶段性形成和多变性的特点。

车内人员的损伤主要由于行驶的车辆突然减刹,而人体由于惯性继续前移(或后仰)时所引起的人体与车内物体撞击所致,或者车辆翻倒后人体与周围物体相撞所致。所以,车内人员的损伤与其所处的位置有很大关系。此外,车内人员所受的损伤也有因事故发生时被抛出车外引起或由于安全带本身所引起。

(三)交通工具损伤的基本特征

1. 冲撞伤

冲撞伤是发生于事故初始阶段的最早的损伤,其损伤形态与程度与车辆的速度、相撞的部位以及人体的体位有关。一般正面高速相撞产生的损伤最严重,其损伤的主要形态特征为人体局部的挫裂创及骨折,如小车保险杠所致的下肢骨楔形骨折等。

2. 摔伤

摔伤系人体被运动的车辆撞击后倒地时与地面或其他物体相撞而成。损伤的部位多累及头面及躯体的突出部位,表现为一侧性较大面积的擦伤和颅脑损伤。

3. 拖擦伤

人体某部位或衣着被运动中的车辆挂、夹住后拖行过程中与地面接触所致的损伤,主要表现为局部大面积的擦伤和深部组织的损伤。

4. 碾压伤

车轮从人体上辗过所致的损伤。可造成皮肤撕裂(多系有骨质衬垫时)、与轮胎花纹相应的皮下出血印痕、内脏器官挤压碎裂以及骨折等。另外，车轮碾压过程中还可形成两种特殊形态的损伤：伸展创和剥皮创。伸展创是由碾压后在人体皮下组织非薄处（非碾压部位）所形成的与皮肤纹线方向一致的浅表多个细小裂创，多见于胸腹部被碾压时的颈部和腹股沟部。剥皮创则是车辆辗过腹部或大腿时由于转动的车轮产生强大的牵拉力使皮肤与皮下组织或肌肉分离所致。

5. 挥鞭样损伤

车辆在高速行驶时突然减刹车，或静止的车辆突然被撞击加速时车内人员躯体和头颈部的不同步摆动致使头颈部过度屈曲或伸展所致的颈椎脱位、韧带肌肉撕拉损伤，进而引起脊髓的损伤，多发于颈5至颈7段。

6. 颅底环状骨折

车辆突然加速或减速时车内人员由于头颈部的过度伸展可造成颅底环状骨折，多同时伴有第1、2颈椎骨折和脑干损伤。

（四）不同状态下人体损伤的特点

行人损伤在交通工具损伤中最多见，如前所述，行人损伤表现为不同阶段的多次性形成及损伤形态的多样性，其损伤的严重性和死亡率与车速有最直接的关系。国外资料表明：当车速从30公里/小时到60公里/小时时，死亡率从10%上升到73%。

车内人员的损伤与车内人员所处的位置有较大关系，如驾驶员位置的损伤最有特征性的是胸部撞击方向盘所致的撞击伤；副驾驶位置者则以头部碰撞前挡风玻璃所致头面部切割伤和膝盖部撞击座前硬物所致的损伤为主；如系保险带则可减轻头面部的损伤但出现典型的胸腹部斜行带状挫伤。这些特殊形态的损伤对判断车内人员的位置有特殊的意义。

由于高速，摩托车司乘人员在意外事故中死亡率大大高于车内人员，即使戴有头盔，在高速行驶相撞时并不能使颅脑免受损伤。又由于除头盔外，摩托车司乘人员无任何其他保护装置，因此，高速行驶中与其他任何物体相撞均可产生较大的冲击力直接作用于人体造成严重的损伤。

非机动车事故由于车辆轻、速度慢，一般不会造成严重的损伤，但在车速过快时，尤其又是撞击老幼体弱者时易引起严重的后果，最常见的是撞击后引起的摔跌致颅脑损伤。

火车车速快、重量大，轨道与车轮均为金属，故其损伤没有外轻内重的特点，而往往造成严重的肢体离断。如人体被挤在两个车厢之间则会造成严重的胸腹部挤压伤。当火车相撞或紧急制动时，车内人员同样也发生撞击伤和挥鞭样损伤。

飞机失事是所有交通工具损伤中死亡率最高的，其损伤方式主要有机内人员与机内其他物体相撞所致的损伤、高空中飞机解体机内人员抛出后所致的高坠伤、飞机爆炸或燃烧时所致的爆炸伤和烧伤。

第四节　火　器　伤

一、枪弹创

从枪管发射的弹丸、铁砂等投射物击中人体所造成的损伤称枪弹创。枪弹创多见于战时。平时所见他杀、自杀案件或意外的枪弹创,属于法医学检验的任务。

(一)枪械的分类与构造

1. 枪械分类

枪械按不同标准可有多种分类方法。如按口径分类、按用途分类、按制动方式分类等。法医弹道学主要按用途分类,大致可分为:

(1) 军用枪:如各类手枪、步枪、冲锋枪、机关枪等。

(2) 警用枪:主要有手枪和自动步枪、步枪等。

(3) 民用枪:民用枪又可分为:①比赛用枪,如各种专为比赛设计的步枪、手枪等;②狩猎用枪,如各种猎枪、小口径枪等。

(4) 自制枪:主要是自制火药枪,又可分为改制枪及纯自制枪。改制枪一般利用准武器,如发令枪等根据自己需要及设计局部更改而成;纯自制枪则是根据自己需要及设计,用各种材料自制而成。

枪管有膛线称来复枪,无膛线称滑膛枪。

2. 枪械的构造

枪械的构造主要由以下几个部分组成:

(1) 枪管:枪管是枪械的最基本部件,是枪弹的发射器,它是发射药的燃烧室,起导引弹丸的作用;

(2) 供弹机构:可分为弹仓式供弹及弹链式供弹两大类;

(3) 击发机构:可分为击针式及击锤式击发机构;

(4) 退壳机构:使枪弹发射后退出弹壳的机构;

(5) 保险机构:保证枪械不致误击的机构。

有关国内、外枪支的技术参数见表4-7、表4-8。

(二)枪弹的分类与构造

1. 枪弹的分类

枪弹分类也有多种标准,一般按如下方法分类:

(1) 普通弹:主要靠弹头动能对目标起杀伤作用;

(2) 特种弹:满足某种特定需要的枪弹,如穿甲弹、燃烧弹、发光弹等;

(3) 辅助用弹:如教练弹、高压弹、强装弹等。

表 4-7 常见国产枪支性能表

枪械种类	名称	口径（mm）	初速（m/s）	有效射程（m）	枪口动能（kgm）	全枪长（mm）	膛线/旋向	射击方式	使用枪弹
手枪	54式7.62	7.62	420~440	50	49	196	4/右	单发/自动	51式7.62手枪弹
	64式7.62	7.62	300~320	50	23.5	155	4/右	单发/自动	64式7.62手枪弹
	64式7.62微声	7.62	230~250	30	14.1	236	4/右	单发/自动	67式微声7.62手枪弹
	77式7.62	7.62	300~320	50	23.5	148	4/右	单发/自动	64式7.62手枪弹
	80式7.62	7.62	470	50~100	62.9	302	4/右	单、连发/自动	51式7.62手枪弹
冲锋枪	64式7.62	7.62	290~305	200	34.4	850	4/右	单、连发/自动	64式7.62微冲
	79式7.62	7.62	515	200	74	740	4/右	单、连发/自动	51式7.62手枪弹
	82式9	9.00	325	150	32.9	591	4/右	单、连发/自动	59式9手枪弹
	85式7.62	7.62	—	200	—	682	4/右	单、连发/自动	51式7.62手枪弹
步枪	63式7.62全自动	7.62	735	400	218	1342	4/右	单、连发/自动	56式步枪弹
	仿美M14 7.62	7.62	835	460	356	1110	4/右	单、连发/自动	NATO7.62MS9弹
	81-1式7.62步枪	7.62	720	400	209	955	4/右	单、连发/自动	56式7.62步枪弹
运动枪	庆华SSOI速射手枪	5.56	210~240	—	7.6	282	6/右	单非自	5.6mm运动短弹
	庆华MSOI速射手枪	5.56	210~240	—	7.6	420	6/右	单非自	5.6mm运动步枪弹
	庆华ZSOI转轮手枪	7.62	170~190	—	—	330	6/右	单/自动	7.62mm转轮手枪弹
	峨嵋EM752标准步枪	5.6	330~340	—	15.3	1332	6/右	—	5.6mm比赛长弹
	健卫(JW-9)5.6步枪	5.6	228~335	—	13.6	1064	6/右	单/自动	5.6mm运动枪弹
	健卫(JW-10)5.6步枪	5.6	228~335	—	13.6	1024	6/右	单非自	5.6mm运动枪弹
气枪	快鹿气枪	4.5	—	—	—	1038	12/右	—	4.5mm铅质气枪弹

表4-8 常见国产枪弹参数表

	51 式手枪弹	64 式手枪弹	59 式手枪弹	64 式微冲弹	56 式步枪弹	53 式步枪弹	小口径步手枪弹
全弹长(mn)	34.65	24.70	24.74	36.80	56.00	75.75~77	24.8~25.6
全弹重(S)	9.94~10.72	7.25~7.65	9.58~10.13	12.03-13.03	15.9~16.9	21.5~23.5	3.40~3.51
弹头直径(mm)	7,80~7.85	7.80~7.85	9.22~9.27	7.80~7.85	7.78~7.82	7.78~7.92	5.7~5.8
弹头重(g)	5.5	4.8	6.1	7.75	7.8~8.1	7.8~8.1	2.5~2.6
弹壳长(mm)	24.45~24.7	16.75~17	17.76~18.1	24.45-24.7	38.4~38.8	38.4~38.8	15.4~15.7
弹头形状	钝	钝	钝	尖	尖	尖	钝
弹壳形状	瓶	柱	柱	瓶	瓶	瓶	柱
底槽	有	有	有	有	有	无	无
底缘	无	无	无	无	无	有	有
火药品号	多-45	粒-17	多-125	双球22-85	2/1樟	3/2樟	多-125
弹头构成	复铜钢+铅心	复铜钢+铅心	复铜钢+铅心		复铜钢+钢心	复铜钢+钢心/铅心	铅或铅锑合金

(引自李德仲等,1995)

2. 枪弹的构造

枪弹主要由以下几部分构成：

（1）弹头：弹头是主要靠动能杀伤目标的部件。普通弹常有铅心和钢心两种。

（2）弹壳：主要是装发射药的部件。它将弹头、发射药、底火连结为一个整体，并作为发射药的燃烧室。弹壳按其外形可分为瓶形和柱形两类。

（3）发射药：发射药是枪弹发射的能源。常按成分分为有烟药和无烟药两大类。

（4）底火：主要靠击针激发发火，通过导火孔保证发射药的正常燃烧。底火按激发方式分为击针击发式底火和电热发火。底火的主要成分有起爆剂、燃烧剂、氧化剂及一些附加成分。

（三）法医弹道学简述

法医弹道学是应用法医学和弹道学的原理和方法，研究弹丸等投射物击中或穿透人体的运动规律及所致的损伤特点，解决侦查和法律上涉及的有关问题，包括射入口与射出口特征、射击距离、射击方向、射击顺序、发射器种类等。因此，法医弹道学是一门既包括了创伤弹道学内容，又具有法医学特殊意义的科学。

1. 投射物的致伤机理

投射物对机体的损伤主要是投射物在击中人体时，将部分或全部的动能传递给人体组织，投射物克服组织阻力，沿弹道直接挤压、撕裂和穿透组织的机械性破坏作用。同时，由于高速运动的投射物在对机体的侵彻（击中）过程中，它的高速碰撞引起压力波传播形成空腔，因压力关系空腔多次脉动对周围组织牵拉、压缩而造成比弹道面积大得多的周围组织器官的损伤，称为空腔效应。

2. 投射物的致伤效应

投射物的致伤效应是投射物对机体的直接损伤和空腔效应造成。投射物侵彻机体时，对组织直接挤压、撕裂，致组织产生一个近似椭圆、梭形和圆锥形的瞬时空腔，并因压力关系使空腔扩张、收缩地反复脉动，造成该处组织的出血、破裂等损伤。一般来讲，投射物速度快、质量轻而组织密度高的瞬时空腔较大。投射物对人体形成创道时，创道内组织在高速穿透作用下碎裂，在高压作用下沿创口向外激溅抛出，特别是头部，枪创口常见有脑组织溢出，当产生空腔的压力消失后，创道变成容积小得多的永久创道，即我们检验时所能见到的枪弹创道。

3. 投射物致伤的影响因素

投射物对人体形成的损伤的严重程度，除了侵彻的部位不同外，投射物的主要影响因素如下：

（1）投射物致伤的主要因素是投射物的能量大小，能量越大则致伤越重。这取决于射击距离、投射物质量和速度。

（2）投射物的稳定性。在一定能量下，投射物越不稳定，对机体的损伤越大。

投射物侵彻机体后,由于受到组织阻力,能量消耗速度减小,因此容易发生章动(即弹轴偏离弹道的现象),甚至在体内造成翻滚。这也是我们在检验盲管创时,往往不能在弹道直线位置找到弹头的原因。没有来福线的滑膛枪,所发射的弹丸其稳定性极差。

(3)投射物的结构特性。投射物的结构不同,对损伤的影响极大。现代子弹主要是铅心和钢心,手枪射击时,在体内不会爆裂、破碎。但步枪射击时,由于速度高,极易在体内变形、碎裂。此外,还有专门设计的非对称性弹、箭形弹、管状空心弹等,其目的就是改变其结构,在侵彻靶标过程中更易破碎而造成机体更重的损伤。因此,在检验中,如果找不到完整弹头,应注意查找金属碎屑,送实验室进一步检验,分析是何类型弹丸。

4. 弹创的基本种类

(1)贯通创:弹头能量大但未将能量全部释放,穿过人体形成。包括射入口、射创管、射出口。

(2)盲管创:弹头能量在体内全部释放,未能穿透人体,弹丸滞留在体内。它只有射入口、射创管,而无射出口。

(3)回旋创:弹头进入体内,由于阻力的关系发生章动,使弹头偏离弹道在体内弯曲或弧形运动。这类损伤可以是盲管创,也可以是贯通创。

(4)擦过创:弹头以切线方向擦过体表所形成的损伤。皮肤可形成条状或鸡爪形损伤,表现为表皮剥脱、皮下出血或挫裂创;在头部可形成条状骨折和锁孔样骨折。

(5)跳弹创:弹头在侵彻人体前,先被阻挡,反跳折射后再击中人体。此类损伤表现较为复杂,轻的仅表现为表皮剥脱、皮下出血、挫裂创,重则进入人体形成盲管创(极少见到贯通创)。这类损伤,弹头在第一次命中靶标时已有变形,且部分动能在反跳过程中散失,使弹丸的能量减少、稳定性差,故在人体上形成的射入口通常是不规则的。

(6)霰弹创:该类损伤主要见于猎枪、土制枪和自制枪。其投射物大小不等、无一定规格,损伤表现视射击距离的远近不同而异。远距离射击,在皮肤上形成大小不等的圆形或类圆形的小孔状射入口,在机体上形成盲管创,其弹丸在体内滞留的深浅部位不一。通常在2米以内射击,可形成较集中的弹孔;3米以上射击,弹孔较为分散;近距离或贴近距离射击,则在机体受伤部位形成空洞或缺失,多数弹丸可穿透组织射出机体外。在体内滞留的弹丸,视充填物不同而异,或铁砂,或铁钉、碎玻璃甚至米粒、绿豆。

5. 枪弹创的基本形态

(1)射入口

由于射击距离不同,发射器不同,射入口形态也各异,射入口的损伤是由投射物和发射产生的高温、高压气流等因素引起。

①射入口投射物直接损伤的特征:具有一定动能的弹头穿入人体时,主要是旋转和挫碎皮肤而形成创口,即射入口。与体表垂直射击时,射入口呈圆形;否则可呈椭圆形。其口径略小于弹头直径。若软组织较少,皮下衬有骨组织,其直径则等于或略大于弹头直径。创口边缘整齐或略呈小锯齿状,弹头速度越快,创缘越整齐;皮肤内卷,中心组织缺损,不能合拢;创口周围有挫伤轮和擦拭轮。

挫伤轮:由于旋转的弹头进入皮肤时,皮肤随弹头下陷,中间挫碎成创口,边缘由于弹头的旋转挤压而形成环状擦伤和挫伤带,宽约 1 ~ 2mm;如弹头飞行路线与体表形成夹角,则锐角侧挫伤区宽,钝角侧窄。新鲜尸体由于水分尚未散发消失,故挫伤轮不甚明显,经过一段时间后,干燥形成皮革样化,则成为褐色,比较容易观察。根据实验研究,在有木板、墙壁、皮带等较皮肤质地硬的物体衬垫时,射出口亦可见"挫伤轮"样特征,检案时需注意以免发生错判。

擦拭轮:弹头表面附着物质,在穿过皮肤时,被擦拭在挫伤轮内侧,一般为灰褐色,宽约 1mm。尸体上由于挫伤轮失去水分而干燥为皮革样化,颜色变深,因此肉眼观察很难发现擦拭轮。

②射入口高温气流作用的特征:从子弹受到击发到弹头出枪口的时间只有 0.001 ~ 0.006秒,产生气体压力大,如 7.62mm 手枪子弹装药量为 0.6g,药室积 $0.9cm^2$,气体生存量 540 cm^2,全部火药燃烧完时,膛内温度可达 2500 ~ 3500℃,由枪口喷出的高温、高压火药气体,可以造成人体损伤。另外,高温火药气流载着火药残渣、枪内金属屑等杂物喷出也会在射入口周围形成损伤或留下痕迹。

烟晕:火药燃烧成烟灰,因其质轻,仅能在近距离或接触射击时在射入口周围形成圆晕,称为烟晕,其浓度与射击距离成反比。接触射击时可在衣服的内层,或创口翻起的皮瓣内侧发现。

颗粒灼伤:主要是燃烧剩余的火药颗粒、弹头表面或弹壳内金属碎屑,随着高速、高温气体嵌入皮肤内。金属碎屑可附在入口的擦拭轮上;也可与残余的火药一样成点状散在分布。射击距离越近,这些颗粒越密集,不能擦掉。

枪口印痕:在接触射击或极近距离射击时,由于射入口处皮肤向外突起,可接触高温枪口,形成圆形或半月形枪口印痕。

碳氧血红蛋白形成:火药燃烧不全的气体,以高压气体冲击射入口周围,而形成鲜红碳氧血红蛋白,在入口下的肌肉内更易观察到。典型案例在射入口处形成"红环"。碳氧血红蛋白的检出有助于判断接触枪创。

(2)射创管

①射创管一般呈直线,但也有其他形状,这取决于弹头形态、动能、组织性状等。子弹穿过不同组织时,运动方向常有变化,尤其在弹头动能较小时,射创管变位的可能性就比较大。这种变位,不仅见于骨骼,其他致密组织(如筋膜与肌腱)也可以改变弹道方向。颅腔为圆形穹窿,弹头在一定角度下也极易滑动,曾遇一例

额部锐角射入,弹头碰撞于左顶骨,形成小的骨裂纹,弹头折返到蝶鞍处,整条射创管呈Z字形。

②射创管的断面:创道各截面的直径及其形态有很大差异,与弹头速度、形状以及受伤组织有很大关系,当其他条件相同时,致伤弹头的阻力面积越大,则创道断面越宽。肌组织收缩时比松弛时被击中的创道要宽。肝创道比肌组织要大,并多呈放射状裂开。如弹头击中骨骼,骨折碎片可成为继发性投射物,从而使创道扩大,在创壁上嵌有碎骨片,并可形成相应的盲腔。

射创管近入口处、中间部和近出口处并不等宽,这些变化也与投射物的速度和形态以及受伤组织性质有关。实验观察:肌组织的创道入口处起始部分的创道一般呈直管形略大于弹头直径;中间部扩大;在弹速较低时,出口可缩小呈管状,若弹速高时可呈喇叭状开放。

③射创的内容物:多数创道内均可见坏死组织、凝血块、新鲜血液和夹杂着异物。值得注意的是在较高速度的子弹击中人体后,形成的瞬时空腔带着负压,该负压足以将创口处的衣物碎纤维、砂石、泥土等物吸入创腔,在枪弹出口处的创道内也可检见。

④颅骨射创管:头部是枪弹创的多发部位。颅骨上典型的射入口、射出口,都呈圆锥体形,锥体尖端指向弹头飞来的方向;颅骨骨板被击中时的方向近于垂直,则弹孔一般呈圆形,其直径等于或略大于弹头直径,但在弹头穿透颅骨时若形成放射性骨折线或击中有多条骨缝存在的部位,弹孔的直径可略小于弹头直径。若击中时弹头射入方向近颅骨的切线方向,则可形成锁孔状骨折。因为子弹呈切线方向射入颅骨,在颅骨上的创口,既有入口的特点又有出口的特点。锁孔状骨折由圆形部分及三角形部分组成。其意义在于尸体白骨化后,可根据它判断射击方向。颅骨弹孔周围常有同心或放射状骨折线。

(3)射出口

射出口是弹头穿出体外时所形成的创口。其形态也受多种因素的影响,如弹头在出口处时的动能大小,弹头是否变形、翻滚,是否伤及骨组织,皮肤外是否有硬物衬垫等。通常射出口为撕裂创,呈星芒状,创缘可有皮下出血,但没有表皮剥脱和皮肤组织的缺损。如弹头以一定速度正位穿过组织,其入、出口大小常近似。致伤弹头在通过人体组织时失稳,可扩大弹头与组织的接触面积;在弹头变形、破碎或击碎骨组织时,都可增加创口腔内的压力,弹头伴随着这种较高的压力冲出体外,则可使出口大于入口。接触枪创,由于气体进入皮下使入口裂开,入口常大于出口。射出口处若有硬物衬垫(皮带或其他坚硬物),有时可使射击出口呈孔状组织缺损,在创缘上也可见轮状表皮剥脱。

6. 枪弹创的组织学特征

(1)射入口

创口周围皮肤常有表皮剥脱,残余的棘细胞变为长菱形、明显固缩,有时可检见金属颗粒或火药灰烬,创壁各部分组织呈凝固性坏死。贴近射击时,透射电镜下,可见皮肤胶原纤维结构紊乱,呈“雀巢样”、“风扇叶状”或“瓦楞样”改变,这应与弹丸发射时高速旋转和弹丸的高温有关。

(2)射创管

这可分为原发创道区、挫伤区和震荡区三层不同程度的变化。

①原发创道区:系弹头直接损伤的组织,在创道内可见大量的破碎组织、各种异物、凝血块、血液。

②挫伤区:围绕原发创道区,在创道壁的肌组织呈暗色、失去弹性,切开不易出血,可判断为挫伤区。损伤早期组织形态学改变不明显,经过一段时间后组织变性、坏死都较明显,组织坏死脱落,从而扩大原发创道,这部分又可以叫做继发创道。挫伤区的宽度与组织的性状有关。

③震荡区:挫伤区以外的组织区域,一般宽度可达数厘米。主要病理改变为肌纤维变性和血循环障碍(表现为充血,出血,水肿,血栓形成等)。

(四)枪弹创的法医学鉴定

法医枪案鉴定的主要任务是射击距离、射击方向、发射顺序、发射时的相对位置及发射器的判断和发射证据的获取。

1. 射击距离的判断

法医弹道学对射击距离的判断,是根据尸体上的枪弹创的特征来判断的。

(1)接触射击:发射距离在5cm以内,分为绝对和相对两种。绝对接触是指枪口与靶体直接接触;相对接触是指枪口与靶体相隔一定距离,通常在5cm以内。若创下有骨质衬垫,射击时产生的气体喷入皮下,可将皮肤拱起,射入口呈星芒状,创口皮瓣内烟灰附着。如深层软组织较厚,则可留下枪口印痕。如贴近衣服射击,可形成“十”字或“T”形撕裂,内层衣服上可粘附有黑色烟灰。因此要注意提取创口组织和周围组织的烟熏痕,送实验室进行扫描电镜和能谱仪检验,以确定发射药的种类。

(2)近距离射击:通常指50cm以内射击。如在射入口发现有规律分布的烟灰、火药灰烬,都可定为近距离射击。各种射击残留物,随着射击距离的不同,分布也发生变化。距离近,分布面积集中、色浓、残渣颗粒密集;距离远,则分散、色淡、残渣颗粒稀疏。

(3)远距离射击:一般是指在50cm以外的射击,通常肉眼只能发现弹头造成的射入口,缺乏其他残留物。

2. 射击方向和相对位置的判断

首先确定射入口和射出口,这是解决射击方向的关键。接触或近距离射击,通常在皮肤创口周围都有可见的射击残留物或挫伤轮、擦拭轮等特征,这些都是判断射入口的依据。可根据射入口的形态、烟云的分布和挫伤轮、擦拭轮的形态以及将射入口与射创管、射出口的大致连线等判定射击方向,并结合致伤部位、致伤现场环境、尸体侧卧姿势,综合判断发射者与死者的相对位置。

3. 发射器的判断

由于不同类型的枪支只能发射特定类型的弹丸,因此根据射入口的形态、滞留在体内的弹丸,可确定发射器的类型。如果为贯通创,应从射入口的直径判断弹丸的直径。特别是硬弹道(骨性弹道)的直径,常常反映了弹丸的直径,但要注意特殊情况,如射入口位于骨缝较多的地方,此时射入口的直径会比弹丸直径小;射入时颅腔内产生瞬时空腔,将脑组织向四周挤压,易出现颅骨缝的开裂,这时如弹丸从此颅骨缝穿透,射入孔直径可略小于弹丸直径。若在弹孔处有放射状或线性骨折,其直径也可略小于弹丸直径。检验时应注意发现金属碎屑,如为盲管创而找不到弹丸时,可用 X 线照射拍片,查找弹丸和金属碎片。如为霰弹伤,应提取弹丸,进行金相和元素成分分析。

4. 发射证据的获取

主要是在嫌疑人手皮肤上提取射击残留物,送检后确认发射药成分,目前国内外以铅、锑、钡元素作为射击残留物的特征性元素,其中锑元素是首选特征元素,但国外已有无铅底火形成的射击残留物检测报道。射击时由于风、枪击滑动等因素影响造成不仅在中弹者射入口可以发现射击残留物,而且枪弹底火的烟尘也可泄露在发射者手部、上肢皮肤,可通过胶纸粘贴、酒精擦拭、石蜡印膜的办法收集,运用 SEM/EDX 进行微量物证元素检测,若发现射击残留物是确认射击者的重要证据,即可确定案件自杀或他杀的性质。

常用的检测方法有扫描电镜和能谱联合分析仪、原子吸收法、质谱仪、扫描隧道显微镜以及化学法等,在提取时应注意避免污染,特别是怀疑为自杀的尸体,因是贴近或近距离射击,射入口射击残留物堆积较多,因此在提取时应用塑料袋将死者双手和上肢套住,以免被射入口的射击残留物污染。

二、爆炸伤

物质在极短时间内化学或物理反映释放巨大的能量,使周围骤然出现高压并伴有巨响的过程称为爆炸。爆炸造成的人体损伤,称为爆炸伤。爆炸伤在战时常见,或见于恐怖事件、蓄意杀人,在法医检案中常见报复性爆炸杀人。这类案件所造成的人员伤亡和财产损失严重,社会影响极为恶劣,又因损伤复杂、现场杂乱,给现场勘验增加了难度,所以在检案时应特别认真细致。

(一)爆炸的分类

根据爆炸的性质、释放能量的不同可分为化学性、物理性和核爆炸。与法医有关的通常是化学性爆炸和物理性爆炸。

物质在发生化学反应时,释放的化学能产生高压气流,并产生高热、强光作用,称为化学性爆炸。如各种炸药的爆炸,粉尘或甲烷、乙炔等气体在空气中的爆炸。

刑事案件中的爆炸多为炸药引起。炸药有固态和液态两种形式。根据起爆条件可分为起爆药和猛烈性炸药。起爆药敏感度高,在碰击或温度升高不大的情况下可引起爆炸,但威力不大,造成的损伤和破坏较轻;烈性炸药则需要在高温、高压的状态下激发起爆,常以起爆药引爆,爆炸后有剧烈的破坏和杀伤作用。

物理性爆炸是由于气压发生变化超过密闭容器的耐受力所致的容器突然爆炸,如锅炉、高压钢瓶、高压锅以及电视机显像管爆炸等。这种爆炸多是事故,所造成的损伤和破坏,远较化学性爆炸小。

(二) 爆炸伤的分类

由于爆炸时产生的高压气流和高温,对人体造成的损伤也较复杂。爆炸直接造成的损伤有以下几种:

1. 冲击波损伤

爆炸时产生高压气流,向周围扩散,形成高速气浪的冲击波,对人体造成损伤。其损伤特点是以尸体完整、体表伤较轻甚至无损伤,但存在严重内脏损伤,尤其是对肺等空腔器官损伤最为严重,可造成心肺震荡、肝脾破裂、耳鼓膜穿孔、中耳损伤、骨折等,对咽喉、腹腔、胸腔以及脊髓神经也有损伤。

2. 烧灼伤

化学性爆炸时,化学反应释放出大量热能,瞬时在炸点周围形成高温区,可引起燃烧。在炸点附近的人员,可出现体表的广泛性烧伤。

3. 弹片伤

弹片伤是距爆炸点较近处的损伤,发生在朝爆炸点一侧。在人体体表上散在小的创口,金属或其他硬物质破片可存留在人体内甚至深层组织内。

4. 抛射物伤

爆炸时的高压、高温,使爆炸物的包装体破裂,随冲击波向四周抛射,从而造成机体损伤。这类损伤较为复杂,视抛射物的性质、爆炸的当量、人体距炸点的距离以及人体的接触面等因素不同,造成的损伤性状和程度有很大差别。

5. 继发性损伤

继发性损伤主要由于爆炸致建筑物或其他物体倒塌所致的砸伤、压伤以及爆炸引起火灾造成的烧伤或窒息。

(三)爆炸现场的勘验

爆炸是在瞬时发生环境破坏和人员伤亡,由于造成的损伤和破坏的范围广泛,使得现场杂乱,如果因灭火、救治伤员,现场原始状态遭到破坏的情况可能更为复杂。作为法医学检验,在参加爆炸现场勘验时,应着重注意以下几点:

1. 确定炸点

放置炸药引起爆炸的位置称为炸点。根据爆炸现场环境的破坏程度,确定炸点。随着爆炸能量的释放过程,能量由于不断的消耗而减小,因此越靠近炸点,环境破坏和人员损伤越严重。根据炸点情况,推断炸药的引爆方式如埋置式、悬空式或平置式。

2. 判断爆炸物的种类

注意燃烧痕和烟熏痕。高爆速炸药则易引起炸点局部范围的燃烧;中爆速炸药不易引起燃烧;低爆速炸药则易引起较大范围的燃烧。注意在现场提取爆炸残留物或爆炸粉尘,装入塑料袋或玻璃器皿中,标明提取位置送实验室进行理化检验,确定爆炸物具体种类。烟熏痕及其颜色可提示炸药种类,如 TNT 的烟熏痕为灰黑色、硝铵炸药为灰色、黑火药为灰白色等。

3. 确定爆炸包装物和引爆装置

引爆装置常见的有电雷管引爆、导火索引爆、定时引爆、牵拉引爆等。通过现场搜寻、查找炸药装载碎片和引爆物碎片,以确定或判断爆炸包装物、引爆物。由于爆炸产生的高温易使金属片熔化变形,可提取送实验室检验,法医在尸检时应仔细检查发现。

4. 判定人员位置和姿态

判定伤亡人员在爆炸发生时的具体位置、方向、姿势,对于分析案情有重要意义。通过对爆炸现场尸块、组织、抛出物和衣片等物的搜寻、检验,确定整体同一分离,从而综合判断。

5. 查明无名尸源判定是否为引爆人

对爆炸现场的无名尸体和炸碎尸块,必须进行个人识别,以查明其身份,进而判定是否为引爆人。一是利用其面容及人体病理生理特征;二是利用其衣物、首饰和随身物品;三是利用所获得的有关证件、文字材料;四是通过法医实验室遗传学技术如 DNA 等来确认。

6. 爆炸能量的判断

根据炸点中心的抛射物大小和距离,大致推断爆炸的能量。

(四) 爆炸案件的法医学鉴定

爆炸案中的法医学鉴定,是比较复杂的工作,通常分为两大类:一是尸体或残碎尸块的鉴定;二是对幸存者的伤情进行鉴定。这里着重介绍对尸体、残碎尸块的检验鉴定。

法医学鉴定爆炸伤除按照无名尸、碎尸的检验要求(详见第八章第四节)进行检验外,还应注意以下几点:

1. 确定死亡人数

根据个体识别特征、断段吻合情况,确定人数,并分别判定性别、年龄、身高等。法医物证的血型检验和 DNA 检验,也可帮助判断。

2. 确定死者与炸点的关系

距炸点越近,损伤越严重。处于炸点中心的机体损伤最为严重,肌肉、骨骼、内脏器官通常被炸得粉碎,头颅或肢体被抛向炸点四周,这种严重的爆炸伤,是因巨大的冲击波、抛射物和高温共同所致的复合伤,称为炸点伤。从炸点伤分布的部位及烟熏的痕迹部位,分析死者与炸药的相对关系,或是否是炸药携带者。

3. 生前伤和死后伤的鉴别

爆炸发生时,该死者是否活着,是否是死后移尸至爆炸现场,这需要认真鉴别。在尸检时,特别注意面部睑缘、内外眦等皮肤皱褶处有无烟熏痕,因为在爆炸瞬时强光、高温作用下,有生命的人会反射性闭眼,上述部位无烟熏痕;此外,肉眼观察其有无生活反应,同时提取标本进行病理检验。特别值得注意的是,应在检验爆炸伤的同时对其以外的损伤如刺伤、枪伤、打击伤等引起足够重视。

4. 对无名尸体或炸碎尸块进行个人识别

这项工作有时是爆炸案件勘查中法医检验的主要任务。因此,在注重对爆炸损伤检验的同时,还应注意进行个人识别的检验,这些工作可能会提供破案的线索。

第五节 机械性损伤的法医学鉴定

机械性损伤的法医学鉴定,需要法医工作者通过检验损伤获得第一手资料,结合案情和现场情况,凭借实验室的技术手段,进行综合分析研究,对损伤时间、损伤方式、致伤工具、损伤性质以及伤后行为能力等问题做出准确的分析推断,从而为侦查破案、定案审理提供线索和依据。

一、生前伤与死后伤的鉴定

人体生前受暴力作用形成的损伤为生前伤,死后在尸体上形成的损伤称死后伤。死后伤有故意与非故意之分,前者如罪犯杀人后唯恐不死又添加的附加暴力(如扼、勒死后又切颈等),罪犯为掩盖杀人事实采取的手段如碎尸、焚尸、毁容等,以及用一种手段掩盖另一种手段,如扼死后伪装成交通事故等;后者常见于死后人工抢救时形成如胸肋骨骨折,水中尸体被行船螺旋桨致伤等。

区别生前、死后伤的依据是生活反应存在与否。生活反应指机体受外界因素刺激(暴力损伤也是其中之一)后局部或全身所出现的一系列反应征象。法医凭借肉眼观察、组织学显微镜观察以及生物化学检测等技术来分析认定生活反应并以此来鉴定生前伤或死后伤。

(一) 肉眼观察

1. 出血

血液(主要指红细胞)从血管内流出到组织和细胞间隙称为出血。出血,尤其是较大量的出血往往标志生前伤。另外生前伤出血易形成不易被水冲洗掉的血凝块。

2. 创缘卷缩、创口哆开

活体皮肤肌肉组织的弹性强,生前伤后组织收缩故形成创口哆开明显、创缘卷缩。而死后伤则创口哆开不明显且无创缘的卷缩现象。

3. 异物随循环流动

生前伤后,空气、脂肪、杂物等有时进入血管(创口受损的血管)且随血流流往他处,一般存在于损伤部位的向心段静脉内。死后伤因循环停止不会出现这种现象。

4. 感染与痂皮形成

生前伤后如果又存活相当长的时间,则可出现局部创口及周围红、肿、热、化脓等感染征象或痂皮形成、脱落等修复征象。死后伤则无此现象。

(二)组织学显微镜观察

1. 组织炎症反应

生前伤后,局部组织发生急性炎症反应,镜下主要表现为血管扩张、间质水肿以及血液白细胞浸润,但典型的炎症反应一般在伤后4~6小时出现。

2. 局部淋巴结边缘窦内有红细胞

生前伤后局部出血经淋巴道吸收进入淋巴结,反映循环功能的存在。

3. 组织内异物栓塞

生前伤后一些外界或自身的物质随循环血流进入脑、肺等小血管中,往往会造成血管栓塞从而引起一系列的病理改变。

4. 酶活性增强

生前伤后局部组织因代谢增强而使酶活性也增强,采用组织化学特殊染色的方法可检查到损伤周围组织中各种酶类的活性变化,而且具有一定的规律性,如活性增强的时间差异和部位差异等。

(三)生物化学、免疫学检测

1. 炎症介质的含量变化

生前伤后局部组织内血液中的某些介质成分如组织胺、5-羟色胺、前列腺素、激肽类以及白三烯等在早期(伤后数分钟)即可出现不同程度的升高。

2. 纤维蛋白网的形成

有人研究提出创口处纤维蛋白网的形成是生前伤目前所能检测到的最早的反应,数秒钟即有反应,一般应使用扫描电镜观察确定纤维蛋白的网状结构。

3. 血浆渗出物的检测

生前伤后局部组织的血浆白蛋白和球蛋白含量升高,最近有人研究提出,血小板颗粒膜蛋白140的含量变化可作为诊断生前伤的依据。

综上所述,生前死后伤的鉴定一直是法医学中重点研究的课题之一。虽然最新的许多方法采用高新技术而使生前伤在早期即可得到认定,但一则由于许多方法目前只是在实验研究阶段；二则许多方法需要较好的实验设备和较高的实验技术而无法普遍开展。因此在法医学实践中，目前在认定生前死后伤方面仍以传统的肉眼观察方法为主体（表4-9）。

表4-9 生前伤与死后伤的区别

	生前伤	死后伤
创口形态	哆开明显，梭形状	哆开小，长条状
组织收缩	明显	无或很不明显
皮下出血	量多，可形成血肿	量少或无
凝血现象	有，水洗不易去除	多无，或水洗后消失
炎性反应	可有	无
修复征象	可有	无
皮肤擦伤	表面有痂皮形成	无痂皮形成
创壁反应	皮肤卷缩，皮下脂肪外露，血管、神经缩至组织深处	皮肤、皮下组织、血管神经断面均在同一平面

二、损伤经过时间的推断

损伤经过时间的推断也是法医损伤鉴定中的一项内容。其主要方法是以大体形态学肉眼观察及组织学显微镜观察，但至今还尚未找到能十分精确推断损伤时间的方法，所以现有的方法只能是大体损伤时间的推断。

（一）表皮剥脱的时间经过（肉眼观）

<2小时　　损伤面略低于皮肤且湿润；
3~6小时　　真皮血管扩张，形成血管网，表面渗出液干燥；
12~24小时　　表皮结痂；
3天以后　　痂皮开始脱落；
5~7天　　痂皮完全脱落；
7~12天　　表皮修复基本完成。

（二）皮下出血的颜色改变（肉眼观）

新鲜出血　　暗红色
1~3天　　紫褐色
4~7天　　胆绿色
8~15天　　黄色
2~3周　　浅黄直至恢复正常肤色

（三）炎症及修复反应（镜下观为主）

<30分钟　　炎症介质含量及血浆蛋白含量升高；
1~4小时　　中性白细胞出现，水解酶活性升高；

5～8 小时　多量中性白细胞和少量嗜酸、嗜碱粒细胞集聚;
12～16 小时　单核细胞开始出现;
16～24 小时　单核巨噬细胞增多;
48 小时　巨噬细胞达高峰;
3～4 天　新生毛细血管增生;
5～6 天　损伤外周区淋巴细胞增多;
8～12 天　成纤维细胞增生、胶原纤维数量增多;
>12 天　胶原纤维融合成疤痕组织。

(四)骨折的愈合过程(肉眼观为主)

1～4 小时　骨折区血肿及水肿开始出现;
5～24 小时　软组织肿胀达最高峰;
24～48 小时　骨折断端骨外膜增生,出现多量成骨细胞;
6～7 天　机化的血块逐渐变为骨样组织;
2～3 周　骨痂形成;
2～3 月　骨折端愈合大体结束。

三、致命伤后的行为能力

有一青年男子,被人发现死于自己屋内,现场上留有遗书,右手握枪,前胸处有5处弹创口。经案情调查、现场勘查和尸体检验均证实其属自杀无疑。但也有人提出疑义:自己能否对自己的重要生命脏器连续射击?换句话说,在重要生命脏器受损后是否还有行为能力?

致命伤(此处指无论在何种情况下对所有人均是致命的损伤)后仍具有一定的行为能力这一点对法医工作者来说已为众多的客观存在的实际案例所证实。但是至今还仅仅是表面的认识,其产生的根本原因还不清楚。不管怎样,法医学对致命伤后行为能力的认识主要有两个实际目的:一是可以借以分析、重建损伤发生的经过,如同一案件几个现场的前后关系等;二是用以解释某些常人难以置信的事实,对正确判断案件性质提供科学的依据。

虽然人类至今对其自身的意识、行为能力尚未有全面透彻的了解,但一般认为致命伤后产生行为能力的生理基础应包括:

(一)脑组织仍保持一定的功能

人的行为受中枢神经系统的支配与调节,失去脑的全部功能也必将失去行为能力。由于脑组织对人的行为有精确的区域定位分工,所以某一部分脑组织的损伤可能仅仅影响人的部分能力而非全部。如中央前回的损伤可使人失去运动能力但不一定影响其听、看、说的能力。毫无疑问,某种行为能力的存在与出现一定说明控制这种行为能力的神经中枢功能还未丧失,反过来说,只要脑组织仍保持一定的功能,那么与此项功能相关的人的行为能力也应存在。

（二）从损伤到死亡必定有一个过程

除极少数像头体分离、全颅崩裂等巨大暴力损伤外，一般由局部损伤到机体损伤必定有一个或快或慢或长或短的过程。因此，产生致命伤后行为能力的时间有了物质保证。现代医学表明脑组织在断氧后其功能能维持6分钟左右，所以心脏等生命重要脏器的严重损伤只要处于脑组织尚未丧失功能的时间内，机体仍有一定的行为能力便可理解。另外，机体的一些自身的调节作用也会对死亡起明显的延缓作用，如心脏、大血管贯通伤后创口组织的回缩作用、凝血作用、心包腔积血后对心脏继续出血的短暂限制作用等。某一女性青年被人用三角刮刀刺入左胸，住院后仅做了胸部创口的单纯缝合，4天后自觉好转出院，伤后半月某日突感心前区疼痛、呼吸急促，迅即死亡。尸检发现心脏有一贯通性创口，心包腔内有大块的凝血块及多量血液。显然是凝血块堵住了创口，延缓了死亡。

（三）人的应激能力与心理状态

机体在遇到紧急情况时，会产生强有力的应激反应。医学已从神经和内分泌调节角度证实了这一点。在应激状态下，各种情感将会高度集中，人的潜在能力也因此在某种欲望（如生存欲望、拼搏欲望、复仇欲望、绝望）下得到充分发挥，在这种状态下，机体对一些生理性的刺激感觉如疼痛等往往十分麻木。值得注意的是，处于高度集中和亢奋状态下的心理到底是正常的还是异常的目前虽还不十分清楚，但现实生活中似乎最为令人惊异的行为能力往往出现在精神病患者中。笔者曾遇一例精神分裂症患者采用钝器打击头部、锐器切割腕部血管及外生殖器后自缢身亡。德国曾报道一例妄想幻觉狂的患者自刺胸腹部竟达120次之多！

当然，致命伤后能有行为能力的毕竟不是占多数，一般情况下，行为能力的出现与否受损伤方式、累及器官、损伤次数、损伤严重程度、出血量、年龄、性别以及个体差异等众多因素的影响。

四、致伤方式的鉴定

致伤方式指的是物体作用于人体组织造成损伤的过程，主要包括打击着力点、打击方向、打击次数和打击顺序等。

（一）打击着力点

着力点指物体直接与组织接触的部位，通常也是最大的作用力处。一般只要有以下条件之一的，可认定其着力点：

1. 表皮剥脱，皮下出血处；

2. 中空性皮下出血的中空区；

3. 创的中心处或最严重处；

4. 骨质表面的缺损或压痕处；

5. 多条线状骨折的分枝密集处；

6. 环形或套环形骨折圆心处；

7. 塌陷骨折的塌陷最深处；

8. 粉碎性骨折的碎片小且数量最多处；

9. 夹有头发、杂物的骨折处。

（二）作用方向

作用方向的鉴定可从以下特征中得到反映：

1. 表皮剥脱后表皮翻转方向即为作用方向；

2. 中空性皮下出血或条形挫裂创两侧出血带等宽，作用方向垂直；不等宽则作用方向由宽侧向窄侧倾斜；

3. 条形挫裂创创缘如钝锐不等，打击方向由钝侧斜向锐侧，创角若有撕裂则撕裂方向与作用方向一致；

4. 线状骨折一般作用方向与物体长轴一致，方向由重向轻；

5. 星芒状骨折主骨折线与作用方向一致；

6. 阶梯样塌陷骨折多系斜向作用，方向由深至浅；

7. 环状或套环状（同心圆）骨折，作用方向基本垂直。

（三）作用次数

以下要点可有助于推断作用次数：

1. 相距较远的软组织损伤一般直接由着力点反映作用次数（须注意区分较大平面的物体如砖块拍击等作用于人体凹凸不平的部位如面颊等时，则一次作用可形成多部位的或者多种损伤）；

2. 挫裂创、皮下组织严重挫灭的数量直接反映作用次数；

3. 颅骨的单一线状骨折一般为一次作用形成，范围较大的粉碎性骨折，则多系多次作用所致；

4. 塌陷性骨折在骨折边缘如出现弧度较大的波浪状轮廓，常为 2 次以上作用所致。

（四）作用先后顺序

软组织上的作用先后顺序一般较难确定，尤其是前后相隔时间短的损伤至今尚无确切的方法来加以区别，但在骨骼损伤时，以下各点常用于顺序的推断：

1. 两处以上骨折时，后形成的骨折线一般不会超越前骨折线伸展，此又称Puppe氏原理。如果作用力巨大导致后发生的骨折线少数可能超过了前骨折线，那么易于改变方向或者发生严重的错位。

2. 粉碎性、塌陷性骨折同时出现时，骨片重叠陷入颅腔，其最下边的骨片系最先作用形成，而最上面的骨片系最后作用所致。

3. 多次作用形成的粉碎性骨折，骨内板破损范围大且破裂孔的边缘向内倾斜的部位提示为最先的作用所形成。

必须提出的是，在分析判断机械性损伤的致伤方式时，既要认识损伤形成的一般规律，也要注意每个案例的特殊性，不可僵化地理解。比如，着力点的次数并不总是等于作用次数，交通事故中，车辆上突出的部位可在人体上一次形成多个损伤(着力点)；有损伤的地方也并非一定是直接受作用之处，比如颅骨，尤其是颅底骨的单条线性骨折往往是颅骨的前后或左右受挤压后整体变形所致。

五、致伤工具的鉴定

致伤工具的鉴定在法医学中是最富有挑战意义的研究内容之一，尤其是钝器损伤。同样相对而言，与其他的内容相比，损伤及其致伤物的鉴定是法医学区别于医学和其他学科的最有学科特点的内容。

法医工作者在进行致伤工具的鉴定时，一般要解决以下几方面的问题：(1)是一种还是两种以上的致伤工具；(2)是锐器、钝器还是火器；(3)是上述大类型中哪一类工具或物体(如是钝器，是斧锤类还是棍棒类等)；(4)如有嫌疑工具，能否形成或做出同一认定。

(一)损伤特征分析

损伤特征，是指致伤物作用后机体组织所呈现的体表和体内形态学和功能的变化，这种变化具有一定的特殊性。认真分析损伤特征是正确鉴定致伤工具的前提。

按保留时间不同，损伤特征有稳定和非稳定之分。所谓稳定性损伤特征指的是损伤反映致伤物的形态特征不受时间经过长短的影响，比如骨质上留有的擦痕、挤压缘、骨折线等；而软组织上的损伤则由于易受生活反应、水分蒸发、腐败等因素影响而改变原始的特征，称之为非稳定特征。当然，在一定的条件下如冷藏等，非稳定特征在相当一段时间内可保留其原始特征基本不受影响。

按反映致伤工具特征的程度不同，损伤特征又可分为典型和非典型。前者指在骨质、平坦的软组织部位单个的能较好反映致伤物特征的损伤；而后者是指反映致伤物不佳的损伤，比如打击厚薄不均的软组织会造成表皮剥脱、皮下出血、挫裂创等不同程度的损伤，任何形态的致伤物打击头部突出部位(如顶结节等)均可能产生圆形或类圆形的皮下出血甚至塌陷骨折。

按所处范畴不同，损伤特征又有一般特征和个别特征之分。一般特征是指某类物体作用后应具有的特征，如钝器形成的表皮剥脱、皮下组织出血、创口内组织间桥等，单面刃刺器所形成的一锐一钝角的创口等。个别特征乃是指某些致伤物在少数情况下才出现的损伤特征，如斧锤类或砖块所形成类似镶边状条形挫伤带(一般棍棒类物体作用后易发生)、舟状塌陷骨折等，双面刃刺器在抽出时转动方向形成可能一锐一“钝”创角的损伤特征。

在法医学鉴定中，稳定的、典型的、一般的特征较易识别，也是损伤工具分析的基础；而不稳定的、非典型的、个别的特征需要重点研究分析，在许多案件中有时往往价值更大。

(二)致伤工具推断

1. 从损伤形态特征推断致伤物

根据前已述及的钝器、锐器、火器损伤的特点,要区别大种类的致伤物一般困难不大。相对而言,在进行进一步的类型推断时,以钝器难度较大,有时斧锤类可形成与棍棒类相似的特征。破裂的石块有时甚至可形成类似锐器切砍创的特征等。所以,钝器致伤的规律性较差,在具体进行致伤工具推断时应持慎重态度,要综合分析各种可能性,条件不具备时,仅作可能性的倾向意见是比较客观的。

2. 根据创内残留物推断致伤物

创内如有树皮、木屑、砖石碎片、泥沙、油垢等残留物时则对致伤物的推断有很重要的价值;对某些有较特定价值的物品,如纤维、油漆、铁锈、火药颗粒等应做进一步的成分分析,借以分析认定致伤物的来源;如创内留有致伤物的断片(端)等时,则会对今后发现嫌疑工具后的同一认定提供依据。

3. 根据衣着上的损伤痕迹推断致伤物

遗留在衣服、帽子、鞋等物品上的擦蹭、撕裂、破口等损伤痕迹稳定性好,不易受人体组织变形、腐败的影响,因而对推断致伤工具十分重要。如衣服上的车轮印、粘附的油垢等有助于交通工具致伤的推断;衣着上的火药颗粒有助于推断枪弹创及射击距离;刺切创常在衣着上留下十分稳定且特征性强的刺切痕等。

(三)嫌疑凶器的鉴定与认定

在实际工作中,一般对嫌疑凶器只做能不能形成此损伤的鉴定而不轻易下是不是这一凶器形成的结论。致伤工具无数,致伤特征也千变万化,仅仅凭损伤特征相符要做嫌疑凶器的同一认定尚缺乏足够的依据。一般来说,要认定嫌疑凶器,如果不考虑案情,除了必须具备损伤形态特征符合致伤工具特征这一基本条件外,尚需具备以下条件中的两条:

1. 嫌疑凶器上特定的特征在损伤处得到良好反映,如致伤物上局部的突起或凹陷反映在损伤组织上,而且形态和大小相符;

2. 附着在嫌疑凶器上的血迹、毛发等与死(伤)者的性别、血型相一致;

3. 创口及其周围遗留物与嫌疑凶器上或其本身的质地与成分相同,而且提取的嫌疑凶器有特定价值;

4. 骨质上的擦划痕迹与嫌疑凶器在同类物体上形成的比对特征相符;

5. 创口内遗留的致伤物残部与嫌疑凶器缺损处为同一整体;

6. 现场物品或死(伤)者衣着上致伤物遗留的痕迹与嫌疑凶器一致。

应该提出的是,即使上述条件相符,也只能做相对的同一认定。在同一处或相距不远的两处存在完全相似的两个致伤物的可能性是无法绝对排除的。

六、损伤性质的鉴定

损伤性质主要指损伤及其所引起的后果在法律上的意义。损伤性质分为自杀、他杀和意外三种。

一般来讲,单纯凭借对损伤特征的分析很难做出确切的性质判断。比如同样死于"交通事故",既可能是意外(大多数),也可能是自杀或他杀(少数)。所以要准确分析损伤性质,必须结合案情和现场的情况,了解行为者的动机与目的。案情、环境与伤情是构成判断损伤性质的要素。

(一)了解案情

除了精神病患者,自杀和他杀都应出自某种或某些动机和原因。刑法中的仇杀、图财、奸情、报复等均是导致杀人的直接原因;而绝望、畏罪、逃避等均可作为自杀的原因。这些情况来源于对案发前死者各方面的深入调查。但往往有时这些动机与原因都不那么明显,需要从别的途径获得。

(二)勘查现场

现场是指案件发生的地方。从理论上来说,只要有人活动,就应留下活动的痕迹。认真仔细的现场勘查是案件侦破的首要环节,同时也是弥补案情了解不足的手段。

一般自杀现场多较隐蔽,多发生于室内,现场多不凌乱、无衣物缺失,只有本人留有的手、足迹和/或血迹;有时门窗反锁;死者一般衣着整齐,如有凶器(致伤物)则多留在现场近死者处。他杀现场则反之,多表现为:常有搏斗及翻动痕迹;血迹常较零乱、分布不集中;凶器常不在现场,死者身上一般有不同程度的抵抗伤。

(三)损伤特征

自杀者损伤的部位在自身能触及之处,多系锐器或火器所致;损伤排列多较整齐且方向大体一致;开始多有惧怕心理所形成的"犹豫伤",一般致命伤为一处,衣着上往往无损伤。他杀者则损伤分布零乱、部位分散,常有多处严重的损伤和致命伤,在一般情况下,死者上肢有抵抗伤。表 4-10 列举了区别自杀与他杀的要点,仅供参考。

表 4-10 自杀与他杀的区别

	自 杀	他 杀
损伤部位	本人能达到的部位	任何部位
损伤方向	多一致	多零乱
损伤分布	较集中	分散
损伤程度	多轻	多重
犹豫伤	可见	无
抵抗伤	无	多见
致命伤	一般仅一处	常见多处
衣着破损	少见	多见
手中凶器	多见	一般无
现场状况	一般较安静、整齐	一般较凌乱

第五章　高低温和电流损伤

第一节　烧　　死

一、概述

由火焰或高温物体作用引起的机体损伤，称为烧伤。因严重烧伤导致的死亡，称为烧死。由高温液体（如开水、热油等）引起的损伤，称为烫伤。直接接触高温物体引起的损伤，称为烙伤。由热辐射引起的损伤，称为灼伤。

烧伤多见于蓄意伤害或意外事故。烧死多见于意外事故或纵火杀人，少见于自杀。因此，烧死的尸体都应进行法医尸体检验，以查明死者的个体特征，明确其死因、死亡性质，为事故调查处理提供客观依据，为确定侦查方向、揭露和证实犯罪提供科学依据。

二、烧死的征象

（一）尸体外表征象

1. 衣着、毛发被烧毁

火场尸体的衣着、毛发，往往全部或部分被烧毁。当受害者昏迷倒地或死后焚尸时，紧靠场面一侧的部分衣着可能保留下来，成为判断死后焚尸的参考依据。火焰直接作用可将毛发烧毁，当受辐射热作用时，140℃的温度使毛发尖端破坏，150℃时毛发皱缩，再高的温度可使毛发灰化。

2. 烧伤

烧死尸体的主要外表征象是烧伤（图5－1）。烧伤的严重程度一般分为四度，即：一度为红斑形成；二度为水疱形成，其中伤及真皮浅层为浅二度烧伤，伤及真皮深层者为深二度烧伤；三度累及皮肤及皮下组织，表皮层完全被破坏消失，其下组织发生坏死和凝固；四度为组织烧焦炭化。

烧伤面积的计算多采用九分法或手掌法。九分法是将人体各部分定为若干个9%，即：头颈部为1个、双上肢为2个、躯干为3个、双下肢（包括臀部）为5个加1%。手掌法是以伤者本人一个手掌（五指并拢）的面积作为1%进行计算。

烧伤面积大小对人体的影响比烧伤深度更重要，一般认为，二度烧伤面积达体表的50%或三度烧伤面积达体表的33%即可引起死亡。

3. 外眼角皱褶

当受害人受到火烧时，反射性闭紧双眼，在外眼角处形成皱褶，皱褶内皮肤不被烟熏或烧伤，亦无烟灰炭末粘附，角膜和结膜囊内亦无烟灰。

4. 皮肤皲裂

高温使皮肤凝固收缩，形成与皮下组织分离的绽裂，多呈直线或弧形，表浅、走向多与皮纹一致，没有生活反应，不要将此种皮肤裂开现象误认为切伤或砍伤。

5. 拳击样姿势

高温使骨骼肌凝固收缩，由于屈肌强于伸肌，使尸体四肢弯曲呈拳击样姿势（图5－2）。生前烧死或死后焚尸，均能形成拳击样姿势，故不能作为生前烧死的依据。

（二）尸体内部征象

1. 呼吸道内有烟灰、炭末

活着的人在火场之内呼吸挣扎，将悬浮于空气中的烟灰、炭末吸入呼吸道。尸检时，不仅能在口鼻腔，而且能在气管、支气管内发现烟灰、炭末（图5－3）。这是认定生前烧死的重要依据。

2. 呼吸道烧伤（热作用呼吸道综合征）

由于活体吸入火焰和高温气体，刺激咽喉、气管，支气管黏膜呈高度灰白色，内含纤维蛋白、白细胞和坏死的黏膜上皮细胞。这些呼吸道烧伤征象，也是认定生前烧死的可靠依据。

3. 心脏和大血管血液碳氧血红蛋白增多

火场燃烧不完全，产生大量一氧化碳，活体于死前吸入一氧化碳，其心脏和大血管内的血液中，实验室能检出高浓度的碳氧血红蛋白。这也是认定生前烧死的可靠依据。

空气中的一氧化碳，也可以透过皮肤，与皮肤和皮下组织血管内的红细胞血红蛋白结合，生成碳氧血红蛋白。因此，在体表血管的血液中发现碳氧血红蛋白，没有认定死因的价值。

4. 食道和胃内有烟灰、炭末

活体在火场中烧死，不仅能通过呼吸运动吸入现场空气中飞扬的烟灰、炭末，而且还能吞咽到食道、胃脏之内，有的还能在十二指肠内发现烟灰、炭末。

5. 硬脑膜热血肿

高温能使脑组织、硬脑膜收缩，硬脑膜与颅骨内板分离，并引起血管破裂出血，血液聚积在颅骨内板与硬脑膜之间，形成热血肿。生前烧死或死后焚尸，均能形成热血肿，尸检时应当与生前受伤所致硬脑膜外血肿鉴别开来。两者的区别见表5－1。

表 5-1 热血肿与硬脑膜外血肿的区别

特征＼种类	热 血 肿	硬脑膜外血肿
部 位	常出现于颅顶,尤其是颞顶交界处	外力直接作用部位及力传导部位
大 小	一般面积较大,而厚度较薄	较小而局限
颜 色	砖红色	暗红色
质 地	疏松,含有气泡,呈蜂窝状	致密,富有弹性
粘 附	与颅骨内板粘着	与硬脑膜粘连紧密

6. 其他内脏改变

烧死前若发生休克,内脏可出现退行性改变,如心、肝、肾、肾上腺及中枢神经等的变性或坏死。迅速烧死者,可无上述改变。

三、烧死的机制

(一)窒息

吸入热的或刺激性气体、火焰、高温气流、烟雾等引起呼吸道黏膜充血、水肿、坏死、脱落和分泌物增加及支气管痉挛,加之燃烧不完全的烟灰炭末堵塞吸入呼吸道,均可引起窒息死亡。

(二)一氧化碳中毒

火场燃烧不完全,产生大量一氧化碳气体。火场死亡中,有相当一部分死于一氧化碳中毒。严格说来,单纯性一氧化碳中毒而无火焰所致严重损伤的死亡,不属于烧死范畴。但是,一氧化碳中毒是火场、空难、车祸等事故的重要死因之一,尤其是比较封闭的火场(如现代单元住房、车辆、机舱等)和产生大量一氧化碳的森林火灾,更是如此。一氧化中毒死者血液中含有高浓度的碳氧血红蛋白(COHb),说明死者当时呼吸功能和循环功能均存在,是生前进入火场的佐证。因此,火场、空难、车祸等事故,血液中碳氧血红蛋白含量的测定,应当列为尸体检验的常规项目。

(三)休克

高温引起人体大面积烧伤,神经末梢受到外界强烈刺激引起剧烈疼痛,引起疼痛性休克;此外由于烧伤创面水分大量蒸发致血液浓缩、有效血容量降低,从而引发低血容量性休克。休克是一组急性循环衰竭的综合征,主要症状为血压下降、脉搏细微、呼吸急促、颜面苍白,严重者意识丧失,甚至迅速死亡。通常二、三度烧伤面积超过人体体表总面积的30%,就能危及生命。烧伤休克是火场尸体常见的死因。

(四)有毒气体中毒

现代住房室内装修和日常用品燃烧能产生多种有毒气体。例如,含氮物质燃烧,产生二氧化碳;羊毛及丝织品燃烧时,释放出氨和氰化氢;羊毛和其他含硫物品燃烧，产生二氧化硫和硫化氢；含甘油和中性脂肪的物质遇热分解，可以释放出刺激性的丙烯醛等。这些毒物中毒死亡，多见于高层建筑、百货大楼、化工产品库房等火灾场所，也是救火人员不幸死亡的重要原因。

此外，严重烧伤当时未死者，可能由于继发细菌感染、毒血症、脓毒血症、肾功能衰竭等而死亡。

四、烧死的检验与鉴定

（一）烧伤的检验

对尸体上的烧伤应检查记录其部位、范围、颜色和烧伤的程度，并估计出烧伤面积与死者体表面积的比例。

（二）生前烧死与死后焚尸的鉴别

法医实践中，火场尸体检验的主要任务是确定死因，弄清死者是在活着状况下被烧死还是因其他暴力死亡之后被再行焚尸。生前烧死往往是意外灾害事故，而死后焚尸则为罪犯杀人之后采用的一种毁尸灭迹手段，其主要区别见表5－2。

表5－2　生前烧死与死后焚尸的区别

生　前　烧　死	死　后　焚　尸
1. 尸体外表有红斑、水疱，水疱周围有红斑环绕	1. 无红斑、水疱，有时出现水气疱，周围无红斑
2. 被烧时挣扎滚动，全身都有烧伤	2. 身体与场面接触部位无烧伤
3. 呼吸道内有烟灰、炭末	3. 无此征象
4. 呼吸道烧伤致黏膜充血、水肿、坏死	4. 无此征象
5. 心脏和大血管血液中，含有高浓度碳氧血红蛋白	5. 无此征象
6. 食道、胃及至十二指肠内，可能有烟灰、炭末	6. 无此征象
7. 除烧死之外，没有其他暴力致死征象	7. 有烧死之外的暴力致死征象

（三）烧死的性质

烧死绝大多数是意外灾害事故。因为人体烧伤十分疼痛，烧死更是一个极其痛苦的过程。所以，自杀烧死较为少见。但精神病人、邪教分子和殉道者及个别杀人犯畏罪自焚时可见到。他杀烧死则见于纵火杀人，或者用其他暴力手段致被害人昏迷进而纵火灭迹，最终烧死被害人，被害人既有生前烧死的征象，又有其他暴力所致严重损伤。更多的则是杀人之后纵火，妄图焚尸灭迹、逃避打击。

由于火场尸体的死亡性质比较复杂，尸体严重焚烧又会破坏生前烧伤和其他暴力损伤征象，有时单从尸体的死因和损伤方面难以确定性质，应当与现场勘查、引火物种类和来源、起火点的位置、起火的原因和性质结合起来分析判断，才能得出准确可靠的结论。

(四)烧伤时间的判断

根据烧伤部位的炎症反应和痂皮形成情况可推断烧伤时间。

(五)个体识别

对炭化、面容毁损和肢体离断的难以辨认的受害者,需进行个人识别。

第二节 冻 死

一、概述

低温作用于人体,引起体表局部血液循环障碍和组织损伤,称为冻伤;引起体内代谢障碍而发生的死亡,称为冻死。冻死绝大多数属于意外事故,如高寒地带突然遇到暴风雪、森林地区迷失路途、精神病人和醉汉昏倒野外等。自杀或他杀冻死均属罕见。亦有因虐待、弃婴而发生冻死的案件。

冻死是由于环境寒冷,体内热量迅速散发,而生物氧化所需营养物质供给不上,使体温下降、代谢功能障碍而发生的死亡。促成冻死的因素主要有:

1. 气温低。环境温度低是造成冻死的主要因素,尤其是防寒措施准备不足的突然低温、寒流侵袭,容易发生冻死。但是,造成冻死并不一定要在0℃以下。有人认为,裸体空腹条件下,在无风5℃的环境中,几小时会出现冻僵的症状,一昼夜就能冻死。

2. 风速。空气流动能促进体热的散发,风雪天气容易发生冻死。

3. 潮湿。处于低温潮湿环境,或者衣着潮湿,能加速体热的散发;潮湿皮肤比干燥皮肤要多散失3倍的热量;身体接触冰水、冰块或冰冷的地面,由于传导作用,散热更快,容易发生冻死。成年人浸入接近冰点的水中,在30~40分钟之内就能冻死。

4. 饥饿。空腹食物消化吸收殆尽,处于饥饿状态,会加速冻死。

5. 个体因素。强壮、营养良好者,经过耐寒锻炼的冰上运动员、冬泳者,对低温的耐受力强。相反,年老体弱、婴幼儿、营养不良和消耗性疾病患者,对低温的耐受力弱。醉酒者因体表血管扩张,散热加快,加之对寒冷刺激感觉迟钝、自我救护的能力降低,故容易发生冻死。

二、冻死的过程

(一)兴奋增强期(代偿期)

人体正常体温为37℃,在体温调节中枢的作用下,维持产热与散热的平衡。一旦受到低温袭击,散热强于产热,体温下降,体温调节中枢代偿增强产热过程,出现寒战,肝糖原分解加快,代谢增高;同时,末梢血管反射性收缩,使散热减少。此期主要症状是寒战、心跳和呼吸加快、血压上升,精神处于兴奋状态。

(二)兴奋减弱期(失偿期)

体温中枢失调,体温逐渐下降。心跳和呼吸减弱,血压下降,运动能力低下,出现意识障碍、幻觉等。

(三)完全麻痹期

体温降至25℃以下,体温调节中枢功能衰竭,体温已不能复升。此时,神经反射消失,昏迷,心跳、呼吸停止而死亡。

三、冻死的征象

(一)尸体外表征象

1. 冻死尸体呈卷曲状

皮肤苍白,外露肢体皮肤竖毛肌收缩出现"鸡皮疙瘩",阴茎、阴囊、乳头缩小。冻死尸体很少或见不到冻伤。

冻死者的衣着一般均较单薄。但有时由于体温调节中枢麻痹,反而产生身体发热的幻觉,自已将全身衣服脱光,仅穿内衣内裤,或者将衣服上翻,暴露胸腹部,出现反常的脱衣现象。不能把这种现象误认为他人所为。

2. 尸斑颜色鲜红或呈淡红色

冻死尸体因死前代谢降低,血液中氧不能被组织细胞利用,故氧合血红蛋白含量高。加之低温潮湿环境,空气中的氧气透过皮肤进入表浅血管,使还原血红蛋白变为氧合血红蛋白。因此,尸斑呈鲜红色或淡红色。

3. 冻僵

冻死者或其他死因的尸体,长时间处于0℃以下环境中,尸体全身冻结,称为冻僵。冻僵的尸体腐败停止,可以长时间保持原始状态,解冻以后腐败迅速进行。

(二)尸体内部征象

1. 胃黏膜血斑和溃疡

冻死者胃内空虚,胃黏膜糜烂,黏膜下有褐红色斑点状出血,组织切片观察见胃黏膜下血管扩张和破裂出血,称为"维斯涅夫斯基斑",引为冻死的特征性征象;85% ~90%的冻死者有此征象。

如果冻死过程较长,胃黏膜可以坏死脱落,形成表浅的溃疡,一般在出血斑点的表面,大小不等。

2. 内脏的改变

脑及脑膜充血、水肿,若为颅内容物冻结而体积膨胀,可使颅骨骨缝裂开;右心扩张,充满血液,肺充血、水肿、出血,肺及左心血液呈鲜红,而右心血液呈暗红色,这是由于濒死期吸入冷空气,肺循环中氧合血红蛋白多且不易分离所致;肝、肾、胰等内脏充血、变性,肝糖原含量减少或完全消失。

四、冻死的检验与鉴定

检验冻僵的尸体,须将尸体在室温下逐渐回缓解冻,再进行解剖。切忌采用炉火、热火等人工加温的方法,以免迅速解冻时对组织细胞造成损害。

冻死绝大多数属于意外事故,自杀冻死较为少见。他杀的对象主要是新生儿,更多的则是用其他方法杀害并抛尸郊外所出现的死后冻尸。检验此类尸体,应在排除损伤(他伤或自伤)、中毒、疾病等之后,结合现场环境、气温、衣着以及进食状况、有无醉酒等情况,加以综合分析,才能做出正确判断。

第三节 电流损伤

一、概述

人体是一个良好导体,当一定强度的电流通过时,引起的可感知的物理效应称电击。电流可造成组织细胞的损伤和引起器官功能的障碍,严重者造成死亡。电流所致人体组织器官的损伤,称为电击伤;由电击引起的死亡,称为电击死。

电击死多为意外事故,触电自杀也比较常见。随着电气化程度的提高和家用电器的普及,罪犯利用电击杀人案也较为常见,亦有用其他暴力手段杀害被害人之后,伪装触电自杀或意外触电身亡者。因此,电击死的检验与鉴定是法医学检案常常遇到的,需认真鉴别。

二、电流对人体的作用机制

目前,对电击伤的作用机制不太清楚,但有以下几种学说:

(一)电场效应

电场效应可使细胞内的离子平衡发生变化,造成细胞生理功能障碍。能迅速引起骨骼肌收缩,使触电者手握电源不能摆脱,或者在建筑工地发生坠落伤致命;作用于呼吸肌时,使呼吸肌强直性痉挛不能进行呼吸运动而死于窒息;作用于心脏时,使心室肌肉的不应期缩短,引起心肌频发兴奋,造成心室肌肉纤维颤动,死于急性循环衰竭;作用于神经,引起神经活动的抑制、传导短路,发生昏迷、休克和中枢性心跳呼吸停止而死亡。

(二)电热效应

电流通过人体时,在电阻比较大的部位(如皮肤、骨骼等)发生电热效应,产生焦耳热和电火花,造成电流进出口部位损伤;电极金属熔化、气化并沉积于局部皮肤,称为皮肤金属化现象。

根据焦耳定律 $H = 0.24I^2RT$,当电能转换为热能时,所产生的热能(H)与电流强度(I)、皮肤电阻(R)、作用时间(T)成正比。

（三）电解效应和电机械效应

电流通过人体时，人体组织的化学成分因电解作用发生分解，甚至产生气体；电能转化为机械能，也能对人体造成损伤。强大的机械力作用，可使人体抛离电场、组织洞穿、骨骼折断等。

（四）继发损伤学说

电损伤后由于血管内皮细胞受损，血液动力学发生改变等原因，使组织继发缺血缺氧而变性坏死。

三、影响电流损伤的因素

（一）电流的性质

交流电比直流电的危害性大，在电压相同的条件下，人体对交流电的敏感性比直流电大4~6倍。尤其是50~60Hz的工业用电和生活用电，与神经、肌肉组织的生理性节律相符，能够引起心室肌肉纤维颤动和骨骼肌强直性收缩，危害性大。超过150Hz以后，随着频率的增高，触电的危险性减少。

（二）电压

交流电的致死电压为25~300V。电击死亡多发生于220~360V的低压交流电，其死因是低压电流作用于心脏，引起心室肌肉纤维颤动而致循环衰竭。1000V以上的高压电危险性在于电源与皮肤之间形成电弧，使衣服燃烧、组织烧伤，甚至发生严重烧伤而死亡。

（三）电阻

人体干燥皮肤电阻值可达1000~2000千欧，出汗或潮湿可以减少到25~30千欧。各部位皮肤电阻不一样，脚掌和手掌的电阻大，大腿内侧和面颊皮肤电阻小。皮肤电阻值的个体差异比较大，同一室内的不同个体，左右手拇指间电路的电阻为400~1000千欧。

（四）电流强度

按照欧姆定律 $I=V/R$，电流强度（I）与电压（V）成正比，与电阻（R）成反比。因此，前述电压、电阻条件，最终以电流强度而决定其对人体的损害程度。一般认为，电流强度越大对人体的损害越严重。当电流强度只有1~2毫安时，人体只有麻木感觉；8~12毫安时，引起肌肉挛缩；超过20毫安时，肌肉发生强直性收缩，触电者难以摆脱电源；高于22毫安时，电流与皮肤接触处发生电烧伤；25毫安交流电通过心脏时，可以引起心室肌肉纤维颤动或心搏停止而死亡；100毫安以上电流通过头部时，可以立即丧失知觉，全身肌肉抽搐，对中枢神经系统造成不可逆的损害；3000毫安以上电流，可以引起呼吸与循环麻痹。

一般认为，直流电的电流强度达到50毫安，交流电的电流强度达到25毫安，对人体就有致命的危险。有人将超过这一限度的电流强度称为致死电流。

(五)电流通路

这指电流从入口至出口通过人体的途径,与电流危害后果直接相关。高压电流通过人体时,是沿人体入口与出口之间最短的距离通过,低压电流则是沿电阻值最低的血管通过,在进出口之间呈扇形扩散。当电流通过脑、心、肺时最危险。常见的手至手、手至足通路,都会给心、肺等重要器官造成严重危害。电流由一侧下肢至另一侧下肢,由于不通过心及脑,危险性较小。两极距离很近,如电插头、电警棍接触人体,由于电流回路很短,一般不会引起电击死亡。

(六)电流作用的时间

皮肤电阻虽因电烧伤发生凝固性坏死而增强,但始终有小电流通过人体,使局部烧伤加重。高压电流作用时间0.5秒以内一般无生命危险,而超过1秒钟就能引起死亡;110~300V电压、25~80毫安、作用时间25~30秒以上,或者超过80毫安、作用时间5秒,均能引起心室肌肉纤维颤动而死亡。

(七)机体状态

贫血、虚弱、疲劳、过敏体质以及某些内分泌疾病(如甲状腺功能亢进、肾上腺功能低下等)、心血管疾病(如冠心病、高血压等),对电流的耐受能力较低;睡眠、麻醉状态等,能使机体对电流的敏感性降低。儿童对电流较成人敏感。

四、电击死的征象

(一)电流斑

电流通过皮肤时产生热能,在皮肤上形成具有诊断价值的特殊损伤称为电流斑。典型的电流斑呈圆形或椭圆形,直径0.5~1cm,中央凹陷,周围隆起,边缘圆钝,形似火山口,高约1~3mm;病变区呈白色、灰色或褐色,与周围组织分界清楚;质坚硬,无炎症反应和毛发烧灼损坏。中央凹陷部形状与导体接触面形状相似而呈不同的形状,如条形、弧形、长方形或犁沟状,能反映导体接触皮肤部分的形态特征(图5-4、图5-5)。

组织切片光学显微镜观察,电流斑中央凹陷区表皮各层致密并融合变薄,染色深,表皮可有破坏、脱落,表皮与真皮间有裂隙形成;周围隆起部分表皮增厚,角质层与透明层肿胀、裂开,形成许多蜂窝状空泡;表皮细胞及核沿电流方向伸长,变为纺锤形、梭形或线形,呈栅栏状或漩涡状排列,核深染;有时尚可见基底细胞线状伸长,插入真皮中,称流水样结构或核流。毛囊、汗腺、毛细血管内皮细胞等均可有核极性化改变。真皮胶原纤维肿胀,呈均质化改变,并可见凝固性坏死;皮下血管充血。亦有小灶性出血或血栓形成,严重时组织内产生许多气泡,形成多数腔隙或不连续的管状,具有炭化壁的电流通路。

通过透射电镜及扫描电镜观察,透射电镜下可见电流斑凹陷部位细胞质呈灰色的均质状,细胞器常被破坏,结构模糊不清,但细丝和桥粒仍可识别,细胞核或其残余部分被拉长,呈平等排列,染色质凝集明显;扫描电镜下可见具有诊断价值的一些改变，如鳞状细胞松懈、脱落，真皮呈蜂巢状凹陷，在电流斑内可见电流穿凿的小孔穴和细胞灼伤，小孔穴多呈圆形或类圆形，壁光滑，直径多为10～30μm。

电流出口处多呈裂隙状，边缘隆起，边缘上也有裂口（图5－6）。

（二）电烧伤

当高压电击、强电流和电流作用时间较长时，局部皮肤组织受高热损伤而炭化，形成电烧伤（图5－7、图5－8）。创面呈黑褐色或黑色，组织炭化脱离，可以形成深入皮下或肌肉组织的坑穴；切取其表皮真皮部分检验，中央呈孔洞，只遗留焦黑的电烧伤边缘，然而其边缘上仍留有沉积的电极金属，对其元素成分的检测可确定电极导线的种类，获得侦查、审理证据。

高压电击时，骨骼遭受电热效应作用，使无机盐熔化析出，融合成灰白色珍珠大小的小球，称为骨珍珠。骨珍珠内有空腔，扫描电镜观察表面呈砖样图像，多分布于受损骨骼的表面，可以作为电流损伤的一个特有征象。

此外，电流高温可以将衣服烧毁、鞋袜烧成孔洞、鞋钉和金属扣熔化。

（三）皮肤金属化

皮肤金属化现象是指电极金属在高温的作用下熔化、气化，金属微粒沉积于皮肤及深部。直流电的电流入口和交流电的电流进出口，均有皮肤金属化现象。这是认定电击伤的重要征象，也可以通过沉积金属种类和含量的测定，判明电极的种类和触电时间的长短。

皮肤沉积金属微粒的颜色随电极种类而异。铜电极皮肤呈淡绿色或黄褐色，铁电极皮肤呈灰褐色，铝电极皮肤呈灰白色。亦可切取局部皮肤检材，用扫描电镜能谱检测技术，测定其电极金属的种类和含量。1993年上海市公安局，用扫描电镜能谱技术对一起怀疑为电熨斗漏电造成的意外触电死亡的女尸电击伤皮肤样品进行检测，发现只有铜元素而无电熨斗表面涂层的镍、铬、铁元素，从而否定了电熨斗漏电造成的意外触电死亡，迅速破获了这起有预谋的杀人案。罪犯是她的丈夫，先用电线（紫铜）电击杀人之后，伪造电熨斗漏电致死的假象，与检测结果完全一致。

（四）电击纹

高压电击伤，由于皮下组织充血，皮肤出现树枝花纹，称为电击纹。电击纹与雷击纹相似，保存时间不长，一般死后一天左右即行消失。

（五）内脏的改变

电击死者内脏无特殊性改变，多为窒息死的一般征象。心脏及大血管血液呈暗红色流动状态，心肺浆膜下有出血点，心肌断裂，肺淤血、水肿，脑、肝、肾淤血和变性等。

近年来有人对电击后肢体血管、心脏等的改变进行研究，发现电击后血管及心脏的病理改变有其自身的特点，可用于诊断电击伤。

五、电击死的检验与鉴定

勘验电击死现场,应当邀请具有丰富电学知识及经验的技术人员、老电工参加。进入现场前,首先必须切断电源,以免发生触电事故。接着应检查触电者是否死亡,人体遭受电击时,容易出现假死状态,因此对死亡征象不明显者应积极抢救。对原始现场进行详细检查、记录,如电源、导线、接触部位和电流通路等,并了解和测试电流种类和电压等情况。

检验尸体上的电击伤,要注意观察、记录所在部位、类型、范围、深度,判断其损伤的位置和形态与现场电极形态、电流通路是否符合,分析人体接触电源时的状况、各处电击伤形成时间上的差异,并用推理判断方法重现电击伤亡过程。或者提取电流入口和出口两处的皮肤检材(测定电流通路的电阻或电源电压),以及导线一段,进行触电时间模拟实验,确定其触电时间的长短。

电击损伤多数为意外事故,亦有他杀、自杀电击死亡,现场勘查和尸体检验时,应注意鉴别。值得注意的是若皮肤入口组织有金属化时应提取,与现场导线或电极做元素成分检测,进行同类或同一认定。

(一)他杀电击死

多数是乘被害人无防备或睡眠中突然袭击,把事先准备好的导电体接通电源,放在被害人身上进行电击杀人。有的用裸线缠在椅子上制成所谓的电椅,或者将竹节打通装上导线制成电棍,招呼被害人坐在椅子再接通电源杀人,若电椅未逞又用电棍杀人。有的用金属针、金属棒、电插头、螺丝刀等工具接上电源,刺入被害人皮肤或自然孔穴(如口腔、外耳道、鼻腔、肛门、阴道等)。有在被害人走过的地方装上裸体导线,用所谓电网杀人者。情况十分复杂,现场勘查和分析判断时,应当注意发现矛盾、揭露犯罪。

他杀电击往往有死者自己无法完成的行为。例如,死者有自己无法完成的多处触电时间不同的电流斑和电烧伤、电击伤的时间较短有死后切断电源的现象等。若死前有搏斗过程,死者手及上肢可以遗留抵抗性电烧伤。不少情况是罪犯电击杀人之后,谎报为病死,并拆除导线,法医检验中只要查明电击伤存在,即可揭露犯罪事实。但有的案例仅凭肉眼观察很困难,需做显微镜下组织学观察或其他检测才能明确电击伤诊断,因此法医检验时对可疑的电击伤应提取标本送法医病理检验。

法医实践遇到的另一种情况,是罪犯采用其他暴力手段杀害或致被害人昏迷以后,伪装触电自杀或意外触电死亡。单纯从电击伤来看,往往难以区分生前伤与死后伤,不能确定死亡性质。但是,可观察、检验是否有电击伤以外的其他暴力征象,如颈部的扼痕、索沟,体内检出某种毒物等。

(二)自杀电击死

触电自杀死亡一般都保持电击时的原始状况,电源的连接方式只有本人才能完成,如用裸线缠绕于肢体或头部之后再闭合开关;导线为自己家中之物,导线连接方式符合死者的知识水平;多有内容为自杀原因和后事安排的亲手所写绝命书,死前有厌世情绪和反常表现等。有的触电自杀者,因保险丝烧毁短路不能致死,接着采用切颈、溺死、缢死等方式致命,死者体表有电击伤和其他致命暴力形成的生前伤和死因,不难判明真相。

(三)意外电击死

此多见于电器漏电,或违反安全操作规程等。此种情况通过现场勘查、调查访问容易判明。另外,有的案例报道个别熟知电器按摩知识者,基于对性欲的满足,自制变压装置,连通电源和置于乳头上下方的电极金属片。如果控制不当,使电流通过心脏可引起触电死亡。同时,采用此类电击方式的性欲倒错的死亡者,其衣着女性化,奇装异服,化妆打扮。根据现场电路装置、死者衣着状况、现场有介绍电按摩书籍、杂志,不难做出正确判断。

六、雷击死

雷击死纯属自然灾害。雷雨季节雨地发生剧烈放电现象,事故前有雷鸣闪电天气,若人体或牲畜处于落雷地区,受到雷击,就可能发生雷击死。

雷击死现场多发生于旷野、农田或室内电器附近,往往同时有枯木、房屋被摧毁或烧毁。死者衣服被烧毁或撕成碎片,携带的金属物品被熔化或磷化。

雷击纹是雷击死尸体比较特殊的征象,呈红色树枝状,可见于胸、腹、股及上肢。有人认为,雷击纹是高压电流在人体内通路所涉及部位组织充血所致。高压电流损伤也可以见相似形态的电击纹(图5-9)。雷击纹较少出现,且存在的时间较短,一般死后一天左右消失。

雷电烧伤见于与金属接触部位的皮肤,由电热效应引起局部烧伤,但与高压电电流损伤不同,雷电烧伤较为表浅,一般不会深入皮下组织。

雷击死的内部征象与电击死相似,心脏和大血管血液呈暗红色流动状态,浆膜下散在性出血点,各内脏淤血、变性等。雷击头部可以引起头皮下出血、颅骨骨折、硬膜下血肿和蛛网膜下腔积血,脑及脑干可见弥漫性点状出血。

雷击伤未死者,可能发生精神异常、记忆力减退、视力障碍、白内障等后遗症。

雷击死的法医鉴定,主要是根据现场、尸体特点,结合有无雷雨天气,认定其死因是否为雷击致死。雷击死纯属自然灾害,一般不涉及自杀或他杀问题。但在未确定为雷击死之前,有时会被误认为他杀;还要注意个别罪犯趁落雷之夜,进行电击杀人而伪称雷击死亡的案件。

第六章　中　毒

第一节　概　述

一、毒物与中毒的概念

毒物通常是指在一般条件下，少量进入机体，就能损害机体功能和组织结构，甚至危及生命的一类物质。毒物与非毒物、毒物与药物都是有条件的，并无绝对的界限。药物在超过极量时，会出现对机体的毒性作用；某些剧毒物质，用量极少或采用适当的摄入途径，反面可以发挥其治疗疾病的作用；人们公认的非毒物食盐和水，如果大量摄入，也能引起机体和电解质平衡严重失调而死亡。

各种毒对机体损害的能力是不一样的，按其对动物（大白鼠）试验的半数致死量和对人的可能致死量，分为五级（表6－1）。

表6－1　毒物的毒性分级

毒性分级	大白鼠一次口服 半数致死量（mg/kg）	对人的可能致死量	
		g/kg	60kg 体重的总量（g）
剧毒	<1	<0.05	0.1～
高毒	1～	0.05～	0.3～
中等毒	50～	0.5～	30.0～
低毒	500～	5.0～	250.0～
微毒	5000～	>15	>1000

法医学研究的毒物，主要是投毒杀人、服毒自杀所涉及的毒物。目的是揭露犯罪、澄清疑点，为侦查、审判提供线索和证据。此外，涉及诉讼的意外中毒事故，亦属于法医学技术鉴定的范围。法医学实践中遇见的毒物，既有化学毒物，如农药、杀鼠药、砒霜、氰化物等；也有生物毒物，如乌头、钩吻等有毒植物，蛇毒、河豚等有毒动物，以及某些细菌及其毒素引起的食物中毒。

中毒则是毒物经过一定途径吸收进入血液，随血液循环分布全身，对组织、器官及其功能的化学性损伤。主要表现为中毒症状和内脏的中毒性病理改变，但具有明显尸表征象的中毒死亡并不多见。这是此类死亡与机械性窒息、机械性损伤、高低温和电流损伤所不同之处。

中毒的过程,可以分为急性中毒和慢性中毒。急性中毒是机体一次大剂量摄入一种或多种毒物,短时间内(一般不超过 24 小时)即引起中毒症状或死亡;慢性中毒则是连续多次摄入小剂量的毒物,逐渐发生中毒症状,经过时间达数月、数年或更长。法医实践中遇到的多为急性中毒。但亦有少数犯罪,采用多次小剂量投毒致病,待被害人健康状态欠佳、多次患病住院的假象在群众中传开以后,再一次大剂量投毒杀人的案例。

二、影响毒物作用的因素

(一)毒物的物理化学性质

毒物的物理性质与机体的吸收速度、毒性大小有关。通常气体毒物吸收最快,液体毒物次之,固体毒物最慢;毒物在水中的溶解度越大,胃肠道吸收越快,毒性作用也越大。例如,砒霜(As_2O_3)的溶解度比雄黄(AsS)大 3 万倍,故前者剧毒,常被用于投毒杀人或服毒自杀,而后者可以入药,民间有人配制雄黄酒服用的风俗。

毒物的毒性取决于毒物的化学结构。化学结构相似的毒物,其毒性也相似。例如,有机磷杀虫剂 1605(对硫磷)、1059(内吸磷)、3911(甲拌磷),其化学结构相似,毒性也相似。在分子结构中,低价的化合物比高价的化合物毒性大,如一氧化碳比二氧化碳毒物强,三价砷比五价砷毒性强。有机氯杀虫剂 666,其分子式均为 $C_6H_6Cl_6$,但立体异构体很复杂,一般有九种异构体,各种异构体毒性的差别很大,丙体六六六毒性最大,乙体六六六毒性最小。工业生产的六六六是各种异构体的混合物,其致死量约为 20 ~ 28 克,而单纯的丙体六六六则为 5 克左右。由于各家工厂生产的六六六中丙体六六六含量有差异,口服等量的六六六,其后果就可能不一样。

(二)毒物的剂量

毒物进入机体需要达到一定剂量才能引起中毒和死亡。凡能使机体出现中毒症状的最小剂量,称为该毒物的中毒量;凡能使机体中毒死亡的最小剂量,称为该毒物的致死量。中毒量和致死量,是由动物试验的半数致死量,参照中毒实例推算出来的,并非绝对可靠的标准;毒物的吞服量和吸收量也不完全一致,某些服毒者由于发生呕吐或者采用催吐、洗胃、清肠等急救措施,使大部分毒物排出体外,即便大量服毒也不致死亡;加之个体差异等多种影响中毒的因素,教科书上各种毒物中毒量和致死量的记载,只能作为实际工作的参考数据。

(三)毒物进入机体的途径

毒物进入机体的途径不同,引起中毒的程度和后果也不一样。各种途径进入血液的速度,由快到慢依次为:静脉注射、呼吸道吸入、腹腔注射、肌肉注射、皮下注射、口服、灌肠。此外,法医实践中,还会遇到毒物经皮肤、阴道黏膜吸收的案例。毒物进入血液的速度越快,其毒性作用也越大。例如,皮下注射只需口服量的1/4,

就可以达到同样的效果。某些毒物的毒性作用取决于进入机体的途径。例如,蛇毒是一种蛋白质毒素,口服经消化酶分解破坏失去毒性,而从咬伤的创口直接进入血液则有剧毒;汞口服无毒,而汞蒸气经呼吸道吸收则毒性很大;苦杏仁汁静脉注射无毒,而口服经胃酸作用生成剧毒的氢氰酸,便能引起中毒死亡。

(四)机体的状态

毒物对机体的毒性作用和中毒后果,还受个体的健康状况、年龄、性别、体重,以及习惯、嗜好等多种因素的影响。

健康和营养良好的个体,对毒物的耐受力较强;患有慢性疾病或营养不良者,对毒物的耐受力降低。肝脏、肾脏是人体解毒和排毒的主要器官,一旦患病降低了解毒、排毒能力,就会增强毒物的作用。

小儿处于生长发育阶段,对毒物的耐受力比成年人低,尤其对吗啡、乙醇、烟碱等毒物更为敏感。小儿口服 0.3 毫克吗啡即可致死,而成年人吗啡致死量为 0.2~0.4克。所以,医学上对小儿禁用吗啡。但也有例外,小儿对阿托品、甘汞的耐受量却比成年人为大。老年人代谢机能和解毒排毒机能降低,因而对毒物的耐受能力下降。妇女在妊娠、哺乳、月经期对毒物较为敏感,某些毒物可以影响胎儿发育造成流产,从而加重病情。

习惯性和敏感性也有很大影响。长期少量服用药物(如安眠药)、饮料(如酒类),形成了习惯,有较高的耐受性,当其口服较大剂量时,往往不会发生中毒症状或中毒症状较轻。又如吗啡的致死量一般为 0.2~0.3 克,而吗啡成瘾者一次服用 1 克也无严重的中毒后果。相反,某些人对某种毒物或药物特别敏感,在接受治疗时即可发生中毒症状,甚至死亡。

胃内食物的数量和成分,也能影响毒物的作用。空腹服毒,毒物吸收快,中毒症状较重;进食后服毒,由于食物具有稀释作用,能延缓毒物的吸收;食物中的蛋白质、浓茶含的鞣酸与金属类毒物结合,生成难溶于水的物质,从而减少机体对毒物的吸收,能降低其毒性作用。

三、中毒的常见症状

毒物的物理化学性质、毒性作用各异,进入机体所发生的中毒症状也不一样。了解各种毒物的中毒症状,推断毒物种类,不仅便于采用恰当的解毒措施,而且也是为中毒现场勘查、尸体检验、毒物分析检材的提取做好必要准备。

口服毒物后,多在 0.5~4 小时之内出现呕吐、腹痛、腹泻等消化系统症状。但也有早于 0.5 小时,如氰化物中毒;晚于 4 小时,如敌鼠钠盐中毒等。随着毒物进入血液数量的增加,呼吸、循环、神经、泌尿等多系统出现中毒症状。某些特殊的证候群,对于判明毒物的种类或范围有重要价值:

1. 特殊面容——颜面樱红色:一氧化碳;颜面潮红:阿托平、河豚;颜面口唇青紫:亚硝酸盐、苯胺、硝基苯;口鼻泡沫液溢出:有机磷杀虫剂、巴比妥、安妥等。

2. 特殊气味——蒜臭味:有机磷杀虫剂、磷化锌;霉臭味:六六六;酒精味:乙醇、甲醇和其他醇类;来苏味:酚、甲酚;杏仁味:氰化物、硝基苯等。

3. 剧烈腹痛——强酸、强碱、砷化合物、汞化合物、磷化锌、钩吻、斑蝥等。

4. 剧烈呕吐与腹泻——砷化合物、汞化合物、巴豆、桐油、蓖麻等。

5. 口渴——磷化锌、砷化合物等。

6. 流涎——有机磷杀虫剂、有机氟杀虫剂、乌头以及砷化合物、汞化合物等。

7. 闪电样昏倒而迅速死亡——氰化物、烟碱。

8. 昏睡——安眠药、麻醉药、吗啡、一氧化碳、甲醇、乙醇等。

9. 痉挛——士的宁、氰化物、有机磷杀虫剂、氟乙酰胺等。

10. 震颤——有机磷杀虫剂、有机氯杀虫剂、钩吻、鱼藤等。

11. 瞳孔缩小——吗啡、有机磷杀虫剂等。

12. 瞳孔扩大——阿托平、颠茄、乌头、钩吻、大麻、奎宁。

13. 视觉障碍、复视、失明——甲醇、钩吻。

14. 嘴唇四肢麻刺感、蚁行感——乌头、河豚、蟾酥、大麻。

15. 呼吸加快——颠茄类、士的宁、咖啡因、甲醇等。

16. 呼吸减慢——鸦片、吗啡、安眠药、一氧化碳、乙醇等。

17. 心跳加快、心律紊乱、大量出汗——有机磷杀虫剂、氟乙酰胺、强心苷类、蟾酥等。

18. 血液变化——血色鲜红:一氧化碳、氰化物;血呈酱油色:亚硝酸盐、苯胺、硝基苯;血色正常而不凝结:敌鼠钠盐。

19. 黄疸——磷化锌、黄磷、四氯化碳、三硝基甲苯以及砷化氢、毒蕈等。

20. 广泛性出血——敌鼠钠盐、肝素、蛇毒等。

四、中毒的检验与鉴定

(一)中毒现场的勘查与检验

对投毒杀人、服毒自杀的现场和尸体进行勘验时,应注意以下几点:

1. 若中毒未死者,应及时送往医院抢救,并尽可能详细地询问中毒的经过和原因。

2. 通过死者亲属和目睹人,了解进食的时间、地点,先后出现的症状,是否经过抢救,从出现中毒症状到死亡经过的时间;食物烹调情况,共餐人数和表现;家中有何种药物、农药、中草药,附近可能有哪些毒物;查清死者生前表现,有无他杀的因素。

3. 进入现场应注意有无特殊气味,死者口鼻周围有无死了的苍蝇或其他昆虫,对唾液、呕吐物、排泄物,剩下的食物、药物、药渣以及包装物等与毒物关联的物品,要注意检查、记录,必要时拍照、录像,并提取送检。

4. 现场容器包括碗、杯、瓶、袋等,应特别注意其摆放位置、相互关系,其上是否留有死者或他人的指纹。

5. 检查死者衣着，注意是否有药片、药丸，以及发票、绝命书等；外衣有无呕吐物或腐蚀痕迹，内衣有无大量出汗的湿润现象等。

6. 尸体外表检查，应特别注意尸斑的颜色、尸僵的强度、瞳孔的大小、口腔黏膜及嘴唇周围皮肤有无腐蚀痕迹和特殊气味，口腔和牙缝内有无可疑药片和粉末，胸腹部和四肢有无注射针孔、毒蛇牙咬痕；女性尸体应检查阴道内有无可疑异物(如腊丸)、黏膜有无腐蚀等异常，以便及时揭露通过阴道投毒杀人的犯罪行为。

7. 中毒或嫌疑中毒死亡的尸体，只有通过全面、系统地解剖，方能发现中毒征象和排除致命性外伤、窒息和病变，必要时做组织切片观察、细菌培养检查，为认定中毒死亡提供可靠的客观依据。只做局部解剖，以胃及其内容物化验结果认定或否定中毒死亡的做法是十分错误的。因为口服不是毒物进入机体的唯一途径，某些毒物(如敌敌畏)可能在死后被他人灌入胃内。只有在肝、肾等脏器或血液、尿液中检出毒物，才能证明该毒物已经进入血液分布全身，并发挥了毒性作用，中毒死亡的结论才能成立。

(二)毒物化验检材的提取、包装和送检

1. 检材的提取

提取毒物化验检材是决定毒物分析结果准确与否的重要环节，应当根据毒物进入机体的途径和选择分布浓度较高的内脏和体液，选择最佳检材(表6－2)。

表6－2　常见毒物在体内分布情况

检材 毒物	胃及其内容物	血液	尿液	肝	肾	肺	脑
有机磷杀虫剂	+++	+	+	++	+	++	
有机氯杀虫剂	+++			++	++		
巴比妥酸盐类	+++	++	+++	++	++	++	++
生物碱类	+++	++	+	++	+	+	++
磷化锌	+++			++	+		
敌鼠钠盐	+++	++	++	+++	++	+	
氰化物	+++	++		+		+	+
砷化合物	+++	+	+	+++	++	+	
汞化合物	+++	++	+++	++	++	+	
亚硝酸盐	+++	++					
一氧化碳		+++					

注：+++表示毒物存在最多；++次之；+再次之。

检材的数量：胃及其内容物全部或500克；肝、脑500克；肾为一侧肾；肺为一侧肺；血液50～100毫升；尿液全部提取。

2. 检材的包装和送检

提取的各种检材应当分别装在容器内，绝不能混合装在一起；检材容器密封后，标明死者姓名、检材名称、提取日期，并及时冷藏保存。若送检时间较久，可有加适量分析纯乙醇防腐，但要取同一瓶乙醇做毒化对照，不得添加防腐剂甲醛。

毒物化验检材应由办案人员亲自送检，填写毒物分析委托书，内容包括：死者姓名、检材名称、收集日期、简要案情、死前症状、尸检所见以及检验目的。送检人还应根据已有资料，提出重点检验一种或几种毒物的具体意见，如果难以提出具体的毒物，也可以通过毒物系统分析，查出某种毒物或排除常见毒物。

（三）毒物化验结果的审查与应用

法医毒物分析实验室工作人员，对检材进行化验和复核之后，可能做出检出某种（或几种）毒物的阳性结果，或未检出某种（或几种）毒物的阴性结果。有时，由于实验设备或条件限制，不能区分其具体的种类或者仅有可疑反应，应当送到上级法医部门或专门实验室复验，以求获得明确的结论。无论是阳性结果或阴性结果，都应当结合案情、现场勘查、尸体检验、死前症状等方面的资料，综合分析，互相印证，才能做出是否中毒死亡、何种毒物中毒死亡的结论。

毒物化验阳性结果，并不一定就是中毒死亡。此时，还要考虑以下情况：(1)毒物是否死后进入尸体；(2)毒物是否作为药物进入机体；(3)毒物是否由于环境污染、职业关系或生活习惯（如吸烟者血液中含有一定浓度的碳氧血红蛋白）；(4)毒物是否有意外混入食物或其他途径进入机体的可能性；(5)毒物在内脏中的含量是否超过了致死量；(6)毒物化验的方法和操作有无失误，结果是否可靠。

毒物化验阴性结果，并不能完全否定中毒死亡。此时，还要考虑以下情况：(1)毒物是否在生前由体内排出，特别是从中毒到死亡经过时间较长的毒物，如敌鼠钠盐中毒等；(2)毒物是否在生前已经分解；(3)毒物是否在死后挥发、分解，如尸体埋藏于酸性土壤的氰化物中毒，乌头碱在盛夏 3 ~ 5 天就会因腐败而分解；(4)推想的毒物是否被所用化验方法检查出来；(5)毒物检材的提取、包装是否恰当，送检中检材是否被更换；(6)毒物化验的方法是否正确，结论是否科学可靠。

第二节　常见杀虫剂、鼠药中毒

一、有机磷杀虫剂中毒

（一）概述

有机磷杀虫剂是人工合成的磷酸酯类化合物，具有杀虫力强、杀虫谱广、残留量低等特点，在农业生产和日常生活中广泛使用，常被用于服毒自杀和投毒杀人，保存、使用不当的意外中毒事件也屡有发生。

我国目前生产的有机磷杀虫剂有数十种之多,按其毒性大小,可以分为高毒、中毒、低毒三类。高毒类有对硫磷(1605)、甲基对硫磷(甲基 1605)、内吸磷(1059)、甲拌磷(3911)、水胺磷(羧胺磷)等;中毒类有敌敌畏、乙硫磷、甲基内吸磷、乐果、杀螟松等;低毒类有敌百虫、马拉硫磷、皮蝇磷等。多数有机磷杀虫剂为黄色或棕色油状液体,具有蒜臭味,在碱性溶液中易于分解。有机磷杀虫剂可以从皮肤、黏膜、呼吸道及消化道吸收进入机体,也有采用心包注射、腹腔注射的投毒杀人案件发生。

(二)毒理作用

有机磷杀虫剂是一种神经毒。其主要作用是与体内乙酰胆碱酯酶相结合,生成较稳定的磷酰化胆碱酯酶,使胆碱酯酶失分解乙酰胆碱的活力,结果体内的胆碱能神经释放的乙酰胆碱大量蓄积。过多的乙酰胆碱对胆碱能神经的冲动传递产生先兴奋、后抑制,继而麻痹的毒性作用,导致神经系统,尤其是胆碱能神经的功能严重紊乱。

据研究,绝大多数有机磷杀虫剂中毒的严重程度与神经系统和红细胞内乙酰胆碱的活力减低程度大致相符。

(三)中毒症状

急性有机磷杀虫剂中毒,开始出现中毒症状的时间与进入体内的途径有关。一般来讲,口服经消化道吸收的潜伏期约半小时,空腹时潜伏期更短;皮肤接触者,大约经过 8 ~ 12 小时出现中毒症状;喷药经呼吸道吸入,潜伏期约 1 ~ 2 小时。有机磷杀虫剂中毒的症状,大致可以归纳为以下三类症候群:

1. 毒蕈碱样作用。这是指其副交感神经异常兴奋,使内脏平滑肌、腺体以及汗腺等兴奋,产生与毒蕈中毒类似的症状,表现为恶心、呕吐、腹痛、腹泻、多汗、流涎、支气管痉挛、呼吸道分泌物增多、呼吸困难、发绀等。

2. 烟碱样症状。这是指由于交感神经及运动神经受刺激,使交感神经节及横纹肌兴奋而引起的症状,因与烟碱中毒症状相似,故称烟碱样症状。主要表现为肌肉震颤或抽搐、心搏加速、血压上升;严重者出现肌肉麻痹,最后可因呼吸肌麻痹而死亡。

3. 中枢神经系统症状,主要表现为眩晕、头痛、烦躁不安、发热、精神恍惚、言语不清、惊厥、昏迷等。

(四)尸检所见

死者衣服前襟或背部被大量唾液浸湿,内衣因出汗而潮湿;口鼻有白色泡沫液,夏天及苍蝇繁殖季节可见苍蝇死于泡沫处;尸斑色深,呈暗紫红色,尸僵强度大,有时可见腓肠肌、肱二头肌挛缩;瞳孔缩小,直径 0.2 ~ 0.3 厘米,结膜有散在出血点;肺脏水肿、淤血明显;口鼻腔或开胸腹腔能嗅到大蒜样气味;胃黏膜充血并有散在出血点。

二、毒鼠强中毒

(一)概述

毒鼠强又名“没鼠命”、“四二四”、“三步倒”等,是一种无味的白色粉末状物,分子结构简单,性质稳定,不易分解,易引起再次中毒,是一种国家明令禁止的超剧毒杀鼠剂。毒鼠强常因误服中毒或被用于投毒杀人。

(二)毒理作用

可经消化道及呼吸道吸收,不易经完整皮肤吸收。具有拮抗神经递质γ-氨基丁酸的作用,主要作用于中枢神经系统,对脑干等中枢神经系统具有兴奋作用,可引起抽搐及癫痫样大发作并致呼吸衰竭死亡。

(三)临床表现

一般在口服后数分钟致十几分钟出现中毒症状,主要是头晕、头痛、恶心、酒醉感等,重症者可突然发生抽搐甚至癫痫样大发作,可因剧烈抽搐而导致呼吸衰竭。抽搐发作期间脑电图可呈异常表现。

(四)致死剂量

人(男性)口服的LD50为0.1mg/Kg。

(五)尸检所见

这主要是指各脏器淤血、水肿等非特异性改变。有时可有胃出血及胃黏膜糜烂等。

三、氟乙酰胺中毒

(一)概述

氟乙酰胺又名敌蚜胺、氟素儿,纯品为白色针状结晶,无味,易溶于水及醇类,不溶于石油醚、乙烷等有机溶剂,系有机氟杀虫、杀鼠剂。由于在土壤及动物体内有积蓄作用,故已禁用。氟乙酰胺能防止多种农业害虫和草原鼠害,对人畜有剧毒,有时被用于投毒杀人或服毒自杀。

(二)毒理作用

氟乙酰胺可经消化道、皮肤黏膜或呼吸道吸入而中毒,但多为口服中毒。氟乙酰胺在体内脱胺形成氟乙酸,引起糖代谢过程的紊乱,造成神经系统、消化系统、心脏及肝肾的损害。

(三)中毒症状

口服氟乙酰胺1~2小时或数小时后,发生头疼、头晕、无力、烦躁、口渴、身寒,上腹部疼痛加重,口鼻有白色泡沫液溢出,肌肉颤动和阵发性抽搐,有时瞳孔缩小,进而出现昏迷、阵发性痉挛、大小便失禁,呼吸、心搏微弱。最后,因气管痉挛、呼吸被抑制而死亡。

(四)致死量

成人口服0.1~0.5克氟乙酰胺,即可中毒死亡。

(五)尸检所见

胃肠道急性炎症改变,尤以胃最明显,胃黏膜呈粉红色,有广泛性出血;气管、支气管内有泡沫状液体等。

四、磷化锌中毒

(一)概述

磷化锌是一种灰黑色带光泽的粉末,无味,在潮湿空气中能分解出具有大蒜臭味的磷化氢。磷化锌常被用于投毒杀人或服毒自杀。

(二)毒理作用

口服磷化锌,在胃酸作用下产生剧毒的磷化氢。磷化氢经消化道吸收进入血液,主要作用于神经系统,干扰代谢功能,使中枢神经系统特别是呼吸中枢麻痹,并能损害肝脏和肾脏。

(三)中毒症状

一般口服磷化锌后1~2小时出现中毒症状,主要是口干舌燥、大量喝水,胃部有烧灼感、恶心、呕吐,呕吐物含有灰黑色磷化锌粉末,并有大蒜样臭味。继之,昏迷、抽搐、呼吸困难,通常在服毒后6~8小时死亡。

(四)致死量

口服致死量约2~5克。

(五)尸检所见

胃黏膜充血、肿胀,并粘有灰黑色粉末,能嗅到磷化氢的大蒜样气味;肺淤血、水肿,气管及支气管内常见白色泡沫样液体;肝、肾有时可见浊肿和灶性坏死等病变。

五、安妥中毒

(一)概述

安妥(甲－萘硫脲)为灰白色无臭粉末,略带苦味,难溶于水,易溶于丙酮、乙醇等有机溶剂。安妥对家鼠毒性强,对人畜毒性低,是一种常用的比较安全的杀鼠剂。

(二)毒理作用

口服安妥后,在肠道碱性环境中大量溶解,易于吸收,使毒性增强。除对胃肠道有刺激作用外,主要损害肺脏的毛细血管,使其渗透性增高,导致严重水肿及胸膜渗液;也有引起肝、肾脂肪变性及坏死。

(三)中毒症状

口服安妥数小时后出中毒症状,浮动价格期较长。主要症状是:口渴、恶心、呕吐;胃部烧灼感;常有头晕、乏力、瞌睡,呼吸困难,口鼻溢出白色或血性泡沫液;严重者发生躁动、惊厥、昏迷,终因严重肺水肿窒息死亡。

(四)致死量

一般认为口服10克能引起中毒,安妥的致死量尚无定论。

(五)尸检所见

解剖可见严重肺水肿,胸腔有渗出液,气管和支气管内有白色或血性泡沫液;胃肠道黏膜充血、出血,尤以十二指肠上最为明显,胃内有未溶解的安妥药粉;肝脏脂肪变性及部分肝细胞坏死等。

六、敌鼠中毒

(一)概述

敌鼠(双苯杀鼠酮)属于茚满二酮类杀鼠剂,日常使用的有1%敌鼠钠盐。敌鼠钠盐纯品为无臭黄色针状结晶,较敌鼠更易吸收,故毒性大,常被用于投毒杀人或自杀,也有误服本药或沾染本药的粮食而引出的意外中毒。

(二)毒理作用

敌鼠的化学结构与维生素K类似,进入体内之后,对维生素K产生竞争性抑制作用,使凝血因子Ⅶ、Ⅳ、Ⅹ和凝血酶原合成受阻。同时,敌鼠还能损伤毛细血管,使通透性增加。故可造成内脏和皮下组织大出血而死亡。

(三)中毒症状

敌鼠中毒的显著特点是潜伏期长,口服后多在3~4天后出现症状,十天或更长时间死亡。开始时,恶心、呕吐、食欲减退、腹痛、关节疼等,以后全身性出血,如鼻衄、齿龈出血、皮肤紫、咯血、便血、血尿等,终因失血性休克或重要脏器出血而死亡。

(四)致死量

口服敌鼠钠盐0.06~0.25克即可中毒,0.5~2.5克引起死亡。

(五)尸检所见

口鼻有血液外溢,皮下及肌肉组织常见片状出血;气管、支气管有血性泡沫液;脑、肺、肝、肾、胰等脏器及其周围软组织广泛性出血,心腔和大血管内血液不凝固,胸腔、腹腔、颅腔内有渗出性不凝固的血液。

第三节 常见精神类药物中毒

一、巴比妥类药物中毒

(一)概述

巴比妥类药物是常用的镇静、安眠药,为巴比妥酸(丙二酰脲)的衍生物。常用的有:长效类的巴比妥、苯巴比妥,其药理作用持续6~8小时;中效类的异戊巴比妥(阿米妥)、戊巴比妥,作用时间持续4~6小时;短效类的司可巴比妥(速可眠),持续2~3小时;超短效类的硫贲妥钠,作用时间一般为10~15分钟,多用于静脉麻醉。

巴比妥酸盐一般为白色结晶或粉末,无臭,味苦,微溶于水,易溶于乙醇。这类药物使用广泛,易于获得,常用于服毒自杀。但也有以治病为名投毒杀人,或作为辅助手段降低被害人抵抗能力,再用其他暴力手段致被害人死亡。

(二)毒理作用

巴比妥类药物对中枢神经系统有抑制作用,特别对大脑皮层及基底神经节,使神经反射功能逐渐麻痹;大量服用或静脉注射,能直接抑制呼吸中枢,引起呼吸麻痹、体内缺氧窒息死亡。

(三)中毒症状

急性中毒症状为头昏、思睡、全身无力、恶心、呕吐,逐渐昏迷,面色苍白,呼吸慢而浅,脉搏快而弱,皮肤青紫,体温降低。有的伴有烦躁不安、瞳孔缩小等症状。最后,常死于呼吸麻痹。如果昏迷数天,可以继发肺炎或尿毒症死亡。

(四)致死量

巴比妥5~10克,苯巴比妥(鲁米那)约4~9克,异戊巴比妥(阿米妥)2~5克,司可巴比妥(速可眠)1~5克。

(五)尸检所见

巴比妥类药物中毒死者,尸斑出现早,颜色深暗,嘴唇、指甲呈青紫色;有时可见瞳孔缩小,口鼻有白色泡沫样液体;脑及肝、肾组织充血,肺水肿明显;胃黏膜充血、出血,并可能在胃内找到白色药片或粉末状物。

二、吩噻嗪类药物中毒

(一)概述

吩噻嗪类药物能抑制中枢神经,具有较强的镇静、催吐作用,通常用于精神病人(尤其是精神分裂症患者)的镇静安眠药。常见的有氯丙嗪(冬眠灵)、羟哌氯珍嗪(奋乃静)、甲哌氟丙嗪(三氟啦嗪)、氯丙硫蒽(泰尔登)等。氯丙嗪、奋乃静为白色粉末,三氟啦嗪、泰尔登为淡黄色粉末,均无臭,味极苦。其盐酸盐易溶于水,能溶于乙醇、氯仿等有机溶剂,不溶或难溶于乙醚、苯,此类药物有吸湿性,暴露空气和日光中,容易氧化分解变成红色。

(二)毒理作用

吩噻嗪类药物中毒后,主要对中枢神经系统和循环系统产生明显的抑制作用。在中枢神经系统主要抑制皮层下部位,阻断多巴胺受体和肾上腺素能a-受体,造成昏睡;对循环系统的毒害作用,则是阻断肾上腺素能a-受体,抑制血管中枢,直接扩大血管使血压下降。在治疗上的镇静作用,奋乃静>三氟啦嗪>氯丙嗪,奋乃静的镇静作用是氯丙嗪的5~10倍。但毒性作用则相反,氯丙嗪>三氟啦嗪>奋乃静,奋乃静的毒性仅为氯丙嗪的1/3。

(三)中毒症状

急性中毒主要表现为神经系统和心血管系统的症状。前者有困倦、嗑睡、注意力不集中、表情淡漠、烦躁不安、瞳孔缩小、肌肉震颤、昏睡、大小便失禁、阵发性抽搐等；后者有四肢发冷、心悸、血压降低及休克等。此外，有时出现恶心、呕吐、腹疼、流涎、黄疸、肝脏肿大等。

（四）致死量

氯丙嗪约 5 ~ 7 克。

（五）尸检所见

吩噻嗪类药物中毒死者，以窒息征象较为明显，皮肤青紫，内脏淤血；胃及十二指肠内有多量未溶解的药片残渣，并有黏膜充血、出血点；肾盂黏膜有时可见出血。

第四节　常见化学品中毒

一、甲醇中毒

（一）概述

甲醇又名木酒精，为无色易挥发液体，溶于水，有酒精气味，故有人将廉价的工业甲醇配成酒贩卖，导致多人误服甲醇中毒。

（二）毒理作用

甲醇对中枢神经系统有强烈毒性作用，能损害神经和视网膜细胞，使之变性。甲醇在体内氧化生成甲醛、甲酸，加重机体损害，引起酸中毒、脑水肿、肺水肿和肝肾的变性坏死。

（三）中毒症状

轻者仅感头痛、头晕、视物模糊、全身乏力，与乙醇中毒相似；中度中毒可见呕吐、呃逆、腹痛，视力障碍，眼前有闪光感、飞雪感，复视，甚至视觉丧失；重度中毒有剧烈头痛、恶心、呕吐，意识蒙眬，抽搐，失明，同时有酸中毒，甚至休克、昏迷，最后出现呼吸麻痹死亡。

（四）致死量

口服甲醇 5 ~ 10 毫升可以引起严重中毒，致死量约为 30 毫升。

（五）尸检所见

血液呈流动状态，脑、肺充血、水肿；眼底检查见视网膜充血，视盘苍白，乃至视神经萎缩；胃和十二指肠有时可见散在性出血点，并可能闻到微弱的酒香味。

二、乙醇中毒

（一）概述

乙醇又名酒精，为无色透明挥发性液体，有芳香味，沸点 78℃。市场销售的各种酒，乙醇的含量不等。通常白酒含乙醇 40% ~ 68%，白兰地、威士忌含

45% ~50%,绍兴黄酒含17%,啤酒含3% ~6%。

乙醇是一种应用很广的工业溶剂和化学试剂,医药上用于消毒。少量饮酒有兴奋中枢神经、增强血液循环、消除疲劳功能;民间有酒能舒经活血之说,配成药酒服用,有祛风除湿等治疗作用。所以,白酒、啤酒、葡萄酒的消费量很大。但暴饮暴食、大量喝酒,则可能造成乙醇急性中毒,长期饮用可能造成慢性酒精中毒。

另外,在司法实践中还会遇到病理性醉酒。病理性醉酒是个体对酒精过敏而产生的特异反应,过去不饮酒或极少饮酒,突然饮用少量酒,即迅速进入谵妄状态,有明显意识障碍,出现恐怖性昏沉和幻觉,从而发生毁物、伤害乃至杀人的危害行为。事后出现酣睡,醒后对肇事经过大多不能记忆。这是在酒后过敏性精神病症状支配下,失去辨认和控制能力而发生的,与普通醉酒者作案的犯罪行为有本质的区别,应通过司法精神病学鉴定,评定其有无责任能力。

(二)毒理作用

乙醇属于微毒类物质,口服后由胃肠道迅速吸收,0.5 ~1 小时血液中的乙醇浓度可达最高点。90%的乙醇在体内(主要是肝脏)氧化为水和二氧化碳,10%的乙醇由尿、呼吸、汗或唾液排出体外;经常饮酒可以加快其代谢速度,如一般成年人每小时能代谢纯酒精7 ~20 毫升,而酒徒能代谢25 毫升,相当于50 度白酒50 毫升。加之,每个人心理和生理状态、对酒的耐受性、饮酒的环境和速度等多种因素的影响,饮酒多少才能致醉,往往要因人、因时而定。一般认为,每100 毫升血液含30 ~50 毫克乙醇(0.03% ~0.05%浓度),驾驶机动车的能力受影响;达到0.1% ~0.15%浓度开车就能出现酒后驾车肇事;达到0.18% ~0.25%浓度,可以出现昏迷;达到0.4% ~0.5%浓度时,运动能力完全丧失,呈木僵状态;血中浓度达到0.5% ~0.6%时,在1 ~4 小时内即可死亡。

乙醇对神经系统具有先兴奋后抑制的作用,开始作用于大脑,大脑皮层功能受抑制,出现一些不受约束的动作。继而逐渐累及延髓、脊髓,血管运动中枢使血管扩张。最终麻痹呼吸中枢和心脏,死于呼吸循环衰竭。

(三)中毒症状

急性乙醇中毒的症状因人而异,但一般可以分为三个阶段:

1.兴奋期

一般人酒后体内乙醇达到20 ~40 毫升时,其眼部充血、头面潮红或苍白,眩晕,出现欣快感,言语增多,喜怒无常,有时谈话滔滔不绝,有时寂静入睡。

2.共济失调期

进入乙醇量达到50 ~100 毫升时,其动作逐渐笨拙,身体平衡失调,步态蹒跚,神志错乱,语无伦次。

3.昏睡期

进入体内的乙醇达到200 毫升以上时,呼吸缓慢,面色苍白,心搏加快,体温下降，时有呕吐和大小便失禁。最后，延髓呼吸和心血管中枢麻痹，死于呼吸循环衰竭。

（四）致死量

乙醇致死量约250～500毫升。

（五）尸检所见

乙醇急性中毒死者，血液呈流动状态，咽喉、食道和胃区有剧痛、恶心、呕吐，呕吐物带有灰白色黏膜碎片，并混有血液。继之，发生腹痛、腹泻，便血，大便中含有多量脱落的肠黏膜。严重者，头痛、无力、发烧、呼吸困难，终因循环衰竭而死亡。如病程迁延数天，常伴有严重的肾脏损害，出现蛋白尿，甚至尿闭，继发尿中毒死亡。

三、酚和甲酚中毒

（一）概述

酚即苯酚，又名石炭酸，为具有芳香气味的白色结晶，易溶于水、乙醇、乙醚、氯仿等溶剂，工业上应用广泛，医疗上用做消毒剂、灭火剂、烧灼剂；甲酚又称煤酚，其35%～40%的肥皂乳剂称来苏儿，为医疗上常用的消毒剂，有特殊的气味，其毒性小于苯酚。

（二）毒理作用

酚和甲酚均为原浆毒物，低浓度使蛋白质变性，高浓度能使蛋白质凝固，对皮肤黏膜有腐蚀作用。由于酚和苯酚能从变性、凝固的蛋白质分离出来，继续造成周围及深部组织的损害，故腐蚀灼伤往往较深。吸收进入血液以后，全身性作用有三：一是抑制血管舒缩中枢，并直接损害心肌和毛细血管，使血压降低；二是抑制呼吸中枢，使呼吸慢而浅，甚至呼吸中枢麻痹而死亡；三是抑制体温调节中枢，使体温降低。

（三）中毒症状

口服酚或苯酚以后，口腔、咽喉及胃有烧灼感，并发生呕吐，呕吐物有来苏儿的特殊气味。其后出现头痛、眩晕、面色苍白、昏迷、脉搏细弱、呼吸浅而慢、昏迷等症状，有时发生抽搐，终因呼吸麻痹而死亡。

（四）致死量

口服致死量：酚约8.5克，最小致死量为1.3克；来苏儿约50～100毫升。

（五）尸检所见

嘴唇及其周围皮肤，有灰黄色或褐色的腐蚀斑；食道、胃黏膜凝固性坏死，呈灰白色痂皮状，胃强度收缩；尿液内含有酚的氧化物，故呈棕黑色；口鼻腔及胃肠道有特殊的来苏儿气味等。

四、盐卤中毒

（一）概述

盐卤是制盐残液凝结而成的块状物，呈灰色或灰神色，味苦，易潮解。盐卤的主要化学成分是氯化镁,具能凝固蛋白质的作用,民间常用做制豆腐。盐卤易于获得,常用于服毒自杀。

(二)毒理作用

盐卤有毒,主要为氯化镁,但有的还含有氯化钡。氯化镁、氯化钡对胃肠黏膜刺激性很大,因此急性中毒主要表现为胃肠道症状。同时,镁和钡对中枢神经系统有抑制作用,中毒后期常因呼吸麻痹而窒息死亡。

(三)中毒症状

口服盐卤不久,腹部剧烈疼痛,继之恶心、呕吐、四肢无力,血压及体温下降,呼吸慢而弱,心搏变慢,瞳孔散大,全身肌肉麻痹,有时口吐白沫,最后呼吸麻痹死亡。

(四)致死量

约50~100毫升,含镁盐12克左右即能致死。

(五)尸检所见

盐卤中毒死尸体一般有明显的窒息征象,紫绀、血液呈流动状态,黏膜及浆膜有出血点;胃肠黏膜高度充血、水肿,甚至坏死脱落;各内脏高度淤血。

五、氰化物中毒

(一)概述

氰化物是指各种含氰基(-CN)的化合物,多有剧毒。氰化物毒性的大小,与释放氰基或氰化氢(HCN)的能力有关。氢氰酸、氰化钾、氰化钠、氯化氰、溴化氰等氰化物,释放氰基的能力强,有剧毒;亚铁氰化钾(黄血盐)、铁氰化钾(赤血盐)、亚铁氰化铁(普鲁士蓝)、硫氰酸、硫氰酸钾、硫氰酸钙、硫氰酸胺等一般情况下不释放氰基,基本无毒,只有在特殊情况下与酸作用,才能释放氰基而发生毒害作用。另外,某些植物的果仁(如苦杏仁、桃仁、枇杷仁等)含有苦杏仁甙,在苦杏仁酶或胃酸作用下可释放出氢氰酸,有剧毒;木薯配糖体水解后也能释放氢氰酸,生食木薯不当也可能中毒。

氢氰酸为无色液体或气体,其液体的沸点仅25.6℃,极易挥发,具有明显的苦杏仁味;氰化钾或氰化钠都是白色固体,易于潮解,并吸收空气中的二氧化碳而分解成氢氰酸。

(二)毒理作用

氢氰酸气体由呼吸道进入,氰化钾或氰化钠口服后与胃酸作用,迅速产生氢氰酸经消化道吸收。其毒理作用是氢氰酸的氰基离子与细胞色素氧化酶的三价铁结合,使其不能传递电子,从而抑制细胞色素氧化酶的活性,使细胞利用氧(细胞呼吸)产生严重阻碍,从而发生内窒息而死亡。

氰化钾(或钠)溶液呈碱性,对胃肠道黏膜有腐蚀作用。

(三)中毒症状

吸入氢氰酸或口服大量氰化钾(或钠),常发出尖叫声,立即意识丧失,昏倒,抽搐，严重的呼吸困难、眼球突出、瞳孔散大，往往来不及抢救，呼吸停止迅速死亡。如果口服剂量较小，则逐渐感觉不适，口腔有烧灼感，头痛、胸闷、恶心、呕吐，呕吐物呈碱性，带有苦杏仁味。接着，肌肉痉挛，呼吸先于心搏停止而死亡，前后经半小时左右。

（四）致死量

氢氰酸在空气中浓度达到0.12～0.3mg/升时，即可致人死亡；氰化钾和氰化钠的致死量约0.15～0.25克；苦杏仁成年人40～60颗，小孩10余颗；木薯3～6两，就能引起中毒死亡。

（五）尸检所见

尸斑、两颊、口唇、耳轮皆呈鲜红色；有时颜面、颈部、胸部有散在性出血点；口腔、食道及胃黏膜肿胀、出血，有腐蚀现象，胃内容物呈碱性反应；胃、颅腔、胸腔、腹腔可嗅到苦杏仁气味。

六、亚硝酸盐中毒

（一）概述

常见的亚硝酸盐为亚硝酸钠和亚硝酸钾，均为白色结晶或粉末，无臭，味微咸，外形与食盐相似，误服可引起急性中毒。

很多蔬菜（如牛皮菜、小白菜、青菜等）含有一定量的硝酸盐。硝酸盐对人体本来无毒，但蔬菜腐烂变质或较长时间温水焖煮，经硝酸盐还原菌的作用，使硝酸盐还原为亚硝酸盐，则能引起人畜中毒。某些胃肠功能失调和胃酸过低的病例，由于肠内硝酸碱还原菌大量繁殖，在进食含大量硝酸盐的蔬菜之后，也能因硝酸盐还原成亚硝酸盐而中毒，医学上称为肠原性青紫症。

（二）毒理作用

亚硝酸盐与红细胞的血红蛋白作用，能使其中的二价铁氧化为三价铁，变成为高铁血红蛋白（变性血红蛋白），红细胞失去运氧功能，可致机体缺氧窒息死亡。变性血红蛋白呈褐色，所以亚硝酸中毒死者血液呈酱油色，尸斑呈深褐色。

（三）中毒症状

口服亚硝酸盐数分钟至半小时出现中毒症状，主要表现为呕吐、头昏，嘴唇、指端发绀，全身无力、瞌睡，严重呼吸困难、昏迷、抽搐、口吐白沫等，约在1～2小时内窒息死亡。

（四）致死量

纯亚硝酸钠（或钾）约0.5～2克。

（五）尸检所见

血液不凝固呈暗褐色，尸斑呈深褐色，若死后经过时间较长转化为一氧化氮血红蛋白，则尸斑呈淡红色；口服大量纯亚硝酸盐，与胃酸作用生成二氧化氮，则胃黏膜呈棕红色；有时可见肝、肾细胞变性、坏死。

七、一氧化碳中毒

(一)概述

一氧化碳是燃烧不完全时产生的一种有毒气体。冬天在空气不流通的室内置火炉取暖,火场、锅炉旁、煤气管漏气或石油、天然气热水器安装使用不当,甚至通风不良的汽车驾驶室内,均可发生意外一氧化碳中毒。也有用煤气自杀,或杀人后伪装一氧化碳中毒者。用一氧化碳杀人也时有发生。

一氧化碳是无色、无臭、无味的气体,在空气中燃烧呈蓝色火焰,比重为0.967,比空气略轻,只要打开窗户或有烟道通于室外,保持室内空气流通,一般不会蓄积一氧化碳而中毒。

(二)毒理作用

一氧化碳能与红细胞中的血红蛋白结合,生成碳氧血红蛋白,使红细胞失去运氧功能,引起组织细胞缺氧而窒息死亡。

一氧化碳与血红蛋白的结合是可逆的,如果将尚未发生脑死亡的中毒者,移到室外或充分给氧,一氧化碳可以与血红蛋白逐渐分离而呼出体外,红细胞仍能继续运送氧气,使中毒者获救。

(三)中毒症状

一氧化碳中毒者,最初感觉乏力、头痛、头晕、眼花、耳鸣、恶心、呕吐。继而全身不适、站立不稳、爬行无力、颜面潮红,皮肤黏膜呈现樱桃红色,尤以嘴唇、前胸及大腿内侧最为明显。严重者意识丧失,昏倒,有时出现抽搐,最后呼吸衰竭而死亡。

(四)致死量

空气中含 1/5000 一氧化碳,呼吸 1 小时即可出现中毒症状;含 1/100 时,能立即出现中毒症状,1 ~3 分钟发生昏迷进而死亡。

(五)尸检所见

嘴唇及尸斑呈鲜红色,血液呈鲜红色流动状态;胃肠黏膜、脑实质可见散在性出血点。如果迟延数天之后死亡,可见苍白球、豆状核坏死病灶。

八、氯气中毒

(一)概述

为黄绿色气体,略溶于水,有毒,常温时在 6 个大气压下即可液化,以强烈刺激性及窒息性为特点。氯气的持久性(有效期间),夏天在开阔地为 5 分钟,森林可达 20 分钟;冬天在开阔地 10 分钟,森林可达 1 小时。工业上用电解食盐水溶液制取氯气;化学实验室用二锰和盐酸制取氯气;建筑材料和合成树脂等在火灾燃烧时产生氯气,往往引起氯气中毒。如重庆江北区某化工厂氯气泄漏引起许多人员中毒。

(二)毒理作用

主要是对眼睛、呼吸道有强烈刺激作用。

（三）中毒症状

最初症状为烦躁不安，出现眼、鼻、咽的明显刺激现象，如眼结膜辛辣感、流泪、咽痛、恶心等；吸入多量的氯气出现头痛、头昏、呛咳、胸中紧迫感、呼吸困难及烦躁不安；重症中毒，可发生肺炎、肺水肿，甚至引起昏迷和休克；中毒极重时，可引起喉头、支气管痉挛和水肿，造成窒息死亡；反复中毒后可发生慢性支气管炎。

（四）中毒量和致死量

空气中氯浓度在 1/1000 时，接触后立即致命；在 1/10,000 时，接触几秒钟即感到呼吸困难，口唇发绀；在 1/20,000 时，接触 30 分钟时，有一定危险性；在 1/100,000 时，接触 60 分钟，易得支气管炎；在 1/1,000,000 时，即能闻到氯的气味。

（五）尸检所见

急性中毒主要引起呼吸系统损害，常致急性肺水肿，其病理类型有：单纯性肺水肿、肺水肿并发多发性灶性片块状出血、肺水肿合并中毒性肺炎、肺水肿合并呼吸道黏膜上皮广泛坏死。慢性中毒者可致慢性支气管炎、结膜炎、鼻炎、咽炎及牙齿酸蚀症等。

九、硫化氢中毒

（一）概述

硫化氢是一种无色气体，具有强烈刺激性的臭鸡蛋味，易溶于水，水溶液呈酸性，能燃烧，燃烧时发出绿色火焰。凡含硫蛋白质腐败都能产生硫化氢，在粪坑、沼气池、下水道常有高浓度的硫化氢，易发生硫化氢中毒。此外，石油井内也有大量硫化氢气体，如处置不当也可引起大量人员中毒，如重庆开县境内，因开采石油钻井发生井喷，大量硫化氢气体漏出，引起 248 人中毒死亡。

（二）毒理作用

硫化氢经呼吸道吸入体内，使血红蛋白变为硫化血红蛋白，红细胞失去运送氧气的功能，引起组织缺氧。中枢神经系统对缺氧最敏感，故首先受到损害。高浓度硫化氢的毒性作用极为迅速，当硫化氢在空气中的浓度 1000mg/ml 时，能立即使神经中枢麻痹而“闪电式”死亡。

（三）中毒症状

吸入高浓度的硫化氢，立即出现神志模糊、昏迷、心悸、抽搐或肌肉强直、大小便失禁、呼吸浅而快、血压下降，很快呼吸麻痹而死亡。

（四）致死量

空气中含硫化氢 1/200,000，即可引起中毒症状；含 7/10,000 就能致人死亡。

（五）尸检所见

结膜充血、水肿，剖开体腔有臭鸡蛋味，脑膜及脑实质充血和出血，神经细胞变性。晚发性死亡者，腹腔脏器呈绿色，因有硫化血红蛋白形成所致。

第五节　常见重金属中毒

一、砷中毒

(一)概述

金属砷无毒,而砷的氧化物则有剧毒,最常见是三氧化二砷(As_2O_3)。三氧化二砷即砒霜,又名信石。纯信石色白,俗称白砒;混有杂质时色红,俗称红砒。红砒、白砒均为无臭、无味的粉末,混入食物中不易察觉,故古今中外砒霜均是投毒杀人或服毒自杀的常用毒物。

此外,亚砷酸钠、砷酸钙以及有机砷(如甲基硫砷、退菌特、福美砷等)也能引起砷中毒。

(二)毒理作用

砷化合物为原浆毒物,砷及其化合物的亚砷酸离子,能与细胞蛋白酶的巯基结合,尤其与丙酮酸氧化酶的巯基结合,使酶失去活性,引起细胞呼吸氧化过程障碍,导致对细胞的损害,尤以对神经细胞的损害为重。砷还能直接损害毛细血管,特别是内脏的毛细血管,使其渗透性增高,故砷中毒常因剧烈的腹泻而大量失水,造成水和电解质平衡失调。

(三)中毒症状

急性砷中毒的症状,可分为胃肠型和麻痹型两大证候群。

1. 胃肠型

急性砷中毒多出现此型症状。口服砒霜 1 小时左右出现中毒症状,开始时咽喉有烧灼感、口渴、流涎,随后反复呕吐、腹泻、剧烈腹痛。呕吐物初为胃内容物,间杂砒霜颗粒,继而吐清水、胆汁或带血的液体;腹泻排泄物初为一般粪便,其后为米汤样液体,混有黏液和黏膜碎片。其症状与霍乱病相似。由于呕吐、腹泻引起大量失水,随着砷毒性作用的进一步发展,出现尿少、体温下降、血压降低、眼眶凹陷、腓肠肌痉挛、昏迷等症状,最后循环衰竭而死亡。

2. 麻痹型

砷化物大量吸收入血而引起的神经系统症状,出现头昏、头痛、肌肉疼痛性痉挛,迅速人事不省,继而呼吸麻痹,常在数小时内死亡。

如果吸入砷化氢,则发生红细胞溶血,出现黄疸、血红蛋白尿,引起急性肾功能衰竭而死亡。

(四)致死量

砒霜致死量为 0.1 ~ 0.2 克;砷化氢在空气中含量 1 毫克/升,呼吸 5 ~ 10 分钟,或0.2毫克/升,呼吸30~60分钟,即可致死。

(五)尸检所见

急性胃肠型砒霜中毒死者,由于高度失水,颜面瘦削,眼眶凹陷,嘴唇干燥,皮肤皱缩;胃黏膜皱襞内有时可见砒霜颗粒或黄色硫化砷沉淀物;若中毒数天后死亡,则心、肝、肾等的脂肪变性,有时发展为急性黄色肝萎缩和肾小球炎;左心室内膜特别是室中隔部位,有时可见点状或条状出血。

二、汞中毒

(一)概述

金属汞在常温条件下为银白色液体,不溶于水,口服不会引起中毒。但汞在常温下即能蒸发,温度越高蒸发越快,汞蒸气吸入体内则有剧毒。因此,接触汞的仪表、制药工人,吸入汞蒸气可以引起慢性或急性中毒。司法实践中遇到的汞中毒,主要是汞的化合物,尤以升汞为常见。此外,甘汞和有机汞杀虫剂赛力散、西力生等也能引起汞中毒。

升汞即氯化高汞($HgCl_2$),为无色或白色结晶或粉末,无臭,无味,能溶于水,水溶液呈酸性;甘汞即氯化亚汞($HgCl$),为白色细小粉末,难溶于水,毒性比升汞小。

(二)毒理作用

汞的毒性作用与砷相似,主要是汞离子与酶蛋白的巯基结合而抑制酶的活性,阻碍细胞的正常代谢,引起中枢神经、植物神经功能紊乱,以及消化道、肝、肾的损害。

(三)中毒症状

口服大剂量升汞,数分钟或半小时内出现胃肠道症状,咽喉、食道和胃区有剧痛,恶心、呕吐,呕吐物带有灰白色黏膜碎片,并混有血液。继之,发生腹痛、腹泻、便血,大便中含有大量脱落的肠黏膜。严重者,头痛、无力、发烧、呼吸困难,终因循环衰竭而死亡。如病程迁延数天,常伴有严重的肾脏损害,出现尿少、蛋白尿、血尿,甚至尿闭,继发尿中毒死亡。

(四)致死量

升汞致死量约0.5克;甘汞致死量约2~3克。

(五)尸检所见

急性升汞中毒死者,口腔、食道、胃黏膜有不同程度的凝固性坏死,呈灰白色;结肠黏膜充血、肿胀,或弥漫性坏死;肾脏肿大,皮质苍白肿胀,髓质充血呈红色。

三、铅中毒

(一)概述

铅是一种灰白色软金属,可溶于酸。铅及其化合物广泛应用于冶炼、油漆、陶瓷、印刷、蓄电池等数百种行业。在生产过程中,如果不注意防护,长期少量吸入铅的粉尘或烟尘,可以引起慢性铅中毒。慢性铅中毒是一种较为常见的职业病,因此检见慢性铅中毒的体征对于判明其职业范围,寻找无名尸体有重要价值。铅化合物常见的有一氧化铅(有黄丹和密陀僧两种)、二氧化铅、四氧化铅(铅丹、红丹、红铅)、氯化铅、硫化铅(黑锡丹)、硫酸铅、醋酸铅(乙酸铅、铅糖)及碱式碳铅(铅白)等,对人体均有较大的毒性。此外,有机铅四乙基铅是机动车辆汽油的抗爆剂,为无色油状液体,带水果香味,易挥发,大量吸入也可引起急性中毒。

(二)毒理作用

铅进入细胞内能抑制各种含巯基的酶,使之产生代谢障碍,导致细胞受到损害,主要引起造血、神经系统及肝脏、肾脏的损害;铅能抑制血红蛋白的合成,并有溶血作用,引起贫血和血象变化,如出现多量点彩红细胞等。铅中毒能引起周围神经炎以及高血压和肾硬化;可溶性铅化合物急性中毒,常引起胃肠道、肾脏的损害,出现恶心、呕吐、腹绞痛、蛋白尿等症状。

(三)中毒症状

急性铅中毒症状主要是腹绞痛、贫血和中毒性肝炎。口服后口内有金属味、流涎、恶心、呕吐,呕吐物中有白色奶块状物(含氯化铅),阵发性腹绞痛便秘或腹泻,粪便呈黑色(含硫化铅);肝脏肿大,转氨酶增高,甚至出现黄疸;血液中红细胞及血红蛋白明显降低,网状细胞和点彩红细胞增加,皮肤、嘴唇、指甲苍白,显示贫血症象;神经系统症状为剧烈头痛、眩晕、周围神经麻痹,瘫痪乃至昏迷症等,约经2~3天死亡。

慢性铅中毒早期症状有疲倦、乏力、头晕、体位变动时眼发花、烦躁、口内有金属味、食欲不振、睡眠不安、肌肉和关节疼痛、体重减轻和便秘等症状。此时检查口腔,可见齿龈边缘有蓝黑色铅线。铅线是体内的铅与牙齿缝隙残留食物腐败产生的硫化氢作用,生成蓝黑色硫化铅微粒沉积局部所致。随着中毒加深,上述症状加重,并发生阵发性腹绞痛。腹绞痛发作时,常伴有恶心、呕吐、拒食和极度衰弱无力,甚至卧床不起;疼痛的部位常在肝脏附近或上腹部,绞痛时轻时重,有时呈绞扎剧痛,犹如胆管痉挛的绞痛;面色苍白、出冷汗、身体弯曲,手压腹部疼痛减轻;绞痛历时一两分钟至数小时,其间隔时间长短不一。后期,发生神经系统损害,表现为周围神经炎所致腕下垂,脑水肿使颅内压增高,引发呕吐、头痛、抽搐、昏迷等症状。

(四)致死量

醋酸铅约 50 克,碱式碳酸铅(铅白)20 克以上;每天吸入铅 5~10 毫克,经 3~4 周就能引起慢性铅中毒,经数月症状明显,有时经过数年才出现中毒症状。

(五)尸检所见

急性铅中毒常有胃肠道和肾症的病理改变,胃黏膜呈白色、软化坏死,有散在出血点;肾脏近曲小管上皮细胞广泛变性、坏死。慢性铅中毒死者,常见面色苍白、消瘦、肩臂肌肉萎缩、动脉硬化,牙齿有蓝黑色铅线,肾脏体积缩小,肾脏皮质萎缩,肾盂脂肪沉积，脑水肿和灰质变薄等。

第六节　强酸、强碱中毒

一、强酸中毒

（一）概述

强酸指硫酸、硝酸、盐酸，具有强烈的腐蚀作用，罪犯常用于毁容。口服则多见于自杀或误服中毒。浓硫酸为无色无臭油状液体，在空气中散发棕色烟雾；浓盐酸为无色液体，也有刺激性气味。

（二）毒理作用

强酸氢离子能夺取组织中的水分，使蛋白质凝固，对局部组织有强烈的腐蚀作用。浓硫酸可放出三氧化硫，浓硝酸可放出二氧化氮，浓盐酸可放出氯化氢，经呼吸道吸入可引起呼吸道的腐蚀和灼伤，发生支气管炎、肺炎及肺水肿。大量氢离子吸收进入血液，可以引起酸中毒和形成酸性高铁血红素，使物质代谢产生障碍。

（三）中毒症状

口服强酸以后，咽喉、胃区立即出现烧灼感，并有强烈呕吐，呕吐物呈深棕色或黑色。硝酸中毒呕吐物呈黄色，呕吐物呈强酸性反应，并混有血液和黏膜碎片。其后，出现口渴、失音、吞咽困难、尿少、心搏弱、呼吸困难等症状，最后常死于虚脱。

（四）致死量

浓硫酸约 5 ~ 10 毫升；浓硝酸约 8 ~ 10 毫升；浓盐酸约 15 毫升。

（五）尸检所见

口唇及其周围皮肤、食道、胃有严重腐蚀现象，服浓硫酸者黏膜呈黑色，服浓硝酸者黏膜呈黄色，服浓盐酸者黏膜呈灰色或棕色。有时发生胃穿孔，胃内容物流入腹腔，引起临近脏器的腐蚀现象。

二、强碱中毒

强碱包括氢氧化钾、氢氧化钠。氢氧离子与蛋白质作用形成溶于水的碱性蛋白，与脂肪酸结合成为肥皂，使组织液化坏死，故有强烈的腐蚀作用。其中毒症状与强酸相似，呕吐物呈强碱性。致死量约为 10 ~ 15 克。常死于休克、喉头水肿或胃穿孔引起的腹膜炎。尸检可见唇、口腔、食道、胃、肠黏膜肿胀和坏死，呈红色或棕色，并有滑润感。

第七节　常见生物毒物中毒

一、乌头中毒

(一)概述

乌头为毛茛科多年生草本植物,主根名乌头,附生根为附子。乌头类植物种类很多,我国有160余种,常见的有川乌、草乌、雪上一枝蒿等。川乌生于四川、陕西等省,包括北乌头(产于东北、华北各省)、乌头(产于中南、西南各省)、华乌头(产于华东);雪上一枝蒿是短柄乌头的干燥根,主产于四川、云南等省。

乌头的有毒成分为乌头碱,全草皆含有,但以主根含量最高。附子、乌头加工后是常用的中药,主治风湿疼、神经疼和半身不遂等疾病,使用不当可以引起中毒,也常被罪犯用于投毒杀人。

乌头碱为小片状斜方形结晶,味苦,易溶于水,胃肠道中吸收快,易分解,在体内贮留时间短,主要由尿排出体外。因此,乌头中毒应及时提取内脏检材做毒物化验,否则时过境迁,乌头碱水解消失,容易出现假阴性结果。从民间用此药的习惯看,乌头与酒同服能增加其毒性,加酸煮或与甘草、生姜同煮,则毒性明显降低。

(二)毒理作用

乌头碱对中枢神经和周围神经均有毒性作用,使之先兴奋后抑制,甚至麻痹。感觉神经、横纹肌、血管运动中枢和呼吸中枢均可麻痹。乌头碱对心肌还有直接刺激作用,使心搏加强,进一步发展为室性心动过速或心室纤颤。最后,死于呼吸麻痹或心脏衰竭。

(三)中毒症状

乌头常泡成药酒口服,中毒症状出现快。内服中毒者,首先表现为口腔及黏膜一周前烧灼感,舌及口腔周围有麻木感,言语笨拙。经胃肠吸收后,舌、口腔及皮肤有特异的麻刺感和蚁行感,麻刺感尤以嘴唇、指间最明显。继之,麻刺感转为麻木。麻木通常从上肢远端开始向近端蔓延,至口、舌及全身麻木、痛觉消失。此症状为感觉神经末梢受乌头碱作用,先兴奋后抑制而引起的。同时出现中枢神经系统症状,常见的有眩晕、视物模糊,进而烦躁不安、抽搐、肌肉强直和昏迷等。

乌头碱中毒除上述神经系统症状外,还有恶心、呕吐、流涎、腹痛、腹泻、呼吸急促、呼吸困难、紫绀、心悸、气急、心律不整等症状。最后,心脏及呼吸衰竭而死亡。一般在4~6小时内死亡,但也有经过1天以上或1小时以内死亡的案例。

(四)致死量

乌头碱4~5毫克;乌头块根约2克;雪上一枝蒿约0.5~1钱;附子约1~2两。

(五)尸检所见

无特殊征象。一般窒息死的征象较为明显，胃内有时检见乌头药渣，黏膜、浆膜可能有出血点。乌头碱易被腐败及碱性作用破坏，故应及时解剖，提取毒物化验检材应加入分析纯的无水乙醇防腐。

二、钩吻中毒

(一)概述

钩吻为马钱子科植物，别名甚多，如大茶药、断肠草、大炮叶、水莽草、猪人参、胡蔓藤、火把草、苦吻、野葛等，是我国南方广东、广西、福建、湖南、云南、贵州等地的一种野生植物。一般用做农业杀虫剂或毒杀野兽，但常被用于他杀和自杀。用做中药有消水、祛湿作用，若用药过量或误作茶叶饮用，也可引起钩吻意外中毒。

钩吻的有毒成分为钩吻碱和钩吻毒素。钩吻碱甲溶点170℃，略溶于水，水溶液呈碱性，味极苦，易溶于乙醚、苯和乙醚等有机溶剂，是钩吻的主要毒性成分。此外，还含有钩吻碱乙、丙、丁等多种生物碱。

钩吻全株均有毒，以根、叶及嫩芽的毒性最大。

(二)毒理作用

钩吻碱为极强的神经毒，主要抑制呼吸中枢及运动神经，并直接毒害心肌；钩吻毒素有抗乙酰胆碱作用，使腺体分泌减少，心搏加快，血管扩张，肌肉张力增加。

(三)中毒症状

钩吻中毒症状出现的快慢，与口服方法有关。用根煎水服或咽下新鲜嫩芽，多数迅速出现中毒症状。初为口咽、腹部灼烧感以及腹痛等消化道刺激症状。有些人伴有流涎、恶心、呕吐、口干、吞咽困难、腹胀、腹泻及腹部压痛。神经系统和肌肉麻痹的症状，主要为言语不清或失语、眩晕、全身肌无力、四肢麻木、肌肉震颤、瞌睡等。眼部症状有眼睑下垂、瞳孔散大、视物模糊或复视。呼吸及循环系统症状为心搏缓慢、呼吸增快，继而心搏加快、心律失常、面色苍白、无汗，严重者出现呼吸困难、呼吸肌麻痹而死亡。由于钩吻毒素的作用，有时死前出现强直性肌肉痉挛。

(四)致死量

钩吻碱0.15～0.3克，嫩芽7～10个，根2～3克。

(五)尸检所见

尸僵出现快且强，解剖可见各内脏淤血，胃黏膜充血、出血，胃内有时可见钩吻的茎、叶残渣。

三、罂粟中毒

(一)概述

罂粟科植物种类很多，禁毒所指的是其中的鸦片罂粟，其未成熟的蒴果切开后，有乳白色浆液流出，在空气中干燥后变成褐色胶样物，称为鸦片。

鸦片中含20种以上的生物碱，约占鸦片总重的25%。鸦片的主要成分为吗啡7.06% ~19.46%,可卡因1.31% ~5.39%,蒂巴因0.52% ~6.53%,罂粟碱0.48% ~6.42%,那可汀2.054% ~10.93%。吗啡是鸦片的主要成分,纯品无色结晶,熔点为230℃,味苦,在水、醇、醚中溶解度均小,医疗上用的是盐酸吗啡,盐酸吗啡为白色粉末,易溶于水。

海洛因是吗啡和乙酐的化合物,称二乙酰基吗啡,为白色柱状结晶或白色粉末,微带苦味,熔点171 ~178℃,难溶于水,水溶液呈弱酸性,易溶于氯仿、苯及热醇。海洛因的毒性比吗啡强5 ~10倍。

目前,吸食吗啡、海洛因的方法多是注射。由于消毒不严,容易形成交叉感染。据报道,在我国艾滋病的传染,吸毒是一个重要的途径,有的地方80%的艾滋病患者是注射海洛因引起的。

(二)毒理作用

鸦片、吗啡、海洛因等罂粟制品急性中毒,多为吸毒者一次用量过大所致。这类毒物对中枢神经系统有抑制作用,尤其对延髓呼吸中枢有强大的抑制作用,使呼吸麻痹而死亡;长期小剂量使用罂粟制品,容易成瘾,形成慢性中毒。

(三)中毒症状

急性中毒者,初期颜面潮红、眩晕、全身无力,并有恶心、呕吐;接着思睡、面色苍白、呼吸浅而慢、发绀、体温下降、瞳孔缩小如针尖大小;其后肌肉松弛、瞳孔散大、神经反射减退或消失、昏迷、血压下降,终因呼吸麻痹而死亡。

慢性中毒成瘾者,沉醉于毒品,毫无事业心和责任感;精神不振,身体消瘦,失眠、便秘。一旦停止吸毒,会出现一系列严重的症状,如呕吐、腹泻、烦躁不安、瞳孔散大,甚至出现虚脱。静脉或皮下注射者,由于消毒不严发生化脓性感染,局部留有众多的疤痕或脓肿、溃疡。

(四)致死量

鸦片1 ~2克;吗啡0.2 ~0.3克;海洛因0.2克。

(五)尸检所见

急性中毒可见紫绀、血液呈流动状态、肺脏充血和水肿等一般窒息死的征象;有时可见瞳孔缩小,吞服鸦片者胃内容有特殊的鸦片味。

慢性中毒尸体营养不良,身体瘦削,手臂、腿部、臀部乃至女性乳房下侧、男性阴茎背面有注射痕迹。

四、奎宁中毒

(一)概述

奎宁是金鸡纳树皮中所含的一种生物碱。奎宁、优奎宁和奎宁的人工合成代用品氯喹、伯氨喹等,是医疗上常用的抗疟药。此类生物碱对子宫肌肉收缩有微弱的兴奋作用,故被某些人用做堕胎药,若使用过量往往会引起急性中毒,甚至死亡。氯喹、伯氨喹用于自杀或他杀的也有发生。

奎宁纯品为无色无臭的结晶性粉末，味苦，难溶于水，易溶于有机溶剂，常用的有盐酸奎宁、硫酸奎宁、磷酸奎宁等制成的片剂和针剂；优奎宁无苦味；磷酸伯氨喹为橙红色结晶性粉末，无臭，味苦，易溶于水，水溶液显酸性反应，不溶于氯仿和乙醚；磷酸氯喹为白色结晶性粉末，无臭，味苦，暴露日光下能缓缓变色，易溶于水，水溶液呈酸性，不溶于乙醇、乙醚和氯仿等有机溶剂。

（二）毒理作用

奎宁对局部有刺激作用，口服可有胃肠道症状，对中枢神经和心肌有抑制作用。达治疗量时，就可以出现头昏、精神不振，心搏变慢而弱。如果静脉注射，则抑制心脏的作用更为明显，可以引起血压下降。对妊娠子宫有微弱的兴奋作用，能增加子宫的节律性收缩。

（三）中毒症状

吞服大剂量奎宁，约经 15 ~ 30 分钟出现中毒症状，主要是头痛、发热、恶心、呕吐、耳鸣、畏光，有时瞳孔缩小、视力模糊，面色苍白、出汗、嘴唇青紫、口吐白沫，继而四肢抽搐，呼吸、脉搏慢而弱，昏迷等，约经 1 ~ 2 小时心脏、呼吸麻痹而死亡。

（四）致死量

奎宁约 8 克；氯喹和伯氨喹尚无定论。有青年妇女口服氯奎 6 片（1.5 克）或磷酸伯氨喹 12 片（0.16 克）中毒死亡的报道。

（五）尸检所见

尸斑呈暗紫红色，嘴唇、指甲发绀；胃黏膜充血、出血，并可能发现药片；内脏淤血，有时出现浆膜、黏膜散在性出血点。

五、番木鳖中毒

（一）概述

番木鳖又称马钱子，是马前科植物马钱树的成熟种子，含有 1.5% ~ 5% 的生物碱，主要是番木鳖碱（士的宁）及马钱子碱。士的宁为白色柱状结晶或白色粉末，味苦，略溶于水，易溶于乙醇、乙醚和氯仿等有机溶剂，溶点为 268℃，医疗上用做中枢神经兴奋剂。士的宁急性中毒见于自杀或意外事故，也有以治病为名注射士的宁进行谋杀的案例。

（二）毒理作用

士的宁主要作用为兴奋脊髓后角细胞，增强神经反射功能，使骨骼肌紧张度增高，导致强直性、反射性肌肉痉挛。同时，对大脑皮层及视、听器官也有一定的兴奋作用，医药上用于治疗半身不遂、瘫痪和弱视症。因此，士的宁中毒的特点是出现全身性肌肉痉挛，很弱的光、声刺激就能诱发强直性痉挛。

（三）中毒症状

初期烦躁不安，头痛、头晕、呼吸加快，对外界刺激特别敏感，出现阵发性强直性肌肉痉挛、角弓反张、牙关紧闭、面呈狞笑状，光、声等轻微刺激均可引起上述症状发作,继而出现麻痹。可因呼吸肌强直性痉挛或呼吸麻痹而死亡。

(四)致死量

口服士的宁成人致死量为0.1~0.2克,小孩5毫克;皮下注射为5毫克。

(五)尸检所见

尸僵出现早而强,有时还保持角弓反张姿态;嘴唇、指甲发绀,呈青紫色;内脏淤血,有时伴有浆膜下出血点。

六、马桑中毒

(一)概述

马桑为马桑科多年生落叶灌木,又名水马桑、毒空木、四联树、黑果果等。植株高丈余,叶椭圆,长约1~2寸;嫩叶和果实毒性最大。马桑果颜色美丽,并有甜味,很容易被儿童当做水果采食而中毒。民间也有用马桑根汁治疗精神病引起中毒者,四川曾发生用寄生于马桑树上的"无娘藤"治病,连续中毒死亡的案例。

(二)毒理作用

马桑含有马桑素、吐丁等毒汁,其毒性作用与印度防已素相似,主要通过刺激延髓兴奋呼吸中枢、血管运动中枢及迷走神经中枢,增强脊髓反射,引起阵发性或强直性痉挛。多死于呼吸衰竭。

(三)中毒症状

马桑急性中毒,常出现流涎、恶心、呕吐、全身皮肤发痒、心搏加快,以及烦躁不安、昏迷、抽搐等。严重者牙关紧闭,肌肉强直性痉挛,常因肺水肿、呼吸衰竭而死亡。

(四)致死量

未定。

(五)尸检所见

马桑中毒死者一般为察看死的征象,嘴唇、指甲发绀,尸斑颜色深暗,口鼻及气管内有泡沫样液体以及肺水肿等。有时,胃内可见植物残渣。

七、巴豆中毒

(一)概述

巴豆为大戟科植物巴豆树的干燥成熟果实,呈卵圆,表黄色,巴豆仁呈淡黄色,富含油脂,无臭,味辛辣,含巴豆油、巴豆树脂、巴豆苷及蛋白质、酶类。其中,巴豆油毒性最大,含量最高,约40%~60%。

(二)毒理作用

巴豆是一种巨泻剂,对胃肠道黏膜有强烈刺激作用,使胃肠黏膜充血、水肿、出血,发生呕吐、腹泻,大量失水而虚脱死亡。巴豆油沾染皮肤,引起局部充血、红疹、水疱,甚至感染形成脓包;皮下注射局部组织坏死,可致蜂窝组织炎。

（三）中毒症状

口服巴豆后，口腔、咽喉立即有烧灼感和刺痛，流涎，口腔黏膜和口周皮肤红肿，出现水疱。继之，上腹剧烈绞痛，恶心、呕吐、剧烈腹泻，有时便血。由于大量失水和毒素刺激，出现尿少、无尿，尿中出蛋白、红细胞、白细胞和管型。严重者出现脉搏细微、呼吸困难、发绀、体温下降、谵妄、虚脱，终因呼吸循环衰竭而死亡。

（四）致死量

巴豆油约10~20滴，口服一粒巴豆即可引起胃肠道症状。

（五）尸检所见

口腔黏膜及周围皮肤红肿、水疱，呕吐物中可以检见巴豆残渣；胃肠黏膜高度肿胀和坏死脱落等。

八、夹竹桃中毒

（一）概述

夹竹桃是一种常绿观赏灌木，其花有红、黄、白之分。我国多为红花夹竹桃，华南地区常见黄花夹竹桃。医药上从黄花夹竹桃中提取的黄夹竹桃甙是一种强心剂，已用于临床。夹竹桃全株有毒，毒性成分为夹竹桃强心甙。民间常用夹竹桃治疗精神病，因此中毒较为常见。

（二）毒理作用

夹竹桃强心甙吸收后，能直接作用于心肌，使心脏收缩加强，血压上升，并能抑制心脏传导系统，乃至形成完全的传导阻滞。同时，还能刺激胃肠、子宫平滑肌，引起强烈收缩。

（三）中毒症状

夹竹桃中毒，一般先出现消化道症状，如厌食、流涎、恶心、呕吐等，有时出现腹泻；神经系统方面的症状有头痛、眩晕、疲倦等，有时出现黄视症或绿视症。最重要的是心脏中毒症状，如心律失常、心搏缓慢、体温及血压下降等。严重时，可以出现昏迷、抽搐，甚至发生心室颤动、心力衰竭而死亡。

（四）致死量

干燥夹竹桃叶约3克，纯品夹竹桃强心甙2毫克就会危及生命。

（五）尸检所见

无特殊征象，有时可见心肌断裂和坏死等病变。

九、雷公藤中毒

（一）概述

雷公藤为卫矛科藤本植物，别名黄藤根、菜虫草、水莽根、山海棠等，分布于长江流域华南及西南地区，民间用做杀虫剂。雷公藤有毒成分为雷公藤碱。医疗上有用雷公藤治疗类风湿性关节炎。

雷公藤急性中毒，除服毒自杀、投毒杀人之外，也有误食过量或食用雷公藤花粉污染的蜂蜜而中毒的事件。

(二)毒理作用

口服雷公藤对胃肠道有强烈刺激作用,甚至引起胃肠道出血性糜烂;吸收后,对中枢神经系统及心、肝、肾等脏器造成损害;迁延性中毒者,常因肾脏损害而死于急性肾功能衰竭。

(三)中毒症状

口服雷公藤以后,出现口渴、恶心、呕吐、腹痛、腹泻,有时出现腹部绞痛、便血等消化道症状;神经系统症状有头昏、头痛、眩晕、唇舌发麻、四肢麻木和抽搐;肾脏排毒过程中损伤,出现蛋白尿、血尿及管型。通常服毒后2~3天出现少尿、浮肿、腰痛,5~7天后尿量逐渐增多,腰痛减轻,浮肿消退。部分中毒者心慌、心动过速或过缓,有时突然出现呼吸循环衰竭死亡,时间较长者多死于肾功能衰竭。

(四)致死量

雷公藤嫩芽约7个;根皮约50~100克。

(五)尸检所见

胃肠道黏膜充血、水肿、出血,甚至糜烂,肠腔内充满血性黏液;晚期死者,肝、肾有退行性变,肾小管上皮细胞和肝小叶中央区细胞坏死等。

十、蛇毒中毒

(一)概述

蛇毒是毒蛇的毒腺分泌的毒液,蛇毒中毒则是蛇的毒牙咬伤人体注入蛇毒而引起的急性中毒。蛇毒中毒多为被毒蛇咬伤引起的意外事故。但广东一带有用银环蛇杀人的案件,其手段狡诈,必须仔细检查、严防漏检,方能揭露此种犯罪。

蛇毒是一种蛋白质毒素,新鲜时为白色或黄色黏稠液体,含水分约80%,真空干燥后为淡色结晶,易溶于水。蛇毒含15种毒素,一般分为神经毒素(金环蛇、银环蛇及海蛇等)、血液毒素(蝰蛇、五步蛇及竹叶青蛇等)、混合毒素(眼镜王蛇、眼镜蛇及蝮蛇等)三类,中毒后能引发相应的症状。

我国有毒蛇50余种,多分布于我国南方。毒蛇咬伤多发生夏秋季节。毒蛇具有外观色泽鲜艳、头多呈三角形、尾粗而短等特点。无毒蛇咬伤有一排或两排的牙痕,而毒蛇咬伤由一对或多对毒牙形成顶端粗而深的咬痕。如金环蛇、银环蛇的毒牙咬痕呈品字形排列,间距0.8~1.6厘米;眼镜王蛇齿形大而深,间距1.5~3.0厘米。根据咬伤牙痕特点,可以区分有毒蛇与无毒蛇,以及属于何种毒蛇咬伤。

(二)毒理作用

蛇毒为蛋白质毒素,口服被消化酶水解失去毒性,只有通过咬伤创口注入体内才能引起中毒。其神经毒素主要作用于神经系统及运动终极,抑制其乙酰胆碱受体或抑制乙酰胆碱的释放,使呼吸中枢和呼吸肌麻痹;血液毒素成分复杂,主要引起全身性出血和红细胞溶血,并能损害血管壁、组织溶解,造成出血、水肿和组织坏死;混合毒素则兼有两者的毒性,但有主次之别。

(三)中毒症状

毒蛇种类不同,其中毒症状各异,一般分为神经型、血液型和混合型。

1. 神经型

由银环蛇、金环蛇、海蛇的神经毒素引起。银环蛇、金环蛇咬伤处局部症状不明显,不红、不肿、不痛,往往仅有麻痒感。一般咬伤后1~3小时出现中毒症状,病情发展迅速,数小时内即可致命。主要症状有头晕、眼花、耳鸣、眼睑下垂、声音嘶哑或不能说话、吞咽困难、流涎、瞌睡。严重者出现惊厥、肢体瘫痪、昏迷,最终死于呼吸麻痹。海蛇毒素还能破坏骨骼肌,出现血红蛋白尿。

2. 血液型

由五步蛇、竹叶青蛇和蝰蛇咬伤引起。局部有剧痛,伤口流血不止,肿胀严重并迅速向肢体上端蔓延,伴有水疱和组织坏死。全身症状有发热、烦躁不安、大小便带血、吐血,甚至口鼻流血。皮肤黏膜有出血点,并有黄疸、血红蛋白尿等溶血现象。常死于心律失常、循环衰竭或肾功能衰竭。

3. 混合型

由眼镜王蛇、眼镜蛇、蝮蛇咬伤引起。眼镜王蛇、眼镜蛇以神经毒素为主,神经症状较为明显,咬伤后局部有疼痛、流血较多、肢体肿胀、局部有水泡和组织溃烂,约经1~2小时出现神经症状,四肢无力、眼睑下垂、瞌睡、胸闷、吞咽和呼吸困难、口吐白沫、瞳孔缩小,并有恶心呕吐、腹疼、腹泻等症状,严重者发生昏迷、抽搐、休克和呼吸麻痹。蝮蛇则以血液毒素为主,心血管损害的症状较为明显,咬伤局部肿痛,伴有水泡、血泡和出血,全身症状有头昏、瞌睡、腹痛、眼睑下垂、复视、颈项强直、心律失常、血红蛋白尿,以及惊厥、昏迷等,常死于心搏骤停或呼吸麻痹。

(四)致死量

未定。

(五)尸检所见

咬伤局部有毒牙咬痕,有的局部皮肤呈紫黑色,伴有水泡或血泡;内脏淤血、出血和肝、肾细胞变性和组织坏死。

十一、斑蝥中毒

(一)概述

斑蝥是芫菁科昆虫,长1~2厘米,体黑色或紫绿色,翅鞘上有黄黑相间的斑纹,腹部有黑色绒毛。四川民间所称“鸡公虫”就是斑蝥的一种,因其喜食黄豆叶而被人误认为无毒,口服鸡公虫体可引起斑蝥中毒。斑蝥互生成分为斑蝥素,干燥虫体含斑蝥素1%~1.2%,斑蝥素有皮肤发泡、生发和抑制癌症等作用。中医用斑蝥粉末做外用药,民间有用斑蝥做壮阳、堕胎之用而中毒者。

(二)毒理作用

斑蝥素是一种强烈的刺激剂,粘附皮肤能刺激局部充血、肿胀和出现水泡;口服刺激胃肠道黏膜,能引起消化道症状;吸收入血后,经肾脏排泄,能引起泌尿系统的损害。

(三)中毒症状

口服斑蝥后,口腔、咽喉有烧灼感,胃区疼痛、恶心、呕吐,呕吐物混有血液和斑蝥虫体碎片。接着发生吞咽困难、腰痛、尿少、小便困难、尿痛、血尿等。最后昏迷,常死于虚脱。

(四)致死量

斑蝥口服致死量约1.3~3克。

(五)尸检所见

口腔、咽部、食道及胃肠黏膜广泛性充血、肿胀及坏死脱落;肾脏肿胀充血,皮质有出血点,肾小管坏死脱落;膀胱及尿道充血、肿胀;子宫内膜充血、肿胀,并有灶性出血。

十二、河豚中毒

(一)概述

河豚是我国沿海和长江下游生长的一种无鳞鱼类,味美,民间有“拼死吃河豚”之说。常见的有虎纹河豚、小纹河豚、条纹河豚、星纹河豚等十种,其卵巢、睾丸、肝、眼球、血液中含有河豚毒素,尤以卵巢、鱼卵含量最高,而肌肉中不含毒素。河豚毒素经长时间加热或在酸、碱液中煮沸,其毒力减少,食用处理不当的河豚则可引起急性中毒。在上海、南京、大连等地均发生过河豚中毒,有人统计,河豚中毒50人中有22人死亡,死亡率高达44%。

(二)毒理作用

河豚所含毒素主要有河豚素和河豚酸,除直接刺激胃肠黏膜引起消化道症状外,主要作用于神经系统,使神经细胞膜钠离子产生通透障碍,阻滞神经传导,使肌体处于麻痹状态。通常先麻痹感觉神经,后麻痹运动神经,重者中枢神经麻痹导致呼吸循环衰竭而死亡。

(三)中毒症状

口服河豚后,早则半小时,晚则3小时出现中毒症状。初感胃部不适、恶心,呕吐物中可见河豚鱼卵;继之,嘴唇、指端麻木,眼睑下垂,四肢无力甚至麻痹,言语不清,吞咽困难,呼吸浅慢,血压及体温下降,昏迷,瞳孔先缩小后扩大,终因呼吸麻痹死亡。

(四)致死量

有人认为食河豚鱼肝10克即可致命。

(五)尸检所见

尸表窒息征象明显,结膜有出血点,口唇发绀,口鼻腔有白色泡沫,各内脏淤血。有人认为,胃极度扩张,胃壁变薄充血,胃内充满气体或可查见河豚鱼卵,是河豚中毒致死者一个比较特殊的征象。

第八节 毒 品

一、概述

刑事犯罪中,毒品犯罪是一种特殊的犯罪。根据联合国1971年《精神药物公约》第2条第4款,"毒品"是指其性能能引起成瘾之依赖性,使中枢神经系统产生兴奋或抑郁,以至于造成幻觉或对动作机能、思想、行为、感觉、情绪之损害的天然、半合成、合成的物质。

按照我国1997年10月实施的刑法第357条规定,毒品是指鸦片、海洛因、甲基苯丙胺(冰毒)、吗啡、大麻、可卡因以及国家规定管制的其他能够使人形成瘾癖的麻醉药品和精神药品。

毒品可危及吸毒者的身心健康和生命,易感染和传播性病、艾滋病。毒瘾发作,痛苦不堪,不惜一切代价和手段,耗尽家产,身心受到严重的摧残,甚至有的跳楼自尽、引火自焚。吸毒者在耗尽自己钱财后,多数以非法手段获取毒资,以贩养吸,为开辟自己的毒品市场,他们有发展新的吸毒者,形成恶性循环,诱发各种违法犯罪,严重危害社会治安。一旦染上毒瘾,精神颓废、错乱,丧失人格尊严,体力、智力下降,甚至完全丧失,尤其是对青少年的毒害,对社会风气的败坏是十分严重的。

根据联合国麻管局公布的数字,世界吸毒人员已超过5000万人。每年有几十万名瘾君子因吸毒丧命,全球毒品交易额约达8000亿~10,000亿美元。毒品蔓延的范围已扩展五大洲的200多个国家和地区。毒品消耗着人类的财富,全世界每年有数千亿美元化为灰烬,对社会经济造成严重破坏。贩毒集团与国际黑势力勾结,阻碍全球的发展进步。毒品的种植、加工、贩运、走私、销售、洗钱等活动在不同的国家进行,实行跨国经营,并与国际黑势力勾结。如西西里岛著名的黑手党大头目卢恰诺·立焦就提出并实行将卖淫业与海洛因消费并举,从两项罪恶行业中捞取大钱。在我国,吸毒、贩毒与诈骗、盗窃、抢劫甚至杀人有密切的联系。吸毒和贩毒已成为社会的一大毒瘤,必须采取果断措施,打一场持久的人民战争,才能彻底铲除之。

二、毒品分类

毒品的种类很多,根据联合国的有关规定,被管制的天然毒品和人工合成毒品多达15种。联合国麻醉药品委员会将毒品分为六大类:

1. 吗啡类:包括罂粟植物、鸦片、吗啡、海洛因、二氢吗啡酮、氧可酮等。吗啡类毒品属于中枢神经抑制剂。

2. 可卡因类:包括古柯叶、古柯糊、可卡因、可卡因游离碱、"快克"可卡因等。

3. 大麻类:包括大麻叶、大麻烟、大麻树脂、印度大麻脂油、四氢大麻酚等。大麻类毒品可使感觉改变、思维断裂、产生幻觉。

4. 苯丙胺类:包括甲基苯丙胺、摇头丸、替苯丙胺、芬乃他林和匹吗啡等。苯丙胺类毒品属于中枢神经兴奋剂。

5. 安眠镇静药类:包括巴比妥类安眠药、安眠酮等。

6. 精神药物类:包括安定类药物、三唑仑、致幻剂麦角酰二乙胺、二乙基色胺等。

世界卫生组织(WHO)则将毒品分为八类:吗啡类、巴比妥类、酒精类、可卡因类、印度大麻类、苯丙胺类、柯特(Khat)类和致幻剂类。

医学家和精神病学家根据毒品作用于人体后的不同效果,改变感觉和意识的情况,把毒品分为抑制剂、兴奋剂、致幻剂、止痛剂和催眠剂。

三、吸食毒品产生的症状

不同种类毒品其药理作用不同,产生的中毒、戒断症状也不一样:

吗啡类毒品中海洛因主要作用于中枢神经系统,表现为先兴奋后抑制。最大的危害时产生耐药性和身体依赖性,其戒断症状表现为:满身流汗、头晕耳鸣、打哈欠、流鼻涕和眼泪、胃肠不适、恶心呕吐、四肢剧痛痉挛。中毒症状为:昏睡、嗜睡、周身痒痛、呼吸缓慢、瞳孔极微小、畏光、血压降低、心律不规整,并伴有肺水肿,最后呼吸抑制死亡。

可卡因类毒品能阻断神经纤维冲动的产生和传递,阻止交感神经产生儿茶酚胺,其对中枢神经系统的作用表现为先兴奋后抑制。其中毒症状表现为兴奋激动、周身颤抖、痉挛、肌肉扭曲变形、目光呆滞、瞳孔散大、失音、心跳加快、呼吸失常等。另外可卡因可通过胎盘对婴儿产生影响,表现为:不停的哭闹、视物不集中、发育不正常、个子较小、情绪烦躁不安等。

苯丙胺类毒品也主要作用于中枢神经系统,可促进脑内儿茶酚胺递质释放,对中枢神经产生兴奋作用。其中毒症状表现为:情绪高涨、思维活跃,但难以深入思考问题、意识紊乱,有刺激性和攻击性倾向,头痛、眩晕、脉速、口渴、颜面苍白、瞳孔散大、血压上升、心律不齐,严重者可出现心动过速、呼吸增强、头痛、高热、颜面潮红、大汗淋漓,最后心律不齐、循环衰竭死亡。

大麻类毒品中的四氢大麻酚成分可以和人神经细胞膜的蛋白质受体结合从而产生依赖性。其对身体的危害表现为:引起精神障碍、情感淡漠,缺乏进取精神、人格与道德沦丧,思维迟钝、木讷、记忆混乱,免疫功能低下、易被病毒或细菌感染,气管炎,失去肌肉的协调能力不能做复杂的动作,等等。

四、毒品的提取和检验

毒品的检验分为体外检验和体内检验,体外检验主要是对毒品的原品进行检验，和体内检验的区别主要是预处理方法不同，具体处理方法请参阅毒品检验相关的资料；体内检验时不同种类毒品根据其在体内的代谢途径而提取的检材也不同，急性中毒者，一般提取的检材是尿样、胆汁、血样，如果是中毒死亡者，取血、尿、胃及胃内容物、肝、肾、肺、心、脑、毛发等，吗啡类毒品主要是血、尿及毛发，其他类毒品一般可提取血、尿、胃及胃内容物、肝、肾、肺、心、脑、毛发等检材。但值得注意的是，由于体内海洛因很快分解，从尿液中检测海洛因实际是不可能的。经常是测定其主要代谢物吗啡。确证海洛因吸毒应在尿中检出6-单乙酰吗啡，但此代谢物也只能在吸毒后不久检测，否则很快代谢成吗啡。

提取的检材应尽快送实验室进行处理，常用的提取方法有液—液提取法、液—固提取法、固相萃取法，定性和定量分析方法有气相、液相色谱、毛细管电泳以及与质谱联合分析。

第七章 急　死

第一节 概　述

一、急死的概念

急死，又称猝死，是指平素“健康”或貌似“健康”者因潜在性疾病或机能障碍而突然出乎意料地非暴力死亡。

根据急死的定义，急死具有以下几个特征：

1. 急死的性质属医学病理疾病或机能障碍范畴，本质上非外界或人为所致，因此为非暴力性的自然死亡。急死的性质不能用自杀、他杀、意外来概括，这一点在法律上十分重要。

2. 急死过程十分迅速，通常在出现症状后数分钟至数小时内。目前法医学界普遍遵循世界卫生组织的建议，将出现症状后24小时以内死亡者归入急死范围，有一小部分在发病后几十秒钟内死亡者称为即时死。

3. 急死者生前“健康”或貌似“健康”，或者说患有不为他人甚至自己所知的疾病，一旦疾病发作，死亡常常出人意料，无法预计，故而使常人难以理解。死亡的法律问题由此而产生。

二、急死的原因

根据国内外资料统计，在心血管、中枢神经、呼吸、消化、泌尿生殖五大系统中，以心血管系统疾病居急死病因的首位，其次是中枢神经系统和呼吸系统疾病。婴幼儿急死则以呼吸系统疾病为主。

急死以男性多于女性（约3:1或2:1），可见于任何年龄阶段，其中以20～30岁和50～60岁年龄组居多。

急死可发生于任何状态下，既可出现在剧烈活动后，亦可发生于休息、睡眠中。特别值得一提的是，许多急死发生前有常为他人注意、进而引起法律问题的诱因。目前，许多诱因与疾病发作的关系已清楚，也有部分诱因与疾病的关系仍不明了。归纳起来，常见的诱因包括：

1. 心理因素，如狂喜、过度悲伤、愤怒、恐惧、紧张等；
2. 生理因素，如剧烈运动、过度疲劳、性交、暴饮暴食等；

3. 外界刺激因素，如轻微打击、感染、过冷过热等。

有人将急死的原因分为内因与外因，内因是潜在的人体病变，外因是诱发潜在病变的因素，认为内因是急死的主要因素，诱因则起一定的作用。诱因作为一种急死前客观存在的现象，又常常是引起法律纠纷的焦点，必然为法医学所重视。

三、急死的法医学意义

按照急死的定义，急死属自然疾病引起的死亡，本不属法医学研究、鉴定的范畴。但由于急死的发生过于突然，常使人们怀疑是死者自己或他人所为，或发生在与人争吵、斗殴、家庭不和等情况下而增添其非自然死亡的疑点，或在住院期间急死，不能不使人与医疗事故相联系。所以，急死的法医学鉴定往往是源于弄清或消除各种疑点而进行的。另外，自杀或他杀伪装急死的也需要通过法医学鉴定来揭露犯罪、弄清真相。

第二节 引起急死的常见疾病

一、心血管系统疾病

心血管系统疾病所引起的急死，在急死的死因中占首位，国内外大样本统计资料表明约占全部急死者的50%左右。心血管系统的急死疾病以冠心病、心瓣膜病、心肌病、主动脉瘤、肺动脉栓塞等为主，常在生活负荷过重（如劳累、剧烈活动等）或情绪异常波动（如大喜大悲等）状况下，诱发心脏负担突然加重导致急性心力衰竭、心源性休克、心跳停搏等而急死。但也有在无明显外因，甚至在睡眠状态中发生死亡的。

（一）冠状动脉疾病

1. 冠状动脉粥样硬化

临床上常将因冠状动脉粥样硬化引起的心脏病称之为冠状动脉粥样硬化性心脏病或缺血性心脏病，简称冠心病。作为一种独立的疾病引起急死，冠心病在所有引起急死的疾病中占首位。

冠心病病因和发病机理至今尚未完全阐明。脂质代谢障碍和神经内分泌异常被认为是主要原因。

冠状动脉粥样硬化引起的急死，多系冠状动脉急性阻塞或痉挛引起心肌缺血、缺氧的结果。长期的心肌轻度缺血或骤然的心肌重度缺血将导致心肌梗死，最后因突发急性心力衰竭或心肌大面积坏死、破裂或心律失常而死亡。

据统计，冠状动脉粥样硬化的多发部位主要在左冠状动脉前降枝的上1/3段，其次是右冠状动脉主干和左冠状动脉的左旋支。冠状动脉粥样硬化的直接结果是冠状动脉管腔狭窄,其狭窄程度按目前普遍公认的四级法区分:Ⅰ级表示在截面上管腔狭窄面积小于25%;Ⅱ级表示狭窄面积26%～50%;Ⅲ级表示狭窄面积51%～75%;Ⅳ级表示狭窄面积大于75%。常规尸检中肉眼观察、放大镜观察、组织学显微镜下观察即可基本确定管腔狭窄的程度。

由于成年人常有一定程度的冠状动脉病变,可疑冠心病死亡者除可检见冠状动脉粥样硬化狭窄外一般又看不到心肌的急性病变,所以,由冠状动脉硬化狭窄来推断急死原因时须持十分慎重的态度。一般Ⅱ级以下程度的狭窄须排除其他致死原因后才能作为急死原因。近年来有不少学者研究急性心肌梗死后心肌的特殊染色变化以及早期心肌缺血的诊断方法,但目前看来其特异性和敏感性均有缺陷,难以在实际工作中应用。

冠心病急死者,可发生于任何情况下,有时在睡眠中发生者甚至连同床者也未能察觉。研究表明:在睡眠状态下迷走神经占优势,迷走神经的高度紧张易导致冠状动脉供血不足和心肌缺氧,如果冠状动脉原有病变发展到一定程度则易导致心功能障碍。冠心病猝死发生突然,过程短促,多在发病后3小时内死亡,其经过时间稍长者可有胸痛、气短、极度疲乏等症状,经过时间短促者多无明显的前驱症状。

2. 冠状动脉口狭窄

正常冠状动脉在主动脉根部左右各有一开口,直径为0.3～0.6cm。病理学上将开口处直径在0.2cm以下者称轻度狭窄,0.15cm以下为中度狭窄,0.1cm以下的为重(高)度狭窄。引起冠状动脉口狭窄的最常见原因是主动脉根部的粥样硬化斑块和梅毒性主动脉炎。

冠状动脉口狭窄所致的急死与冠心病相似,但值得一提的是,由主动脉粥样硬化斑所致的冠状动脉口狭窄可同时伴有冠状动脉本身的粥样硬化,所以在法医学检验中冠状动脉口的检查应列为常规。

我国解放后相当长的一段时期内,包括梅毒在内的性病被基本清除,故由梅毒性主动脉炎所致的冠状动脉口狭窄只偶见于年龄较大的原染有性病后期的患者。但近年来性病在我国的传播又重新蔓延,而且以中青年的患者居多,所以性病的检疫在法医学检验中也应引起高度重视。

3. 冠状动脉血栓形成和栓塞

冠状动脉血栓形成的原因多数由冠状动脉粥样硬化斑块病变所致,少数可发生在急性心内膜炎病变的基础上。冠状动脉栓塞既有由于冠状动脉血栓形成后脱落的自身原因,也有来自冠状动脉以外如心瓣膜、心室壁的血栓脱落、气体或其他异物进入循环系统等的原因。

冠状动脉血栓形成和栓塞后引起急死的机理和死亡原因与冠心病相似。诊断冠状动脉血栓形成和栓塞的重要一点是寻找栓子的来源。

如怀疑为冠状动脉空气栓塞时,尸检中应小心剪开心包,马上仔细观察未剖开的心脏表面左右冠状动脉的分支,如有空气栓塞时,可见动脉局部呈气泡状,手触之可移动,最后在水中原位剪开左右心腔以进一步证实。

(二)心肌疾病

1.脂肪心

脂肪心,也称心肌脂肪浸润。以心脏体积增大、心外膜下脂肪异常增加(右心为主)以及心肌质地柔软为外观特征;切开后可见心肌切面脂肪沉积于心肌纤维之间,局部心肌萎缩甚至消失。

脂肪心的发生原因未完全明了。有研究者认为与肥胖症、慢性酒精中毒、冠状动脉病变以及心肌缺氧有关。由于脂肪组织包绕并代替心肌致使心脏功能障碍,因而在某些诱因如剧烈活动等使心脏负荷增加的情况下易发生急性心功能障碍死亡。有时右心室因脂肪显著浸润变性脆弱而破裂导致死亡。

2.高血压性心脏病

高血压性心脏病以心脏显著肥大(左心室为主)、重量增加(正常人250~300g,高血压性心脏病患者可达400~900g)、心肌硬化为形态学特征。在显微镜下可见心肌纤维肥大,细胞核明显增大、深染,心内小血管多有壁厚和内膜胶原纤维化或内弹力纤维过度增生等特点。除心脏病变外,高血压患者的病变是全身性的,主要表现为肾脏体积缩小、重量减轻、质地变硬,肾小球玻璃样变,脾、脑小动脉硬化、纤维化等。

高血压性心脏病引起的急死常伴有一定的诱发因素,使心脏负担加重,最后因心功能障碍、心脏代偿功能丧失导致急性心衰、心律失常死亡。由于高血压性心脏病的特征较明显,又伴有其他脏器的特征性改变,所以一般诊断与鉴定相对比较容易。

3.特发性心肌病

特发性心肌病又称原发性心肌肥大症,是指病因不明的心肌疾患。此病多有家族史,临床上生前可无症状。特发性心肌病的病理形态学特征为心室肥厚和心腔扩张两种类型,分别称为肥厚性心肌病和扩张型心肌病。后者又有特发性酒精性心肌病、特发性家族性心肌病和心内膜弹力纤维增生症之分。

由于特发性心肌病没有典型的病理特征,所以临床上目前诊断此病一般采用"四阴四阳"的病理诊断标准。"四阴"即诊断此病必须符合以下四个阴性特征:(1)冠状动脉主支无病变;(2)无常见的瓣膜病;(3)无原发性高血压病变;(4)心脏及大血管无明显畸形。"四阳"指只要具有以下四个阳性病变的一种以上:(1)一侧或两侧心肌肥大;(2)心内膜呈局限性或均匀弥漫性增厚或纤维化;(3)心腔内有附壁血栓形成;(4)心肌有变性、坏死或纤维化。

特发性心脏病急死多见于儿童和青壮年,多伴有一定的诱发因素,甚至有小儿由于过度哭泣诱发急死的个例报道。特发性心肌病引起急死多因急性心衰、心脏传导系统障碍、严重心律失常等而发生。

4. 心肌炎

顾名思义,心肌炎是心肌感染后产生的炎症反应。心肌炎可因感染因子的不同分为病毒性心肌炎、白喉性心肌炎、风湿性心肌炎、原因不明的特发性心肌炎(也称孤立性心肌炎)。按病原体侵袭部位不同,又可将心肌炎分为实质性心肌炎和间质性心肌炎。前者如白喉、猩红热、伤寒等感染后并发,炎症发生于心肌细胞和肌纤维;而后者如病毒性心肌炎、风湿性心肌炎、孤立性心肌炎等,病变发生于心肌间质。

心肌炎发病急速,但一般有较明确的病史或前驱症状。最后均由于心肌功能受损致心功能障碍、心源性休克、心律紊乱而死亡,心肌炎急死者常见于青少年或体格健壮者。

(三)心内膜病变

1. 心内膜炎

心内膜炎有风湿性和细菌性两种。引起急死的常见为亚急性细菌性心内膜炎,多继发于上呼吸道感染、扁桃体炎、中耳炎、齿槽脓疡等之后,在原有风湿性心瓣膜病或先天性心血管畸形时则更易发生。心内膜炎最多见于二尖瓣处,或引起心瓣膜溃疡穿孔及腱索断裂致急性瓣膜关闭不全,或由于瓣膜病变变形致心脏血流障碍,或因赘生物生长阻塞瓣膜孔以及赘生物脱落致心脏冠状动脉、脑动脉栓塞而急死。

2. 心瓣膜病

引起急死的心瓣膜病绝大多数由风湿性心内膜炎或急性、亚急性细菌性心内膜炎发展所致。心瓣膜病一般均有较长的病史,多经临床诊断治疗,心脏处于代偿阶段,故平时可无明显不适。但一旦有各种诱发因素,如过度劳累、情绪激动、感染等,即可因心功能障碍而突然死亡。有少数死者生前可无明显病史或患有先天性心瓣膜病。

心瓣膜病有二尖瓣狭窄、二尖瓣关闭不全、主动脉瓣狭窄、主动脉瓣关闭不全以及兼有合并症等多种类型。在发生急死的案例中,以主动脉瓣狭窄和二尖瓣狭窄最为常见。

(四)主动脉瘤

主动脉是人体最大的血管,也是血液经心脏收缩后流向全身的第一站,所以承受较大的血容量和较高的血压。主动脉瘤,有梅毒性主动脉瘤、动脉粥样硬化性主动脉瘤、结核性主动脉瘤以及部分原因不明的主动脉瘤如夹层动脉瘤、主动脉窦主动脉瘤以及特发性主动脉中层坏死等众多类型。但无论何种类型其导致死亡的原因是一致的:主动脉瘤处管壁薄弱,在血压突然升高时可导致薄弱处破裂大出血。

主动脉破裂可因其破裂部位不同而导致不同的死亡机制:如入破向心包可致

心脏反射性心跳停搏或心包填塞致心脏停搏；破入支气管或气管则引起吸入性窒息；破入胸腹腔致大失血休克；破入右心或左心致急性心力衰竭死亡。

（五）心脏传导系统疾病

心脏功能的正常维持受由窦房结、房室结、房室束及其左右束枝构成的传导系统控制。传导系统控制着心跳节律、心电发射以及心肌细胞的代谢。所以，任何传导系统的先天性结构异常、心脏的器质性病变或其他全身某些疾病均可影响心脏传导系统，干扰心脏的正常功能以致发生严重阻碍而急死。

心脏传导系统的疾病常见为病态窦房结综合征、病理性房室传导阻滞、室内传导阻滞等。

对疑为心脏传导系统病变急死者，尸检时除应注意检查心脏的原发病变外，应重点检查窦房结、房室结及房室束的结构形态，有时在此类急死者中可见到上述部位的束状或片状出血、炎症反应、退行性变以及纤维组织增生等征象。

二、呼吸系统疾病

呼吸系统由鼻、咽、喉、气管、支气管构成的呼吸道和肺组成。人体依赖呼吸系统实现机体与外界环境之间的气体交换，即摄入氧气、排出二氧化碳。所以，呼吸系统机能一旦发生障碍，可发生缺氧危及生命。呼吸系统疾病引起的急死，据国内外文献资料统计，在小儿急死的死因中占首位，在成人中仅次于心血管系统和神经系统居第三位。在呼吸系统疾病引起的急死中，以各种肺炎最为常见，其他主要有：异物堵塞呼吸道、肺结核空洞出血、支气管疾病等。

（一）肺　炎

肺炎有多种类型，临床上常依据肺炎发生的部位将其分为以下几种：

1. 大叶性肺炎

大叶性肺炎系肺炎双球菌感染所致，多发于青壮年。临床期一般急性者为15天左右，分充血、红色肝样变、灰色肝样变、消散四期，病变以累及一个肺大叶为特征，伴有咳嗽、胸痛、咯铁锈色痰的临床症状。大叶性肺炎急死多发生在前三期，以灰色肝样变期最多见，在此期中易发生平时无症状的逍遥型大叶性肺炎或休克型大叶性肺炎，实际上系病情突然加重、迅速发展所致。大叶性肺炎引起急死的机理一是肺泡因炎症、渗出而引起氧交换障碍、二氧化碳潴留，最后因呼吸衰竭死亡；二是感染的病菌释放的毒素传播到心脏引起中毒性心肌炎而致心功能障碍死亡；三是毒血症直接导致中毒性休克死亡。

2. 小叶性肺炎

小叶性肺炎又称支气管肺炎，多发生于婴幼儿。大多数小叶性肺炎是各种感染性或传染性疾病如百日咳、白喉、流感等的合并症。肺部病灶以小叶为单位散在分布并累及小支气管。这是由于婴幼儿气管、支气管管腔狭窄、纤毛运动差、易阻塞又加上小儿肺脏弹力纤维发育不足影响肺泡的膨胀所致。

和大叶性肺炎一样,严重的小叶性肺炎可引起呼吸衰竭、中毒性心肌炎或中毒性休克致死。小叶性肺炎是婴幼儿急死的主要原因之一。

3. 吸入性肺炎

吸入性肺炎是小叶性肺炎的一种特殊类型,常由于以下原因所引起:(1)醉酒、全身麻醉或深度昏迷等丧失吞咽能力及咳嗽反射后吸入食物、呕吐物等;(2)新生儿在母体内或分娩时(后者更多见)由于缺氧导致反射性呼吸而吸入羊水及他成分,(3)溺水者由于在水中过度呼吸而吸入溺液。吸入性肺炎的肺部病变依据吸入物的成分和性质不同而有所差别,如化学性吸入性肺炎由吸入不含胃内容物的胃液所致,未消化的胃内容物或口腔黏液吸入则多引起广泛的支气管肺炎,由羊水及其成分引起的吸入称胎粪性肺炎。

吸入性肺炎引起急死的机理与小叶性肺炎相同。另外,由于异物吸入后有时可引起细支气管的神经反射性痉挛造成窒息也是导致急死的因素之一。

4. 间质性肺炎

间质性肺炎是以病变发生于肺间质为特征的一种病毒感染性急性肺炎,也多发生于小儿,由于病情发展迅速,死者生前可毫无症状或仅有咳嗽、流涕等轻度“感冒”症状而突然死亡。

(二)上呼吸道堵塞

上呼吸道指从鼻咽喉至气管之间的空气传播通道。上呼吸道因各种原因堵塞后由于气体进出受障而直接引起窒息死亡。由于小儿的呼吸道狭窄且短的特点,故因上呼吸道堵塞而引起的急死多见于小儿。

引起上呼吸道堵塞的疾病主要有:(1)急性扁桃体炎,肿胀的扁桃体堵塞咽部;(2)喉头水肿,各种急性喉炎、喉脓肿、软骨膜炎、咽部化脓性炎等均可导致非炎症性的喉头水肿继而堵塞上呼吸道;(3)喉头肿瘤。

(三)支气管疾病

1. 急性支气管炎

各种原因所引起的支气管炎,无论是卡他性炎、化脓性炎还是坏死性炎均能引起支气管黏膜红肿、渗出,继而导致支气管痉挛狭窄,严重时造成支气管的阻塞而窒息死亡。

因急性支气管炎而急死的也常见于小儿。值得注意的是,支气管炎常常并不是作为一种独立的疾病而是作为其他疾病如百日咳、白喉、麻疹、肺炎等的并发症出现。

2. 支气管哮喘

作为一种变态反应性疾病,支气管哮喘是一种周期性或季节性发作的疾病,故人们一般难以理解经常发作的疾病何以这次会导致突然死亡。支气管哮喘引起急死常有以下几种原因:(1)哮喘发作时炎性物质和支气管腺体分泌物沉积刺激支气管痉挛狭窄,严重时堵塞呼吸道致死;(2)哮喘反复发作引起肺气肿,达到一定程度时突然引发自发性气胸,继而导致肺组织萎陷、呼吸困难;(3)哮喘的发作影响肺内正常的血液循环,进一步使右心室负担逐渐加重,最后因失代偿,右心功能衰竭而死亡。

(四)肺结核病

因医疗条件和免疫防疫工作的改善,肺结核作为一种新的急性发病目前已不多见。但原患有的结核病灶因各种原因引起突然再次发病甚至急死者实际工作中仍时有所见。

最常见引起急死的肺结核病系干酪样肺炎、急性粟粒性结核病以及纤维空洞性肺结核。干酪样肺炎引起急死主要系机体吸收肺内坏死崩解产物而导致中毒性休克所致。急性粟粒性肺结核常通过血液循环传播全身,严重者可因结核菌性败血症或毒血症发生急死。纤维空洞性肺结核病引起的急死机理较为复杂,可能的途径有:(1)空洞壁上的小动脉因空洞的进一步扩大而破裂致大出血休克;(2)空洞内坏死物质在排出时阻塞支气管引起窒息;(3)处于代偿中的肺气肿进一步演变为肺大泡,肺大泡破裂导致自发性气胸;(4)肺广泛的纤维化空洞引起肺动脉高压,右心负荷加重最终引发右心功能衰竭。

三、中枢神经系统疾病

中枢神经系统包括脑和脊髓。脑是人体生命重要脏器之一,所以中枢神经系统疾病引起的急死绝大多数由脑的疾患所致。研究表明:氧完全中断20秒后,大脑皮质的生物电活动明显受抑制,30～90秒后,小脑及延髓的生物电活动消失;一般血流阻断6分钟以上时,脑组织即发生不可逆转的损害。所以,与其他脏器相比,脑组织对疾病或损伤的抵抗力和耐受性要差得多。脑干是控制人体心跳和呼吸的生命中枢,脑干部位的轻度出血压迫即可导致迅速死亡。

常见的引起急死的中枢神经系统疾病主要有脑动脉瘤、脑血管畸形、各种颅内出血、脑出血、脑炎、脑膜炎、脑肿瘤、癫痫等。

(一)颅内血管病变

1. 脑动脉粥样硬化瘤

脑动脉粥样硬化瘤是继脑动脉粥样硬化后管壁长期缺氧、丧失弹性而局部膨出形成,一旦脑动脉血压突然升高,即可破裂出血。脑动脉粥样硬化瘤多发于基底动脉和椎动脉,外观局部小段动脉呈梭形膨出、动脉管内壁有粥样硬化斑块、内膜增厚等特征。一般脑动脉粥样硬化瘤患者在其他组织脏器,如心、肾、脾等中也可见不同程度的动脉粥样硬化。

2. 先天性脑动脉瘤

和脑动脉粥样硬化瘤不同,先天性脑动脉瘤破裂前无病史及任何临床症状,青壮年期最多见。发生先天性脑动脉瘤的原因至今尚未阐明。这种动脉瘤首先多发生于大脑中动脉,其次是大脑前动脉的动脉分支处;动脉瘤可单发亦可多处发生,大小不一(直径一般为 2～30mm)。由于先天性脑动脉瘤只位于局部且极小,尸检时极易被忽视。因此在鉴定此类案件时最好先将脑组织固定后再做切片检查,必要时顺血管逐段剥离脑组织以寻找出血灶。

3. 先天性脑血管畸形

先天性脑血管畸形是脑血管原因不明的发育异常的结果。形态表现为一团异常的成管血管,由于其管壁的发育异常故极易破裂出血。脑血管畸形可分为动脉型、静脉型、动静脉型和毛细血管型。临床上以发生在大脑中动脉、大脑前动脉分布区内的动静脉型最为多见。脑血管畸形和先天性脑动脉瘤一样,在破裂前无任何症状和体征。脑血管畸形多发于青少年。

上述三种颅内血管病变导致急死的机理均为颅内出血引起的颅内压骤然升高,压迫脑组织以致脑疝形成。其诱因主要是头部轻微外伤和情绪激动,法医学实践中后者作为诱因似更多见,因为情绪激动本身可导致血压升高,而血压升高是血管病变处破裂的直接原因。

(二)颅内出血

1. 自发性蛛网膜下腔出血

自发性蛛网膜下腔出血指的是各种颅内病变所致的脑表面或脑底部血管破裂,血流流入蛛网膜下腔。最常见的颅内病变是各种脑动脉瘤和脑血管畸形,少数也可因脑肿瘤、血液病所致。自发性蛛网膜下腔出血可有或没有诱发因素,其典型的临床症状是头痛、恶心呕吐和颈项强直。在法医学实践中最关键的是需要鉴别是自发性蛛网膜下腔出血引起的急死还是外伤性蛛网膜下腔出血引起的损伤死(表 7－1)。

表 7－1 自发性和外伤性蛛网膜下腔出血的区别

	自发性	外伤性
外伤史	多无或轻微	明显,常伴头皮或颅骨损伤
前驱症状	多为突发性头痛	多无
出血范围	广泛	局限
出血部位	脑底动脉环、大脑中动脉分叉处	任何部位
脑组织损伤	多无	多伴有轻重不等的脑冲击伤或对冲性损伤

2. 原发性硬脑膜下出血

原发性硬脑膜下出血指的是非外伤性、原因不明的硬脑膜下出血。多发于男性老人和精神病、癫痫病患者。原发性硬脑膜下出血者一般多有反复发作、少量出血的病史,只是最后一次大量出血后才致急死。所以尸检时常可见有较完整的血肿包膜及其机化、纤维化或变性等病理改变,这是区别外伤性硬膜下出血致死的重要依据。

3. 脑出血

脑实质内出血,俗称中风,多见于50岁以上,男性多于女性。高血压及脑动脉粥样硬化是脑出血最常见的原因。大脑、小脑和脑干均可发生脑出血,但以大脑内囊和基底神经节处出血居多,系大脑中动脉深部分支的豆纹动脉破裂所致。大量出血时,血液可进入脑室或穿破大脑皮质至蛛网膜下腔。

脑出血多有一定的诱发因素,任何能引起血压升高的生理和心理变化均可引起突发性脑出血。临床症状以意识障碍和偏瘫为主。

(三)颅内感染

1. 流行性脑脊髓膜炎

流行性脑脊髓膜炎,简称流脑,是由脑膜炎双球菌感染所致。此病流行于冬春季节,易发于小儿和青少年。流脑中的暴发型患者常可在发病后数小时内死亡,其临床特征为:皮肤、黏膜及浆膜下大片出血;内脏特别是肾上腺广泛出血;急性肾功能衰竭(又称华佛氏综合征)。患流脑者可因败血症、中毒性休克以及华佛氏综合征死亡,亦可因脑膜、脑实质的化脓性炎症并发颅内高压继而压迫脑干死亡。在鉴定流脑急死中,做好感染部位的涂片、心血培养,寻找病原菌是主要途径。

2. 流行性乙型脑炎

流行性乙型脑炎,简称乙脑,是嗜神经性乙型脑炎病毒感染所致。乙脑流行于夏秋季,以儿童发病为多见。乙脑病变以大脑皮质粟粒样半透明灶为形态学特征。其中的暴发型乙脑起病急剧、体温上升(常达41℃),继而昏迷、抽搐,可在1~2日内因严重脑水肿而死亡。与流脑一样,诊断、鉴定乙脑急死的关键是尽快取脑组织做病毒的分离培养和鉴定。

3. 脑脓肿

脑脓肿是脑实质内局限性化脓性炎症,病原体系各种化脓性细菌。脑脓肿极少是原发性的,多由人体各处感染继发所致。最常见的有:(1)耳源性脑脓肿,继发于中耳炎、乳突炎等;(2)鼻源性脑脓肿,继发于副鼻窦炎等;(3)由脓胸、肺脓肿等经血循环通过大脑中动脉继发的脓肿。因脑脓肿急死的多系机体体质弱、细菌毒力强、脓肿不断扩大的结果。鉴定脑脓肿急死,除了要查明病原体外,原发灶的检查与确定更是十分重要。

(四)颅内肿瘤

颅内肿瘤包括脑实质及其邻近组织的原发性肿瘤和由人体别处转移到颅内的继发性肿瘤。继发性肿瘤一般因有原发病灶和以前的临床症状,故即使发生急死也较少引起争议,原发性肿瘤有时因生长部位较特殊而无明显的临床症状,后由于某种因素使肿瘤突然扩大而发生急死的则往往会使人感到意外。

颅内肿瘤引起的急死多因位于小脑和脑干附近的肿瘤直接压迫生命中枢,或侵犯脑室阻塞导水管导致脑脊液循环障碍、颅内压升高,或肿瘤浸润颅内血管引起大出血(如蛛网膜下腔出血)所致。可引起急死的常见肿瘤有脑胶质肿瘤、室管膜肿瘤、髓母细胞瘤以及脑膜瘤等。

(五)癫痫

癫痫是一种由脑局部神经元过度(异常)放电所引起的阵发性大脑功能紊乱的临床综合征,其典型的临床征象是阵发性神志不清及肌肉抽搐。癫痫分原因不明的原发性癫痫和源于脑组织损伤、感染、中毒等的继发性癫痫两种。癫痫发作一般有某种诱因,患者在癫痫发作中或发作后可能突然死亡,其机理可能系癫痫持续发作状态中呼吸肌强直、喉头及小气管痉挛所引起的窒息,或癫痫发作时植物神经系统功能紊乱导致的心律失常。

癫痫发作时易造成舌尖和颊黏膜咬伤、跌倒造成皮肤和软组织损伤以及意识丧失时产生的大小便失禁等征象,这对诊断癫痫有重要意义。

四、消化系统疾病

消化系统疾病引起急死有以下几个特点:(1)患者一般在急死前出现较显著的消化系统症状,如腹痛、腹泻、恶心、呕吐等;(2)较之心血管和神经系统疾病来说,急死前的消化系统症状一般持续时间较长;(3)消化系统病变引起急死多见于老年人,且大多数生前有较明确的病史。

最常见的引起急死的消化系统疾病有:食道静脉曲张破裂、溃疡穿孔出血、急性出血性胰腺炎、急性出血性坏死性肠炎、暴发型重型肝炎、中毒性细菌性痢疾等。

(一)食道静脉曲张破裂

食道静脉曲张的主要原因是肝硬变。导致肝硬变的原因有很多,如寄生虫性的、炎症性的等,肝硬变引起肝门静脉回流受阻,机体代偿性地在食道和胃周围形成侧支循环以保证循环畅通,但长时间过度的血容量会引起静脉曲张和扩张,静脉壁变薄,在一定的诱因下,如食物、食道镜摩擦食管壁或血压改变等引起破裂大出血死亡。

食道静脉及食管壁黏膜的出血灶和肝硬变的认定是确诊食道静脉曲张破裂的主要依据。

(二)溃疡病穿孔出血

溃疡病穿孔出血主要发生于胃和十二指肠,一般生前均有溃疡的症状。一旦溃疡急性穿孔,胃和十二指肠内容物和液体成分流入腹腔导致急性腹膜炎,引起中毒性休克而死亡,或者溃疡侵蚀至胃及十二指肠动脉引起大出血死亡。

典型的溃疡灶外观呈圆形或椭圆形,直径2cm左右,深达肌层(未穿孔前),质地坚硬。溃疡周围的黏膜、皱襞变粗且围绕溃疡处呈放射状排列。在显微镜下,溃疡灶由内向外分四层:表面系炎性渗出物(包括血细胞);其下为组织坏死层;再下为含新生毛细血管的肉芽组织层;最里面是由致密结缔组织构成的瘢痕组织。

(三)急性出血性坏死性胰腺炎

急性出血性坏死性胰腺炎起病突然、发展迅速,多数患者伴有明显的急腹症状,多因中毒性休克死亡。

胰腺出血坏死的本质原因是胰腺自身的胰蛋白酶被激活后的"自身消化作用",但引起胰蛋白酶激活主要由以下几种因素所致:(1)胰液排出受阻,如胰管结石等;(2)胆汁逆流,如胆总管蛔虫堵塞等;(3)暴饮暴食刺激胰液分泌过多。

因胰腺病变急死者尸体解剖可见胰腺肿大质软,在大网膜、肠系膜及胰腺表面可见散在的无光泽的灰白色斑点状脂肪坏死或小块状钙化灶。镜下可见部分胰腺坏死、出血以及脂肪坏死,主要累及胰腺腺泡。

值得提出的是死后胰腺自溶迅速,有时仅凭病理组织切片观察难以区分是组织坏死还是自溶,某些其他的因素如窒息、中毒、电击等也可能引起胰腺的出血样改变,所以在鉴定急性胰腺炎急死的案例中应充分考虑并排除其他死因的可能。

(四)暴发型重症肝炎

暴发型重症肝炎,也称急性黄色肝萎缩,是病毒性肝炎中的一种,其特点是:起病急剧,首先出现黄疸,继而迅速出现肝组织广泛坏死萎缩,并伴有皮肤、黏膜及消化道的出血,最后因肝功能障碍、肝昏迷而死亡。暴发型重症肝炎多发于孕妇、酗酒者和慢性肝炎患者,死亡多见于抵抗力较强的成年人。

因重症肝炎急死者肉眼可检见肝脏体积明显缩小,尤以肝左叶为甚。肝质地柔软如面团,切开见切面呈斑彩状红褐色。镜下见肝组织,尤其是肝小叶中央区广泛坏死,仅在小叶周边区残留少量完整的肝细胞,坏死区和汇管区可有程度不一的单核细胞和淋巴细胞浸润。

(五)急性出血性坏死性小肠炎

急性出血性坏死性小肠炎是一种发病原因不清的急腹症,易发于小儿和老年人。临床上主要表现为腹痛、呕吐、腹泻以及发热等,最后多因肠穿孔所致的中毒性休克死亡。

典型的小肠病变呈节段性,分界清楚,肠壁水肿增厚,浆膜面有出血和纤维素性渗出物,肠腔内有不成形深褐色血性液充盈,黏膜肿胀出血,局部伴有程度不一的溃疡。显微镜下可见肠壁黏膜坏死,与正常组织交界处有炎性白细胞浸润,肠平滑肌肿胀断裂和坏死,肠壁小血管内常有血栓形成。

(六)中毒性细菌性痢疾

细菌性痢疾也称菌痢,中毒性菌痢是其最严重的一种类型。菌痢由痢疾杆菌感染所致,多见于5岁左右的小儿。中毒性菌痢起病急但胃肠道症状如腹痛、腹泻、脓血便等反不显著。而由于细菌内毒素的吸收,严重的全身中毒症状明显。小儿常在发病后数小时内因中毒性休克或呼吸、循环衰竭死亡。

菌痢发生部位通常为结肠或直肠,其病理改变为肠黏膜充血、水肿,淋巴滤泡增生呈点条状隆起,有时可见肠黏膜坏死、溃疡以及假膜形成。

五、其他原因

(一)异位妊娠

异位妊娠,俗称宫外孕,指孕卵在子宫以外的部位着床,一般以输卵管妊娠最为常见。大多数异位妊娠在2~3个月后自发破裂,可造成腹痛和腹腔内出血,由于异位妊娠发生急剧,如未能及时救治可因失血性休克死亡。

由于异位妊娠与正常妊娠一样有停经史,临床诊断并不困难。但有时早期妊娠并未察觉且破裂后发病常与急腹症,甚至有时与急性阑尾炎颇为相似而令他人掉以轻心。因此,异位妊娠是生育期妇女急死的较常见原因。

(二)羊水栓塞

羊水栓塞系指产妇在生产过程中,子宫内羊水通过胎盘剥离处子宫内膜开放的血窦进入母体血循环,继而引起肺血管的栓塞。羊水栓塞不仅在生理性正常分娩时可发生,在引产、计划生育刮宫术等过程中亦可出现,是威胁孕妇生命较多见的原因。其临床表现为分娩过程中或产后最初几小时内突然出现胸闷、呼吸困难、口唇指甲发绀以及阴道流血不止等,最终因出血性休克、右心功能衰竭或呼吸衰竭死亡。

法医学鉴定羊水栓塞的主要依据是在肺组织的毛细血管中,尤其是小动脉中找到羊水中的有形成分,如角化上皮细胞、胎粪、黏蛋白、毳毛、绒毛等。有时在羊水栓塞急死者的右心血液沉淀后的上清液内也可涂片检见羊水成分。

(三)成人急死综合征

成人急死综合征,也称睡眠中急死。是一种发病原因和死亡原因均未能阐明的急死病征。根据国内外资料报道,成人急死综合征具有如下几个特点:(1)仅发生于睡眠中,以凌晨2~4时多见,但也可发生于午睡中;(2)急死者系平素身体健康、发育良好的男性青壮年为主,20岁以前和60岁以后者极少;(3)突然发作,迅速死亡,多数为即时死。死前可有呻吟、惊叫、抽搐等征象,但无意识;(4)尸体检验不能找到致死性的病变和原因;(5)病理组织学肉眼和显微镜检查仅表现为一般的类似心功能衰竭的征象。

根据研究报道,成人急死综合征的死亡原因和机理有心性死亡学说、机械性刺激学说、噩梦学说、中枢呼吸性麻痹学说、内分泌学说、自身免疫学说以及中毒学说等,但至今尚未具有说服力的、能全面反映和解释其死亡特征的学说为学术界普遍接受。

由于无法找到确切的死亡原因,故实际工作中在鉴定成人急死综合征时须持十分慎重的态度,必须在充分排除其他可能的致死因素的基础上,综合案情、现场等各方面的情况后才可考虑下结论。

(四)婴幼儿急死综合征

婴幼儿急死综合征,又称摇篮死,也是一种原因不清的急死病症。除了年龄一般见于2岁以下,最易发于1~6个月婴儿,部分死前有轻微的“感冒”症状外,婴幼儿急死综合征与成人急死综合征的特征比较相似。

目前国内外法医学界研究婴幼儿急死综合征的原因和死亡机理后提出的有感染学说、呼吸系统异常学说、免疫缺陷学说等,其中以免疫缺陷学说占较多数。常见的病理改变有内部器官充血、肺水肿以及肺、心、胸腺浆膜面的出血,个别病例表现为呼吸、循环、中枢神经系统组织器官的某些异常,但这些均难以在全部病例中找到而且难以解释其发生的原因。

鉴定婴幼儿急死综合征的原则与鉴定成人急死综合征一样,需要做大量的排除性工作,至少排除他杀的可能。

(五)抑制死

抑制死系指由于身体某些部位受到轻微的刺激或外伤后,通过神经抑制反射,在极短的时间内心跳停止死亡,而尸体检验找不到明确死因。抑制死具有以下几个特点:(1)可发生于任何年龄阶段,也无显著的性别差异,但实际以青少年为多见;(2)外界的刺激或外伤很轻微,即对正常人来说,远不足以构成致死;(3)刺激或打击的部位常见于胸、腹、颈动脉窦等部位,或在扩肛、扩宫时,会阴部也是多发的刺激部位;(4)死亡过程十分迅速,一般在数分钟内;(5)各组织脏器肉眼与显微镜检查无特殊改变。

由于抑制死有较明确的诱因,因此易引起人们的质疑。所以在鉴定此类情况时,一方面应严格掌握其原则,保持慎重态度;另一方面,只有在机体无任何生前明显疾患和病变的条件下,又在能确认死亡与外界刺激之间有明显的先后因果关系时方可考虑抑制死的结论。

第三节 损伤、疾病与死因的关系

在法医学实践中经常遇到在急死案件中损伤、疾病与死因的关系问题,特别是当损伤和疾病并存时。法医鉴定人员不仅要分析损伤与死因、疾病与死因之间的关系,而且要分析损伤与疾病的关系。在诸多的关系中还须区别哪些是主要关系,哪些是次要关系,哪些有因果关系。因为这不仅涉及刑事责任、司法诉讼和裁定,还关系到民事赔偿、医疗事故、抚恤等问题的处理,在国外更与保险赔偿甚至遗产分配等问题直接相关。所以,对损伤与疾病的关系的分析与鉴定在法医学鉴定中具有十分重要的意义。

要正确理解、准确分析损伤、疾病与死因的关系,首先要尽可能占有详尽而全面的客观材料,如病史、临床检验报告、尸体检验报告等;其次要熟悉与了解损伤与疾病的发生、发展、结局等几方面的知识;最后要学会综合分析各方面的情况,抓住主要矛盾,善于区分诸多因素中的主次和轻重。

一、损伤轻微而无明显的器质性疾病

损伤轻微而又无明显的器质性疾病所致的急死最典型的例子是抑制死。在这里,损伤只是起诱因的作用,其根本的死因乃是神经反射性心脏抑制。尽管这种抑制死的机理并未完全明了,但可以肯定的是,这种轻微的损伤对绝大多数人来说不会引起致命性的反射性抑制死亡。所以损伤对死亡来说只是一种偶然的诱发因素。

案例一　某男,18 岁,某日放学回家路上骑车与人碰撞发生口角,后据在场人述其被人拳击腹部,突然脸色苍白、额头冒汗、瘫软倒下,当即意识丧失,急送医院后发现呼吸心跳已停止,前后不足半小时。尸检仅见死者右下腹有一边界不甚清楚的皮下出血,全身各组织器官均无异常发现。根据死亡发生经过,在排除中毒、损伤、窒息等致死因素后,法医鉴定系抑制死。

二、损伤轻微而伴有明显的器质性病变

在损伤轻微而伴有明显的器质性病变的急死案中,显然疾病是主要原因,损伤只是一个诱因,是诱发疾病发生或恶化的原因,以下两个案例可借以说明。

案例二　某男,68 岁,农民。某日,某男与邻居纠纷互相厮打,被人拳击胸部,顿觉胸闷气短。入院后检查显示一侧液气胸。入院期间呼吸困难持续性加重,经救治未见好转,15 小时后因呼吸衰竭死亡。尸检见肺明显萎陷,多处肺大泡形成。病理组织学显微镜下观察显示老年性慢性支气管炎、弥漫性肺大泡以及部分肺大泡破裂。

案例三　某女,9 岁,学生。某女因考试成绩不佳被班主任用小木板片体罚(打手心),回到座位上后突然晕倒在地,全身抽搐、意识丧失。急诊入院 CT 检查显示颅内出血。病情控制后经脑动脉造影表明脑血管畸形。几个月后因突发第二次颅内出血死亡。

在案例二中,拳击胸部引起肺大泡破裂致气胸,终因呼吸困难、呼吸衰竭死亡。这里外伤只是通过肺部原有的疾病(慢性支气管炎、肺大泡形成)而发挥诱因作用,显而易见,一般拳击胸部不会引起正常肺组织的肺泡破裂(在无胸肋骨骨折时)。同样,如果没有脑血管畸形的原有病变,如果没有小女孩受体罚后紧张、恐惧的心理情绪变化,小木板片敲打手心无论如何是不会导致脑血管破裂出血的。所以,针对类似上述两例而言,原有的疾病是导致死亡的基础和主要原因,外伤则是引起疾病发作或恶化的诱发因素。这里特别值得一提的是,这类疾病在其他条件下如咳嗽、剧烈运动等也完全有可能会发作并导致死亡。

如果说上述两例外伤与疾病(发作)还不同程度地有关联的话;那么,如下例所示,有时外伤与疾病发作以及死亡则毫无关联。

案例四　某男,70 岁。某男为占用水房与人争执继而动手,被人抓打头面部和胸部,几小时后因咳嗽、胸痛入院。次日因呼吸衰竭死亡。尸体检验表明,死者因急性支气管肺炎死亡。

三、损伤严重且伴有明显的器质性疾病

分析严重损伤和严重疾病并存与死因的关系较前两种情况复杂得多。这种严重损伤和严重疾病单独均可致死。一般将此类关系分为两种情况来分析:

(一)损伤与疾病有关

损伤与疾病有关指的是既有损伤导致疾病死亡,也有疾病导致损伤死亡的互为因果关系。

1. 损伤导致疾病死亡

一般而言,损伤导致的疾病其本质上是损伤的后遗症或并发症,只不过因伤后较长时间后才发作,有时易为人所忽视。

案例五 某男,35 岁。因斗殴腹部受刺,腹腔内积血。手术后多日,突发腹膜粘连继而导致肠粘连、肠梗阻,最后并发肠穿孔死亡。

2. 疾病导致损伤死亡

案例六 某女,50 岁。高血压病患者。某日在横穿马路时突然晕倒,被来不及刹车的穿行的卡车碾压而死。尸检见除胸腹部脏器碾压伤外,大脑内囊部位出血。提示:晕倒是脑溢血所致。

(二)损伤与疾病无关

损伤与疾病无关指损伤与疾病本质上非互为因果,即损伤不会引起疾病发生,疾病也不会引起损伤发生。但两者对死亡有可能起不同程度的影响作用。

损伤与疾病无关可分为三种情况:

1. 损伤是构成死亡的唯一原因而不考虑疾病因素。这通常指发生在脑、心、肺等重要生命脏器的严重的实质性损伤时,如头颅崩裂、躯干离断、心肺破裂等。

2. 损伤为主,疾病为辅。指损伤与疾病无因果关系,但疾病可影响死亡的加速或加重损伤对机体的损害程度。

案例七 某男行窃时被发觉,受钝器较长时间打击致全身广泛性软组织挫伤及出血。12 小时后因肾功能衰竭休克死亡。尸检发现除严重的皮下组织和肌肉出血外,肾脏有慢性肾炎的病理改变。

上例中,显然损伤不会引起慢性肾炎,但慢性肾炎却对肾功能衰竭起一定的促进作用。

3. 疾病为主,损伤为辅。这恰与上述相反,但损伤可能起加速死亡的作用。

案例八 某男,50 岁。某日与人纠纷后回家路上突然倒地,意识丧失,被急送医院后救治无效死亡。尸检见心脏广泛性灶性纤维化,冠状动脉粥样硬化重级,肺明显淤血水肿。头皮轻微挫伤,颅骨有一线状骨折,轻度脑水肿。

第四节　急死的法医学鉴定

前已述及,急死的本质属自然死亡,本不应涉及法律问题。但实践中往往因:(1)死者生前健康或貌似“健康”而不为他人所理解何以会急死;(2)有些罪犯采用暴力手段致人死亡后伪称病死;(3)某些急死者生前曾有外伤、与人争吵等,所以死者家属和亲友易产生疑义等各种因素而要求法医进行鉴定。

和其他类型的死亡一样,急死的法医学鉴定也应有了解案情、勘查现场、检验尸体等基本过程,根据需要常常要进行病理组织学检查和常见毒物分析及其他相关的实验室检查。在占有详细而完整的客观材料的基础上进行综合分析,得出结论意见。

一、了解案情及发病经过

受理急死案后,除对报案人提供的死亡时间、地点、死者的一般资料有所了解外,应重点了解死者生前的发病及异常情况,查阅死者生前近期的病历档案。另外尽可能向死者家属、亲友和单位的同事了解死者的既往史、家族史。死亡发生时如有人在场,应尽可能详细了解发病和死亡经过。对上述情况的掌握,有助于给鉴定人员最后检验鉴定提供方向,如长期的高血压与脑出血急死、阵发性的心绞痛与冠心病急死等有直接的关联。

值得注意的是,对案情的了解只是法医鉴定的开始,而不是全部。法医鉴定人员不可能也不允许仅仅凭借过去的病史轻率地下结论;另外,对各方面提供的情况材料,法医只能作为参考。因为有时出于不同的目的,人们会将案情加以夸大、隐瞒甚至篡改。如在纠纷斗殴中发生急死的,伤情往往会被夸大;在一些特殊状态(如性交等)时急死的,发病经过往往会被隐瞒等。

二、认真细致的现场勘查

急死绝大多数发生在医院外,或送到医院时已近死亡。所以对急死发生地的勘查也十分重要,尤其是相当一部分急死发生在无见证人或者见证人被怀疑成凶犯时。勘查现场一方面可能会提示某些急死的原因,如消化系统疾病引起的急死常常有呕吐物等遗留在现场;另一方面通过现场勘查排除暴力死,很显然,一个零乱血迹分布广泛的现场是不符合急死特征的;再者,现场物证的提取对法医鉴定急死也会有一定作用,如现场呕吐物中有无毒物等。

三、系统完整的尸体检验

尸体检验在法医学鉴定中可以说是最为关键的一步。一般来说,法医在对急死尸体进行检验时应注意以下几点:

1. 尸体体表检查应注意排除机械性损伤、机械性窒息、注射投毒、电流作用等。

2. 尸体解剖时,胸、腹、颅三腔均应打开检验,在某些案件中尽管发现心脏有一定程度的疾患,而实际上真正的死因是颅内出血。

3. 某些病史,如高血压病、风湿性心脏病等在早中期肉眼无法判断,所以为避免遗漏,急死的鉴定原则上要求都做病理组织学检验,因同样是脑内出血,只有通过病理组织学检查才有可能区别是高血压病所致还是脑血管畸形所致。

4. 前已述及,诊断与鉴定急死很大程度上依赖于组织病理学显微镜下检查。因此,如果尸体自溶或腐败,则将影响病变的观察与诊断。所以,尸体检验应尽早尽快进行,否则应将尸体冰冻保存。

5. 尸体检验后,除了提取必要的组织器官做进一步的病理组织学检查外,一般应常规留取一定数量的血、尿、肝、肾、胃内容等以进一步用做毒物分析或备检。

四、客观评价检验结果

经过案情了解、现场勘查和尸体检验之后,法医工作者在综合各种因素,客观正确评价所获得的阳性和阴性结果,最后下鉴定结论时,一般应考虑以下几点:

1. 明确的急死阳性发现是指急死的原发病和死因均能从组织器官中得到发现。如高血压病和颅内出血、冠心病和心肌梗塞等。

2. 疾病与中毒并存。既有较明显的病变,又有中毒毒物检出时,原则上应视毒物的种类和中毒剂量而定,致死量的毒物检出,一般应考虑中毒死,而与职业、嗜好等有关的中毒且量微小时,则应考虑急死。

3. 疾病与损伤并存。当疾病与损伤并存时,主要应分析疾病、损伤、死因三者之间的关系,关于这点已在第三节中专门述及。

4. 非确定性的阳性发现是指组织器官有一定的病变,但对能否引起急死或作为急死的原因学术上尚无定论,最典型的例子为冠状动脉粥样硬化斑块阻塞Ⅱ级。一般认为对非确定性的阳性发现在死因鉴定时应持慎重态度,只有当排除了可能的其他死因后才考虑作为分析性的死因推断。

5. 阴性发现。所谓阴性解剖是指常规的尸体检验,包括组织病理学检验、毒物分析等均未能找到死因或能导致死亡的病变。据国内外资料报道,在法医尸检鉴定中约有1% ~5%的阴性解剖。作为法医鉴定人员,一方面,应积极开展研究,采用一些新的技术,如心脏传导系统的特殊染色、早期诊断心肌缺血的方法等,以提高阳性检出率;另一方面,则应坚持实事求是的原则,当所有力所能及的检验技术都无法确认时,应考虑做出“死因不能确定”的结论。

第八章　法医学尸体检验

第一节　概　　述

法医学尸体检验的主要任务是明确死亡原因、判定死亡性质、推断受伤和死亡经过的时间，为侦查破案提供线索，获取证明犯罪的依据，为诉讼和审判提供法庭依据。同时，经过尸体检验积累各种病理学的资料以推动法医学的研究，提高医学水平和促进临床医学的发展。

我国的法医学尸体检验，要求法医人员必须到达现场，对于命案现场和案情要作了解。因此，法医学尸体检验包括尸体现场勘验、尸表检验和解剖检验。

一、法医学尸体检验的对象

（一）损伤、窒息致死

这是指刀具、枪械、棍棒和其他器具所致的死亡和扼、勒、缢颈部及压迫胸部、溺水等所致的机械性窒息死亡。

（二）急死

这是指发生在医院外的突然死亡，现我国有些地区，也以地方立法形式，规定院外死亡的法医学检验问题。

（三）中毒

这是指误食、误用或者有意投放、施放毒物而致的中毒死亡，及环境严重污染、工厂毒气泄漏或有毒环境作业等引起的中毒死亡。

（四）无名尸

这是指各种原因死亡的无名尸体。

（五）事故

这是指车祸、空难、海难及各种意外事故、事件造成的死亡。

（六）医疗

这是指医疗事故引起的死亡，或涉及医疗纠纷的死亡。

（七）其他

这是指如烧死、雷击死、电击死、古尸等。

二、法医学尸体检验的要求

法医学尸体检验应及时进行，一旦拖延了时间致尸体腐败，则会直接影响检验结果，一般要求在死后24小时内进行。尸体检验环境亦很重要，要尽量选用条件好的检验场所，如良好的照明、通风，充足的水源及必备的称量工具，固定标本的器皿、试剂等。检验应全面细致，注意提取检验标本，切忌以局部检验而忽视全面检查，即使发现致死性外伤，也要全面解剖，并按常规提取病理检验和毒物化验标本。因为合格的法医鉴定是科学无误的，在认定的同时还要有排除和否定其他可能性的可靠依据。

尸检人员通常由一名主检者、一至二名助手、一名记录员、一名摄影师组成。尸检前应先拍照固定，同时检验中所见的阳性和有价值阴性体征也要拍照固定。

法医学尸体检验在司法实践中占有主要地位，特别是刑事案件的侦破或医疗纠纷引起的非刑事案件中，要求法医工作者做到的不仅是出具一份验尸报告或鉴定书，而应通过现场勘验、尸体检验后进行周密、细致的分析，解决下述问题：

（一）死亡原因

准确的死亡原因，应是在全面的尸体检验，包括实验室（如病理、毒化等）检验后，进行综合分析评判。但侦查初期不可能得到有关实验室的检验报告，法医工作者应根据基本材料做出分析意见供侦查部门参考。

（二）死亡性质

造成死者死亡的原因是他人所为（他杀）、自己所为（自杀）、意外事故或是疾病所致。

（三）死者身源

对于无名尸体应确定死者的人种、年龄、对于碎尸或白骨，还要确定死者的性别、身高。解决身源的关键是认真细致地检验、准确如实地描述死者的个性特征，尤其是死者的缺牙、镶牙、补牙、手术疤痕、陈旧性骨折等特征。因为，这些通常在医院病案之中有记录（详见第三节）。通过死者的遗留物及尸体检验，可判断死者的社会阶层、职业，对于查找身源也具有同样重要的意义。特别在白骨案或尸体高度腐败的命案中，实验室检验如颅骨复原面貌、颅相重合及毛发、骨的DNA检验等有可能直接认定死者是谁。

（四）死亡时间

判定死后经过时间和死前最后一餐距死亡的时间。前者的判断依据是根据尸温、尸僵、尸斑、腐败、昆虫生长、玻璃体钾离子浓度、某些脏器组织的酶化学反应情况等综合分析。后者是根据胃内容物的消化程度、胃肠的排空情况来分析。在判定死亡时间时，值得一提的是，要注意尸体发现现场的环境情况，如通风、温度、湿度等；不同的个体如老年、青壮年、儿童、长期卧床的体弱者等及进食的种类不同，都直接影响着消化和排空时间，因此，应结合具体情况综合分析。

(五)凶器的判断

根据损伤,确定凶器类型如棍棒、砍切器、单(双)刃刺器、火器等;对于碎尸案,还要根据肢体断端特征确定碎尸工具。

(六)死亡发生的经过情况

在刑事案件中,要求法医工作者对现场、尸体勘验之后,在临场讨论会上根据现场情况、血迹分布、倒卧姿势、位置等结合尸检的损伤特征、分布数量和程度等,分析判断死者伤亡过程和推断罪犯的作案过程,达到重建案件的目的,准确地刻画罪犯条件,为侦查破案提供重要线索和证据。

法医学尸体检验,必须依据法医学鉴定程序,按照国家对尸体解剖的有关规定进行。凶杀案和嫌疑凶杀案必须坚持解剖;对于已经埋葬的尸体,也应在当地公安机关批准后,进行开棺验尸。我国法律已逐步趋于完善,没有经过剖验,仅凭尸表检验做出鉴定结论,是不符合法医学鉴定要求的。在某些地区,特殊的民风民俗不允许解剖,或家属因迷信、感情因素不同意剖验的,应请政府有关部门、有关人员一起,做好解释工作,坚持全面检验,否则不予出具法医学鉴定书。

第二节 尸体现场勘验与尸表检验

一、尸体现场勘验

在案发现场或发现尸体的场所,为了保证原始状态得到全面、客观的反映和固定,需对尸体外表以及周围相关物体进行检验,称为尸体现场勘验。尸体现场勘验的目的是发现和获取证实犯罪及与罪犯、死者有关的证据。同时,还应了解案情,包括死者姓名、年龄、性别、籍贯、文化程度、民族、工作单位、居住地址,以及发案和发现尸体的地名、时间、发现人等。还应注意发现和提取现场上一切可疑物品(如血迹、毛发、烟头、纽扣、纤维等,若怀疑中毒则应收集药品、药瓶、茶杯和残剩茶水、食品和呕吐物)等做实验室分析研究。

现场尸体检验时,应重视尸体衣着的检验,通过衣着的检查主要解决与侦查有关的一些问题:第一,衣着有无破损、纽扣有无撕脱,可以分析与罪犯有无搏斗过程;第二,衣着上的粘着物、搓擦痕迹,往往能反映是否第一现场;第三,衣着的款式、新旧、有无补丁及缝纫技术,能反映死者一定的社会阶层和居住、活动地区;第四,衣袋内有无遗书、证件、票据,可供确定案件性质和探寻身源及死前活动情况,这对无名尸体的检验尤为重要。

尸体现场勘验的注意事项:第一,注意保护现场,防止无关人员接触或移动尸体和现场痕迹、物品;第二,尽量收集有价值的文证、物证,并分别进行封装备检;第三，严禁更换尸体衣着或擦洗尸体，搬动尸体时应避免额外损伤和其他人工产物；第四，注意保密，现场的一切情况不得随便议论和泄露，现场的各种有价值文证、物证不能遗失。

二、尸表检验

尸表检验首先应注意观察尸斑、尸僵的分布和程度，个体特征及损伤的分布、数量和损伤程度等，并应做出是否生前伤的肉眼诊断和分析判断受伤及死亡经过的时间以及死者的社会阶层和有无与职业有关的特征等。

头部：发型、发长、色泽，是否烫发、染色；头皮有无损伤，颜面是否发绀、出血和肿胀；眼睑结膜、球结膜有无点状或片状出血及异常，瞳孔大小是否对称、等圆；口唇黏膜有无损伤，口腔内有无异物、异味或出血，舌尖有无咬伤，颊黏膜颜色、有无损伤出血或腐蚀现象，牙龈有无损伤，牙齿有无松动脱落、有无义齿及牙齿萌出数目、排列特征、磨损程度、牙垢色泽性状等。

颈部：有无扼伤痕、表皮剥脱、索沟和皮下出血以及舌骨骨折、颈椎脱位，皮下有无捻发感等。

胸腹部：是否对称，有无手术瘢痕、肋骨骨折，胸部皮下有无捻发感，腹部有无波动感，女尸腹壁有无妊娠纹等。

腰背部：有无压痕，脊柱有无脱位、损伤和畸形等。

臀部及会阴部：有无损伤或排泄物；外生殖器有无损伤；阴毛色泽和有无粘附物。

四肢：有无搏斗伤、咬痕、针孔、骨折、关节脱臼等损伤；手指有无戒指压痕，腕部有无手表压迹，指（趾）甲是否染色，甲缝有无血迹和表皮等；手中是否抓握有东西（如毛发、布片、纤维和纽扣等）。

对尸表各部位的损伤数目和特征，如形状、大小、方向和深度、创壁是否光滑、创腔有无组织间桥或异物、创缘有无附着物等的观察、发现是十分重要的。在有些凶杀案件中，创内留有异物往往有侦查价值和证据作用，因此尸检时应注意发现提取以备检验鉴定。

第三节　尸体解剖检验

尸体解剖检验在法医学尸体检验中是极为重要的，具有很强的法律性和政策性，必须严格依法执行。刑事诉讼法第 101 条规定："侦查人员对于犯罪有关的场所、物品、人身、尸体应当进行勘验或者检查。"第 104 条规定："对于死因不明的尸体，公安机关有权决定解剖，并且通知死者家属到场。"卫生部《关于发布试行〈解剖尸体规则〉的通知》第 2 条指出:法医解剖限于各级人民法院、人民检察院、公安局以及医学院校附设的法医科(室)施行。凡有以下条件之一者都应进行尸体解剖:(1)涉及刑事案件,必须经过尸体解剖才能查明死因及死亡性质的尸体;(2)突然死亡,死亡原因及性质不明的尸体;(3)因中毒或剧烈传染病死亡,涉及法律问题的尸体。

法医解剖检验尸体时,除法医检验人员外,通常还要有现场指挥人、检验记录人、检验见证人、家属或亲友参加。

现场指挥人:是负责现场勘查和尸体检验的指挥人员,一般由办案负责人或领导担任。

检验记录人:是负责将法医检验尸体中所见到的描述尸体的情况完全记录下来的人员。

检验见证人:在检验前邀请死者单位与案件无关的领导或有威望的基本群众 2 人,全程观察法医的解剖工作,检验完毕后,若见证人对法医检验所见提不出异议,应在检验的记录上签字或捺印指纹。

家属或亲友:一般由家属或亲友商议推荐 1 ~2 名代表参加,检验完毕后,可以对法医检验提出疑问,若提不出异议,家属或亲友应在检验记录上签字或捺印指纹。

尸体解剖应在对尸表检验后进行。尸体解剖可根据不同要求选择不同的术式,一般采用直线切开法,以下颌缘正中为起点,沿颈、胸、腹部的正中线做直线切开皮肤及皮下组织,至耻骨联合。在脐部要绕过脐左侧,如果切线上有新的损伤及病变时,切口时要避开。在切完后,先将胸部软组织自切线沿肋骨向两侧充分暴露肋骨(图 8 –1)。

一、颈部解剖检验

自切口向两侧分离颈部皮肤,使皮肤与皮下组织和肌肉进行分离,这时要观察皮肤、皮下组织有无充血、出血和血肿。然后再分层剥离检查皮下组织和各层肌肉,如颈阔肌、胸锁乳突肌、舌骨上下肌群等有无出血、血肿情况。然后检查甲状软骨、环状软骨及舌骨有无骨折,颌下腺、甲状腺有无肿大、出血等。在检验颈部时应先检查肌肉组织和骨骼后,再切开血管检查,否则会出现血污染肌肉,影响检查。在颈部的一般检验完毕后,用刀沿下颌正中刺入口腔,沿下颌骨内缘向左右两侧切断口腔底,将舌拉出。沿硬、软腭交界处切开后,再切断咽后壁,将咽食道后壁从脊柱上分离下来,边拉边分离割断相连部分,这样即可将舌、咽、食管、喉、气管和支气管等一并取出检验。检查舌尖、舌面情况及上呼吸道情况,对疑为机械性窒息尸体(如扼、缢等),对于皮肤损伤及对应的皮下软组织、肌层应仔细检查,确定损伤是否有生活反应,判明生前伤及死后伤;对于甲状软骨、舌骨等骨折部位仔细检验分析,判明作用力的部位、方向和大小;对于用软性衬垫物衬垫颈部后扼勒窒息死亡的尸体,在皮肤、皮下组织、肌层不易形成明显的出血等现象,在检验时要仔细辨别,对软组织颜色有差异怀疑有出血的区域,必须提取检材做法医病理学检验。

二、胸腔解剖检验

肋骨暴露后,不要马上剪断肋骨暴露胸腔,首先要检查皮下组织和肌肉有无出血,如果发现出血要检查出血的部位、形态和范围等;同时要检查各肋骨有无骨折,要注意检查骨折的部位、程度、骨折周围软组织是否出血等。如果怀疑死者有气胸,应先做气胸试验以证实,气胸试验过程如下:沿锁骨和胸骨作"Y"形切口,由中间向两侧分离皮肤和皮下组织达锁骨中线,提起两侧皮肤,加入一定量的水,确保所有肋间隙将充满,用探针从上至下分别刺破各肋间隙,观察有无气体冒出,若有气体则为阳性,否则阴性。从肋骨与肋软骨交界处内侧0.5cm处,刀口向外偏斜逐一切断肋软骨,避免伤及肺脏,切断肋间肌及膈肌,提起胸骨及相连的肋骨端,从下往上将胸骨与纵隔分离。剪断第一肋骨前,先检查胸腔内有无液体,其性质与容量如何。分离胸锁关节,剪断第一肋骨,暴露胸腔,检查胸膜是否光滑,有无点状出血。观察心、肺的位置、颜色、大小及彼此之间的关系是否正常;观察纵隔淋巴的大小及硬度,检查胸腺的大小,剥离取出后,观察脂肪化程度和大小并称量重量(正常成人胸腺约重25克,25岁后逐渐被脂肪组织替代,25岁以后退化为脂肪组织,对推断年龄有一定参考价值);观察肺的各部是否与胸膜粘连,注意检查粘连的部位、程度、是否容易剥离等;用剪刀自心尖部将心包作"Y"字形切口,将心脏完全暴露出来,观察心包腔内液体的颜色、性状和数量。正常心包液为淡黄色的澄清液体,约为5~10ml。如果心包腔内有多量血液,要测量其量的多少,是否已有凝血块形成。同时要检查心室壁和主动脉根部有无动脉瘤破裂。

三、胸腔脏器取出检验

在胸腔上口处切断两侧结缔组织和血管,用左手抓住喉头、气管、食管等颈部器官连同心肺一并往下牵拉,使胸腔器官与脊椎分离,直达膈肌上方,最后在该处切断主动脉、下腔静脉及食管,取出胸腔内脏器,检验各脏器有无损伤及病变。对有损伤的部位进行检验测量,并与皮肤软组织损伤相联系,判断致伤工具的形态及特征。怀疑肺动脉栓塞时,应先在胸腔内原位剖开检查右心和肺动脉总干有无血栓栓塞。

四、腹腔解剖检验

用钩镊子提起脐和剑突之间的腹膜切一小口,用左手食指、中指插入小口中,略向上提起切口处的腹膜,在两指间剪开腹膜,沿肋缘切断腹壁的肌肉,充分暴露腹腔。检查腹直肌颜色及状态,并测量腹壁脂肪厚度,注意腹膜的表面是否光滑,有无出血、粘连,腹腔内有无异常气味,有无积液,如果有要测量其数量,观察其颜色和性状。要检查测量血水的比重,检查腹腔有无凝血块,注意出血的脏器和破裂血管的位置;各脏器位置是否正常,有无损伤,检查胃的大小、充盈情况;肝、脾是否肿大;大网膜及肠系膜是否有脂肪坏死灶;阑尾有无炎症。女性尸体须详细检查盆腔各脏器有无损伤及病变。随后将右手伸入膈肌下方测量左右膈肌高度。

五、腹腔脏器取出检验

腹腔和盆腔脏器的取出一般首先摘出脾脏,取出小肠和大肠,其次取出肝、胆囊、胃、十二指肠和胰腺,最后取出肾上腺、肾脏和盆腔脏器。检查各脏器有无损伤及病变;观察胃及十二指肠内容物性状、消化情况,推断死亡时间,并提取内容物送毒物分析。观察尿液性状和容量,并用注射器从膀胱中抽取尿液50~100ml供毒物分析,最后要检查腹主动脉及下腔静脉管腔及内膜情况。实质脏器(如肝、肾)损伤能反映凶器的部分特征,如刺创能在这些脏器上留下刺器尖部的形态,要测量其损伤面积和形态并提取该器官冷冻或以药物固定并妥为保管,以备与侦查获取的凶器做比对检验。

六、颅腔及脑解剖检验

剖颅检查通常在胸腹脏器剖验之后进行。常规切口选用从一侧耳廓上方经顶部至另一侧耳上方切开头皮,深达颅骨,将头皮向前、后方向剥离,前至眉弓,后至枕骨结节处,检查头皮下有无血肿,血肿对应部位的颅骨及颅骨其他部位有无骨折,如有则需测量其位置、大小、骨折线的长短、方向等。如遇颅骨呈粉碎性骨折时,要将所有的大小骨片收集起来,按解剖学的原来部位镶接复原,观察骨折的性状,分析研究损伤工具,接触面的特点,打击方向、次数及打击的先后等。然后锯开颅骨(图8-2)。掀起颅顶盖,分离硬脑膜与颅顶盖,将颅顶盖取下后,检查顶骨内侧面有无骨折、畸形或缺损,对光检查有无骨荫;检查硬膜外有无血肿,硬膜有无充血及硬脑膜的紧张程度。然后沿正中线剪开上矢状窦,检查有无血栓或静脉炎等病理改变。自前向后掀开硬脑膜检查硬膜下有无血肿或出血,在何部位,量如何,并显露两侧大脑半球,以左手指将额叶向上、向后抬起,逐一剪断嗅神经、视神经、垂体茎、颈内动脉和动眼神经等。切断附着于颞岩部上缘的小脑幕,检查小脑池有无血液,并依次剪断4~12对脑神经和第一对脊神经,将刀伸入脊椎管内,切断脊髓和椎动脉,将脑取出。然后小心地分离并取出垂体做横切面检查。检查脑的外表、两侧大脑半球和小脑半球是否对称、脑回有无变平、脑沟是否变浅。脑基底动脉、椎动脉、大脑中动脉和大脑前、后动脉有无血管瘤和是否破裂或有其他改变。脑组织外表有无脑挫伤及出血灶,如果发现,要检查其他部位、大小及其他性状,并与头皮的损伤和颅骨损伤进行重合对比,看是否一致,分析其形成原因。检查软脑膜血管有无充血、蛛网膜下腔有无出血或过多液体或脓液。最后检查脑神经有无变化,并称量脑组织重量是否正常,检查整个脑膜、硬脑膜各静脉窦有无血栓形成。撕掉颅底硬脑膜,仔细检查有无颅底骨折。

对于脑内部检查,通常将脑固定7~10天后进行。如需立即检查,要将脑刀刀面用水或酒精擦湿后切开。切开大脑的方法有冠状、矢状和水平三种,应根据案情及颅脑外部检查结果而定。切开大脑后仔细检查各切面是否有出血、坏死、软化等异常改变。

小脑的检查是在蚓突部作一矢状切口，显露第四脑室。继而将小脑两半球作多数水平切面，以显露齿状核等。中脑、桥脑、延脑均可做多数横切面检查。

七、脊髓解剖检验

怀疑颈段脊髓损伤而死亡的尸体，应取出脊髓进行检验。常用的传统方法有从腹侧和背侧取出脊髓两种，都采用锯开脊柱椎管取脊髓的方式，操作比较复杂。用脊髓内取器从枕骨大孔插入椎管内取出较为简便。

八、检材的采取

法医尸体解剖检验时采取包括组织学检材、血检材、细菌学检材、生物化学检材和毒物检材等，应根据不同案例要求而决定采取检材的种类和方法。

组织学检材的采取：最好是将心脏、肺、肝脏、脾脏、胰腺、肾脏、子宫及附件、扁桃体、肾上腺、胸腺、甲状腺、脑垂体全部取出，主动脉、大肠、小肠、睾丸、骨髓应视情况少取或多取。检材应用10%的中性甲醛液固定。如需做组化检验应专门配制固定液。

血检材的采取：血液标本收集，最好从上肢或下肢血管中（肘静脉或股静脉）抽取，或用纱布浸湿后阴干；收集毛发；对女性尸体应取出阴道分泌物检验有无精液，并取唾液检验分泌型。

毒物分析检材的采取见第六章。

尸体全部检验完毕后，将体表切口用线缝合，冲洗干净，交死者亲属或殡礼工人处理。尸体经法医学检验后，认为没有必要的，应通知有关方面尽快火化。

九、照相及记录

在法医尸体检验过程中，对阳性发现及重要的阴性反应必须拍摄照片和绘图或录像，以补充尸检记录的不足。然后把照片、简图和笔录汇合成一份完整的材料。

尸检完后，尸检在场人员应在尸检记录上签字。法医鉴定人应根据尸检记录和实验室的检验结果做出鉴定结论。

第四节　无名尸、碎尸的检验

一、无名尸的检验

身份不明的尸体称无名尸体。无名尸体的法医学检验包括凶杀案件、重大车祸、空难、海难及其他事故中死亡的身份不明者。其检验与常规尸检基本相同，但观察应更为细致，记录应更为详尽详实。通过检验，除了要解决常规尸检需要解决

的问题外,还应对以下问题做出推断:

1. 死亡经过时间。检验时应根据尸体现象和实验室有关病理学、组织化学、生物化学检验结果推断死亡时间;对于胃内消化时间推断,应根据胃内容物进行漂浮清洗,确定进食的种类和消化的情况。十二指肠亦应切开观察,确定排空情况,以更准确地确定距最后一餐的时间。

2. 年龄。可根据骨骼发育生长情况,如耻骨联合面形态改变、颅骨骨缝的愈合情况,骨垢线、骨髓腔、胸骨变化等,或根据牙齿的萌出和磨损程度,以及面部皱纹、毛发颜色等情况综合判断。

3. 社会阶层。根据衣着和随身携带的物品、饰物,化妆,手足皮肤是否粗糙,骨骼肌肉是否发达,指(趾)甲缺失磨损情况,甲缝、甲沟及皮肤残留物的性状、特征和成分分析等进行综合分析评断。

4. 生活地区。根据死者的体貌特征,发式、装束打扮特点及佩带的装饰品可推断其生前生活的地区和民族。如风沙大的地区,皮肤粗糙;高原地区皮肤血管扩张;高氟地区牙齿呈氟斑牙等。有些少数民族的服饰都具有独特之处。

5. 个体识别特征。全身各部的色素沉着、痔、胎迹、文身、文眉、文唇;生理缺陷、畸形;手术瘢痕、肿块、器官的病变等;镶牙、假牙、缺牙等;染发、假发、耳环孔等。

6. 捺印指纹,有条件的捺取唇纹、皮纹或拍照,以备个人识别用。

7. 如尸体腐烂,应提取毛发、骨骼做血型检验;提取颅骨做容貌复原或颅像重合,以确定死者身源。

二、碎尸的检验

用暴力手段将完整的尸体分解成数段或数块称碎尸。碎尸的目的是为了便于移尸、抛尸以毁灭证据、逃脱罪行。此类案件一般多为无名尸,检验时,除按无名尸要求检验外,须注意以下几点:

1. 详细了解发现当时情况,抛尸现场的响动及有无谈话及对话内容、口音等;现场的地形、地貌是否隐蔽,交通工具能否到达,现场附近是否有停车痕迹等。

2. 认真勘查抛尸现场,重点是勘验、考证和研究运载、包装物品,有无名称、代号、标记、标号等,还有捆绑的绳索及其加工材料的质量、型号、打结方式等情况。

3. 杀人手法:根据尸检所见头部有无打击伤、颈部有无卡扼伤痕;胸、腹部有无刺伤等,可推断杀人手法、可能死因。此外还应注意是否投放安眠药或毒物、麻醉剂致死后再碎尸的。碎尸案中以打击头部、扼颈部和刺损胸腹器官致死后碎尸为多见。

4. 碎尸工具:根据各碎尸块断面的特征推断碎尸工具的种类或形状。如断面宽大整齐,深达骨骼或将骨骼在同一水平离断,应为长而宽的具有砍、切功能的锋利刀具形成;如断端创面窄小,皮瓣拖尾伤痕多,创面不整齐,则为刃面窄的,刀刃不够锋利的小型刀具切割形成;断端骨质如有锯痕,应测算锯齿大小,常见的碎尸的锯子多为钳工用的钢锯,检验鉴定时应注意鉴别,应尽量提取骨断面的金属粉末以备与侦查中获取的可疑钢锯的金属成分用扫描电镜进行元素分析,做定量对比检验。

5. 犯罪的职业技能的推断:根据碎尸解离手法,如四肢关节、脊柱的解离干净利落,对关节面,尤其是脊柱的椎间关节不造成明显损伤者,多为具有解剖知识、熟悉解剖部位者所为。

6. 个人识别:碎尸案的罪犯抛尸灭迹往往不是在同时同一处将全部尸块抛出,即使是一次性抛完,也常常是在不同地点先后被发现。因此,尸检时需提取血痕、毛发或骨骼做 DNA 检验,特别是一次多人的碎尸案件中,尤应全面提取检验,加以识别。必要时须将断端骨骼取下,供进一步发现或寻找到尸块时做断端吻合比对,以准确做出是否同一个人的认定。

7. 碎尸现场环境的推断:认真、仔细地提取碎尸块上的微量粘附物及包装物内的粘附物,送实验室做扫描电镜、质谱、离子光谱或中子活化微量物证检验,可推断碎尸环境、缩小侦查范围。

在碎尸案的检验中,尤应注意水中浮尸被大小机动船螺旋桨打击等所致的尸体肢体离断,或医院截肢所丢弃的肢体,与碎尸案的组织块进行认真鉴别。

第九章 法医人类学检验

第一节 概　述

法医人类学是应用人体解剖学和体质人类学的理论和方法，研究人的活体、尸体、骨骼在时间和空间上的变化和发展，解决法律上所涉及的有关问题的一门新兴边缘学科。广义的法医人类学包含的内容比较广泛，有血型血清学、遗传学、肤纹学、人体测量、各人群的特征和分类、生长发育以及年龄、性别的差异等。狭义的法医人类学是研究人的骨骼和牙齿，解决它的种属、性别、年龄、身高、面貌特征及人种等问题。法医人类学的中心内容是进行个人识别。

法医人类学鉴定实践中最常遇到的是对白骨化的尸体、无名尸体、重大灾害事件的尸体、碎尸案尸块的检验，以确定身源，为侦查、审判提供线索和证据。

第二节 体貌特征

体貌特征是指活体或尸体的面貌及体表的差异和特点，依此确定性别、年龄、身高及个体特征。需要通过体貌特征进行辨认的有：走散、被拐骗的儿童，弃婴幼儿，精神失常走失者。此外还有刑事罪犯在逃者或犯罪嫌疑分子的辨认和犯罪责任年龄的鉴定。对尸体进行体貌识别主要是为了查找身源，为侦查、审判提供线索和证据。

一、面貌特征

对于活体或完整的无名尸体，首先接触到的是对其面貌的辨认，面貌特征包括头型、面型以及眼睛、眉毛、鼻子、唇、嘴、牙、胡须、耳朵、下颌、皱纹等的特点。

（一）头型

从头部顶面观察，将头分为圆形、椭圆形、卵圆形、菱形、楔形、盾形。头的大小是按头的最大长、最大宽、最大高与身高的比例，将头分为小的、中等的和大的三种（图9－1）。

（二）面型

从正面观察颜面，将面型分为十种：椭圆形、卵圆形、倒卵圆形、圆形、方形、长方形、菱形、梯形、倒梯形、五角形（图9-2）。

（三）眼

眼裂高度（上下眼睑间的最大距离）分为细窄、中等、高宽。有无蒙古褶（即内眦皱襞）（图9-3）分为0级——无蒙古褶；1级——稍显；2级——中等；3级——皱襞完全盖住泪阜。有无上眼睑皱褶（单眼皮、双眼皮）。眼裂倾斜度，可分为三种类型：眼内角与眼外角处于同一水平线上；眼内角低于眼外角；眼内角高于眼外角。睫毛的疏密及长短。虹膜的颜色有褐色、黄色、灰色、蓝色、绿色等。

（四）鼻

从侧面观察鼻梁，将鼻梁分为凹形鼻梁、直形鼻梁、凸形鼻梁、波浪形鼻梁（图9-4）。鼻的突出程度分为低平、中等、突出三级。鼻根高度分为平（鼻根略高于两眼内角连线）、中等、高（显著高于两眼内角连线）。鼻尖分为尖小型、中间型、钝圆形三种。鼻孔形状分为圆形或近方形、三角形或卵圆形、椭圆形或长椭圆形（图9-5）。

（五）唇

闭口时上唇或下唇的厚度均分为四级：薄（厚度在4毫米以下）；中等（厚度在5~8毫米之间）；厚凸（厚度在9~12毫米之间）（图9-6）。从侧面观察嘴唇，将唇分为上唇突出、下唇突出、正型唇（上、下唇皮肤部突出程度大体一致）。口裂宽度分为三种类型：窄、中等、宽（图9-7）。口角分上吊、水平、下垂三种。

（六）耳

耳的外形分为三角形、椭圆形、方形、肾形（图9-8）。耳廓外展程度分为贴近颞部、中等、外展三种。耳垂类型分为圆形、方形、三角形。

（七）额部倾斜度

此分为明显倾斜、中等倾斜、陡直三种。前额高度（发际至鼻根距离），分高、中等、低三种。

（八）毛发

头发长短、色泽、疏密、分布情况，有无秃发及秃发部位和形态，发式。头发形状分直状毛、波状毛、卷曲毛、毯状毛，色泽可分黑色、黄褐色、灰白色、白色。胡须长短、分布部位、形状，如络腮胡、山羊胡、八字胡等。眉毛形状有直形、弓形、弯折形，位置有处于眶上缘处，眶上缘上、眶上缘下之分。眉毛角度有水平的、向内倾斜、向外倾斜；有粗眉、细眉；长度大于眼裂为长眉，短于眼裂为短眉，与眼裂长度相等为中等。此外，还应记录有无鼻毛及外耳道刚毛等。

（九）牙

记录牙齿数目、大小、颜色，咬合、排列状态，假牙情况。如牙咬合情况（指上下牙弓合拢时的静止状态）可分正常咬合、对刃颌、反颌、深覆颌四种（图9-9）。

牙颜色有白色、黄色(抽烟)、黑色(经常嚼槟榔)、灰色(四环素牙)、釉斑(过多摄取氟时)等。

(十)皮肤

皮肤颜色可分为黑色、黄色、白色。皮肤的变化过程为:30岁左右,两颊的皮下脂肪减少,颊部出现凹坑,眼外角外侧皮肤出现皱纹;35岁开始,鼻唇沟明显变深,颈部开始出现横行皱纹;50～60岁时,嘴唇、下颏、鼻梁、耳垂出现皱纹,男性外耳门周围出现硬耳毛(刚毛);45岁以上脸部开始出现老年斑;55岁以后老年斑逐渐明显。

二、其他特征

(一)体型

包括人体外部形态特征和体格类型。通常将体型分为三类:瘦长型——身材瘦长,皮下脂肪少,肌肉不发达,肩窄胸狭,颈细长,头部相对较小;肥胖型——身材胖,体重较重,皮下脂肪多,肌肉发达,肩宽胸厚、头大颈粗;中间型——介于瘦长型和肥胖型之间。身材(身高)有短小、较短、中等、较高、高大之分。下肢类型分直形腿、X型腿、O型腿。此外,青春后期男性胸廓变扁,肩宽超过臀宽;女性胸廓圆锥形,臀部变宽,与肩相等,少数甚至超过肩宽。在躯干与四肢的比例中,女性比男性躯干长而四肢短。中年以后腹部脂肪男性多贮积在上腹部,而女性多贮积于下腹部。男性大腿上部比较靠拢,女性大腿上部比较分开。

(二)肤纹(皮肤纹)

指皮肤表面的乳突花纹和兰格氏线纹(皮纹)、皮肤皱襞等,最重要的是指纹。指纹是指手指第一节腹侧面皮肤的乳突花纹,具有各不相同(不同人指纹不同,同一个人的不同指的指纹不同)、终身不变的特点,故在个人识别中尤为重要。胎儿三个月就出现指纹,六个月发育完成,此后保持终生不变,其特征能遗传给子代。指纹极易在手指触摸过的物体上遗留下来,提取现场指纹与捺印人的指纹相比对,可认定是否现场遗留指纹人。无名尸体上捺印的指纹,尚可与疑似失踪人遗留的日记、信函上的指纹进行比对,以确定死者身源。此外,掌纹、指节纹、跖纹、膝纹也有一定的特定性和稳定性,亦可用于个人识别。

(三)痣疣

颜面、体表的黑痣、雀斑、色素斑、混合痣、红斑痣、有毛痣以及寻常疣、扁平疣、丝状疣、尖锐湿疣等,它们的颜色、部位、形状、数目也是个人识别的重要标志。

(四)胼胝和老茧

足上胼胝和手上老茧可以作为判断该人从事的职业、劳动强度的依据,应记录其分布部位、形状、大小、厚度。

(五)瘢痕

瘢痕一经形成不易消失,是个人识别的重要标记。检查瘢痕时要注意形状、位置、数目、大小、颜色、隆起程度和软硬度。新鲜的瘢痕呈淡红色；陈旧性瘢痕呈白色，表面光滑。瘢痕的形状和部位，能反映出是伤痕还是手术切口愈合的疤，也能反映出致伤物的特点，如切创瘢痕呈线状，钝器伤瘢痕形状不规则，枪创瘢痕呈类圆形、中心略凹。烧伤和烫伤瘢痕呈疙瘩状或条索状。化脓性创伤瘢痕愈合后，其边缘常不整齐。

（六）文身

是将皮肤用针按一定图形刺伤，然后浸入不同颜色，使色素沉积于皮肤内，使之着色称文身。多刺于上臂、前臂、胸部、背部，颜色有黑、蓝、红等。如不手术去除，则终生不褪色，是个人识别的重要标志。

（七）肿瘤

特别是良性皮肤肿瘤，通常都能保留，故对于个人识别有一定意义。如体表的脂肪瘤、血管瘤、纤维瘤等。应记录其部位、颜色、大小、数量和性质。

（八）第二性征

男性胡须、胸毛发达，阴毛分布呈正三角形；女性无胡须，腋毛不发达，阴毛分布呈倒三角形，头发末端常分叉。男性喉结突出；女性喉结平坦。女性皮肤薄而细腻柔软；男性比较粗糙。女性脂肪约占体重25%；男性约占18%。女性肌肉约占体重36%；男性约占体重42%。

（九）外生殖器官

男性有阴茎、阴囊、睾丸；女性有大小阴唇、阴蒂、阴道。女性乳房发达丰满而富有弹性；男性扁平。

（十）衣着和装饰物

男女之间，各民族、地区之间在衣着、服饰、化妆与否、携带品方面均有明显差别，可作为个人识别时的参考。

第三节 骨骼性别、年龄、身高检验

在法医鉴定实践中，遇到无名尸体需要确定身源时，应对尸体进行性别、年龄、身高的推断，提供死者生前某些特征，有条件的还需对职业和民族做出判断，这些都是法医骨骼鉴定的范围。在白骨化尸体和重大灾害案件的尸体检验、碎尸案的尸块检验中，根据骨骼进行个人识别更是经常采用的一种方法。

骨骼鉴定包括下列几方面内容：

1. 是否是骨骼；
2. 是人骨还是动物骨；

3. 一人骨与多人骨的鉴别；
4. 人骨的性别鉴定；
5. 人骨的年龄鉴定；
6. 根据骨骼推算死者生前身高；
7. 根据头骨的特点，提供死者面貌特征的可能性；
8. 骨骼入土时间的测定。

但法医骨骼鉴定中最常用、最重要的是根据骨骼特点推断性别、年龄、身高，提供死者面貌特征及骨骼入土时间。提供死者面貌特征(颅骨复原面貌和颅相重合)，将在第四节内讨论，本节着重讨论根据骨骼推断性别、年龄、身高。

一、人骨的性别鉴定

人类胚胎从第三个月开始即可以从外表辨认性别。出生后，体表观察除外生殖器外，两性差别不明显，随着年龄的增长，两性差别渐趋明显，进入青春期，男性开始出现须髯，肌肉发达，胸廓变扁，肩宽超过臀宽；而女性则乳房膨隆，臀部变宽，皮肤薄而柔软细腻。女性躯干比男性长，女性四肢则较男性短。男性和女性由于生理功能不相同，从事体力劳动的情况不一，在骨骼上也反映出两性的差别。如男性骨骼一般较粗壮、强大，肌肉附着处有明显的突起，骨密质比较厚，骨质重；女性骨骼则较纤弱，突起不明显，骨质较轻，表面较光滑，骨密质较男性为薄。骨盆、头骨的性别差异尤为显著。但是，骨骼的性别差异也受后天环境的影响，如长期从事体力劳动的女性或女运动员，其骨骼粗壮程度接近于男性；而男性患肌肉瘫痪症或长期卧床的病人，其患侧骨骼变弱，骨骼的男性特征逐渐减弱。佝偻病人颅骨发育欠佳，骨盆有时变形，能改变原有性别特征，给鉴定工作带来困难。此外，还受遗传、营养状况、种族等因素的影响。所以在骨骼性别鉴定中，有少数骨骼形态居于男女性差之间，不易确定。

多数学者认为，根据成人全骨或成人骨盆或根据一块成人髋骨确定性别的准确率为90%～95%；仅按成人颅骨(不含下颌骨)判断性别，其准确率达80%左右；根据成人颅骨加下颌骨，其准确率可达90%。学者一致认为应将骨盆和颅骨作为性别鉴定的主要依据。由于受观察者实际经验限制，以及黄色人种两性差异不如白色人种那样明显，故在实际检验中，性别鉴定的准确率往往低于上述比例。

对骨骼进行性别鉴定时，应结合现场情况，特别是现场遗留物，如头发长短，发尖分叉与否，有无戒指、耳环、项链、发夹、纽扣等遗留物及其他陪葬物等加以分析参考。过去中国妇女有缠足习俗，使足部骨骼变形甚至骨折，这些改变的存在，为骨骼的性别鉴定提供了很好的条件。

(一)骨盆

骨盆(包括髋骨、骶骨和尾骨)在性别鉴定中的重要性占第一位。骨盆的男女性别差异，在胎儿、婴儿时期就已呈现出来，但在青春期以前性别差别主要反映在骨骼的尺寸大小上。青春期以后骨盆的性别特征日趋明显。到了成年，人骨盆性别差异十分显著，男性骨盆粗壮、高而窄，坐骨切迹窄而深，耻骨联合高，耻骨下角小，髂骨很少见到耳前沟；女性骨盆纤细、低而宽，髂翼向外张开，盆腔各经线量度大于男性，坐骨大切迹浅而宽，耻骨联合低，耳前沟经常出现（图9－10、图9－11、图9－12）。

骨盆的性别差异

观测项目	性别标志	
	男性	女性
1. 骨盆整体	高而狭窄，骨面粗壮，肌嵴明显，骨质较重。	低而宽，骨面细致，肌嵴不明显，骨质较轻。
2. 骨盆上口（入口）	纵径大于横径，呈心脏形。	横径大于纵径，呈横椭圆形。
3. 骨盆腔	高而窄，上大下略小，呈漏斗形。	浅而宽，上下大小相同，呈圆柱形。
4. 骨盆下口	狭小，坐骨棘发达。	宽阔，坐骨棘不发达。
5. 髂　骨	高而陡直，髂翼较厚。	低而向外张开，髂翼较薄而透明。
6. 耻骨联合	高	低
7. 耻骨弓角	呈“V”形，约70°～75°，相当于中指与食指形成的角。	呈“U”形，约90°～110°，相当于拇指与食指所形成的角。
8. 闭　孔	大而呈卵圆形，内角较钝，约呈100°～110°。	小而呈三角形，内角较锐，约呈70°。
9. 坐骨大切迹	窄而深，呈鱼钩状。	宽而浅，呈弓状。
10. 坐骨大结节	不外翻。	外翻。
11. 髋　臼	较大，略向外侧方。	较小，略向前方。
12. 骶　骨	狭而长，弯曲度较大。	宽而短，弯曲度较小（上部较直，下部较弯曲）。
13. 耳状面	大而直，耳状面涉及三个骶椎。	小而倾斜，通常有两个骶椎或两个半骶椎参加组成耳状面。
14. 耳前沟	不常见，如有也较浅。	常见，而且宽而深。

20世纪60年代末以来，许多学者发现耻骨与坐骨有许多新的性别标志，可以作为判别性别的重要依据。这些标志有：

1. 耻骨支结合部（移行部）腹侧面下内角处的三角形区域内，女性有稍稍突起的骨嵴，即称腹侧弧。男性则无，仅有一骨嵴与耻骨联合面腹侧缘伴行（图9－13）。

2. 耻骨支结合部（移行部）女性腹侧弧与内下角之间，有一呈直角三角形的小区，而男性则无。

3. 从耻骨联合面的下端延长到耻骨下支的内侧缘，男性呈宽阔的骨面，女性则呈一薄嵴(图9－14)。

4.耻骨下支边缘(内侧缘),男性平直或外凸,女性则凹入,从耻骨下支背侧面观察,尤为明显(图9－15)。

5.分娩伤疤,是产妇耻骨的重要性别标志,是指耻骨支结合部背面近耻骨联合缘处,有不规则的粗糙骨面或黄豆大小的骨质凹陷坑。分娩伤疤是妇女怀孕或分娩时耻骨联合附近的韧带被拉伤或嵌入骨面所造成的,应为女性的特征。但最近有作者报告有个别男性耻骨上,亦可见到此种情形,在鉴定时应参考其他骨骼性别特征综合分析(图9－16)。

法医骨骼性别鉴定主要是对骨骼特征进行定性分析,近些年来坐骨大切迹投影测量,坐骨耻骨指数的计算等方法开始对性别鉴定进行定量分析,提高了性别判定的准确性,这是法医人类学的发展趋势。

(二)颅骨

颅骨系性别差异点最集中的骨骼之一,特别在青春期后颅骨的性别差异更为显著。男性颅骨大而重,肌嵴粗壮发达,眉弓显著,鼻额关节(鼻根点)凹,前额较倾斜,颧骨较突出,乳突发达,眶深,颅底长;女性颅骨相对较小,骨面光滑,眉弓不显著,额结节明显,颧骨不突出,乳头较小,眶浅,颅底较短(图9－17)。颅骨的性别差异列表如下:

颅骨的性别差异

观测项目	性别标志	
	男性	女性
1.颅骨整体观察	较大,较重,骨面凹凸不平,肌线、肌嵴明显,颅壁较厚,颅腔容积约为1450毫升。	较小,较轻,骨面较光滑,肌线、肌嵴不明显,颅壁较薄,颅腔容积约为1300毫升。
2.额骨	额鳞斜度较大,额结节不显著。	额鳞下部较陡直,上部向后上弯曲,额结节显著。
3.面部	较大而狭长。	较短而宽。
4.乳突	发达,多数乳突尖在颅骨平放时可作为支点,且稳固。	不发达,颅骨平放时,乳突尖不能作为支点。
5.乳突上嵴	明显。	不明显。
6.乳突后缘	较长,乳突围径大。	乳突后缘短,围径小。
7.眉弓	中等到特别明显。	微显到中等。
8.眉间突度	显著,突出于鼻根上方。	不显著,较平直。
9.鼻根点凹陷	较深。	较浅。
10.眼眶	呈类方形,较低,相对较小。	类圆形,较高,相对较大。

下颌骨的性别差异亦较明显,单个下颌骨做性别判断时,其准确率可达70%,14

岁以下人的下颌骨做性别判定时有时比较困难。下颌骨判定性别，主要根据骨骼粗壮程度和重量、颏部形状、下颌角大小等标志。现将下颌骨的性别差异列表如下：

下颌骨的性别差异

观测项目	性别标志	
	男性	女性
1.整体	粗大，较厚而重。	较小而弱，较轻。
2.下颌体	较高，平均高度为29.1毫米，下颌联合处尤为明显。	较低，平均高度为26.3毫米。
3.下颌角区	较粗糙，往外翻。	不粗糙，外翻不明显。
4.下颌角	较小，小于120°。	较大，大于125°。

（三）根据长管骨确定性别

单纯根据长管骨确定性别较为困难，但与颅骨或骨盆结果相结合，能提高性别判断的准确率。

1.股骨：是长管骨中用以判定性别的最有价值的骨骼。男性股骨比较粗壮，骨体长，骨质重，股骨头大，颈干角大；女性股骨则较不粗壮，骨体较短，骨质相对较轻，股骨头较小，颈干角较小。

2.肱骨：肱骨平均长度男性比女性长，男性肱骨较强壮，肱骨头较大，骨干最小周比女性大，三角肌粗隆发达；女性骨质较纤弱，肱骨头较小，骨干最小周比男性小，三角肌粗隆不发达。

（四）胸骨的性别差异

胸骨柄和胸骨体的各项测量值，男性均大于女性，特别是胸骨体与胸骨柄的长度之比最为明显。男性胸骨体与胸骨柄的长度比例大于两倍，为2.04:1～2.64:1；女性则小于两倍，为1.40:1～1.94:1（图9－18）。

二、人骨的年龄鉴定

目前对骨骼年龄的鉴定方法仍然以大体形态学观察为主，还不能达到十分精确地测定骨骼年龄的程度。从群体来看，影响骨骼年龄的因素主要有营养和健康状况、不同种族间的差异、不同性别间的差异。地理位置对人体骨骼发育也有影响。个体间也存在着差异。一般认为成年以前，从骨骼鉴定年龄的误差多数在2年左右，在成年之后40岁以前以耻骨联合面的年龄变化最有价值，据其他骨骼进行年龄鉴定可能有5年以上的误差。在实际工作中，应尽可能对不同骨骼采用多种鉴定方法，将其结果进行综合分析，以提高鉴定的准确性。

（一）骨化点的出现与骨骺的愈合

未发育完成的骨骼的年龄鉴定，主要依据骨化点的出现和骨骺的愈合。四肢骨骨化点出现时间一般自胎龄6周起至20岁止。骨骺愈合时间自13岁开始至25

岁完成。但这种骨化点的出现、发育和骨骺愈合的过程,存在着个体差异。新鲜软骨所见到的骨化点通常为暗红色海绵状呈圆形或椭圆形,股骨下端骨化点的出现,是确定新生儿成熟的重要标志。

中国人四肢骨骨化点的出现和骨骺愈合时期

骨化点		数目	骨化点出现期		骨骺愈合期
名称			胎儿(周)	出生后(月)	(岁)
锁骨	体	1~2	6		22~25
	胸骨端	1		18~20	
肩胛骨	体	1	8		18~24
	喙突	1		1	
	肩峰突端	1		11~18	
	关节盂	1		11~18	
	下角	1		11~18	
	脊柱缘	1		11~18	
肱骨	头	1		出生至3月(出生至2月)	15~17(14~16)
	大结节	1		7~9(5~7)	
	小结节	1		2~4(1~3)	
	体	1	8		
肱骨	肱骨小头	1		3~5(2~4)	16~18(14~16)
	内上髁	1		6~8(4~6)	
	滑车	1		9~11(7~9)	
	外上髁	1		11~13(9~11)	
桡骨	小头	1		5~7(4~6)	15~17(13~15)
	体	1	8		
	下端	1		7~9(6~8)	
尺骨	鹰咀	1		9~11(8~10)	16~18(15~17)
	体	1	8		
	小头	1		6~8(5~7)	

续表

骨化点			骨化点出现期		骨骺愈合期
名　称		数目	胎儿(周)	出生后(月)	(岁)
腕骨	头状骨	1		2~3 (1~3)	
	钩　骨	1		2~4 (1~3)	
	三角骨	1		2~4 (1~3)	
	月　骨	1		3~5 (3~5)	
	舟　骨	1		5~7 (4~6)	
	大多角骨	1		5~7 (4~6)	
	小多角骨	1		5~7 (4~6)	
	豌豆骨	1		8~10 (6~8)	
掌骨	第一掌骨　底 体	1 1	 12	1~3 (11月~3岁)	14~16(13~15)
	其他掌骨　小头 体	1 1	 12	1~3 (11月~3岁)	14~16(13~15)
指骨	底 体	1 1	 9~12	1~3 (11月~3岁)	14~16(13~15)
髋骨	髂骨体	1	8		14~16
	坐骨体	1	12		14~16
	耻骨体	1	20		14~16
	髋　臼	1		12~19	20~25
	耳状面	1		12~19	20~25
	联合面	1		12~19	20~25
	髂前下棘	1		12~19	20~25
	髂　嵴	1		12~19	20~25
	坐骨结节	1		12~19	20~25
	耻骨结节	1		12~19	20~25
	髂耻隆起	1		12~19	20~25

续表

骨化点			骨化点出现期		骨骺愈合期
	名称	数目	胎儿(周)	出生后(月)	(岁)
股骨	头	1	3~5月 (2~4月)		17~19(14~16)
	大转子	1	3~5 (2~4)		
	小转子	1	9~11 (8~10)		
	体	1			17~20(14~16)
	下端	1	出生~5月 (出生~4月)		
髌骨	髌骨	数个		3~5 (2~4)	6~7
胫骨	上端	1		出生~2月 (出生~1月)	17~20 (15~18)
	体	1	8		
	下端	1		4~6 (4~6)	16~18 (15~17)
腓骨	上端	1		3~5 (2~4)	17~20 (15~18)
	体	1	8		
	下端	1		10月~2岁 (8~10)	16~18 (15~17)
跗骨	跟骨体	1	24		
	跟骨结节	1		6~12 (5~11)	
	距骨	1	28~32		
	骰骨	1	9		
跗骨	第一楔骨	1		9~11 (8~10)	
	第二楔骨	1		9~11 (8~10)	
	第三楔骨	1		9~11 (8~10)	
	舟骨			9~11 (8~10)	

续表

骨化点		数目	骨化点出现期		骨骺愈合期
名称			胎儿(周)	出生后(月)	(岁)
跖骨	第一跖骨	2		2～6 (1～5)	
	第二跖骨	2		2～6 (1～5)	
趾骨	底	1		2～6 (1～5)	
	体	1	9～12		

注:括号内为女性骨化点出现时期。

(二)牙齿的萌出

牙齿组织在颌骨内形成以及破龈萌出有一定的规律性。一般来说,按一定的时间、顺序,左右成对地萌出,下颌牙先于上颌同名牙萌出。男孩牙齿平均萌出时间晚于女孩。

我国婴儿在5～8个月时,下颌乳中切牙最先露出,多数在2岁时全部乳牙出齐。恒牙的萌出则较晚,我国儿童在6岁左右,于第二乳磨牙后萌出第一恒磨牙。然后,乳牙在恒牙生长的压力下,使乳牙根部开始吸收,恒牙逐渐长出,一直到乳牙根吸收到一定程度,牙冠失去支持和依托,才松动脱落,恒牙则陆续萌出。这种换牙现象,一般到14岁以前结束。乳中切牙和乳侧切牙,在换牙前恒牙位于它的舌侧,而前磨牙和磨牙则位于乳牙的牙根部。第三磨牙通常在成年后萌出,迟至26～32岁,男性萌出率高于女性,部分人终身不出牙的。

我国儿童乳牙萌出的时间

牙齿种类		萌出时间
上颌	中切牙	7.5(6～9)月
	侧切牙	9(6.5～10)月
	尖　牙	18(16～20)月
	第一磨牙	14(12～18)月
	第二磨牙	24(20～30)月
下颌	中切牙	6(5～8)月
	侧切牙	7(6～9)月
	尖　牙	16(14～18)月
	第一磨牙	12(10～14)月
	第二磨牙	20(18～24)月

我国儿童恒牙萌出时间

牙齿种类		男　性(岁)	女　性(岁)
上颌	1. 中切牙	6.5～8	6～9
	2. 侧切牙	7.5～10	7～10
	3. 尖　牙	10～13	9.5～12
	4. 第一双尖牙	9～12	9～12
	5. 第二双尖牙	10～13	9.5～12
	6. 第一磨牙	6～7.5	5.5～7.5
	7. 第二磨牙	11.5～14	11～14
下颌	1. 中切牙	6～7.5	5～8.5
	2. 侧切牙	6.5～8.5	5.5～9
	3. 尖　牙	9.5～12	8.5～11.5
	4. 第一双尖牙	9.5～12.5	9～12
	5. 第二双尖牙	10～13	9.5～13
	6. 第一磨牙	6～7	5～7
	7. 第二磨牙	11～13.5	10.5～13

(三)根据颅骨推断年龄

1. 颅骨的年龄变化

婴儿颅骨尚未发育完全，颅盖骨薄而光滑，无板障，颅盖内壁没有大脑轭、脑压迹和动脉沟，骨与骨之间空隙很大，由结缔组织相连，在几块骨的交接处形成结缔组织膜，称为囟；颅底骨发育较慢，乳突不明显，下颌关节窝平浅，由于发育不完全，许多骨骼仍然分离成几个独立的骨块。

冠状缝与矢状缝交接处有一菱形膜，称为前囟，初生时前囟的斜径约 2.5 厘米，在出生后 1～2 岁闭合；矢状缝与人字缝交接处为后囟，初生时微开，出生后 2～3月闭合；顶骨前下角与蝶骨大翼相接处，为蝶囟，出生后 2～3 个月闭合；顶骨后下角与颞骨乳头部相接处有乳突囟，1 岁左右时乳头囟闭合(图 9－19)。4 岁时顶骨开始分层，可以辨别内板、外板和板障；7 岁左右副鼻窦逐渐发育，面颅增大，上颌骨下移。23 岁后颅骨肌线明显变粗，特别是颞线、上下项线和嚼肌附着的肌嵴；颅盖骨内壁矢状沟加深，脑膜中动脉沟逐渐明显，到中年时变为深沟，老年成为槽状，少数甚至出现管形。蛛网膜颗粒小凹，儿童期罕见，青年时期开始出现，50 岁以上的出现率达 82%。

2. 根据颅骨缝的愈合程度鉴定年龄

颅骨缝的愈合过程开始是缝隙缩小，缝隙间结缔组织消失，而后波纹深度变浅，波线被部分骨性愈合所切断，呈断断续续的曲形波，进而仅见缝纹残迹，最后完全消失。

颅骨缝愈合从内板开始，然后波及外板，即由颅内向颅外发展，在许多情况下，这种愈合是连续进行的，直到外板完全愈合为止。但有时内板愈合后，向外板发展的速度减慢甚至停顿，出现颅外缝不完全愈合。因此，从颅骨缝愈合推断年龄时，主要依颅内缝为准，单纯根据颅外缝判断年龄误差很大。在颅外缝中，锯状缝（冠状缝、矢状缝、人字缝）早于鳞状缝（鳞缝）愈合。在锯状缝中推断年龄冠状缝比人字缝准确，人字缝比矢状缝准确。

现将颅缝愈合年龄列表如下（图9－20）。

颅内缝的愈合年龄表

颅　缝　名　称	开始愈合（岁）	完全愈合（岁）
矢状缝	22	35
蝶额缝（蝶骨小翼段）	22	64
蝶额缝（蝶骨大翼段）	22	65
冠状缝（前囟段和复杂段）	24	38
冠状缝（翼区段）	26	41
人字缝（人字点段和中间段）	26	42
人字缝（星点段）	26	47
枕乳缝（下段）	26	72
蝶顶缝	29	65
蝶颞缝（下段）	30	67
蝶颞缝（上段）	31	64
枕乳缝（上段和中段）	30	81
鳞缝（后段）	37	81
鳞缝（前段）	37	81

颅底观，蝶骨体与枕骨基底部连接处在成年之前有一软骨相隔，叫基底缝。中国人基底缝愈合比较稳定，可以作为年龄推断的一个重要标志。基底缝开始愈合是在21～23岁；到24～30岁基本愈合，残留痕迹；40岁以后基底缝消失，部分可见浅沟，少数在愈合处出现骨嵴。

（四）根据耻骨联合面的形态变化确定年龄

根据耻骨联合面的形态学变化来鉴别青春期后人骨的年龄，被认为是最佳的方法之一。最适合的年龄为 18 ~ 40 岁,其误差为 ±2 岁,其他年龄区间的误差则较高。

骨性的耻骨联合面是耻骨上下支延续部分的内面,呈粗糙的长椭圆形,上下径大,前后径小。分为两缘:腹侧缘(前缘)、背侧缘(后缘);两端:上端、下端;以及联合面和腹侧面(图 9 - 21)。

沟与嵴:联合面上沟嵴结构在儿童时期已经存在,17 ~ 20 岁变得非常明显,沟深而嵴隆凸。从 21 岁起沟嵴结构开始减弱,沟变浅,嵴变低,局部区域沟嵴消失。25 岁以上沟嵴只残留痕迹,至 28 岁除极少数例外,沟嵴完全消失。

耻骨结节:耻骨结节骨骺在 20 岁以前大部分尚未愈合,21 岁后开始愈合,24 岁耻骨结节与耻骨联合面完全愈合,但个体变异较大。

下端:25 岁以前联合面下端与耻骨下支无明显分界。从 26 岁开始联合面下端出现嵴状隆起,并不断增宽增高,呈现三角形轮廓。至 35 岁联合面下端完全形成。

背侧缘:部分标本在联合面背侧缘中上部出现一嵴状隆起,并向上下扩展,形成背侧缘,至 27 ~ 28 岁,背侧缘已延伸到上下端。33 岁以后,背侧缘进一步发育,变宽增高,部分形成唇状,至 35 岁停止。

骨化结节:一般在 20 岁以后于联合面上部出现一绿豆大小的骨质隆起,称为骨化结节。骨化结节在 21 ~ 23 岁间出现率最高,27 岁以后便消失。

腹侧斜面:耻骨联合面的腹侧缘与耻骨的腹侧面在 20 岁以前,两者是相连的,20 岁以后在联合面腹侧缘与耻骨腹侧面之间出现一条窄面,称腹侧面。腹侧面最初是在联合面腹侧下端出现一个斜行的平面,并不断向上扩展,27 岁以后斜面扩展至上端。一般在 33 ~ 34 岁以后斜面上部出现不同程度的破损。

联合缘:随着背侧缘、下端、腹侧缘和上端的形成,并互相衔接,便形成一个围绕整个联合面的隆起嵴,即联合缘。此时一般已达 35 岁以上。

联合面:25 岁以前联合面呈不同程度隆起,从 26 ~ 27 岁起联合面变得平坦,33 ~ 34 岁以后联合面开始呈现不同程度的凹陷。

(五)根据牙齿磨损程度推断年龄

磨损是指牙齿在长期咀嚼食物过程中,上下牙齿的尖端和咬合面逐渐磨耗。随着年龄的增长,牙齿的磨损程度必然会不断加大。因此,根据磨损程度推断年龄,是年龄鉴定的重要方法。但是,影响磨损程度的因素颇多,主要的有牙齿组织的硬度、食物的组成、咀嚼时由颌传递到牙齿上的压力、饮食习惯、咬合形式以及性别、职业、疾病等。因此,根据磨损程度推断年龄,亦有一定误差。

我国人类学家吴汝康等人,将我国华北地区已知年龄颅骨上第一、第二磨牙的磨损程度分成 6 级。Ⅰ级指牙尖顶和边缘部分稍有磨损;Ⅱ级指牙尖磨平或咬合面中央凹陷;Ⅲ级指牙尖大部磨耗,牙本质点状暴露;Ⅳ级指牙本质点扩大,互相连成一片;Ⅴ级指牙冠部分磨耗,牙本质全部暴露;Ⅵ级指牙冠全部磨损,牙髓腔暴露。以上述标准推断年龄如下：

华北人颅骨第一、第二磨牙的年龄变化（吴汝康等,1965 年）

级　　别	第一磨牙			第二磨牙		
	平均年龄	有效年龄范围	最高百分率年龄范围	平均年龄	有效年龄范围	最高百分率年龄范围
Ⅰ	23	22 ~ 23	15 ~ 20	23	22 ~ 24	15 ~ 25
Ⅱ	27	26 ~ 29	21 ~ 25	30	29 ~ 31	26 ~ 35
Ⅲ	32	28 ~ 36	26 ~ 35	38	36 ~ 40	36 ~ 45
Ⅳ	41	39 ~ 43	36 ~ 55	46	44 ~ 48	46 ~ 55
Ⅴ	53	48 ~ 57	56 岁以上	60	55 ~ 65	60 岁以上
Ⅵ	因例数少,未列入统计范围					

注:第一、第二磨牙上下左右的差异没有明显的规律性。

此外,近年来也有根据肱骨、锁骨、肋骨、胸骨以及骨骼组织学变化推断年龄,但误差都较上述几种方法为大。

三、根据骨骼推断身高

碎尸案或无名尸骨案件,对死者进行个人识别时,需要确定死者身高。一副完整的人骨通常按骨骼定位排列成人形,直接测得骨骼身高,再加 5 厘米软组织厚度,即为死者生前身高。若根据部分骨骼或残骨推算身高,则需采用回归方程计算。这种方法受种族、性别、年龄以及个体差异的影响。例如人出生之后,随着年龄不断增长,身体不断发育生长,身体渐渐增高,约到 18 ~ 20 岁,身高增长才转为十分缓慢,随后大体保持不变,30 岁以后身高开始逐渐衰减,平均每年减少 0.06 厘米,即每 20 年降低身高 1.2 厘米。

根据长骨推算身高,一般用多根长骨推算身高,比一根的准确性高;下肢长骨推算身高可靠性比上肢骨为好;根据完整长骨推算身高,其标准误差约 ±5cm。

根据骨骼推算身高的步骤如下:首先,需确定骨骼的性别、年龄、民族;其次,根据需要取得骨骼测量数据;再次,根据不同的性别、年龄、民族,选择适用的回归方程;最后,将测得数据代入回归方程中,求得身高值。

第四节　颅骨复原面貌和颅像重合

一、颅骨复原面貌

颅骨复原面貌是用软橡胶泥,按人面部软组织厚度和面部解剖特点,在颅骨的石膏模型上进行塑像而恢复其生前面貌的一项专门技术。它的特点是不需要其他资料,因此,对侦查上无任何身源线索的无名尸骨,颅骨复原面貌是侦查的首选方法。它不仅对无名尸骨的身源鉴定有十分重要意义,在再现古人类和塑造古代人物方面亦有很大价值。

颅骨复原面貌技术,完全可以做到使复原的面貌近似于死者生前面貌,可供家属或熟悉人辨认。其原理是建立于:头面部的外部形态是以头面部骨骼作为基础,与面部软组织厚度密切相关;五官的位置、结构、形态有的取决于骨骼形态,有的受面部骨骼的制约;面部特征带有明显的性别和年龄特点,而这些性别、年龄特征在颅骨上表现得最为充分。因此,根据颅骨重建死者生前面貌是可能的、科学的。

颅骨复原面貌技术是以法医人类学为基础,以雕塑术为基本方法,凡从事颅骨复原面貌者应具备法医人类学的知识和熟练的雕塑技巧。

颅骨复原面貌的一般方法:

1. 首先了解尸骨发现地的群众风俗习惯(头饰、发式等)、人群面貌特征及案情;

2. 清洗和修复颅骨,使其充分反映颅面部的骨性特征;

3. 确定颅骨的性别、年龄和种族以及头型和面型;

4. 在颅骨石膏模型上按各测量点位置的软组织厚度作为标高(图 9-22),用软橡胶泥填充塑造;

5. 根据颅骨上的眼眶、鼻骨、上下颌骨及牙齿特点,塑造眼、鼻、口、耳;

6. 参考当地风俗习惯和头饰塑造头发,根据性别、年龄塑造胡须等。

7. 将已塑好的头像上色,在适当灯光下拍照,相片供人辨认(图 9-23、图 9-24)。

二、颅像重合

颅像重合是利用疑似人的生前照片的负片和颅骨相应角度相片的负片进行重合鉴定,以确定二者是否为同一个人的技术,是个人识别的一项重要方法。

颅像重合法的前提是必须已找到与身源有关的一位或数位疑似人,并能提供接近死前的死者生前头部正面照片。颅像重合技术的原理是基于:一个成年人的颅骨形态特征是相对稳定的;而口、鼻、眼、面型、颅型与颅骨密切相关;面貌的观测点均可在颅骨上找到对应点。因此,按死者生前照片的角度和距离拍摄的颅骨照片的负片与生前头像的负片重叠,如系同一个人,则其对应点和面部的轮廓曲线一致。因此,是符合科学的、可操作的。但目前国内外研究结果说明:颅像重合技术可供确定的个性特点未完全达到一定数量,而且实际操作时也容易出现误差,加之鉴定人经验不足等诸原因,此项技术仍未达到完全准确,需结合其他条件(牙齿特征、案情等)才能完全确定。

颅像重合的一般方法是:

1. 首先清洗、固定和修复颅骨,在下颌关节凹内衬垫 2 毫米厚度的填充物后固定下颌关节,使上下牙弓正常咬合。

2. 翻拍疑似人的相片,制成负片,测算疑似人相片的拍照距离、偏转角度和仰俯角度。

3. 按疑似人相片的拍照距离、偏转角度和仰俯角度调正颅骨位置达到与相片一致,进行拍照,制成负片。

4. 将颅骨与人像负片在灯光下重叠,按颅像重合标准进行检查,以确定是否为同一个人。

由于电子计算机技术的采用,近年来颅像重合技术不断得到改善,凡专业训练有素的法医学家,采用科学的重合技术,对重合结果又有严格的重合评价方法,在颅骨完整又有最近而清晰的疑似人的头面部正面相片的条件下,可以做出比较准确的结论。

第五节　骨骼放射学检查

对骨骼进行放射学检查,主要解决两方面问题:骨骼的个人识别和诊断疾病、发现体内异物。

一、X 光片的个体识别

通过放射学检查,应用 X 光片对被检人的骨骼、牙齿的特征进行观察测量,确定被检人的年龄、性别、身高。

通过对两张 X 光片进行比较,确定是否为同一个人。一张为生前所摄的 X 光片,可以从嫌疑失踪人生前就诊的医院处获得;另一张是将尸体或尸骨进行 X 光拍照所得。然后比较两张 X 光片的骨骼轮廓、解剖结构、骨骼的退行性病变及各种解剖结构的重叠情况,做出为同一个人或排除的结论。在比对中尤以额窦的影像和胸部、腕部影像是否一致,其价值最大。同样这种比对方法亦可以确定伤者提供的 X 光片的真伪。

二、诊断疾病、发现异物

通过放射学检查,发现骨骼损伤及疾病,研究损伤形成的机制,条件具备者还可以确定致伤凶器;发现异物是放射学检查的主要内容,特别是爆炸案件、枪弹伤害案中弹片侵入体内的检查和发现,对确定伤情、死因都有意义。

第六节 骨骼入土时间的确定

人死后尸体发生变化,经过腐败、软组织消失,形成白骨化。白骨化并非是死后变化的终结,而是以新的方式继续下去,先是骨内脂肪丧失、蛋白质减少,最后骨骼风化朽坏。

尸体变化的整个进程,同周围环境密切相关。一般暴露在空气中的尸体变化比水中快,水中比土埋快。即使土埋尸体其变化也和环境气温、尸体深埋程度、土壤物理性能、土壤酸碱度、土壤温度、湿度等因素有关。如土中尸体处于大颗粒土壤中的变化比处于小颗粒土壤中快,小颗粒土壤又比黏土快;深埋比浅埋腐败进程慢,埋在朝阳坡比背阴处快,无棺比有棺快,几经开棺检验或挖掘的尸体比无挖掘的快;南方比北方快,南方多雨潮湿低洼地比高地通风好的场地快。此外,昆虫、鸟兽类啄食,能促使尸体软组织丧失。

一般尸体晚期变化如下:

尸干出现最短 17 日,通常需要 3 个月;

水中尸体尸蜡开始出现约 1 ~2 个月,皮下脂肪尸蜡化完成约 2 ~4 个月,肌肉尸蜡开始出现约 3 个月;

土中尸体全身尸蜡化,约需 1 年;

地上尸体白骨化,约需 1 年;

土中尸体软组织消失,一般需要经过 3 ~4 年时间;

土中尸体软骨和韧带消失,约 5 ~7 年;

土中尸骨脂肪消失,约 5 ~10 年;

土中尸骨开始风化,约 10 ~15 年;

土中尸骨开始崩坏,约 50 年。

据研究:埋葬时间 8 年,牙齿釉质出现褐色斑纹或黄棕色斑纹;10 年以上,牙齿出现纵向浅表裂缝,牙齿面呈棕红色;时间在 20 ~30 年者,牙齿变脆,裂缝变深,出现部分剥落;釉质光泽能保持 60 ~70 年,透明度可保持到入土 50 年。

毛发耐腐程度仅次于骨骼。毛发腐朽过程是先失去光泽,强度逐渐减弱,弹性变差,最后变脆断裂,一般约 50 年才消失。

毛发强度随着入土时间延长而变弱。正常人头发一般拉伸强度为 48.5 ~95 克;埋入土中 2 年后,抗拉强度变弱为 25.4 ~60 克;经 10 年后强度更小,仅为 19.5 ~27克;40 年后下降为 2.2 ~3.1 克。

第十章　法医学活体检验

第一节　概　　述

法医学活体检验是应用医学和法医学的理论和技术解决与法律有关的人体伤、残以及其他生理病理等医学专门性问题。

一、法医学活体检验的任务

法医学活体检验的任务有以下几个方面：

1. 通过对有关刑事案件的活体检验，解决公安、检察、审判机关侦查、起诉、审判工作中涉及有关人体伤、残以及其他生理病理等医学专门性问题，为侦查提供线索，为审判提供证据。

2. 通过对有关民事案件的活体检验，查明原因，澄清性质，提供民事赔偿的处理方法。

3. 通过对有关行政案件的活体检验，查明事实真相，为人民法院进行审理并裁决提供科学证据。

4. 协助有关部门查明重大意外中毒和伤、残事故发生的原因，澄清性质和责任。

5. 在法医学活体检验工作中发现药物滥用与药物依赖性、性传播疾病、职业病和职业中毒等，及时与有关部门联系，采取必要措施。

6. 通过对医疗过程中发生的医疗纠纷的活体检验，为判定医疗行为与损害结果之间的因果关系及医疗行为有无过错提供科学证据。

7. 法医学活体检验在应用医学理论和技术的同时应用法医学的理论和方法，研究损伤机理、性状、损伤时间、致伤工具、损伤性质和损伤程度鉴定等成果，丰富医学内容，促进医学发展。

二、法医学活体检验的内容

法医学活体检验包括以下内容：

1. 损伤　致伤原因（机械的、物理的、化学的、生物的与精神的）；性质（他伤、自伤、造作伤、诈伤、意外事故伤、自然灾害或者人为灾害伤）；程度（重伤、轻伤、轻微伤）；损伤后经过时间；致伤方法和手段的推断；致伤工具的推断和认定；损伤后治疗基本准则和医疗期限、护理期限、营养期限及康复治疗可参考性意见；损伤致残程度鉴定,以及在社会上的不利因素等。

2. 疾病　疾病的诊断、程度;疾病与损伤、职业、环境污染、交通伤残、人身伤害伤残的关系,即损伤、职业因素、环境污染与疾病的因果关系。

3. 诈病(伤)、造作病(伤)的鉴定。

4. 性犯罪和性问题的鉴定　强奸、违法的人工流产、性别异常、性交不能、生育不能、性变态、性转换、人工授精、体外受精——胚胎移植、性传播疾病。

5. 虐待　虐待妇女、老人、儿童和残疾人造成损伤的鉴定。

6. 活体的个人辨认　活体的年龄判断和体貌特征、指纹,还包括 X 片、CT 片、MRI 片等同一认定。

7. DNA 检测和亲子鉴定。

8. 饮酒及醉酒检查　饮酒后驾驶机动车辆、醉酒的人驾驶机动车辆,以及犯案(刑事或者民事)时的醉酒程度等。

9. 精神状态鉴定　诊断有无精神病及其类型,并判定精神病人有无辨认和控制自己行为的能力。

10. 药物依赖性和药物中毒。

11. 医疗纠纷司法鉴定。

三、法医学活体检验的基本方法

法医学活体检验的基本方法包括案情了解、临床病史收集、现场勘验、活体(人身)检查、物证检验和书证审查。

(一)案情和伤情调查

事件经过及受伤情况可通过委托人介绍和询问被鉴定人而获取。鉴定人询问时应注意:被鉴定人(受害人)可能因索赔心理夸大伤情,而行为人为了逃避责任缩小伤情。鉴定人应仔细审阅委托机关提供的询(讯)问笔录及其他调查材料,对证被鉴定人的叙述,以获取真实的案件情况。鉴定人审查门(急)诊或者住院病历(包括病史记录、各项检查报告、影像学资料等)时应注意:(1)审查病历资料的合法性;(2)被鉴定人(受害人)所叙述的受伤过程、诊治情况与病历记载是否相符,以及病历中现病史记录与询问调查笔录是否一致;(3)病历记载,前后是否一致、有无矛盾;(4)阅读影像资料照片,不能把缺乏照片的影像诊断报告作为鉴定结论依据;(5)对医学辅助检查报告,要与案情和伤情结合起来审视。在鉴定时有条件复查的,进行复查,以强化对影像资料的同一认定,加深对损伤发生、发展、演变过程的了解。

(二)活体(人身)检查

《中华人民共和国刑事诉讼法》第 105 条规定:“为了确定被害人、犯罪嫌疑人的某些特征、伤害情况或者生理状态,可以对人身进行检查。犯罪嫌疑人如果拒绝检查,侦查人员认为必要的时候,可以强制检查。检查妇女的身体,应当由女工作人员或者医师进行。”

活体检查是根据法律规定进行的。方法是应用临床医学的诊断技术,包括系统的体格检查、专科检查和医学辅助检查(包括影像学检查、功能诊断、化验检查、病理学检查等)。鉴定人检查完毕后,应当写出书面检查记录并签名。鉴定人获得上述资料是鉴定的客观事实依据。

(三)物证检验

《中华人民共和国刑事诉讼法》第 42 条规定:"证明案件真实情况的一切事实,都是证据。"物证是证据的一种,是指物品对于待证事实的证明价值,亦即某物品所具有的证明力,其着重点在物的作用。在法医学活体检验中的物证,是指在刑事现场收集的人体组织分泌物、排泄物及其他物质斑迹,包括血液(痕)、唾液(斑)、精液(斑)、皮肤、毛发、指甲、牙齿、乳汁、粪便、尿液(斑)、阴道液(斑)、羊水、恶露、胎便、胎垢、骨骼碎片,器官碎块以及指纹、掌纹等。物证的提取、固定、包装、送检及保管应按不同种类的检材,严格按照有关规定进行。

(四)现场勘验

《中华人民共和国刑事诉讼法》第 101 条规定:"侦查人员对于与犯罪有关的现场、物品、人身、尸体应当进行勘验或者检查。在必要的时候,可以指派或者聘请具有专门知识的人,在侦查人员的主持下进行勘验、检查。"

依照国家法律规定参加现场勘验,要如实反映现场情况,对活体上的损伤和暴力痕迹,以及其他可供鉴定的事物,须及时进行记录、绘图、拍照或者录像。

复验现场时,要有明确的目的,尽量恢复现场原来的条件,全面客观分析研究,力求解决办案中的疑难问题。

(五)书证审查

书证是证据的一种,即以其内容、含义证明案件事实的书面文件。如病史资料、疾病诊断书、体格检查记录、法医学鉴定书、文件审查意见书以及现场勘验笔录、调查笔录等。这些书证由具有专门知识的人员进行审查,称为书证审查。

书证审查的重点是:审查案件书面文件的可靠性、科学性;检验记录是否全面、细致;检验方法是否规范、可靠;论点是否明确、清楚;论据是否客观、真实以及是否符合鉴定的要求等。如认为案件书面文件不足,可向委托人提出补充有关文件。凡依据书面文件下结论的应当慎重,全面分析。

第二节　损伤程度的鉴定

一、损伤程度鉴定的法律规定

我国公民的人身权利受到法律的保护,刑法、民法和《治安管理处罚条例》等法律、法规都有相关条款的规定。

(一)刑法

《中华人民共和国刑法》的主要任务之一是保护公民的人身权利。凡侵犯公民的人身权利,依照法律应当受到刑事处罚的,都是犯罪。其中涉及对人身伤害进行损伤程度鉴定的主要条文有:

第九十五条 本法所称重伤,是指有下列情形之一的伤害:

(一) 使人肢体残废或者毁人容貌的;

(二)使人丧失听觉、视觉或者其他器官机能的;

(三)其他对于人身健康有重大伤害的。

第二百三十二条 故意杀人的,处死刑、无期徒刑或者十年以上有期徒刑;情节较轻的,处三年以上十年以下有期徒刑。

第二百三十四条 故意伤害他人身体的,处三年以下有期徒刑、拘役或者管制。

犯前款罪,致人重伤的,处三年以上十年以下有期徒刑;致人死亡或者以特别残忍手段致人重伤造成严重残疾的,处十年以上有期徒刑、无期徒刑或者死刑。本法另有规定的,依照规定。

此外还有数十条条文,把危害人体健康,致人重伤、后果特别严重的,作为定罪量刑的依据。

(二)民法

《中华人民共和国民法通则》作为调整平等主体的公民之间、法人之间、公民和法人之间的财产关系和人身关系的民事法律,明确规定公民享有生命健康权,其中涉及对人身损害进行损伤程度鉴定的主要条文有:

第一百一十九条 侵害公民身体造成伤害的,应当赔偿医疗费、因误工减少的收入、残疾者生活补助费等费用;造成死亡的,并应当支付丧葬费、死者生前扶养的人必要的生活费等费用。

此外还有若干条条文,根据各种人体损害案件的具体情况,确定承担民事赔偿责任的程度。

(三)《治安管理处罚条例》

《中华人民共和国治安管理处罚条例》的重要任务之一是保护公民的人身权利。对于侵犯人身权利情节显著轻微危害不大,不认为是犯罪的,其损伤程度鉴定的主要条文有:

第二十二条 有下列侵犯他人人身权利行为,尚不够刑事处罚的,处十五日以下拘留、二百元以下罚款或者警告:

(一)殴打他人,造成轻微伤害的;

(四)虐待家庭成员,受虐待人要求处理的;

(六)胁迫或者诱骗不满十八岁的人表演恐怖、残忍节目,摧残其身心健康的。

此外还有“损害他人身体健康”等条文，规定了相应的治安处罚。

依照法律规定，对人身伤害损伤程度进行鉴定，能为刑事、民事和治安案件的审理提供科学依据，对维护社会稳定、打击罪犯、保护人民权益具有重要意义。

二、人体损伤程度的等级划分

人体损伤，是指身体结构完整性遭受破坏或者功能（包括生理功能、心理功能）出现的差异或者丧失。既包括人体组织器官及其功能的损害，又含有精神心理和社会功能的损害。

人体损伤程度等级划分既要依据致伤因素对人体组织器官和生理功能、心理功能造成的客观损害，又要依照法律、法规对违法行为和危害结果的惩罚轻重，把人体损伤程度分为重伤、轻伤和轻微伤三等。

重伤是指使人肢体残废或者容貌毁损；丧失听觉、视觉或者其他器官功能；其他对于人身健康有重大伤害的损伤。

上述重伤定义系严格依照我国刑法第95条之规定，直接引用。

轻伤是指使人肢体或者容貌中度损害；听觉、视觉或者其他器官功能部分障碍；其他对于人身健康有中度伤害的损伤。

上述轻伤定义系比照重伤定义和轻微伤定义，将轻伤界定为对人身健康有中度伤害的损伤，尚未构成重伤又不属于轻微伤害的损伤。

轻微伤是指使人肢体或者容貌轻微损伤；听觉、视觉或者其他器官功能轻微或者短暂障碍；其他对于人身健康有轻微伤害的损伤。

上述轻微伤定义系依照《治安管理处罚条例》所特指的“造成轻微伤害的”损伤。

按照损伤的严重程度由重至轻依次分为重伤一级、重伤二级、重伤三级；轻伤一级、轻伤二级、轻伤三级；轻微伤一级、轻微伤二级，共八级。分级的基本原则（见表）如下：

损伤程度分级表

损伤分级	肢　体	容　貌	器官功能	人身健康
重伤一级	特别严重残废	重度毁损	特别严重丧失器官功能	极重度危及生命
重伤二级	严重残废	中度毁损	严重丧失器官功能	重度危及生命
重伤三级	残　废	轻度毁损	丧失器官功能	危及生命
轻伤一级	重中度损害	重中度损害	重中度影响器官功能	重中度损害不危及生命
轻伤二级	中度损害	中度损害	中度影响器官功能	中度损害不危及生命
轻伤三级	轻中度损害	轻中度损害	轻中度影响器官功能	轻中度损害不危及生命
轻微伤一级	轻度损害	轻度损害	轻度影响器官功能	轻微影响器官功能
轻微伤二级	轻微损害	轻微损害	轻微影响器官功能	短暂影响器官功能

三、人体损伤程度鉴定的原则和依据

(一)人体损伤程度鉴定的原则

为了体现法律的公正性和严厉性,保证对人身伤害案件定罪量刑和治安管理处罚的客观、公正,既达到罪责自负,又避免罚不当罪,在进行人体损伤程度鉴定时,应当遵循实事求是的原则,以事实为根据,以法律为准绳,从客观存在的实际情况出发,详细占有材料,查明行为人行为与损伤之间的因果关系,坚持以致伤因素对人体直接造成的原发性损伤及由损伤引起的并发症或者后遗症为依据,全面分析,综合鉴定。

(二)人体损伤程度鉴定的依据

鉴定损伤程度依据是:

1. 以原发性损伤及其并发症为鉴定依据的,鉴定时应以损伤当时伤情为主,结合损伤的后果或者结局为辅,综合鉴定。并发症,包括损伤当时或者紧接受伤后同时发生的一病或者数病,其损伤与并发症之间必须存在直接因果关系。外界因子介入只是间接因果关系,不能作为损伤程度鉴定的依据。

2. 以容貌损害或者器官(脑、听器、视器等)、肢体功能损害为鉴定依据的,鉴定时应以损伤后果或者结局为主,结合损伤当时的损伤为辅,综合鉴定。

四、损伤与疾病因果关系

在人身伤害案件中,有时被鉴定人可能在受伤前已患有某种疾病,而在受伤后才显示或者加重了临床症状;或者受伤前表面上是健康的或者不觉有病,在受伤后诱发疾病;也可在受伤后发生与损伤有直接联系的全身性损伤病。此时,鉴定人需要解决损伤与疾病的因果关系。这涉及在世界范围内刑事诉讼案件中的定罪量刑和在民事诉讼案件中的损害赔偿。

(一)判定损伤与疾病因果关系的一般原则

一定要从客观实际出发,深入到客观事物中调查研究,以确定损伤与疾病的关系;探索从损伤到疾病的发生、发展,其时间间隔的规律性和病理变化的连续性。损伤性(后)疾病,损伤在前,疾病在后,损伤为原因,疾病为结果,损伤与疾病之间存在直接因果关系。对多人所造成的多发性或者复合性损伤,须确定某人、某次、某部位的损伤对疾病的发生、发展是主要的。损伤时潜在疾病,疾病在前,损伤在后,疾病为基础,损伤为诱因,或者无关,在损伤期间(损伤变化或者发展所经历的过程)显示或是加重潜在疾病。总之,应具体情况具体分析,坚持实事求是的原则。

(二)损伤与疾病因果关系的类型

1. 损伤与疾病之间不存在因果关系。

2. 损伤与疾病之间存在因果关系。可以分为直接因果关系和间接因果关系,以及很难区分究竟系直接因果关系,还是间接因果关系的“临界型”因果关系。

直接因果关系，是指外界各种致伤因素直接作用于人体健康组织、器官，致组织、器官解剖学结构的连续性、完整性破坏，并出现功能障碍及与损伤有直接联系的并发症和后遗症，即损伤性(后)疾病。

间接因果关系，是指外界各种致伤因素作用于人体患病组织、器官，在正常情况下不至于引起组织、器官解剖学结构连续性、完整性破坏及功能障碍，而在有器质性病变的基础上，使业已存在的器质性病变显示、加重。在间接因果关系中，基本表现形式为：①诱因。损伤促发潜在性病变显示。② 辅因。损伤只在疾病过程中起辅助作用。③损伤后又介入了第三人的行为，或者介入行为人本身的行为，或者介入自然因素、医源性因素等造成了进一步损害。

“临界型”因果关系，是指外界各种致伤因素作用于人体患病组织、器官，引起组织、器官解剖学结构连续性、完整性破坏及功能障碍，损伤与疾病两者兼而有之，作用基本相等，独自存在则不可能造成后果。

(三)判定损伤在导致现存后果中的作用

对于损伤与既往伤、病并存，应当综合分析损伤在导致现存后果中的作用，并将其作用分为完全作用、主要作用、相等作用、次要作用、轻微作用和没有作用。

既有损伤又有疾病，若后果完全由疾病造成，即损伤与疾病之间不存在因果关系，损伤在导致现存后果中没有作用，参与度0% ~4%。

既有损伤又有疾病，若损伤为辅助因素，即损伤与疾病系间接因果关系(辅因形式)，损伤在导致现存后果中起轻微作用，参与度5% ~15%。

既有损伤又有疾病，若损伤为诱发因素，即损伤与疾病系间接因果关系(诱因形式)，损伤在导致现存后果中起次要作用，参与度16% ~44%。

既有损伤又有疾病，若疾病与损伤两者独自存在不可能造成后果，为两者兼而有之、作用基本相等，损伤与疾病之间存在“临界型”因果关系，损伤在导致现存后果中作用相等，参与度45% ~55%。

损伤后发生与损伤有直接因果关系的全身性损伤病，损伤在导致现存后果中起主要作用，参与度56% ~95%。

损伤后发生与损伤有直接因果关系的全身性损伤病，损伤在导致现存后果中起完全作用，参与度96% ~100%。

五、人体对称性器官损伤的鉴定

对于对称性器官(包括四肢)的一侧健康器官与对侧非健康器官并存，在一侧健康器官遭受损伤，在对其进行损伤程度鉴定时，应当说明由此而产生的对人体损伤后果加重，以及损伤程度较双侧健康器官、四肢中的一侧遭受损伤的后果相对加重；在一侧非健康器官遭受损伤，在对其进行损伤程度鉴定时，应说明由此而产生的对人体损伤后果加重，以及损伤程度较双侧健康器官中的一侧遭受损伤的后果减轻；双侧器官、四肢同时遭受损伤，按上述原则进行鉴定并说明。

六、颅脑损伤致精神障碍和精神活性物质致精神障碍的损伤程度鉴定

随着20世纪医学模式从生物医学模式转换为生物——心理——社会医学模式,除了重视躯体损伤给人带来的危害,还应注意心理损伤给人造成的痛苦。认识到不仅躯体器质性损伤可引起精神障碍,而心理社会因素——重大生活事件或者身体损伤本身也会给人造成情绪痛苦或者精神障碍。

近年来,在我国民事诉讼活动中、刑事附带民事诉讼中,因精神损伤而索赔的案件日益增多。精神损伤的客观存在是一个不容争议的事实。既然这样,由于不法侵害造成精神损伤,就应当进行人体损伤程度鉴定。

七、假体、移植物、人工组织器官损坏所致的人体损伤程度鉴定

随着医学的发展、科技的进步,许多疾病通过组织器官的移植或者人工组织器官的替代都能给疾病治疗好转,提高生活质量;同时随着生活水平的提高,人们更加重视生活质量,通过各种整形手术来改善体形、美容或者改变生理功能。这些原本不属于人体的物质通过各种途径、方法与人体融会一体,甚至密不可分,已经成为人体的一部分,保持着人体外形、完成着人体功能、维系着人体的生命。因此,人体中这些特定物(除外可摘物)的损坏,也必然会造成人体本身的损伤。所以从法律上讲,人体中的假体、移植物或者人工组织器官就具有受法律保护的人身权的法律属性,是人体——法律上人体的延伸,也完全受法律的保护。由此可见,由于不法侵害造成人体中这些特定物的损坏,就应当进行人体损伤程度鉴定。

八、人体损伤程度鉴定的时机

(一)一般原则

应当参照《标准》的具体条文规定,视损伤程度鉴定主要依据的不同情况,结合司法实践分别进行鉴定。

(二)原发性损伤

凡是以原发性损伤为主要鉴定依据的,原则上在3个月内进行鉴定。

(三)面部损伤

有可能毁损面容的,一般在损伤愈合后(瘢痕形成短者1个月,长者可达5个月以上)3~6个月以内进行鉴定。

(四)听器听力损伤

一般在损伤后3~6个月以内进行鉴定。

(五)视器视力损伤

一般在损伤后3~6个月以内进行鉴定。

(六)肢体损伤

肢体缺失,可在伤后立即进行鉴定。凡损伤恢复后可能有肢体功能障碍的,一般在损伤恢复达到状态稳定(一般在损伤后3~6个月以内)进行鉴定。周围神经损伤伴有功能障碍的,一般在损伤后6个月以内进行鉴定,一时不能确定损伤程度的，可以在治疗终结或者状态稳定后6个月以内进行鉴定。

（七）颅脑损伤

一般在损伤愈合、生命体征稳定后进行鉴定；颅脑损伤致外伤性癫痫的，在损伤后1～2年内进行鉴定；颅脑损伤致精神障碍的，一般在损伤后6～12个月内进行鉴定。

（八）其他

以损伤后遗留的任何损害或者病情为主要鉴定依据，须观察、检测损伤后果或者结局的，一般在损伤后3～6个月内进行鉴定；凡是疑难、复杂、一时不能确定损伤程度的，可以在治疗终结或者状态稳定后6个月内进行鉴定。

（九）特殊情况

对于涉及容貌损害或者功能损害未到损伤程度鉴定时机的，在特殊情况下可以根据原发性损伤及其并发症直接对照《标准》做出预检意见（结论），并对有可能出现的后遗症加以说明，必要时可待到损伤程度鉴定时机进行复检，做出鉴定结论。

第三节 伤残程度的鉴（评）定

一、伤残的概念

伤残是指因损伤所致人体残疾。包括精神的、生理功能的和解剖学结构的异常及其导致不同程度地丧失日常生活、工作和学习能力的一种状态。

伤残形成的类型有：

1. 交通伤致残。由各种交通运输工具引起人体解剖学结构完整性破坏和功能障碍并遗留后遗症状，主要由道路、铁路、水运、航空交通伤所致。

2. 工伤致残。在生产劳动过程中因工负伤，发生人体解剖学结构完整性破坏和功能障碍并遗留后遗症状，主要由工作环境安全预防措施不当或者操作者违反技术操作规程所致。

3. 产品致残。由产品质量等因素引起人体解剖学结构完整性破坏和功能障碍并遗留后遗症状，主要由食品、药品、化妆品、家用电器等质量因素所致。

4. 职业病与职业中毒致残。职工在职业活动中由生产性有害因素引起疾病或者接触生产性毒物引起中毒，发生人体解剖学结构完整性破坏和功能障碍并遗留后遗症状，主要是各种预防措施（组织措施、卫生技术措施、个体防护及卫生保健措施）不力或者操作者违反技术操作规程所致。

5. 医疗事故致残。在医疗事故中造成患者人体解剖学结构完整性破坏和功能障碍并遗留后遗症状，主要是医疗机构及其医务人员在医疗活动中违反医疗卫生管理法律、行政法规、部门规章和诊疗护理规范、常规,过失造成患者人身损害。

6. 伤害致残。因暴力作用导致人体解剖学结构完整性破坏和功能障碍并遗留后遗症状,主要指因故意或者过失伤害他人身体的、致人重伤的、致人重伤造成严重残疾的。

二、伤残程度鉴(评)定标准适用范围

伤残程度鉴(评)定标准适用范围包括:

1. 中华人民共和国国家标准 GB1866－2002《道路交通事故受伤人员伤残评定》的制定依据是《道路交通事故处理办法》的有关规定,适用于道路交通事故受伤人员的伤残程度评定。目的是为交通事故受伤人员不同程度的经济赔偿提供医学评价,及时正确处理交通事故,保护事故当事各方的合法权益,维护正常交通秩序和社会稳定。

2. 中华人民共和国国家标准 GB/T16180－1996《职工工伤与职业病致残程度鉴定》的制定依据是《中华人民共和国劳动保险条例》的有关规定,适用于职工在职业活动中因工负伤和因职业病致残程度的鉴定。目的是为了加强安全生产、维护国家整体利益、维护职工合法权益。

3. 故意伤害致人重伤造成严重残疾的,在有关司法解释出台前,参照《职工工伤与职业病致残程度鉴定》标准。致残程度可以分为一般残疾(十至七级)、严重残疾(六至三级)、特别严重残疾(二至一级),六级以上称为"严重残疾"。

4. 特殊民事侵权赔偿案件,一般由有管辖权的人民法院决定,比照《道路交通事故受伤人员伤残评定》或《职工工伤与职业病致残程度鉴定》,进行伤残程度鉴定。

5. 其他:《国务院关于安置老弱病残干部暂行办法》以劳动能力丧失程度决定退休、抚恤待遇;《医疗事故处理条例》以伤残程度制定医疗事故等级和处理内容;《中国人民保险公司人身保险伤残程度分类表》以身体各部位伤残程度的具体情况为保险理赔的依据。

三、伤残检验与鉴(评)定

(一)伤残检验

1. 了解案情

在核对被检验人姓名、性别、年龄、职业后,认真听取被检验人对损伤发生的原因所做的说明,对其现在的状况和既往有无外伤、疾病史等情况,均应详细记录。

2. 人身检查

(1)观察被检验人一般状态,如神志是否清醒、检查是否合作、问答是否切题,营养、发育、精神状态,以及体位、步态及活动状态。(2)全身体格检查和专科检查,如皮肤瘢痕性质、形态、大小,又如肢体运动功能障碍程度等。

3. 辅助检查

根据具体损伤情况,如颅脑损伤做 CT 扫描、核磁共振成像(MRI)检查,又如视功能、听功能、性功能检查,均需依赖于先进仪器、先进技术检测。

4. 对被检查物品检查

对被检查物品检查是重要的,如啤酒瓶炸裂、煤气罐爆炸、道路交通肇事车辆制动系和方向系检查等,又如因婴幼儿食用奶粉发生营养不良而对产品(奶粉)质量的检查等。上述检测均由国家指定的机构进行。

(二)伤残鉴(评)定

根据委托方鉴定事项,以检验结果的客观事实的存在,依照我国法律、法规的规定,参照相关伤残鉴(评)定标准,对照有关条文(或附录)确定伤残等级。

(三)参照伤残程度鉴(评)定标准时应注意的若干问题

1. 关于伤残等级划分和晋级问题

交通伤残根据道路交通事故受伤人员的伤残状况,将伤残分为十级,一级最重,十级最轻。对多部位或者多器官伤残者,应分别评定各项伤残等级,不采用"等级相加"或者"晋级",而设伤残赔偿指数。工伤致残根据伤残者医疗期满时器官损伤、功能障碍及其对医疗与护理的依赖程度,适当考虑由于伤残引起的社会心理因素影响,对伤残程度进行综合判定分级,从重至轻分为十级。一级至四级为全部丧失劳动能力,五级至六级为大部分丧失劳动能力,七级至十级为部分丧失劳动能力。对多部位或者多器官损伤者,应分别鉴定伤残等级,两项以上等级相同者,最多晋升一级。

2. 关于判断伤残程度的依据问题

交通伤残程度评定时,应以人体伤后治疗效果为依据,排除伤前已存在的伤、病等进行评定。工伤致残程度鉴定时,应以人体损伤后医疗期满时实际致残结局为依据,不扣除原有伤、病。

3. 关于年龄、性别、职业因素的问题

交通伤残不考虑年龄、性别、职业因素而在交通事故赔偿计算中解决。工伤伤残对年龄、性别、职业因素做了考虑。例如"女性面部毁容年龄鉴定:40 周岁以下的女职工发生面部毁容……按其伤残等级进一级……"又如"青年脾摘除"构成五级伤残,而"成人脾摘除"构成七级伤残。

4. 关于鉴(评)定时机问题

交通伤残评定时机以交通事故直接所致的损伤或者确因损伤所致的并发症治疗终结为准,评定基本上是一次性的。"治疗终结"为临床医学一般原则所承认的临床效果稳定。工伤伤残鉴定时机以工伤(职业病)者于医疗期满时的器官损伤、功能障碍及其对医疗与护理的依赖程度为准,适当考虑由于伤残引起的社会心理因素的影响做出判定结论。经初次鉴定后,对病情进行性加重或者需要进一步治疗者,应按国家社会保障法规的要求,对残情进行重新鉴定。

四、对伤残程度鉴(评)定结论的评价

鉴(评)定结论是鉴定人运用专门知识和技能,对需要解决的专门性问题进行鉴定后做出的结论,是证据的一种。只有正确反映客观事实、符合科学原理的结论才有证据作用。

正确评价伤残程度结论必须全面审查鉴定文书,着重抓住三个要件:

1. 事实要件。案件发生时间、地点、经过、现场的一般征象、受伤者的情况(伤情)。对于伤情的了解,源于反映客观伤情的原始基础材料,即由医疗机构的门(急)诊病历、住院病历、实验室检查报告、影像学资料(X片、CT片、MRI片等)及其他鉴定所需要的相关原始基础材料。评价原始基础材料具有真实、客观性,是做出科学结论的第一要件。

2. 医学要件。评价检验过程中检验方法是否正确、规范,是否应用依法计量认证或者认可的检测实验室检查结果,以取得客观指标;检验所见记录是否完整,反映的客观事实是否详尽。分析说明部分是否根据检验所见,依据医学原理阐明伤残的理论问题。当检验过程中获得的主、客观指标相矛盾时,以具有可重复性的客观指标为准。做出的结论是否分析说明的必然结果。

3. 法律要件。"以事实为根据,以法律为准绳。"在伤残程度鉴(评)定中,是否依照我国法律、法规规定,参照相关的国家、行业、部门制定的伤残程度鉴(评)定标准,对照条文(或附录)做出伤残等级的鉴(评)定结论。

第四节 诈病的鉴定

身体健康的人,无病装有病,称为诈病。以轻病装作重病、故意夸大原有疾病的症状、否定医疗效果或者病情好转,称为夸大病情。

诈病目的是为获得他人同情,骗取休假、劳保福利或者优厚的损害赔偿或者逃避工作分配、掩盖犯罪行为、希望减刑或者缓刑等。

一、诈病的一般表现

(一)伪装感觉功能障碍

最常见的如:假装头痛、头晕、神经痛、心绞痛或者腹痛,常在人前呻吟,或者用两手抱头,甚至伪装呕吐;假装夜盲,当天快黑暗时,就故意跌跌撞撞;假装双目失明,故意持杖而行,或者撞碰物件;假装耳聋、听不到讲话声,但当羞辱他时,即面部表情大变。

(二)伪装运动功能障碍

最常见的如:假装肢体瘫痪或者感觉障碍;假装两手震颤,但抖动很粗糙,无节律;假装失音或者失语,表示不能讲话,只能用手势或者笔谈;假装抽动,但意识清楚并不昏迷,或者故意双目紧闭、手脚乱舞。

(三)伪装内脏疾病

最常见的如:假装咳嗽、痰中带血、胸痛,自称患有肺结核;故意用催吐剂或者机械的方法引起呕吐,有时呕吐物中尚混有血液;假装急性胃炎或者溃疡病;将肾炎病人的尿液作为自己的尿液,或在自己的尿液内渗入蛋白或者血液;亦有预先将血液和蛋白的混合液注入尿道内,再在医师面前排尿,诈称患肾炎、血尿;将蔗糖或者葡萄糖渗入尿液内,诈称患糖尿病等。

(四)伪装精神病

在诈病中比较多见,其中可能出现在犯罪以前,也可能出现在实施犯罪行为的当时,但较多见的是事后伪装。常见的伪装是较简单的精神障碍,如:兴奋发作、聋哑、肢体瘫痪、痴呆、木僵状态等。往往不持久、不自然,且多为突然发作,并多在发作短时间内表现安静或者症状消失状态,但有时又间歇出现。但要注意,真正的精神病人,特别是精神分裂症病人,也可能表示自己是精神病的伪装者。因此,被鉴定人承认自己伪装,不能作为确定伪装精神病的唯一根据,必须做全面分析。

二、诈病的特点

诈病是否逼真,取决于诈病者所具有的医学知识及其模仿真病人的水平,但无论装得多么认真,终究会露出蛛丝马迹,不可能毫无破绽,在经验丰富的法医学鉴定人面前,最终会露出真相。尽管假装的病种繁多,但一般有如下共同点:

(一)症状混乱而矛盾

诈病者假装一种疾病时,不可能将这种疾病应有的典型症状和体征表现得很具体、全面,也不会将各种主要症状正确地组合起来。因而诈病者在叙述症状时往往出现混乱,前后矛盾,易为有丰富临床经验的专科医师所识破。

(二)过分夸大症状

诈病者要表现出某种疾病的一定典型症状往往由于过分的夸大,反而暴露了自己的假装。

(三)不正常的病程

各种疾病的发生、发展和转归都有一定的规律,对于某种特效治疗总会有一定的疗效;而诈病者的病情往往特别顽固,对任何治疗和休息都不起作用。因此,在严密的临床观察下,不正常的病程也能揭露诈病者。

(四)突然的恢复

诈病者病情恢复往往是突然好转或者痊愈。特别是那些假装慢性病者,鉴于长期欺骗难以见效,或其诈病的企图、目的已经达到,就突然结束其诈病症状宣告痊愈。

(五)一群人患同样的疾病

一个人诈病成功,达到了目的,满足了要求,有时会向别人传授诈病的诀窍,于是在一群人中"流行"同样的病。

三、诈病的法医学鉴定

对诈病的鉴定,应邀请相关学科经验丰富的专家协助进行检查,必要时住院观察。

(一)审查书证材料

审查医院病历记录、手术记录、各种化验结果、处方、X片(CT片、MRI片)、心电图、脑电图等资料,全面了解病史,了解发病、诊断、病程、治疗情况,从中判断病的真假。必要时复核该项检查,以资对比。

(二)详细的案情调查

观察被鉴定人的心理状态,了解有无诈病的动机、目的和企图。

(三)仔细的体格检查和临床医学检验

诈病没有固定的、特殊的检查方法,应将主观检查与客观检查相结合。为了防止假证,检验医师应亲自选取检材。

四、诈病法医学鉴定中的应注意事项

法医学鉴定人做出鉴定结论时,要从客观资料出发,不能抽象臆断,鉴定必须解决如下几个基本问题:

1. 被鉴定人有什么疾病,原因何在。
2. 该疾病是否具有客观材料加以证明。
3. 提供的材料,是由疾病的性质所决定,还是由于被鉴定人伪装所致。
4. 被鉴定人的病程、病症是否符合一般规律,疾病的发生、发展、转归是否和客观材料相一致。
5. 被鉴定人对于治疗的态度如何,有没有拒绝和不遵守医疗措施以及其他方法企图恶化疾病或者延缓痊愈过程的情形,是否有否定治疗效果的企图。
6. 是否具有客观材料证实被鉴定人所提出的疾病是假装的,假装疾病是故意还是病态(癔病、精神病)结果,从而得出被鉴定人是否诈病。做出诈病的结论,应十分慎重,这关系到被鉴定人的声誉及其相应的法律后果。
7. 被鉴定人假装疾病的情况,各鉴定人是否认为已证实。

第五节　造作病(伤)的鉴定

凡运用各种机械的、物理的、化学的或者生物的方法,故意损害自己身体或者授意别人代作疾病(损伤),称为造作病(伤)。

造作病(伤)者的动机、目的:

1. 逃避刑事责任,如为了隐瞒贪污、盗窃等非法活动,转移侦查视线。

2. 伪装积极，骗取领导信任、骗取荣誉。

3. 逃避工作分配、考试或者骗取病假而进行造作伤，假称发生了不幸灾害事故。

4. 诬告陷害他人，以达到敲诈勒索、索取赔偿及报复等目的，如诬告被强奸造成损伤。

一、造作伤的一般表现

(一)部位

1. 损伤多在本人两手能达到的部位。一般用右手造作的伤，多在身体的左侧部，在右侧部者较少，在背部者更少；左手造作的伤则反之。别人代作的损伤，可在身体的任何部位，但都在耐痛的部位。

2. 多在无生命危险的部位。

3. 部位常与造作的目的相适应。

(二)程度

自伤者仅为了达到个人的某种目的，绝不愿意失去生命。因此，造作的损伤，一般都是轻伤，多在没有生命危险的部位，不伤及脑、心、肺等重要器官。但是，由于有的造作伤者缺乏医学知识，原来想造作轻伤的，结果却造做了重伤、残废甚至是致命伤。

(三)致伤工具和损伤性质

致伤工具中，以锐器（如剃刀、小刀、匕首、菜刀等）造成损伤的，割创较多见，砍创或者刺创较少见。用钝器造成的损伤又较锐器少见得多。枪击造作伤，国外较常见，而国内却罕见。锐器割创常是一部位有多处损伤，尤其是颈部割创，方向一致、程度一致、大小一致、表浅密集、平行排列，随体表弧度而弯曲延伸。几乎每一例割创，起刀必有试刀痕，收刀呈鱼尾状伤痕。

(四)诉说损伤经过前后矛盾

自伤者经常有一套预先准备好的对损伤的说明（意外、疏忽、袭击等），并把一切都说得非常详细圆滑。但是，如果仔细地反复地询问，就不免语言颠倒、前后矛盾不符合逻辑，难以自圆其说。但有的人则采取逃避询问的做法，把一切推诿于当时被打昏迷，因此什么也不知道，不能陈述受害经过，企图蒙混过去。也有的模棱两可，情节说的似是而非、含糊其辞。

(五)衣着破损情况

在四肢或者胸部造作伤，衣服并无破损；如有衣服破损，应仔细检查衣服破损的层次、部位、数目、排列、方向、大小、破损边缘是否整齐等，并与身体的损伤进行比对是否一致。衣服上血液污染的特征，是否符合此种损伤当时出血的一般特征。

(六)团体内可能出现同样的造作伤

造作伤者如能很顺利地达到目的，有时他教给别人造作损伤，甚至亲自给别人代作损伤,从而在该团体内“流行”起来。

二、造作病的各种方式

造作病的方式很多,常见的有:

(一)造作心脏病

长期服用影响心脏功能的毒物,如烟草叶、浓咖啡、金雀花等,外加过度劳动、夜间不眠,使心脏功能障碍,引起心跳过速、脉搏不整,以此自称患心脏病,企图瞒过医师。但经过住院检查、反复化验尿液、找出毒物成分,即能辨明是造作病。

(二)造作支气管炎

吸入刺激性气体,如盐酸蒸气、硝酸蒸气、二氧化硫气体等,即能引起支气管炎。此病与感冒、感染性支气管炎等发生者,在临床过程中没有明显区别。因此,不能用医学诊察来鉴别,只有用侦查方式来确定。

(三)造作黄疸

长期服用苦味酸、丫啶或者其他毒物等,能造作假的黄疸,待引起中毒性肝脏疾患之后,即变成真的黄疸,排泄胆汁性粪和胆汁尿。如果及时检验尿液、粪便,尚能发现毒物的成分。

(四)造作糖尿病

服用蔷薇根皮苷、间苯三酚,能引起皮苷糖尿病;用四氧嘧啶、双四氧嘧啶能引起四氧嘧啶糖尿病。此时,如果住院观察,监视病人,反复化验尿液,发现毒物成分,即能揭破造作病。

(五)造作溃疡

在肢体皮肤上,尤其在小腿上,涂敷硝酸软膏、斑蝥软膏等,造成人工的起疱乃至溃疡;或更对溃疡加以药物的或者机械的刺激,使之扩大不愈,成为慢性溃疡。如果住院观察,在严密监视下,当能识破。

(六)造作的结膜炎

使用机械的(沙子、木屑、粉末等)、化学的(硝酸银、硫酸铜、肥皂水等)方法刺激眼睛,往往引起结膜炎、角膜混浊等,可以瞒过医师。但经住院观察,除去刺激物,施行消炎、对症治疗,在短期内即可好转。

(七)其他

有用塑料瓶塞反复塞入肛门造成直肠脱肛者;有用石蜡注入踝关节皮下造成肿胀致行走困难者等。

三、造作病(伤)的法医学鉴定

(一)了解案情

详细询问“被害”的全过程,包括时间、地点、凶手人数和特征、所用凶器、打击部位和次数、双方位置关系、有无抵抗搏斗、凶手逃走去向等。在听取其陈述和答疑中,经常会发现:(1)陈述受伤经过情况离奇、不合情理,违反他杀伤规律、特点;

(2)自述受伤经过与损伤检查有矛盾;(3)损伤情况与衣着情况有矛盾;(4)自述受伤经过与现场勘查有矛盾。故务必做好详细记录。

(二)损伤检查

这是判断造作伤的科学根据,因此,必须注意损伤的部位、数目、方向、性状、程度等造作伤特征,并附照片和图解做出说明。必要时进行辅助检查或者住院观察。但应注意有人不遵守医疗措施,故意刺激创口,企图延缓治疗或者使伤口恶化。

(三)衣服检查

应仔细检查衣服破损情况,并与身体的损伤进行比对是否一致。

(四)现场勘查和事件重建

详细观察、记录和收集现场所见的物证。条件许可时,最好使被鉴定人就地再次介绍并表演"被害"过程,这对推断是否造作伤很有价值。

四、造作病(伤)法医学鉴定中的应注意事项

法医学鉴定人在鉴定时应着重解决如下几个问题:

1. 发现被鉴定人有什么损伤或者是人为的疾病,损伤是用什么工具、手段造成的。

2. 被鉴定人所提供受伤情况的说明,是否与客观材料相符合。

3. 被鉴定人是否愿意对已经发现的情况重演一次。

4. 火器伤时,射击是在什么样的距离进行的,射击的方向、射入口和射出口是在什么部位,并判定是用什么样的枪支射击的。

5. 被鉴定人关于受伤经过时期的陈述,是否与客观材料相符合。

6. 能不能在损伤部位发现造成损伤的任何致伤工具所遗留的残渣或者痕迹。

7. 损伤的轻重程度对于生命的危险性怎样,为了医好损伤需要多长时间。

8. 被鉴定人对医疗的态度如何,有没有不遵守医疗措施、企图恶化疾病或者延缓痊愈过程情形。

9. 被鉴定人的精神状态怎样,是否需要法医精神病学鉴定。

第六节　性问题的法医学鉴定

一、概述

(一)性问题法医学鉴定的意义

为了保护公民的人身权利、性的不可侵犯的权利以及婚姻权利等,人民法院在受理的刑事及民事案件中,如伤害、强奸、离婚、血亲关系等诉讼活动中,经常需要对有关当事人就生殖功能、性功能等问题进行法医学鉴定,旨在获得证明案件真实情况的直接及间接的各种证据或者信息材料,这是科学办案的需要,也是正确定案及适用法律的需要。

性问题法医学鉴定的范围很广,主要内容包括以下几个方面:

1. 性成熟的鉴定;

2. 性功能的鉴定;

3. 生育能力的鉴定;

4. 生殖器畸形的鉴定;

5. 强奸的鉴定;

6. 性心理障碍的鉴定;

7. 婚姻能力的鉴定;

8. 妊娠、分娩的鉴定;

9. 非法堕胎的鉴定;

10. 杀婴的鉴定;

11. 性传播疾病的鉴定;

12. 人工授精和体外受精——胚胎移植的鉴定;

13. 计划生育事件的鉴定;

14. 亲权的鉴定。

(二)人身检查的法律依据

刑事诉讼法第105条规定:为了确定被害人、犯罪嫌疑人的某些特征、伤害情况或者生理状态,可以对人身进行检查。

犯罪嫌疑人如果拒绝检查,侦查人员认为必要的时候,可以强制检查。

检查妇女的身体,应当由女工作人员或者医师进行。

可见,关于人身检查问题,法律已有明确的规定,从规定中不难理解:人身检查包括男性及女性的人身任何部位(包括性器官)。只要是为了确定被害人或者犯罪嫌疑人的某些特征、伤害情况、生理状态的需要,就可以对性器官进行检查。

(三)性问题法医学鉴定时应注意事项

性问题法医学鉴定应注意以下问题:

1. 对被害人不能强制其接受人身检查,应当说服教育,取得其同意后才能检查。

2. 对被害人应关心、同情、尊重,不得羞辱和侮辱人格。

3. 检查妇女身体时,由女法医或者医师担任;如无女法医或者医师,应有女工作人员在场。检查地点应该是他人能够听到和看到的,但检查本身又是隐蔽的。

4. 如果需要照相固定,应与被害人商量并取得其书面意见。

5. 检查结果应写成笔录,由参加检查的人和见证人签名。

6. 检查结果应注意保密。

二、强奸案件的人身检查

(一)强奸的概念

强奸,是指男女间一方强迫另一方与之发生性行为。男方强迫女方与之发生性行为,称强奸妇女。我国和世界上绝大多数的国家,法律惩治的强奸罪都是指强奸妇女。我国刑法第236条规定:以暴力、胁迫或者其他手段强奸妇女的,处3年以上10年以下有期徒刑。奸淫不满14周岁幼女的,以强奸罪论,从重处罚。强奸妇女、奸淫幼女,有下列情形之一的,处10年以上有期徒刑、无期徒刑或者死刑:

1. 强奸妇女、奸淫幼女情节恶劣的;
2. 强奸妇女、奸淫幼女多人的;
3. 在公共场所当众强奸妇女的;
4. 两人以上轮奸的;
5. 致使被害人重伤、死亡或者造成其他严重后果的。

法律概念认为,男性违背女性意志、采用暴力、引诱、胁迫、欺骗、药物或者其他手段,强行与女性进行性交,只要男性阴茎接触到女性阴道前庭,则不论射精与否或者处女膜是否破裂均已构成强奸行为。

强奸严重侵犯妇女人身权利,并造成妇女身体和精神创伤,甚至诱发精神病、妊娠、性病或者导致死亡的严重后果。

(二)对被害人的人身检查

对被害人的人身检查主要任务是:明确有无性交的证据;是否存在违背妇女意志即暴力证据;被害人的年龄及精神状态等。

1. 性交的证据

(1)处女膜检查:处女膜常在初次性交时破裂。处女膜破裂,多位于膜的下半部,如以钟盘表示,即4~5点和7~8点之间,85%为完全性破裂。典型的处女膜新鲜撕裂伤表现为破裂缘红肿、出血,并有凝血,接触时有痛感,经过2~3日后,炎性现象逐渐消失,约1周后痊愈。此后裂口的边缘变圆,很少见到瘢痕。因此,案发后应尽早进行处女膜检查,因为随着时间的推延,损伤修复,会影响检查的结果。在有些情况下,尽管未经性交,由于手指和异物的插入等猥亵行为,也可能引起与性交相同的变化。如果处女膜的弹性好,即使性交也不会留下显著的变化。如以处女膜的检查作为强奸的证据应该慎之又慎。对于不满14周岁的幼女,由于阴道口较小,成人的阴茎插入比较困难,所以只要双方生殖器接触即可以认定奸淫既遂。

(2)阴道检查:阴道检查目的在于发现可能存在的阴道损伤以及收集阴道内容物。对于儿童来说,阴道检查通常可以不做,但当阴道有流血时,则应进行阴道检查。检查可在常规麻醉下进行,以便修补可能存在的阴道损伤。阴道穹隆及宫颈的肉眼观察可以借助于小型阴道扩张器,但不要使用润滑剂,以便收集检材。如果不做阴道检查,可将一端带有注射器的导管轻轻插入阴道,以便收集阴道内容物。

(3)肛管检查:当疑有肛交时应当进行肛检。与阴道检查相似,肛管检查的目的是明确有无损伤及遗留的精液等证据。

(4)双合诊检查:目的在于进一步了解有无阴道潜在的损伤而引起的触痛,以及是否存在妊娠的可能。

(5)精液检查:在强奸案件中,由于种种原因,如犯罪嫌疑人患有不射精症或者为反侦查而戴了阴茎套等,被害人阴道内并不一定有精液。又如阴道内未检出精液成分,有可能是检材时间长,或已腐败变质,或检材量太少,或检验设备差,或鉴定人经验不足,或其他原因,未检出精液成分不等于没有精液,未检出精子,更不能否定有过性交。不过,若在阴道内检出精液成分或者精子,则是性交的可靠证据,在检出精液成分或者精子时,应当进一步做同一认定。

2. 暴力痕迹的证据

在暴力强奸的情况下,除上述生殖器官检查所见的各种损伤外,受害妇女身体的各部位可留下暴力痕迹。如外阴部、大腿内侧、腹下部、颜面部及四肢部位检见皮下出血、表皮剥脱、抓痕、咬痕或者压痕等;颈部检见勒痕或者扼痕等。其他能够证明的痕迹如衣服碎片、血迹、精斑及强奸时留下的污物等。

3. 其他证据

(1)年龄:一般说来年龄的认定并不困难,可以根据出生年月来确认,但在极少数情况下,如精神状态异常不能提供年龄证据的,则需要根据其生理发育及生物学特征来推断其年龄。

(2)精神状态:被害人有可能是精神病患者,也有可能在被强奸后出现严重的精神障碍,因此,有时需要对被害人进行法医精神病学鉴定。

(3)应对血液、精液、唾液等斑痕和毛发尤其是阴毛等做同一认定。土木屑及衣服碎片等都应由专人进行检查。

(4)性传播疾病检查可以为强奸的认定提供有价值的佐证。

(三)对犯罪嫌疑人的人身检查

对于犯罪嫌疑人的人身检查与被害人的人身检查内容基本相同,主要包括以下几个主要方面:

1. 性交的证据:主要检查阴茎,特别是龟头冠状沟、阴毛有无残留女性阴道细胞等。

2. 损伤的证据:主要是被害人在反抗的过程中留下的。应注意犯罪嫌疑人全身有无损伤,如面部、颈部、背部、胸部有无抓伤的痕迹,面、胸、上肢等处有无咬伤等。

3. 其他:衣服上有无血液、精液、唾液等斑痕,毛发尤其是阴毛有无被害人的成分。土木屑及衣服碎片都应进行专门的检验。

4. 性传播疾病：检查结果应与被害人相应的检查结果进行比对。

（四）对人身检查结果的评价

对人身检查结果的评价包括以下几个方面：

1. 认真做好对被害人、犯罪嫌疑人全身有无损伤的判定，尤其是被害人生殖器官有无损伤、处女膜有无新鲜破裂的判定。

2. 采集的精液、精斑、唾液及阴道分泌液等应进行血型、细胞学检查、DNA 分析，以确定其个体。

3. 若在强奸后检查出性传播疾病，应判定其传播途径；若在强奸后发现妊娠，应对胎儿和犯罪嫌疑人做亲子关系判定。

4. 必要时应对被害人的年龄及精神状态做出法医学鉴定。

三、性功能障碍和不孕（育）

（一）性功能障碍和不孕（育）的原因和分类

性功能障碍是指获得性满足的能力障碍，是成年男子或者女子从性欲状态到出现性高潮的整个过程中的任何一环节上所出现的异常状态。

性功能障碍的原因比较复杂，可分为器质性和心理性两大类，而在器质性功能障碍中又可分为神经性、血管性、内分泌性及生殖器畸形等。

男子性功能障碍主要可分为：

1. 性欲异常：如性欲低下、性欲亢进等。

2. 阴茎勃起异常：如阴茎勃起障碍、阴茎异常勃起等。

3. 射精异常：早泄、逆行射精及不射精等。

女子性功能障碍主要可分为：

1. 性欲异常：如性欲低下、性欲亢进等。

2. 性交困难：多见于阴道痉挛、阴道畸形及妇科疾病等。

3. 性高潮障碍，即缺乏性高潮体验。

不孕（育）症是指由于男性或者女性的原因引起的不能生育。从整个生育过程看，男性的作用有二：一是产生正常生殖细胞即精子；二是使精子与卵子能够正常地结合。引起男子不育的原因也可以分为两大类，即精子生成障碍与精卵结合障碍。根据病因也可以将男性不育症大致分为：

1. 遗传性不育：由于染色体异常，导致生精过程障碍，引起睾丸无功能和不育。如 Klinefelter 氏综合征，其常见核型是 47，XXY 型及 46，XY/47，XXY 嵌合型。

2. 内分泌性不育：许多内分泌性疾病可以引起睾丸生精功能及性功能障碍，常见于性腺功能异常、垂体疾病、甲状腺疾病、糖尿病等。

3. 免疫性不育：由于精子具有抗原性，可以诱发机体产生抗精子抗体，在有补体存在的情况下，这种抗体可以抑制精子的运动，干扰受精活动。此外，精子本身免疫反应可以引起输精管道阻塞以及睾丸损害而引起不育。

4. 性功能障碍性不育:是由于精子与卵子结合过程受阻而引起的不育,见于阴茎勃起障碍、射精障碍等。

(二)阴茎勃起障碍检验鉴定

阴茎勃起障碍,是指性活动过程中性兴奋的持久抑制,在男性表现为阴茎勃起能力的全部或者部分丧失,或者虽能勃起但不能持续到性行为的结束。

阴茎勃起障碍的法医学鉴定较之于临床医学诊断更为复杂,它不但要明确阴茎勃起障碍的原因,还要排除可能存在的隐瞒或者夸大病情。尤其是病原学诊断对于法庭和保险公司在审理损害赔偿案件时尤其重要。此外,在强奸案件以及离婚案件的审理中,也常需要对有关当事人的阴茎勃起能力进行法医学鉴定。

阴茎勃起障碍常可分为心理性阴茎勃起障碍和器质性阴茎障碍两大类,而以器质性为多见。器质性阴茎勃起障碍又可分为神经性、血管性、内分泌性阴茎勃起障碍,临床上多以混合性阴茎勃起障碍为多见,故阴茎勃起障碍检验鉴定包括以下几个主要方面。

1. 病史调查

一份完整的病史对于法医学鉴定来说是必不可少的。病史调查包括现病史、既往病史和药物史。

(1)现病史:在离婚案件中,最常见的阴茎勃起障碍是硬度的降低和持续时间的缩短,而勃起能力全部丧失的较少见。除了极少数有明确的病因或者诱发因素外,绝大多数都是没有明确病因或者诱发因素的。对于这类案件,现病史的调查主要集中在性功能和性生活史的调查方面,旨在发现可能的潜在因素。在刑事案件及损害赔偿案件中,一般都有明确的心理性诱发或者器质性损害或者功能障碍,如神经系统、血管系统、内分泌系统结构或者功能的损害。应特别注意询问有无外伤、外伤的部位、程度、治疗经过、转归等。

(2)既往病史:既往病史对于阴茎勃起障碍的鉴定来说是相当重要的,既往病史重点是了解与性功能和性生活密切相关的病史。

下列情形可以导致阴茎勃起障碍:

外科手术史:如膀胱切除术、尿道切除术、前列腺切除术、直肠切除术等。

血管病史:髂总动脉病、髂内动脉栓塞、末梢血管病、阴茎异常勃起、阴茎静脉漏及骨盆骨折后等。

神经病史:Shy-Drager 氏综合征、脊髓病、多发性硬化、运动性共济失调、周围神经病、脊柱裂、侧索硬化性肌萎缩等。

下丘脑垂体功能异常:先天性 LH-FSH 分泌障碍、性腺功能低下、全垂体机能减退症、外伤、垂体肿瘤、外源性激素、高泌乳素血症等。

原发性性腺功能异常:染色体(Klinefelter 氏综合征)、双侧无睾症、性腺毒素、药物性性功能损害、性腺损伤(外伤)。

全身代谢性疾病：糖尿病、色素沉着症、酗酒、镰状细胞病、肝/肾功能衰竭、硬皮病等。

(3)药物史：临床上许多常用的药物往往对性功能有很强的抑制作用，因此，在法医性功能障碍的检案中，不要忘记了解被鉴定人的用药史。

下列药物对阴茎勃起功能有抑制作用。

抗精神病药：吩噻嗪、苯丁酮、硫蒽等。

抗抑郁药：三环类抗抑郁药、单胺氧化酶抑制剂等。

镇静剂：苯二氮类等。

降压药：中枢拟交感神经药、神经节阻断剂、β 阻断剂、血管扩张药、利尿药、乙酰胆碱抑制剂等。

其他：抗雄激素药、甲氰咪呱、冠心平、地高辛、消炎痛等。

2. 性功能史及性生活史调查

调查目的在于确定是否存在与阴茎勃起障碍有关的心理性因素，其重点集中在目前的性问题与阴茎勃起障碍之间的因果关系。性问题是一个比较敏感又难以启齿的话题，如何调查是一个技巧性很强的工作，现有许多专家们精心设计的调查表可以利用。性功能及性生活史调查应包括下列几个方面：

(1)目前性功能障碍的发生及发展情况

性功能障碍是否自第一次性生活开始并持续至今(原发性)？

以前是否有过性功能正常史，而性功能障碍是后来出现的(继发性)？

性功能是否时好时坏(间断性)？

性功能障碍是否仅出现在特定的条件下(条件性)？

性功能障碍是否仅出现在与特定的性伴侣发生性关系(性伴侣相关性)？

性功能障碍是缓慢发生的，还是突然发生的，有无丧偶、失业或者过分紧张性的突发事件等诱因？

阴茎勃起障碍是否伴有早泄或者延迟射精，它们出现在勃起功能障碍之前还是之后？

(2)非性交时阴茎勃起情况以及性欲和性态度等

手淫能否诱导勃起？有无夜间或者清晨阴茎自主勃起？(用以了解阴茎勃起能力是否全部丧失)

阴茎勃起的程度如何？充分硬度勃起与部分硬度勃起是如何理解的？(心理性阴茎勃起障碍都有低估自己能力倾向，可以立位时阴茎勃起角来估计)

阴茎勃起是否有性欲下降？如果有性欲下降，是发生在阴茎勃起之前还是之后？

对性生活及性功能是否期望过高？

(3)是否存在心理性性功能障碍的诱因

是否存在心理创伤性经历?

是否存在伴侣关系不睦?

是否有障碍性疾患?

3. 体格检查

全身体格检查:被检者营养状况、发育及健康情况,尤应注意有无甲状腺功能亢进或者低下,有无肝肾功能障碍及贫血征象;是否存在严重的心血管系统疾病;阴茎动脉听诊对于判断阴茎动脉供血情况特别是老年人及骨盆骨折后发生的阴茎勃起障碍是非常重要的。神经系统的检查应特别注意阴部神经功能,鞍部麻木、球海绵体肌反射减弱或者消失、肛门括约肌松弛,均提示可能存在潜在的脊髓圆锥的损伤。这种情况可见于椎间盘向内膨起或者腰骶部髓内慢性肿瘤。对于中枢神经系统外伤后并发阴茎勃起障碍的,应该重点检查神经系统损伤的相应体征,确定损伤的范围和程度;对于骨盆骨折伴尿道断裂后并发的阴茎勃起障碍,应该重点检查阴部的感觉和运动功能是否正常,腹壁反射、提睾反射、指肛反射及球海绵体反射是否正常,手淫或者按摩时阴茎能否勃起等,此外根据阴茎龟头的颜色和温度也可以对阴茎的供血情况做一个大致的判断。并可根据临床检查结果做进一步的实验室检查。

生殖器检查:检查第二性征发育情况尤其是阴茎、睾丸、附睾、精索及前列腺的情况,目的在于排除生殖器先天性或者后天性畸形。通过仔细的海绵体触诊,了解有无 Peyronie's 小体的存在。包皮异常比较容易发现。小睾丸和第二性征的减退表明有性功能低下的可能。胸部检查可以了解有无男性乳房女性化的存在。

4. 实验室检测

(1) 阴部神经电生理检测

这主要是确定阴茎勃起障碍是否由于阴部神经结构与功能障碍引起的。它需要特殊的仪器设备,即神经诱发电位仪和阴茎植物神经功能检测仪。

①骶髓生殖反射弧(SRL)

检查生殖骶髓反射弧结构与功能,其方法是用电流刺激阴茎背神经,同时记录球海绵体肌或者肛门周围括约肌肌电反应。当该反射弧结构或者功能遭到破坏时,诱发电位波幅降低、潜伏期延长或者波形消失。临床出现阴茎勃起不坚或者坚而不久。

②生殖皮层体感诱发电位(CPEPs)

检查阴茎背神经至大脑皮层生殖投射区的神经传导通路结构与功能。其方法是用电流刺激阴茎背神经,同时在头皮记录大脑皮层生殖诱发电位。当该神经通路的结构和功能遭到破坏时,诱发电位波幅降低、潜伏期延长或者波形消失。

③脊髓生殖体感诱发电位(SPEPs)

检查阴茎背神经至骶髓中枢传导通路结构与功能。其方法与生殖皮层体感诱发电位基本相同，所不同的是记录电极按放在脊柱的腰1水平，记录骶髓生殖诱发电位。当该神经通路的结构和功能遭到破坏时，诱发电位波幅降低、潜伏期延长或者波形消失。

④生殖皮层运动诱发电位（CMEPs）

检查大脑皮层生殖运动区至阴茎海绵体肌神经传导通路结构与功能。其方法是用电磁刺激器跨颅刺激大脑皮层生殖运动区，并在阴茎海绵体表面记录肌电反应。当该神经通路的结构和功能遭到破坏时，可以出现阴茎勃起时缺乏足够的硬度。

⑤生殖骶髓运动诱发电位（SMEPs）

检查骶髓至阴茎海绵体肌神经传导通路。其方法是用电磁刺激器直接放在脊柱表面刺激骶髓神经根部，同时在阴茎表面记录诱发肌电反应。当该神经通路结构或者功能遭到破坏时，诱发电位波幅降低、潜伏期延长或者波形消失。

（2）阴茎海绵体单电位分析（SPACE）

检查是使用阴茎海绵体肌电图描记仪。其方法是用两根同心针电极分别插入双侧阴茎海绵体，在被检者处于绝对安静的情况下记录阴茎海绵体肌自发电位。正常海绵体肌电位呈峰样波（Spikes），时程约5～15秒，波幅为250～750uV，时相为8～22，同一个体波形非常一致，双侧海绵体肌电位对称。当支配海绵体的植物神经通路的结构和功能遭到破坏时，可见挥鞭样波和暴发样波等病理波形。

（3）血管功能检测

确定阴茎勃起障碍是否由于阴茎动脉供血不足或者静脉回流障碍引起的。常用的方法有下面几种：

①Doppler阴茎动脉血流检测

根据Doppler血流信号的强弱来判断双侧阴茎背动脉及双侧阴茎海绵体深动脉供血情况。

②阴茎动脉与肱动脉血压指数测定（PBI）

采用Doppler超声监听仪测量阴茎两侧背动脉血压，计算其收缩压与肱动脉收缩压比值。PBI＞0.75表示阴茎动脉血流正常；PBI＜0.6表明有动脉供血障碍，但40岁以下正常人可能在0.6～0.7。

③双联彩色超声图（Duplex Penile Sonography）

采用彩色超声显像仪，可以实时显示阴茎动脉血流、阴茎背动脉和海绵体深动脉之间的交通支、双侧海绵体动脉之间的交通支以及阴茎静脉血流等。

④选择性动脉造影

选择性动脉药物造影可以明确显示血管的形态、闭塞的部位、范围、程度和性质等。但由于此项检查系创伤性，临床上一般只在血管重建手术之前，为了确定血管功能障碍的部位时才做。

⑤海绵体造影

这是一种创伤性检查,主要用于检查阴茎静脉回流功能。一般只在静脉结扎手术之前做,以明确静脉回流障碍的程度和部位。

(4)内分泌腺体功能检测

确定阴茎勃起障碍是否由于内分泌腺体功能障碍而引起。与阴茎勃起障碍有关的内分泌因素较多,但最主要的是下丘脑——垂体——性腺轴。下列各项应作为常规检测内容:

①睾酮(T)

在原发性及继发性性腺功能低下时,血睾酮浓度均减低,但在特发性高催乳血症,其可以是正常的。

②黄体生成素(LH)及促卵泡激素(FSH)

当LH及FSH减低,同时睾酮也减低时,表明系低促性激素性性腺机能低下,病变位于下丘脑或者垂体,应做GnRH克罗米芬刺激试验;当LH及FSH增高,但睾酮减低,表明系高促性腺激素性性腺功能低下,其病变在睾丸;当LH及睾酮减低而FSH正常时,表明系选择的LH缺陷造成的睾丸功能低下。

③催乳素(PRL)

升高见于丘脑、垂体病变、垂体肿瘤等。

④雌二醇

升高见于雄激素耐受、肾上腺皮质瘤、肝硬化及男性乳房女性化等。

(5)阴茎夜间勃起能力监测(NPT)

目前较为准确与客观的方法是使用阴茎勃起功能监测仪(RigiScan)。该仪器能自动记录被检者夜间睡眠时阴茎勃起的周径及硬度变化的强度、频率、持续时间等。根据周径及硬度变化的强度、频率、持续时间可以判断阴茎勃起正常与否。一般认为,阴茎勃起障碍,若夜间阴茎勃起正常者多为心理性阴茎勃起障碍;而夜间阴茎勃起异常,多为器质性阴茎勃起障碍。

(三)阴道痉挛检验鉴定

当阴茎企图插入阴道时,由于阴道口周围肌肉发生痉挛以致不能性交或者性交剧痛。阴道痉挛是女子不能控制的一种反应。严重时阴道平滑肌高度痉挛闭合,不但阴茎不能进入,甚至连手指都插不进。有时阴茎虽然能够勉强插入,但阴茎抽动时无论动作怎么轻柔、缓慢,仍有腹下部剧烈疼痛。有些人虽然能够勉强性交,但性交带来的不是愉悦而是痛苦。

阴道痉挛可以出现在任何年龄,占女子性功能障碍的10%。其发病的原因绝大多数属于心理性,其次所有能够引起性交疼痛的器质性病变均可引起阴道痉挛,实际上这是一种反射性的保护反应。

阴道痉挛的妇女的性欲、阴道腺体分泌功能均正常,但由于害怕性交,久而久之会影响正常的性反应，出现性厌恶、性冷淡等。

阴道痉挛法医学鉴定方法

1. 了解病史：经期不能使用阴道内置式卫生巾，性交时阴道痉挛，阴茎插入困难等，并了解有无潜在的心理性诱因。

2. 妇科检查：有无引起性交疼痛的潜在性器质性病变。

（四）对性功能障碍和不孕（育）检验鉴定结果的判断

对于性功能障碍和不孕（育）检验鉴定结果的判断：被鉴定人有无性功能障碍或者不孕（育）症；性功能障碍或者不孕（育）症的性质和原因；性功能障碍或者不孕（育）症的严重程度等。

四、性心理障碍

（一）性心理障碍的概念

男性性心理学是心理学的一个分支，并且与性生理及医疗实践有着密切的关系。它的主要内容是男性性心理的发育及变态心理与性行为的心理学分析。因此，男性性心理学知识对于建立健康的性心理状态，正确的分析、解释性欲异常及犯罪性行为是极为重要的。所谓性心理障碍，是指在性生理发育过程中，某一阶段的发展不顺利或者受阻抑，可因固定作用（fixation）而使其停滞在某一阶段则不发展，或者因退缩作用（retression）使其恢复到与实际年龄不相称的性心理幼稚状态。研究证明，早期性心理发展史上的挫折和创伤等所造成的潜意识性能量转换机制障碍与成年后性欲倒错的发生常有心理动力学上的相关性。如窥阴癖者可能是因心理创伤使其性本能"力必多"（libido）的发展受阻，经转移并沉着于眼部所致。

（二）性心理障碍的表现类型

1. 属于行为偏离的变态性心理和性行为

变态性心理的共同特点是对正常人不引起兴奋的某些物体或者情境对变态性心理的人却有强烈的性兴奋作用，从而在不同程度上干扰了正常的性行为方式，主要表现为性兴趣和宣泄方式的变态。

（1）恋物癖

凡是反复以选择异性的某种特殊物品或者人体的某一特定部位的方式获得性乐趣或者性感者谓之恋物癖，以男性为多见。

恋物癖者的恋物指向以异性的内衣、内裤、手帕和鞋等贴身物品为多见，亦有以异性的提包、浴具、饰物或者猫、狗等宠物为恋品者。恋物癖者常为此而偷窃之、抚弄之，以促发其性兴奋，有时常辅以手淫达到性高潮。

恋物癖者由于性宣泄方式的变态、性兴趣的异化，往往缺乏正常性生活能力，也很少对妇女施以暴力。

恋物癖者常为获取恋物而进行偷窃，并常因不能控制而成为惯犯。

恋物癖的行为，如果发生于青少年或者年轻人，往往是暂时的，在建立了满意的两性关系后就消失了,其预后取决于交友及性活动的范围与程度。如果发生于单身而孤独的男子,预后较差。预后也决定于行为的频率,以及触犯法律与否。

(2)恋兽癖

凡是反复以禽兽为对象获取性乐趣者谓之恋兽癖。典型的恋兽癖者仅对禽兽有性兴趣,而对作为正常异性的人却没有性兴趣。不典型者则对禽兽有性兴趣,但多数情况下可能对禽兽和人均有兴趣。

恋兽癖者多以马、牛、羊、猪、驴、猴、猫、狗、鸡、鸭、鹅等作为性对象,进行抚弄、亲吻、性交以获得满足。恋兽癖者以农村、牧场之饲养员为多见。

典型的恋兽癖者均可能存在着严重的人格缺陷或者心理障碍,而使其对性的吸引超越了物种界限,达到了人畜颠倒的境地。不典型的恋兽癖者则以发泄性欲为目的而致人畜不分,表明其内在的自制力较差或者很差。

(3)恋童癖

凡是反复以幼童作为性对象来获取性乐趣者谓之恋童癖。如果恋童癖者所选择的对象为自己的子女或者家庭成员则谓之近亲乱伦。

由于幼童的性器官发育不成熟,也无性能力,故恋童癖者多以窥视、抚摸玩弄幼童身体或者性器官以实现其性幻想,获得性满足,而极少实施真正的性交。但若有肛交或者性交或者其他暴力行为者常可造成严重的后果。

恋童癖者多数系因人格缺陷或者心理障碍而使其性行为对象不能指向成年异性,或者对成年异性根本不感兴趣。故恋童癖者除有恋童行为外,常兼有性格内向、意志薄弱或者性能力低下。

(4)露阴癖

凡是反复以在异性面前裸露性器官或者性感部位来获取性乐趣者谓之露阴癖。多见于男性,女性少见,这是一种常见的性变态,多见于成年男性,故意在妇女面前裸露生殖器官,甚至伴以各种下流手势。这种行为并不是为了引诱异性,而是为了显示自己的男性能力。他们中相当多数人性生活能力低下,或者是在童年期性发育过程中受过挫折,因此,他们采用这种方式来宣泄自己的性压抑。露阴癖者很胆怯,一般不对妇女采取暴力行为。

(5)窥阴癖

凡是反复以窥看异性裸体、性器官或者性交场面等来获取性乐趣者谓之窥阴癖。典型的窥阴癖者尽管千方百计以偷看异性裸体、性器官或者性交场面为乐,但对实际的异性却不感兴趣或者很少兴趣,亦无正常的性交欲望或者性交要求。所以窥阴癖者除了看以外,不会再有进一步的侵犯行为,具有“只看不做”的特征。

窥阴癖者常在一种不自主的强烈的性欲联想驱使下,冒险在厕所、浴室、左邻右舍偷看异性沐浴、更衣、大小便或者他人的性交场面,因此常被抓获受处罚,事后虽感后悔,但又无法自制不重犯。

(6)施虐淫癖和受虐淫癖

这是指以反复虐待对方或者受到对方虐待所造成的肉体或者精神上的痛苦获得性乐趣者。其中主动施虐于对方者称施虐淫癖或称主动疼痛淫;被动接受对方虐待者称为受虐淫癖或者称为被动疼痛淫。

施虐淫癖者多见于男性,受虐淫癖者多见于女性,这与男性具有的主动性、侵犯性及女性具有被动性、承受性的生物学本能一致。施虐淫癖的轻重程度差异很大,轻则无大危害,重者对社会危害极大,例如损毁性对象的乳房、生殖器官,以致杀害性对象,称色情杀人狂。

(7)性窒息癖

凡是用性窒息缺氧的方式来获取性乐趣者谓之性窒息癖。凡是以强化窒息手段、延长窒息时间的方法来强化性兴奋性而未能自行解脱以致发生意外死亡者谓之性窒息死或者性缢死。凡是以杀人方式来获取性乐趣者谓之淫乐杀人。

行动多在僻静处、空屋里和无人无声的情况下,使用绳索、衣带、铁丝等勒颈自缢,或者把头伸入密封的塑料袋中,或者用绳索把重物捆压胸腹部、堵塞鼻咽喉部等方法制造半窒息状态,通过有窒息所产生的紧张等方式刺激性兴奋或者射精而获得性满足,也有不少辅以手淫达到性高潮,但需要获得性兴奋的低氧程度可因人而异,有时因为了获得更强化的窒息状态或者延长窒息时间而导致死亡。若其行为过程是主动的,又发生于本人,称为性窒息死或者性缢死;若其过程为被动的,又发生于他人,则称为淫乐杀人。淫乐杀人不单纯指性窒息死者,凡是用各种残暴手段致人于非命,也不论对方有无反抗一律置之于死地,并常以奸尸、切割、碎尸等方式作为性交的替代方式或者性乐趣的代偿行为者均属淫乐杀人。

(8)其他

除以上七种外,还有易性别癖、恋尸癖、吸吮癖、手淫癖、吃淫癖、摩擦癖等。

2. 同性恋

以同性者作为满足性欲的对象。男女都有,男性较多。同性恋者厌恶异性,性对象转向同性,主动或者被动地从同性身上取得性乐趣,或者拥抱接吻、手淫、互擦生殖器官、鸡奸,或者一人装扮异性并借助其他物体刺激生殖器官等。

(三)对性心理障碍的评价

性心理障碍的变态性行为,表现为在歪曲的性冲动支配下,突然付诸行动,事前无周密准备,案发后供认不讳,并十分悔恨。虽经教育、处罚,仍一再复发,本人感到痛苦不堪,主动求医者不在少数。除色情杀人狂、施虐淫癖、恋童癖等少见的性变态者外,常见类型的性变态者罕有以暴力袭击性对象的情况。

对性心理障碍的评价:首先,进行法医学检验,详细询问性变态的起始时间、发展经过、表现特点、心理活动,并进行精神检查和心理测验;进行仔细的体格检查(包括生殖器官检查);进行家系调查;进行染色体及染色质检查。其次,进行法定能力评定,确认有无辨认或者控制自己行为的能力。除极少数外,绝大多数性变态者都有良好的辨认能力;而控制能力,有的稍有削弱,有的明显削弱,有的完全丧失。完全丧失控制能力者可能伴有辨认能力不同程度削弱。应依据不同情况进行法定能力评定。

五、其他性问题

(一)性别判断

判断性别应根据以下原则进行:染色体性别;性腺性别;生殖器性别;激素性别;脑性别;社会性别。

人类的性别取决于受精卵的遗传性别,性染色体为 XY 时,为男性;性染色体为 XX 时,则为女性。遗传性别决定性腺性别,男性为睾丸,女性为卵巢;性腺性别决定表现型——男女外观出现不同表现。三者互相依存,无论其中任何一个环节发生异常,均可导致性分化异常。

1. 性别异常的类型

(1)真两性畸形是指在同一个体内分化有男性睾丸和女性卵巢两种组织。内外生殖器都有两性的特征。其核型多样,可有 46,XY;46,XX;或者 46,XX/46,XY;46,XX/47,XXY 嵌合体。真两性畸形随其核型不同,临床表现也不一样,或者偏于男性或者偏于女性。

(2)男性假两性畸形。核型为 46,XY,性腺为睾丸,但生殖管道尤其是外生殖器或者具有男女两性的特征,或者呈女性,第二性征发育不良。本型包括:①Swyer 氏综合征,又称 XX 单纯性性腺发育不全症。性腺几乎是一未分化的索状结构,虽有睾丸组织但无原始的睾丸功能,因此既不能促使中肾管发育成男性生殖管道,也不能抑制中肾旁管发育成女性生殖道。生殖道为女性,有输卵管、子宫和阴道;外生殖器亦为女性。②睾丸激素合成缺陷,睾酮的产生始于胚胎期,其合成过程中有 5 种酶可有遗传性缺陷。如 20,22 碳链酶缺乏症,临床表现为女性。3β－羟类固醇脱氢酶缺乏症,临床表现为隐睾、阴囊分裂和不同程度的尿道下裂。17α－羟化酶缺乏症,临床表现为男性假两性畸形。17－酮类固醇还原酶缺乏症,临床表现为外生殖器可完全女性化,有一浅的阴道,但无子宫。③雄激素作用不全,系雄激素作用环节出现异常。如类固醇 5α－还原酶缺乏症,由于双氢睾酮生成不足或者不生成,尿生殖窦与外生殖器男性化障碍而向女性化发展。临床表现为阴茎小、阴囊对裂类似阴唇及前庭。因此,外生殖器颇似女性,无子宫与输卵管,但有呈盲端的阴道。

(3)女性假两性畸形。其核型为 46,XX。发病的原因是由于在女性的胚胎发育过程中雄激素过多,而致外生殖器在发育过程中出现不同程度的男性化。检查时可见性腺为卵巢,外生殖器属女性,但在不同程度上却类似于男性,如阴蒂肥大如阴茎样,阴唇肥大如阴囊样,兼有卵巢下垂于大阴唇内如男子的睾丸,致使外阴与男性者相似。

(4)混合性性腺发育不良症。患者性腺一侧为停留于腹腔发育较差的隐睾,另一侧为呈索条状未分化性腺的痕迹组织,这是一种特殊的两性畸形,又名不典型性腺发育不良症。此病半数以上性染色体基本组型是45,XO;46,XY嵌合体。此外尚有XY、XX;XO、XY、XX;XO、XY、XXY及XY和XO等。病理可见条索状未分化性腺侧的生殖管道为女性型,多有发育较好的输卵管和子宫。睾丸侧的生殖管道则依睾丸的发育情况以及嵌合体的核型不同,表现有所不同,但多有输精管和附睾。外生殖器不论偏男偏女均呈两性状态。

2. 性别异常的法医学鉴定方法

(1)染色体或者基因分型。性别是由细胞核内的Y染色体决定的。当在进行细胞核型分析时证明有Y染色体存在时,则可以推断被检者是男性。但有少数例外,有时由于性染色体分裂异常,X染色体占优势,则被检者表现为不同程度的两性化特征。当在进行细胞核型分析时检见嵌合型性染色体时,大多有明显的两性化特征。

(2)性腺类型。根据性腺是以睾丸还是卵巢为主来确定。但在有些情况下,由于睾丸未正常发育,Y染色体对性征的发育未能发挥正常的作用,染色体核型虽为XY但却表现为明显的女性化特征。

(3)外生殖器的表现形态。根据外生殖器的表现形态来确定性别比较困难。因为最常见的两性畸形是原始的生殖管道不能发育成正常的男性生殖器,在严重的尿道下裂时本应是男性的外生殖器却与女性外生殖器极其相似。除此之外,在女性,当肾上腺分泌过多时可引起外生殖器的肥厚而呈现为男性化特征,即所谓的肾上腺——性腺综合征。

(4)激素测定。根据不同情况,测定血液或/和尿液的有关激素或者其代谢产物的水平,以明确是否存在酶缺陷或者性激素异常。

(5)尊重社会性别。婴儿出生由父母认定或者由接产者认定的性别为抚养性别,以后随年龄增长各自自认性别。一旦自认性别确定之后,若想改变,势必会造成思想负担,难以适应改变了的社会生活。鉴定时,通过性染色体、性腺、生殖器官、激素等检查,可能与被检者自认性别相悖,此时要尊重被检者的社会性别。

3. 性别异常与婚姻权

大多数性别异常者无性交能力,也无生育能力,因此,无法行使婚姻权利,也就是无婚姻行为能力。在婚前检查时,若发现有性别异常者,应向有关部门反映,阻止婚姻登记。

(二)性成熟判断

性成熟与否没有明确的年龄界限,性成熟的迟早各人、各地、各人种差异甚大。男女性是否成熟主要看第一性征、第二性征及生殖细胞发育情况。我国法律规定,未满14周岁的为幼女、幼童。从法医学角度来说,14周岁不是性成熟与否的临界年龄。

性成熟的判断主要根据以下三个方面:

1. 外生殖器呈成年型。男性外生殖器阴茎变粗,性冲动时能勃起。女性外生殖器阴阜肥厚、大阴唇丰满、阴蒂会勃起,内生殖器阴道变宽,有性交基础。

2. 种子成熟。男性有性冲动时阴茎勃起,会射精,精液中有成熟的精子。女性能定期地分泌成熟卵子,有月经。

3. 第二性征(副性征)出现。男性有阴毛、腋毛,胡须出现,喉结变粗,声音低沉,肌肉开始结实。女性有阴毛、腋毛生长,乳房膨隆,乳头变粗,音调高尖,皮下脂肪开始丰满,体型曲线逐渐明朗。

需做性成熟判断的要经过人身检查,对第一性征、第二性征的各要素均需一一检视,还应调查被检者月经史及梦遗史等。

审理案件时应以法律规定的年龄,即是否已满14周岁划分幼女、幼童,不能凭性成熟与否来划分。这是因为以性成熟的起点年龄作为划分标准缺乏统一性。

(三)妊娠、分娩的鉴定

法医学鉴定工作中常遇到诸如有无妊娠、妊娠时间、与某些性行为有无关系以及曾否分娩、堕胎等问题。

妊娠也叫怀孕。妇女怀胎过程,从受精卵植入子宫(有的植入其他部位)发育成新的个体,直至娩出前,称妊娠。孕期满28周以后的胎儿及其附属物从临产发动至全部排出体外的过程,称为分娩。

1. 妊娠鉴定

(1)妊娠征象

妊娠妇女可出现一系列生理、体型及性格等变化征象:

①停经。即月经停止。月经是女子周期性子宫出血的生理现象,一般是成熟的卵排出后未受孕,此后子宫黏膜脱落,出血,每次持续3~5天,一般是28~30天来一次,相当准时。周期的正中间1~2天为排卵期,排出的卵一旦受精,正常的月经即停止,直至分娩后一定时间才恢复。

②妊娠反应。停经6周左右,可能出现食欲改变,偏食、恶心、呕吐,以早晨尤甚。一般在妊娠12~14周自行消失。

③乳房、生殖器官的变化。乳房膨隆胀痛,乳头色素沉着,乳晕明显,外生殖器、阴道黏膜颜色深,面部皮肤色素沉着等。

④子宫体从妊娠10周呈渐进性增大。

(2)辅助检查

取被检妇女的血液测定绒毛膜促性腺激素含量,能快速准确地诊断早期妊娠。超声检查、X线检查对确诊妊娠价值。

2. 分娩鉴定

鉴定妇女是否分娩,应详细了解其妊娠经过、娩产过程以及检查娩产后征象。自然分娩后子宫颈有裂伤,较松弛,子宫颈外口一般呈一字形(未分娩亦无人流的,子宫口圆形、紧缩)。此外,阴道壁伸展扩张,皱襞少,处女膜仅有残迹,外阴也可能有裂伤遗留的痕迹;乳房松弛,乳头粗长;腹壁留有永久性白色旧妊娠纹。

第七节 亲子鉴定

一、概述

应用法医学和人类学的理论与方法,对有异议的父母与子女的亲生关系,特别是父与子女的关系所做的科学判断。这种鉴定主要见于婚姻外生育,如男方否认子女系亲子、母亲本人不能确认子女的生父;被拐骗儿童认领;失散的家庭成员确认;医院产科取错婴儿;强奸致孕,确定罪犯;移民案件,需要证明亲生关系。非婚生子女的鉴定在于确定生父,母亲常被确认是生母。拐骗儿童及偷盗婴儿、移民案件的亲子鉴定涉及父、母、子女都不能假定为亲生关系。

在亲子鉴定中包括父权试验及人类学检查(指纹、掌纹、趾纹、足纹、PTC 味盲、耳垢型、外貌特征等)。父权试验是法医血清学的内容,主要是对各种血型包括红细胞型、血清型、酶型、白细胞型、唾液型进行检验以及 DNA 分析技术的应用,达到排除或确定父权或亲子关系。由于血型血清学的蓬勃发展,特别是近几年 DNA 分析技术在亲子鉴定上的应用,已使其成为父权试验最重要的手段。

二、亲子鉴定的基本原理

(一)基因

基因是遗传物质的基本单位,是 DNA 的片段。人类每个体细胞都有 23 对染色体,其中 22 对是常染色体,1 对是性染色体。基因位于染色体上,控制遗传性状。精子和卵子各带有每对基因中的一个基因。卵子受精后,两个基因组成子代的基因型。因此,子代染色体上的每一对基因,一个来自父亲,一个来自母亲(图 10-1)。

(二)基因型

一对染色体上的等位基因相结合成为基因型,在一对染色体同样座位上两个相同的基因组成的基因型称为纯合子,如 aa、bb,两个不同的基因组成的基因型称为杂合子,如 ab。一对染色体上同一座位上可有第三种基因,如 ABO 系统有 A、B、O 三个等位基因,可以组成 6 种基因型。A、B 基因为显性,O 基因为隐性。

父母的基因型决定着子女的基因型。如父母是同一基因纯合子(aa × aa 或

bb×bb),他们的子女都将是纯合子;若父母是不同基因的纯合子(aa×bb),他们的子女都将是杂合子(ab);若父母之一是纯合子(aa 或 bb),另一个是杂合子(ab),则他们的子女半数是纯合子、半数是杂合子;父母双方都是杂合子(ab×ab),他们的子女可能有三型(aa、bb、ab)。基因型可以通过家系调查确定。

(三)表现型

在法医学中主要是指血型性状的表现。如 ABO 系统的 a、b 基因,不论以纯合型(aa 或 bb)或杂合型(ao 或 bo),都可以表现为 A 或 B 的性状。O 基因只在纯合型(oo)时才能表现出来。这种表现型是可以直接测定的,通常所说的血型均指表现型。

(四)遗传及其遗传规律

血型系统的遗传标记按孟德尔规律遗传:

1. 每一个基因完整地传给子代;

2. 不同的基因独立遗传;

3. 一对基因分别授予两个配子;

4. 子代半数基因来自父亲,半数基因来自母亲。

血型遗传规律可归纳为:

1. 孩子不可能带有双亲都没有的血型基因。

2. 孩子必定得到双亲各方的一对等位基因中的一个。

3. 只有在双亲都带有一个相同基因(如 A)的情况下,孩子才有可能带有两个相同的基因(AA)。

4. 双亲中的一方或双方为某个基因的纯合子时(如 AA),这个基因(A)必定在孩子中表现出来。

根据上述规律,鉴定亲子关系的基本原理可以归纳为以下两点:

1. 在确认孩子的某个血型基因必定来自生父,而嫌疑父亲并不带有这个血型基因时,可以排除他是孩子的生父。显然,检查的血型系统越多,假的父亲被排除的机会就越大;这些血型系统的排除能力,可以用累积排除概率或母子对排除概率做定量比较。

2. 在确认孩子的某些血型基因必定来自生父,而嫌疑父亲也带有这些血型基因时,不能排除他是孩子的生父,即有可能是孩子的生父。然而,这个可能性究竟有多大,可以通过计算嫌疑父亲和孩子之间的亲子关系指数或亲子关系概率做出定量估计。

三、非父排除率

不是真正父亲而被误控为生父,经过一些血型系统检验而被否定为生父。但是由于检测的血型系统有限,排除能力不够,则没有血缘关系的男人也会与生父的血型相偶合,非父而没有被排除。这就要知道非父被控为真父的男人中,应用各血型系统排除父权有多大的可能性。这就是通常所说的父权排除率,或非父排除率。

(一)由遗传标记(血型)排除父权

由遗传标记(血型)排除父权包括以下几种情况:

1. 孩子有某种遗传标记,而母亲没有,嫌疑父也没有该遗传标记,他应被排除为生父(表10-1)。

2. 如果嫌疑父具有一对遗传标记,其中之一必须遗传给子女,如果孩子没有这种遗传标记,这个嫌疑父不是生父(表10-2)。

3. 孩子是某种遗传标记的纯合子,如EE,而嫌疑父没有该遗传标记,可否定为生父。

4. 孩子缺乏某种遗传标记(如M-),而嫌疑父却是该种遗传标记的纯合子(MM),可否定为生父。

前两种排除父权,是用血清学方法查清有无某种遗传标记,故称直接法,其结果比较可靠,而后两种是根据某种试验阴性结果,推断为纯合子,称为间接法,下结论时应慎重。直接法最好有一个以上的遗传标记排除父权,间接法排除父权的遗传标记数量最好更多一些。

表10-1　排除父权实例

	母亲	孩子	嫌疑父	很少的例外
直接法	A-	A+	A-	"孟买型"
	任何	O	AB	"同侧AB"
间接法	E+	EE	E-	"D-、-"
	任何	M-	MM	"Mg"

表10-2　根据1个遗传标记排除父权

母亲	子女	嫌疑父被排除
D-	D+	D-
P_2	P_1	P_2
$G_{m(1-)}$	$G_{m(1+)}$	$G_{m(1-)}$

还可以根据一对等位基因、一对以上等位基因,单倍型及母子联合的遗传类型等排除父权。

(二)非父排除率

由于每种遗传标记的多态性程度不同,因此鉴定亲子关系的"能力"有所不同,这种"能力"的大小可以用排除概率做定量比较。某种血型系统的排除概率是由该血型系统的杂合度、等位基因数及所在人群中的基因频率决定的。如某血型的排除概率为20%,表明100名妇女分别指控与她们毫无关系的100名男人为孩子的生父,经过该血型的检验,结果有20名男人肯定不是孩子的生父。各种血型系统的排除概率已有公式计算,现将中国汉族19种血型系统的非父排除率及累计的总排除率列表(表10-3)。

当一种血型检验未能排除非父,可以用另外一种血型排除;检验的血型系统越多,排除非父的机会就越大。如果检验包括HLA在内的十多种血型后仍不能排除嫌疑父,可以计算父权肯定机率或父权机会及父权指数。

表10-3　中国汉族各种遗传标记的非父排除率

标记系统	抗血清	排除率	总排除率	
ABO	抗A、抗B	19.8	19.8	
MNSs	抗M、N、S、s	29.6	43.6	
Rh	抗C、c、D、E	27.2	58.9	
Kidd	抗JK^a、JK^b	18.0	66.3	
P	抗P_1	8.2	69.1	
Xg	抗Xg^a	6.7	71.2	
Diego	抗Di^a	3.9	72.3	
Duffy	抗Fy^a、Fy^b	3.9	73.4	
Se		2.9	74.2	
PGM_1亚型		32.4	82.6	
EAP		12.1	84.7	
EsD		17.9	87.4	
GLO-1		12.9	89.0	
GPT		18.5	91.0	
HP	15.7	92.4		
Bf	抗Bf	10.2	93.2	
Gc亚型	抗Gc	36.5	95.7	
Gm	抗Gm1、2、3、5、21	40.5	97.8	
HLA	抗HLA-A(16种)	61.0	61.09※	99.1
	抗HLA-B(21种)	74.1	82.0※	
	抗HLA-C(5种)	33.2	85.0※	
	抗HLA-DR(9种)	55.4	89.2※	99.8

注:※为除外连锁失衡因素后的HLA 4个位点累计非父排除率。

四、父权肯定机率

在亲子鉴定中,嫌疑父(母)带有孩子生父(母)所提供的血型基因,这时不能排除与孩子有亲子关系,并倾向于肯定他们的亲子关系,肯定的程度取决于检查血型系统的多少以及具体的血型。一般用肯定亲子关系机率做定量的估计。这是一种统计学的指标,永远不能达到百分之百。这种计算结果往往有助于说明嫌疑父与真父的相似度,甚至有可能做出否定或肯定父权的结论。

判定亲权机会的基本原理是由 Essen－Möller(1938)二氏提出的。母—子—父(非父)三联体的各种血型系统都有明确的表现型构成,每种表现型构成都有自己的特有频率(x)或(y)。x 表示给定群体中真三联(母—子—真父)的总和,y 表示假三联的总和,以 W 为亲权机会,

$$\text{则 } W=\frac{x}{x+y}=\frac{1}{1+\frac{y}{x}\cdots\cdots}$$

根据 Bayses 定理,在事先假定嫌疑男子有 50% 非亲权机会,W 接近 0.5 表示没有任何意义,接近 1 时表示可能是真三联,接近 0 表示可能是假三联。具体各种血型系统检验结果,计算时可用下式求出肯定父权的总和机率:

$$W=\frac{1}{1+\frac{y_1}{x_1}\cdot\frac{y_2}{x_2}\cdot\frac{y_3}{x_3}\cdots\cdots\frac{y_n}{x_n}}\cdots\cdots$$

只要求出每种血型系统的 y/x 值,代入上式,即可求出 W 值。如求得各 y/x 的积和 =0.00011,W =0.9999。非父有如此高的机率可能性很小(1/10000 以下),认定该男为真父是不会有问题的。计算结果所得 W 值,可按表 10－4 的标准判断。

应用本法判断亲权机会,两端值有价值,中间值误差较大,不说明问题,也没有做比较的意义,不能说 0.8 要比 0.5 更像父亲。应避免发生错误。

表 10－4 父权肯定机率的判定标准(Hummel 标准)

0.998 以上,可判定为父	0.100～0.050 不像父亲
0.998～0.990 极其像父亲	0.05～0.010 非常不像父亲
0.990～0.950 非常像父亲	0.01～0.002 极其不像父亲
0.950～0.900 像父亲	0.002 以下,可判定为非父
0.900～0.100 不能判定	

五、父权指数与父权机会

父权指数,是嫌疑父具备必需基因成为生父的机会(x),与随机男子具备必需基因成为生父机会(y)的比值。简言之,嫌疑父具备必需基因成为生父的机会比随机男子具备必需基因成为生父的机会大多少倍。父权指数以 PI 表示,则 $PI=\frac{x}{y}$,PI = 19/1 = 19 具有肯定父权的意义。PI 是以倍数表示的,PI 19 表示嫌疑父成为真父的机会是随机的具有必需基因男子的 19 倍。PI 值越小表示假三联的可能性大,PI 值越大表示真三联的可能性大。

针对 PI 值的应用,Martin 等指出 PI 值本身是一项重要的父子关系参数,提出判断 PI 值的标准如下:PI≥400,父权证明确实,错误的可能性小,可以忽略不计;400 > PI > 10,提示有父子关系;10 > PI > 0.5,血清学上的统计值未能提示有明确

的父权关系;PI≤0.5,不存在父权的可能性。

父权相对机会,与PI值的意义相同,但PI值不易看出父权机会,将其换算成百分率,即得父权相对机会。父权相对机会以RCP表示,则RCP = PI/PI + 1,不是父亲的机会是1 - RCP,当RCP接近于0%时,表示非亲权关系,当接近100%时表示很像父亲。如RCP = 90%,就表示还有10%的非亲权机会。RCP达95%以上具有肯定父权的意义,则5%是随机男子偶合具有必需基因的机会。

六、DNA指纹图鉴定亲子关系

DNA指纹图应用于法医学亲子鉴定较血型遗传标记具有更大的进步,是一种十分理想的技术。1985年英国赖斯特大学遗传学家Jeffreys为一居住加纳的男孩与在英国的母亲应用DNA指纹图成功地做了亲子鉴定,得到移民局同意,获准了在英国定居。此后世界许多国家都将该技术应用于法医学鉴定,大有取代血型检验进行亲子鉴定之势。因为应用血型检验只能有极少的实验室可以做出肯定亲子关系的水平,而且在测定10~20多种血型时也容易发生错误。它远不如DNA指纹图具有高度的特异性和遗传稳定性,在1张DNA指纹图上的亲权关系通过谱带分析是一目了然的。国内有许多省、市公安机关和大学都开展了DNA指纹图的检验,并完成了大量的亲子关系鉴定。

(一)应用DNA指纹图鉴定亲子关系

主要是用多位点探针(位点是含有变异体DNA片段的位置)测定DNA分子中限制性片段长度多态性(RFLP,是由限制性内切酶切断的长度不同的DNA片段),它是等位基因的表现形式,遵守孟德尔遗传定律,终生不变。子代的DNA片段也和血型一样,其中一半来自父亲、另一半来自母亲。在DNA指纹图上孩子的DNA谱带必定有一半与母亲相同,另一半与父亲相同。也就说生父应具备孩子DNA指纹图中所有的非母谱带(图10-2)。

目前采用的亲子鉴定方法是,同时采取嫌疑父、母、子的血液,做出DNA指纹图,然后:(1)对比母子的谱带,找出非母谱带;(2)确定嫌疑父与孩子共有的谱带数;(3)按随机俩个体共有一条谱的概率(x),以x^n计算没有亲生关系的概率进行判断亲子关系。如果孩子与嫌疑父共有15条谱,以无关个体共有一条带的概率0.2计算,他们没有亲生关系的概率为$0.2^{15} = 3 \times 10^{-11}$。显然这种可能性极少,否定了孩子与嫌疑父没有亲生关系。用1 - 没有亲生关系的概率 = 存在亲生关系的概率,那么$1 - 3 \times 10^{-11} = 0.99999999997$。肯定亲子关系的概率大大超过规定的标准。如果是孩子与嫌疑父共有谱带数较少,则可以进行计算判断是否存在父子关系。

目前用于DNA指纹图的多位点探针有α-珠蛋白-3′-HVR、MYO、LE11.8、33.15、33.6。多位点DNA指纹图,使用一种探针杂交分析,每一个标本均可以检出20条左右的谱带。两个随机个体全部片段相同的概率是α-珠蛋白-3′-HVR为

1.8×10^{-12};MYO 为 4×10^{-9};LE11.8 为 3.8×10^{-10}。可见用多位点探针做出的指纹图在无关个体之间偶合的机会极少。

(二)单位点 DNA 指纹图的亲子鉴定

这是利用萨森印迹杂交技术方法进行的,由某一种最适合 DNA 某一位点的限制性内切酶对标本(血 DNA)进行消化,再以克隆技术(外源性 DNA 片段在宿主细胞内进行无性繁殖)分离的该位点完整的 DNA 片段标记作为探针,进行分子杂交,只检出与探针 DNA 序列完全同源的 DNA 片段。探针具有位点特异性。在纯合子标本只被检出一条带,在杂合子标本被检出两条带。

单位点指纹图在法医学应用较早,具有良好的重复性,已经分析了许多位点,有些单位点探针已经商品化。国内应用的单位点探针有:PMLJ14、PYNH 24、α-珠蛋白-3′-HVR、PAW 1015、SLi 103、PAC 256,这些探针都做出了单位点指纹图。单位点指纹图识别能力较多位点低,因此,需要做一系列单位点同时分析,如测定 PMLJ 14、BYNH24、α-珠蛋白-3′-HVR 3 个位点,在亲子鉴定中的累加相关几率为 $4\times10^{-2}\sim1.4\times10^{-7}$,若出现 1.4×10^{-7} 相关几率,偶合机会是1000 万分之1.4,肯定程度已经相当高。若在 4×10^{-2} 的几率出现,仍不能排除父权,可通过计算父权肯定机率、父权指数,根据相应标准做出判断。

(三)应用 PCR 技术进行亲子鉴定

PCR(聚合酶链式反应)技术的理论与应用参见第十一章。PCR 技术具有灵敏、快速、简便的特点,最适合微量标本或降解的检材。1992 年 Jeffreys 又完成一起著名的纳粹战犯门格尔的身源鉴定。可疑的门格尔遗骸于 1985 年发掘于巴西南部,法医学家和病理学家对认定门格尔的遗骸依据不足,经过 Jeffreys 用 PCR 方法检验遗骸的股骨、肱骨和牙齿,提取的 DNA 已高度降解,片段长度均在 150bp 以下。Jeffreys 选择了 10 个不同的(CA)小卫星位点做 PCR 扩增,均获成功。经过计算,死者与门格尔的儿子非父排除率为 99.94%,即 99.94% 的随机白人被排除是门格尔儿子的生父。

经 PCR 技术扩增的 DNA 产物,是 DNA 分子的某一片段,片段长度不同,所含的等位基因数目不同,所显示出的个体差异,是属于基因型的差异。因此,其个体识别能力较低。所以鉴定门格尔遗骸测定 10 个位点认定了身源。在使用 PCR 位点排除时也和血型检验相同,如果某个位点的基因型在父子间不存在遗传关系,也可以排除父权关系。关于 PCR 各位点的无关个体相关机率没有调查报告。尚不能进行计算其父权排除或肯定概率,但是可以认为在测定目前常用的一些位点之后,如 $P^{MCT}118$、$P^{YNZ}22$、aPo^{B}、$P^{33.6}$、$P^{33.4}$、HLADQα 等,如果样品不是在每个位点中分布在最大的频率,也能达到认定父权的程度。

七、其他遗传性的个体特征

这是由若干个基因和环境因素(营养与疾病、生活环境等)共同作用于人体而形成,称为复杂的遗传特征。如身材高低、面貌类型、皮肤颜色、指纹与掌纹、味觉及遗传性疾病,都受遗传基因控制,亲代和子代有很多的相似性,有些特征较明显地像父亲、也有些较多地反映母亲特征,也有中间型者,由于遗传变异和环境条件作用子母变异较大,因此,这些特征仅作为参考。血液的遗传标记是唯一的或根本的依据。

表 10－5　根据 ABO 血型否定父权

母亲	孩子			
	O	A	B	AB
O	AB	O、B	O、A	—
A	AB	×	O、A	O、A
B	AB	O、B	×	O、B
AB	—	×	×	O

注:—表示母子血型不对;×表示没有可以否定父权的血型。

表 10－6　根据 MN 血型否定父权

母亲	孩子		
	M	N	MN
M	N	—	M
N	—	M	N
MN	N	M	×

注:—表示母子血型不对;×表示没有可以排除的父权血型。

表 10－7　根据 Rh 血型否定父权

母亲表型	孩子表型	生父可能表型	生父不可能表型
CC	CC	CC、Cc	cc
CC	Cc	Cc、cc	CC
Cc	CC	CC、Cc	cc
Cc	cc	Cc、cC	CC
cc	Cc	CC、Cc	cc
CC	cC	Cc、cC	CC
EE	EE	EE、Ee	ee
EE	Ee	Ee、ee	EE
Ee	EE	EE、Ee	ee
Ee	ee	Ee、ee	EE
ee	Ee	Ee、EE	ee
ee	ee	Ee、ee	EE
D＋	D＋	D＋、D－	—
D＋	D－	D＋、D－	—
D－	D＋	D＋	D－
D－	D－	D＋、D－	—

注:—表示没有可以排除的血型。

八、推断妊娠期、分娩期和鉴定生殖能力

通过分娩期推断出妊娠期，该期是否与嫌疑男性有过性交，以及该男子有无性交能力与生殖能力。这也属于辅助性参考材料。

第十一章　法医学物证检验

第一节　概　　述

一、物证及法医学物证的概念

（一）物证

物证是指依法收集的与案件有关的经过科学鉴定或侦查措施，能以其形态特征或字迹特征、物质属性证明案件真实情况的各种物品、物质、文书和痕迹。物证的种类繁多，自然界存在的一切物质皆可成为物证。因此，可以从不同角度进行分类，根据与案件的关系分类，归纳以下：

1. 犯罪用的工具，如凶器、引火物、毒物与药物、破坏工具等。
2. 作案时遗留的痕迹，如指纹、脚印、破坏工具的痕迹等。
3. 罪犯遗留的物品和斑迹，如烟头、纽扣、各种票证及罪犯的血痕、精斑、毛发、粪便等。
4. 罪犯作案后带走的各种物品，如凶器、赃款和赃物、证件、血迹、分泌物、油迹、灰尘等。
5. 被害人或罪犯的器官、组织、分泌物、排泄物、呕吐物等。

（二）法医学物证

法医学物证是物证的一种，凡是与案件有关并可为侦查提供线索，为审判提供证据，能揭露和证实犯罪行为的生物物品，皆为法医学物证。包括人体残存的组织、分泌物及排泄物。如血液（斑）、唾液（斑）、精液（斑）、阴道分泌物（斑）、尿液（斑）、粪便、鼻涕（斑）、痰液（斑）、羊水、恶露、乳汁、毛发、骨片、人体软组织、呕吐物、常见动物血斑、动物毛等。

以上各种物品主要由侦查和审判机关通过勘验、检查、搜查等方法提取，也可由单位或个人提供。由于物证容易与疑似的物品混淆，也可能被伪造，与案件之间的联系也不易判明，因此，对物证应进行科学技术鉴定，才能确定其与案件的相关性，使之成为有实际效能的物证。这种鉴定必须由专门技术部门完成，并提供科学技术鉴定报告。

二、法医学物证在刑事及民事诉讼中的作用

法医学物证检验对于侦查破案和司法审判具有重要的意义。我国刑事诉讼法第101条规定“侦查人员对于与犯罪有关的场所、物品、人身、尸体应当进行勘验或者检查”，第119条规定“为了查明案情，需要解决案件中某些专门性问题的时候，应当指派、聘请有专门知识的人进行鉴定”，第137条规定“人民检察院审查案件的时候，必须……犯罪事实、情节是否清楚，证据是否确实、充分……”。法医物证检验正是完成有关法律所赋予的专门任务。

法医物证检验在刑事案件中的作用主要表现为：

1. 有助于确定案件性质。如未婚妇女被害，其阴道内或衣裤上检出精液（斑），可以肯定发生过性行为，或属强奸杀人；幼女的阴部或衣裤上检出精斑，即可确定为奸污幼女案。

2. 有助于认定犯罪分子。如在被害人身上提取的精斑属A型$PGM_1$2—1型，经PCR分析与某嫌疑人相同时即可认定该犯。某凶杀案中的嫌疑人在其家中及其所穿衣服上发现多处血迹，经检验血型与死者相同而与本人不同时，嫌疑人又不能提供血迹的真实来源，该人很可能是重大嫌疑人。

3. 提供犯罪分子特征，作为侦查线索。如对提取的各种斑迹确定血型或性别，应该在该血型和性别的范围发现嫌疑人和犯罪分子。

4. 根据物证的分布及其血型和性别检验结果，对发案现场及犯罪分子人数和活动过程做出分析。

5. 物证可以审查犯罪分子口供和被害者及证人的陈述。可以证明嫌疑人是否有罪或排除嫌疑人，如嫌疑人衣服上血斑是本人的血或家中其他人的血，则应排除疑点。

6. 亲权纠纷案可以通过血型检验或STR－PCR分析确定是否存在亲权关系。

7. 物证检验可以提供无名尸骸及高度腐败无法辨认的尸体的血型特征和PCR各位点分型，对查找其身源提供血型和PCR分型依据。

随着现代科学技术的发展，法医物证工作也有了长足进步，尤其是DNA技术的应用，使其面貌一新。法医物证检验由排除走向认定，检验范围逐步扩大、检验项目逐步增加、检测精确度逐步提高，为侦查破案提供了明确的方向，为司法审判提供了更有力的证据。

三、法医学物证检材的发现、提取、包装与送检

法医学物证大部分是在现场勘查中发现的，也有相当多的物证是在搜查犯罪分子和嫌疑对象时发现的，还有的是在尸体或活体检验时发现，以及受害人或家属交出的物证。在调查中群众有时也可能提供有价值的物证。由于物证对侦审案件是至关重要的，所以在现场勘查和犯罪搜查及尸体、活体检验时必须下工夫反复寻找，不遗漏与现场有联系的任何部位，不留死角，努力去发现各种微小物证。经常

要使用放大镜和充足的照明设备,运用有效的技术手段发现物证。

物证存在的部位主要是以现场为转移,也与犯罪分子活动范围相关联:在室内现场的地面、墙壁、家具、被褥等,室内的门窗通道、走廊、楼梯、洗手间等;在罪犯或被害人的衣服、鞋帽、手指缝里;在室外现场则应注意地面、泥土、砖石、草丛、树枝、禾秆及周围道路、工具、车辆等。在发现物证后应先照相、记录、测量、绘图后方可采取。

发现物证后应详细记录其地点、发现时间、发现人姓名,物证的名称、数量、形状、大小、颜色、附着的物体,采取方法、采取人及群众对某些物证的意见与反映,勘验人对物证的看法和检验的方向等。

物证的采取应根据其种类和性质以及其附着物品而定。采取物证应当适合于检验要求,因此要求对物证直接采取,尽量取整件原物,提取的数量多、质量好(质纯)、污染少,尽量不破坏物证的原状,各种对照材料要齐全。物证采取的具体方法:容易携带的小件物品整体采取;固定的大型物体根据其材料性质不同分别用浸泡、吸附、擦拭、刮削、剪切、锯凿、挖铲等方法采取。现场上未干涸的血液及尸体新鲜血液用注射器移注在有生理盐水的试管内,同时用纱布块吸附血液并干燥。疑为强奸案用洁净纱布吸附阴道内容物。如在泥土上的血迹、精斑等用刀铲整块挖出。现场上的烟头、毛发、碎骨片、可疑人体组织均应用镊子逐个采取,分别包装。凡是采取的各种物证均应同时采取该物证材料附近的空白载体,提取的各种斑迹均应在自然通风处干燥后装入纸袋内,贮存在室温下或冰箱内。在现场采取的血迹、毛发、唾液、斑迹等须同时采取当事人的同种检材做对照检验。所采取的物证不论种类异同均应分别包装,防止混淆。现场上采取的物品原件,一般应征得事主同意,贵重物品和金钱应出具收据,用后及时返还。在寄送物证时须防止挤压摩擦或冲撞和散失。

送检物证或邮寄给检验部门应持有送检单位公函、送检物品清单、案情材料、初检报告或鉴定书、送检目的要求、发文日期及复函地址、邮政编码以及经办人姓名、电话。

四、法医学物证检验的程序和要求

物证采取后,根据案件的情况及侦查工作需要应尽快进行检验,如需送外地检验应直接以快件寄出或派专人送检。在受理案件的部门接到委托书和检材后应详细核对检材情况和查看检材条件及初检报告,根据案情需要和检材的条件确定检验人员和检验方案,选择最有效的方法进行检验。如果检材数量极少,使用应谨慎,要选择关键的有识别作用的项目检验,以便获得检验效果。一般的检验只能使用 1/3 量的检材,保留足够量的复核检材。如一次检验将用掉全部检材时,应与委托单位商量,或送上级部门检验。

在检验过程中应按现行通用的方法或将要通过的标准化方法进行,在检材条件允许时应进行系统的检验。重大疑难案件检材应有俩人进行检验,或有高级技术人员复核。如出现各种矛盾或疑难问题,应组织有关专家共同研究解决,检验完毕后实事求是地写出检验报告或鉴定书,主检人签名,部门盖印,然后交委托部门。剩余检材应由初检单位妥善保存,上级复检部门应全部退回。

五、法医学物证检验报告或鉴定书

目前国内尚未能公布统一的标准化格式。根据现行的大多数法医学检验部门所采用的格式,大体上应含以下部分:

(一)前言

写明时间、何部门介绍或委托、派某人送检、何时发生的案件、发案地点、受害人姓名、案情的性质、送检的物证、检验要求以及初检情况等。

(二)送检的物证材料的详细描述并编号

1. 写明检材来源于某人、某处、何种检材;斑迹的形态、位置、大小(应以厘米计算,不要用米粒、豆粒大小形容)、颜色、硬度、附着物;检材是否被使用、有无腐败等。

2. 毛发应描述其数量(根)、长度、颜色、弯曲状态、根及尖情况和来源于何人、何处等。

3. 某人的新鲜血液 3 毫升,装在试管内,有无抗凝、有无腐败及血痕。

(三)检验情况

应写明检验的方法和反应。

1. 血痕检验:包括预试验、确证试验、种属检验、血型检验、写明每项试验的方法和反应。确证试验根据情况可以省略,有争议时应检验。

2. 精斑检验:预试验、确证试验、血型检验或 DNA 及 PCR 检验。

3. 唾液斑检验:定性试验及血型检验、PCR 检验。

4. 毛发检验:毛发的长度、直径、皮髓质宽度,血型检验,DNA 序列分析。

(四)检验结果

主要写明各检材的种属或型别。

1. 死者×××的纱布血痕为 A、M、$PGM_1$1-1、Gm23(+)。

2. 嫌疑人王×的纱布血痕为 B、N、$PGM_1$2-1、Gm23(+)。

3. 嫌疑人王×的白色的确良衬衫右袖口处的褐色斑迹系人血。

4. M、Gm23(+)、PGM_1 未检出。

鉴定人、技术职称、姓名

年　　月　　日

第二节 血液和血痕检验

一、血液检验

血液由血浆(占55%)和有形成分(占45%)组成。血液从血管抽出后注入试管,加入抗凝血剂(如枸橼酸钠等)离心后便分出上层略带黄色的透明液体,称为血浆。其下层暗红色不透明成分是红细胞、白细胞、血小板和少量血浆。如果抽出的血液不加入抗凝剂,放置片刻便发生凝集成胶冻状血块,析出微黄色澄清液体,称为血清。血浆与血清中含有白蛋白、球蛋白、无机盐、营养物质、酶、代谢产物、水分。红细胞内含有血红蛋白(0.5%~1%)、无机盐、磷脂、胆固醇、葡萄糖、水分、脂肪。红细胞基质中含有多种血型物质,构成多种红细胞表面抗原血型,血清中含有多种血型蛋白及多种酶型。这些血型均可提供给法医进行个人识别。

二、血痕检验

血痕检验是法医学物证检验中最重要的项目,主要是各种刑事案件能够提取到血痕的机会较多,血痕的检验内容很多,其作用十分显著,经常可以起到决定案件性质或认定个人的作用,所以刑侦和司法部门对此十分重视,尽管血痕检验比血液检验困难和复杂。但是,近年来对血痕检验技术的研究取得了重大的进展,对于微量和陈旧血痕检验都有一些新的办法。DNA 技术的应用使血痕检验提高到一个新的水平,以其准确、快捷的特点,取代了不少传统的血痕检验方法,应用 DNA 检验可以达到认定个体的程度。

(一)血痕检验范围

1. 现场上遗留的血痕,及附着有血痕的物品,案件中受伤者或死者的血痕。

2. 在调查和搜查中发现的可疑有血痕的物品,或嫌疑人及受害者家属交出的有血物品。

3. 亲子鉴定和医疗纠纷案件有时需检验血液或血痕的血型。

(二)血痕检验的项目

根据案情需要和当代的科学技术水平,法医学物证血痕检验能够解决的问题有:(1)是否血痕;(2)是人血还是动物血;(3)是何种血型;(4)血痕性别;(5)出血部位;(6)血斑的血量;(7)血痕形成的时间等;(8)血痕 DNA 指纹图,PCR 位点分析。

(三)血痕检验的顺序

1. 肉眼观察

(1)发现血痕:对现场上或搜查中发现并采取的可疑有血的物品,在实验室检验确定其存在部位和血痕的形态及大小、颜色、分布范围。对于大量的血痕是显而易见的,微量的或经过擦洗的血迹须细心观察,并仔细寻找。有些物品需拆卸,观察其结合部的缝隙。有时还可以触摸纺织物,凭其硬度发现可疑血痕。特别是棕褐色毛类物品上有变硬的部位应注意观察。

(2)血痕的颜色:新鲜的血痕呈鲜红色。以后由于干燥和血红蛋白的变化,逐渐变成暗红色、褐色。陈旧血痕可变成灰褐色。腐败血痕由于形成硫化血红蛋白而呈淡绿色甚至呈污绿色。日光直接照射能加速血痕颜色的变化。潮湿和一定温度会促进血痕的腐败,影响血痕检验。血痕的颜色与褐色染料、植物汁、酱油、油漆在外观上难以区别,经血痕的化学、生物学检验可以分开。

(3)血痕形状可以分为以下几种类型:

滴状血痕:血液从一定的高度落到物体表面,形成大小不同的孤立的圆形血痕,在超过0.5米高度时形成的血痕边缘呈明显的锯齿状。在1米以上高度滴落时血痕边缘仍有锯齿状,而且血滴周围有溅出的逗点状或线条状小斑点(图11-1)。在活动状态落下的血痕呈椭圆形,带有锯齿边缘或溅出小血点的一端是运动的方向(图11-2)。

喷溅状血痕:动脉血管破裂后血液从血管喷射而出,形成较密集的点状血痕或惊叹号形状血痕,其尖端指示喷溅方向。在重复打击出血部位或挥动带血凶器时也可形成类似喷溅状血痕(图11-3)。

流柱状血痕:从创口流出的血液由于其重力作用从高处流向低处,形成条状或柱状血痕。流柱状血痕一般是静脉出血后形成,动脉喷出大量血液落在垂直物体表面时也可形成。流柱状血痕表明受伤后出血时的位置。

擦拭状血痕:损伤创口或染血凶器及血衣等未干涸的血迹与其他物体接触擦蹭时形成的不规则片状血痕,其面积较大,血量多少不均匀,如仅在一个方向擦拭,可有并行的线条状擦纹(图11-4)。在擦拭凶器的衣物上可以反映出凶器的部分形态或凶器的附着物等。

血印痕:粘附血液的物体又与其他物品接触时形成的血印痕,又称接触状血印痕。它常能反映有血的原物体特征,如血指纹、血掌纹、血足印、血鞋印、血臀印、粘血的凶器血印、交通肇事车胎血印、移尸现场的尸体血印等。这些反映物体特征的血印痕对分析现场情况、确定案件性质、推断凶器及肇事车种类都有重要的意义。

血泊:流出的大量血液聚集在一平坦处,血泊处常见于伤害案件的原始现场。血泊大小表明受伤情况和出血量的多少。

(4)纯血斑与混合血斑:纯血斑是人体的由动脉、静脉以及耳、指或尸体血管内流出的血液干燥而成,不会有本身的或他人的体液或组织。该纯血斑检验结果准确。混合血斑是指个体的血液与自身体液或他人血液、体液等混合,也有时混有动物血液,这种斑迹在检验中有外来的型物质干扰,判定血型时应该考虑到混合物的影响,如奸污幼女案的精斑混有血迹;毛巾或手帕上的血迹可能有汗液;从创口擦拭血迹可能混有脂肪;衬衫、背心上的血迹可能混有汗液;内裤裆部的血迹可能混有尿及阴道分泌物;有时呕吐物与血液混合;有时人血与动物血液在凶器上混合等。如果血液与自身的体液混合,尚不影响血型判定。若与他人的体液、血液混合肯定影响结果,最好进行分离。

(5)血痕检验的顺序:血痕检验是一项系统而又较复杂的工作,需要具有较全面的理论知识,又需有较丰富的技术经验,更需具有严谨细致的工作作风。因为血痕的条件有时变化莫测、数量微少或陈旧、污染,而侦查和审判工作对血痕检验的要求与实际检验能力相差很大,所以检验人员必须竭尽全力去发挥技术检验作用。检验人员在详细了解案情和检材情况之后,应根据血痕检验顺序进行系统的检验。如果是检材量不允许系统检验,则应有选择地对关键项目进行检验。如种属和定性检验以及能有效地区分所涉及对象的血型系统。现将常规的血痕检验顺序列表如下:

①肉眼观察

部位　形态　颜色　出血量

②预备试验

(+)可能是血　(-)不是血痕或被破坏

③确证试验

(+)肯定是血　(-)不是血痕或量太少、被破坏

④种属检验

(+)肯定是人血　(-)不是人血或量太少、被破坏

⑤个体识别

血型检验　DNA 检验　PCR 检验　性别检验

血型检验↓

红细胞型　酶型　血清型　白细胞型

⑥其他:出血时间、部位等

2. 预备试验

预试验是筛选试验或指向试验。是一种操作简便、灵敏度很高、检材用量少的试验。经过洗涤的血痕或肉眼不能辨认的血痕仍可检出。预试验的方法很多,但没有一个是血痕的特有反应。所以,阳性结果仅表示可能含血,此时可以做进一步检验。阴性结果,除非血痕被破坏(如火烧、碱性液洗尽、还原剂处理)外可以否定血痕的存在。故试验的作用在于否定血痕或对大量的可疑血痕做筛选,确定进一步检验的材料。

预试验方法很多，基本上是应用灵敏的化学试剂的显色反应或发光反应对检材进行检验。常用的预试验有：四甲基联苯胺试验；无色孔雀绿试验；氨基比林试验；酚酞试验；鲁米诺发光试验；邻联甲苯胺试验；联苯胺试验；愈创木酯试验；紫外线浓硫酸试验及纸色谱法等。最常用的联苯胺试验已被四甲基联苯胺试验所取代。联苯胺试验原理是血痕中的血红蛋白或正铁血红素具有过氧化物酶活性，能分解过氧化氢释放出新生态氧，使无色的联苯胺氧化为联苯胺兰。用滤纸擦拭检材或剪取少量斑迹放在白瓷板上、依次加入冰醋酸 1 滴、联苯胺溶液 1 滴，经过 1 分钟后无蓝色反应，再加入 3% 过氧化氢 1 滴，立即出现翠蓝色反应为阳性。联苯胺试验可以检出稀释 20 万倍的血液，其他预试验均可以检出万倍以上稀释的血液。

氧化剂如高锰酸钾、重铬酸钾、甲醛、铁锈等能直接将联苯胺氧化显蓝色，而不必加过氧化氢。一些动物性材料如排泄物、鼻液、脓汁、植物汁、果汁等也含有过氧化物酶活性物质，使联苯胺试验呈阳性反应。对联苯胺试验呈阴性反应的材料，不能做进一步检验。

3. 确证试验

血痕确证试验又称实性试验或定性试验，是在血痕预试验阳性反应的基础上进行的。该项检验特异性强、灵敏度低。某一项确证试验结果呈阳性，则可以肯定是血痕。若血痕条件较差，如血痕量微少、受热、日晒、腐败或混有杂质时，不易出现阳性结果。因此，阴性结果也不能否定血痕，只能说未检出血痕。血痕检验不能到此为止，尚需做下一步种属检验。

确证试验常用的方法有：血色原结晶试验；氯化血红素结晶试验；吸收光谱检验；血细胞检验。

（1）血色原结晶试验：血痕中的血红蛋白在碱性溶液中分解成正铁血红素和变性珠蛋白，再与还原剂（如葡萄糖、硫化铵）作用，正铁血红素还原成血红素，再与变性珠蛋白和其他含氮化合物（如吡啶、烟碱等）结合成血色原结晶。在显微镜下观察到樱红色星状、菊花状或针状结晶（图 11－5）。淡薄血痕或被细菌等杂质污染后不易形成结晶，镜下仅见樱红色无定形物。目前尚未发现其他物质经同样处理，能形成同样的结晶。若做显微分光镜检查时，在光谱上可见二条明显的吸收线，一条在黄色区（554～565nm 处），另一条在绿色区（523～536nm 处），此乃血色原吸收线。

（2）氯化血红素结晶：血痕中的血红蛋白受冰醋酸作用生成正铁血红素，氯化钠与冰醋酸作用生成游离氯，正铁血红素与游离氯结合生成氯化血红素结晶。在显微镜下观察到褐色菱形或针状、叶状结晶。

（3）光谱检验：日光通过分光镜时可折射成红、橙、黄、绿、青、蓝、紫七种太阳光谱。有色物质能吸收一定波长的光线，日光通过有色物质时，该物质吸收了某种太阳光谱，在光谱上出现了黑色线条，称为吸收线。血红蛋白及其衍生物均是有色物质。具有很强的选择性吸收光线的性能，在光谱上出现特有的吸收线。根据出现特有的吸收线确定是血。这是很灵敏和可靠的方法。

(4)细胞学方法:在陈旧的血痕中血细胞均已被破坏,不能观察血细胞形态。新鲜血痕中的红、白细胞等可以在生理盐水中恢复其形态并进行观察。不仅可以判定血痕,还能判定其种属或性别等。

4. 种属检验(Species identification)

检材确证为血痕后,必须测定其种属来源。确定该血痕是人血或是动物血,有时还需要确定是何种动物血。检验血痕种属可以澄清案情,解决侦查过程中的一些推测,证实或推翻嫌疑人供词等。在许多场合,确定血痕种属能对破案或查明事件真相起到重大作用。

血痕种属检验,目前常用的是免疫学的抗原-抗体反应,包括沉淀反应、凝集反应、酶联免疫吸附试验、胶体金、银标记检验。另外还有生物化学方法,包括等电聚焦、纤维蛋白溶解试验等。

免疫学方法必须使用高灵敏度和高特异性的抗血清(抗体),它是将异种蛋白(抗原)注射于动物体内,该动物发生过敏反应,血清中产生对所注射的蛋白质起特异反应的抗体。这种抗体只与引起过敏反应的同种蛋白发生反应,因此,如果使用人和各种常见动物的蛋白对异种动物免疫,就能得到检验人和常见动物的抗体,便可以确定被检验血痕的种属。

根据抗体与抗原反应的表现形式,抗体又分为沉淀素抗体(发生沉淀反应)和凝集素抗体(发生凝集反应),抗原也分为沉淀原和凝集原。检验血痕种属,需要制备抗人血清抗体、抗人血红蛋白抗体、抗各种动物血清抗体。

抗体的质量标准主要是效价高。抗人血清、抗人血红蛋白血清及各种抗动物血清的效价至少要达到1万倍,即含有万分之一蛋白浓度的溶液仍能与同种抗体在60分钟出现明显的沉淀反应,质量好的抗体一般在5~10分钟便出现沉淀线。另外,要求抗体特异性强,即具有专一性,只能与同种蛋白发生沉淀反应。抗体还应该是澄清透明无色或微黄色和无菌,并且稳定性好。

种属检验结果及其意义,使用抗人血清抗体获得阳性结果,只能证明检材上含有人体蛋白(包括血源性和非血源性),不能作出含有人血的结论。因为它除了能与人血清起反应外,还能与人体其他器官组织的液体及体液(如精液、唾液、汗液、鼻液等)起反应,表明抗人血清抗体没有器官特异性。抗人血清抗体对人体其他蛋白的非特异反应,可以检查是否人的肌肉、人骨、人精斑等。如果使用的是抗人血红蛋白抗体获得阳性反应,就可以确定是人血,因为人体只有血液含有血红蛋白。抗人血红蛋白抗体不仅有种属特异性,而且具有器官特异性。抗动物血清的特异性也不是绝对的专一,常能发生的是所谓"近亲反应"如抗马血清与驴和骡血均可发生反应,抗鸡血清与鸭血发生反应。抗人血清抗体与猿、猴血发生反应。因此,所用的抗人和抗动物抗体均需要纯化,除去非特异性抗体。

血痕种属检验的方法有多种,沉淀反应、琼脂扩散试验、胶体金银标记检验、对流免疫电泳、抗人球蛋白消耗试验、被动血凝试验、酶联免疫吸附试验、红细胞凝集反应、胶乳颗粒凝集反应、等电聚焦电泳分析法等。最常用的方法是前三种方法。

(1)环状沉淀反应(Ring precipitation test)

环状沉淀反应是经典的血痕种属检验方法,已有约近百年的历史,由于其方法灵敏、操作简便、结果可靠,目前仍然被普遍采用。在沉降管底部加入少量抗血清,将被检血痕溶液重叠在抗血清之上,使两者之间保持一清晰的界面,室温静置一小时后,肉眼观察两者界面出现乳白色沉淀环为阳性反应(图 11 - 6)。每次检验应当同时做已知人血和检材无血部位及生理盐水对照实验。只有在有血、无血、空白对照反应正确时,才能判定检材的反应结果。现将两种抗血清与被检材料的反应列表如下:

抗　原	抗人血清蛋白血清	抗人血红蛋白血清
人血痕	+	+
人血红蛋白	-	+
人血清	+	-
人体组织	+	-
人体分泌物	+	-
动物血	-	-
血痕载体	-	-
生理盐水	-	-

注:+表示阳性反应;-表示阴性反应。

(2)琼脂免疫扩散试验(Agar gel diffusin test)

琼脂(或琼脂糖)是一种透明的胶质,加水煮沸后制成凝胶板。可溶性的抗原和抗体在凝胶中进行扩散,同种类的抗原和抗体相遇,当两者比例适合时,形成特异的白色沉淀,即可确定血痕种属。若在制备琼脂糖凝胶时加入抗血清,可以将微量血痕(血痕线或血痂)埋入凝胶中,则血痕在凝胶中不断溶解扩散,与凝胶中的抗体相遇,在血痕周围形成白色晕环。称此方法为"免疫单向扩散"或"纤维沉淀试验"。另一种是在凝胶板上打出不同组合形式的孔(如中心孔周围打孔、并排孔),根据检验要求将抗体和被检溶液按抗原——抗体互相对应关系加入各孔进行扩散,如在抗原与抗体孔之间出现白色沉淀线,即为阳性反应,称此为"免疫双向扩散试验"(图 11 - 7)。该方法灵敏度低于环状沉淀反应,而且反应时间较长,其优点是节约检材和抗体,可对抗原进行精细分析,可测定抗体的特异性,抗体和检材溶液混浊时不影响观察结果,凝胶板可以干燥长期保存。

(3)金标技术

金标技术是近年来检验血痕种属的新技术,具有灵敏、简便、快速、准确等特点,特别适用于现场可疑血痕的检验。

胶体金是一种带负电荷的疏水性胶体,胶体金可以与抗体、多糖和其他多种蛋白质连接,生成大分子,而不影响该大分子的活性。胶体金与蛋白质结合形成带颜色的胶体金-蛋白质复合物。将抗人血红蛋白与胶体金结合后置于层析膜的加样端,并在层析膜的中部结合上单克隆抗人血红蛋白抗体(McAb 抗人 Hb),当加入检材时,如检材中含有人血红蛋白(人 Hb),则形成抗人 Hb-人 Hb 复合物,并在层析膜上向前展开,在复合物扩散到了膜上 McAb-抗人 Hb 部位,则形成了抗人 Hb-人 Hb-胶体金 McAb 抗人 Hb 复合物,并停留下来形成两条颜色区带,近端的条带为检测带,远端的带为质控带。条带为紫红色。如检材中不含人血,检测带不能形成;如质控带不形成,则试剂条(板)失效。

胶体金标记抗体层析膜已有商品,制成了反应板或试剂条,使用只需将检材浸出液滴在加样孔内,或将试剂条浸入检材液中,检材液被吸附,向吸附区展开,5 分钟内即显示结果,检测带与质控带无明显紫红色即可判定为人血。对于稀释 20 万倍的人血仍呈阳性反应。无非特异性反应,目前应用该方法较为普遍。

(4)对流免疫电泳(Counter immuno-electrophoresis)

对流免疫电泳又称免疫电渗电泳(Immunoelectro-Osmophoresis)或交叉电泳(Crossover electrophoresis)。抗原(被检测的血痕)在碱性缓冲液中带负电荷,在电场中向正极端移动。抗体(γ 球蛋白)由于接近等电点,靠电渗作用缓慢向负极端移动。在琼脂糖凝胶板上打出双排孔穴,在负极端孔中加入抗原,正极端孔中加入抗体,在电场中抗原、抗体相对移动并相遇,若抗原和抗体是相对应的,在半小时至一小时内可见两孔之间出现沉淀线(图 11-8)。该方法的灵敏度高于免疫扩散,当检材溶液混浊或被污染时仍能得到满意的结果。

(5)酶联免疫吸附检验(Enzyme linked immuno-sorbent assay)

酶联免疫吸附检验又称酶免疫测定,是利用酶促反应的放大作用来显示初级免疫学反应。通过适当的化学反应或免疫反应,使抗原或抗体与酶蛋白分子相偶合,形成酶标记抗体或酶标记抗原,通常称为酶结合物。该结合物加入酶的相应底物,在酶的催化作用下发生水解、氧化或其他反应,生成有色产物,可以用肉眼或酶标检测仪进行定性或定量测定。在检验中亦应同时做已知样品和空白材料及试剂等对照。该方法是近年来应用于法医检验工作的新技术,适用于微量血痕和体液斑种属检验以及血型检验。经过改进的酶联免疫斑点法是比较灵敏、简便、快速的方法,具有广泛的应用前景。

(6)其他检验血痕种属的方法有抗人球蛋白消耗试验,抗人红细胞凝集素试验、被动凝集试验、纤维蛋白板试验、等电聚焦电泳等方法,这些方法由于各种原因不经常使用。

5. 血痕血型检验(Examination of blood stains group)

血型是人类血液由遗传控制的个体特征之一,是人体的一种遗传性状,也是用免疫学方法检出的一种遗传标记。狭义的血型是指红细胞膜上的抗原差异,即红细胞血型。当今的广义的血型是指各种血液成分的遗传多型现象。红细胞的血型抗原是由蛋白质、多糖与脂质组成,红细胞上的 ABH、Lewis、P 抗原主要是糖脂,部分 A、B 抗原是糖蛋白。多糖是抗原决定簇,具有特异性,与相应的抗体发生免疫反应。目前已被确认的红细胞抗原系统有 25 个,血清蛋白多型系统约近 20 个,红细胞酶型系统 20 余个,白细胞型有 7 个位点包括 124 种抗原。目前已识别的血型抗原约有 600 多种,可能组成的血型表型数在 10 亿亿种以上。从理论上说,除同卵双胞胎外,地球上每个人的血型都是独一无二的,没有两个人的血型是完全相同的。

法医学检验血痕的血型比新鲜液体血困难大得多。在干燥过程中大多数血型抗原的活性降低,各种外界环境因素作用致使血型物质破坏,各种生物性材料对血痕污染也影响血型特有的反应。更多的情况是获得的血痕甚少而限制检验。因此必须迅速进行检验和节省检材,以便能检出更多的血型。

在刑事犯罪案件中提取的血痕经种属检验确定为人血后,才能进行血型检验。若两份血痕的血型不同便可以否定是同一人的。若两份血痕的血型相同,也不能认定是同一人的,因为几种血型相同的人很多。例如:检出血痕的表现型为 A、M、EAP-A、ESD-2 型,已知上述各型在北方汉族人群中的频率分别为 0.2642、0.2414、0.0652 及 0.1391。可以计算出该群体中随机选择的血样由于机会而一致的几率,即随机个体偶合的几率。它等于被检验的一组表现型频率的乘积。那么 A、M 的偶合几率为 $0.2642 \times 0.2414 = 0.0638$,偶合的几率较高,约为 6.4%。若 A、M、EAP-A 的偶合几率为 $0.0638 \times 0.0652 = 0.0042$,偶合几率约为 4‰。如 A、M、EAP-A、ESD-2 的偶合几率 $= 0.0042 \times 0.1391 = 0.0006$,偶合几率为 6‱,其偶合的几率是很小的。在法医鉴定中能检出的血型系统越多,偶合的机会越少,则肯定的机会及同一来源的可能也越大。

动物血也有与人类相似的血型抗原,许多种家畜和家禽等均可测出类 A、类 B 血型物质。一些灵长类还有类 Rh 及类 M 抗原。不同种动物之间还有异种凝集素。因此,在血型检验之前必须确定该血痕是人血,否则将造成错误的结果。

(1)红细胞表面抗原血型系统

①ABO 血型检验

ABO 血型是最先发现的血型,在医学和法医学中都是最重要的血型。该血型系统分型较多,血型分布频率好,ABH 血型物质稳定,在没有腐败、高温等强烈破坏因素影响时,血痕中抗原可保持数十年至数千年。更为重要的是人红细胞表面除含有 ABH 抗原(凝集原)外,血清中还有天然的抗 A、抗 B 抗体(凝集素),故可以同时检验抗原和抗体,两种检验结果互相印证,其结论更为可靠。ABH 抗原还存在人体脏器组织和分泌型人的体液中。是法医学的重要物证之一。

ABO 血型检验:是利用红细胞抗原与血清中相应的抗体结合后发生的细胞凝集反应,称为凝集反应。ABO 血型的抗原及抗体见下表:

血型	红细胞上抗原	血清中抗体	血型构成式
A	A	抗 B(β)	Aβ
B	B	抗 A(α)	Bα
AB	AB	—	AB
O	—	抗 A 抗 B(α)(β)	Oαβ

ABO 型抗原在胎儿 4 周后产生,20 岁时达最高峰,以后保持恒定。ABO 型抗原除存在于红细胞表面外,还广泛存在于人体脏器组织、体液、分泌液中。ABO 血型分布频率在各民族、各地区都有所不同,根据对我国汉族 ABO 型的调查,O 型约占 30% ~ 40%,A 型约占 24% ~ 31%,B 型约占 26% ~ 32%,AB 型约占 6% ~10%。

A 型抗原由于结构上的差异,又可分为 A_1、A_2、A_3……A_x 等亚型。其中比较重要的是 A_1、A_2,都能与抗 A 血清发生凝集。但是 A_1 细胞还能与抗 A_1 血清凝集,而 A_2 细胞却不能与抗 A_1 血清凝集。因此,能与抗 A_1 血清反应的 A、AB 型细胞,称为 A_1 型和 A_1B 型。不能与抗 A_1 血清凝集的细胞称 A_2 型或 A_2B 型。亚型凝集的强弱为 $A_1 > A_2$,$A_1B > A_2B$。B 型也有亚型,但较少。

分泌型与非分泌型:ABH(O 型血型物质称 H 物质)血型物质在红细胞和组织细胞上属于脂溶性,而体液和分泌液中所含的属水溶性。一般根据唾液中是否分泌 ABH 血型物质将人类分为分泌型与非分泌型。A 分泌型人唾液中分泌 A 型物质,B 分泌型人分泌 B 型物质,AB 型人分泌 A 及 B 型物质,O 型人分泌 H 物质。H 物质在 A、B、AB 型分泌型人唾液中也有少量分泌。非分泌型的唾液中不含有血型物质,只是用通常的试验查不出血型物质,近年来采用更灵敏的试验仍可测出其血型物质。因此,准确地说非分泌型唾液及体液血型物质含量极低。分泌型在人群中占 75% ~80%,非分泌型占 20% ~25%。法医学体液检验中,通过 ABH 型物质的含量可以区分个体。

检验血痕中的凝集原,通常采用吸收试验、解离试验、混合凝集试验、酶联免疫吸附检验、ABC 法、PAP 法、放射免疫分析法等。

吸收试验:又称吸收—抑制试验,指血痕中抗原(凝集原)能在盐水介质中与相对应的抗体(抗 A、抗 B、抗 H)发生特异性结合,使游离抗体减少或消失,再遇指示红细胞不发生凝集反应或凝集反应显著减弱。据此可推断血痕中含有的抗原,判定 ABO 型(图 11 -9)。该方法准确,所需的血痕量大,灵敏度较其他方法低,逐渐被其他方法取代。吸收试验各种血型反应见下表:

吸收试验及结果判断

检材及对照		抗A+A型红细胞						抗B+B型红细胞						抗H+O型红细胞						血型判定
		1/2	1/4	1/8	1/16	1/32	盐水	1/2	1/4	1/8	1/16	1/32	盐水	1/2	1/4	1/8	1/16	1/32	盐水	
抗血清效价		++	++	++	+	±	-	++	++	++	+	±	-	++	++	++	+	±	-	
已知A型血痕		-	-	-	-	-	-	++	++	++	+	-	-	+	+	-	-	-	-	对照正确
已知B型血痕		++	++	++	+	-	-	-	-	-	-	-	-	+	+	-	-	-	-	对照正确
已知O型血痕		++	++	++	+	-	-	++	+++	++	+	-	-	-	-	-	-	-	-	对照正确
1号检材	血痕	-	-	-	-	-	-	++	++	+	+	-	-	+	+	-	-	-	-	A型
	空白	++	++	+	+	-	-	++	++	+	+	-	-	++	++	+	+	-	-	
2号检材	血痕	++	++	+	+	-	-	-	-	-	-	-	-	+	+	-	-	-	-	B型
	空白	++	++	+	+	-	-	++	++	+	+	-	-	++	++	+	+	-	-	
3号检材	血痕	+	-	-	-	-	-	-	-	-	-	-	-	+	-	+	+	-	-	AB型
	空白	++	++	+	+	-	-	++	++	+	+	-	-	++	++	-	-	-	-	
4号检材	血痕	++	++	+	+	-	-	++	++	+	+	-	-	-	-	-	-	-	-	O型
	空白	++	++	+	+	-	-	++	++	+	+	-	-	++	++	+	+	-	-	

注:++表示强凝集;+表示凝集;±表示弱凝集;-表示不凝集。

解离试验:又称吸收—解离试验。抗原与抗体的结合是可逆的,在一定的条件下(如56℃)被血痕抗原结合的抗体又被解离出来,并与相对应的红细胞发生凝集反应。据此可以根据发生凝集的指示红细胞判断血痕中的抗原。A型指示细胞发生凝集时血痕为A型;B型指示细胞发生凝集时血痕为B型;A、B指示细胞均凝集时血痕为AB型;A、B指示细胞均不凝为O型。该方法灵敏度较吸收试验高得多,反应快速,检材用量很少,只需要有1mm^{2}大小的血痕,就能获得准确的检验结果,是近年来应用最多的方法,几乎取代了吸收试验。解离试验原理(图11-10),ABO各血型的反应见下表:

解离试验及结果判断

检材及对照		抗A+A型红细胞	抗B+B型红细胞	血型判定
A型人血痕		+	-	已知对照准确
B型人血痕		-	+	
O型人血痕		-	-	
检材1	有血	+	-	A
	无血	-	-	
检材2	有血	-	+	B
	无血	-	-	
检材3	有血	-	-	O
	无血	-	-	
检材4	有血	+	+	AB
	无血	-	-	

注:+表示红细胞凝集;-表示红细胞不凝集。

混合凝集试验:又称双重结合试验,指血痕中的抗原与抗体结合后,又与相应的红细胞结合,形成了血痕—抗体(凝集素)—红细胞三者结合(图11-11)。在显微镜下观察到血痕纤维粘附着红细胞者为阳性反应,说明血痕中含与抗体相对应的抗原;不粘附红细胞者为阴性,说明血痕中不含有与抗体对应的抗原。根据血痕与抗A、抗B、抗H抗体作用后粘附红细胞的结果判断ABO型。该方法灵敏、快速,检材用量少,可以检测一根血痕纤维或单一细胞的血型。该方法要求抗体效价高,亲和力强,操作技术严格。

检验血痕ABO型的其他方法有标记抗体法,是利用酶或同位素等标记物与单克隆抗A、抗B、抗H结合,或与免疫兔抗A、抗B,免疫鸡抗H多克隆抗体结合成为酶标记抗体或同位素标记抗体,这种标记抗体仍能特异地与血痕中抗原结合成抗原—抗体—酶的三联复合物。利用酶的酶促反应可使底物显色(图11-12)。如对抗体标记同位素,则进行放射免疫分析。

血痕凝集素检验:人血液中存在α和β凝集素,它是一种球蛋白,对外界环境的抵抗力较弱,易受温度(65℃ ~70℃即被破坏)、阳光、曝晒、湿度、腐败、经过时间的影响而被破坏,不易检出。一般不超过一周的血痕凝集素检出率很高,因此,凝集素检验应尽快进行。而且只在检出凝集素时才有意义。在鉴定案件中血痕有条件时应做凝集素与凝集原两种检验,两种结果相同时做出肯定结论。凝集素检验及血型判定见下表:

血痕 + A 型红细胞	血痕 + B 型红细胞	血痕中被检出的凝集素	血型判定
+	-	α	β
-	+	β	A
+	+	α、β	O
-	-	-	AB

注:+表示红细胞凝集;-表示红细胞不凝集。

值得注意的是α、β均未检出有两种可能:一是不存在;二是被破坏。

②血痕 MN 血型检验

MN 血型是继 ABO 血型之后被发现的第二个血型系统。根据红细胞膜上存在的 M 和 N 凝集原,可将人血分为 M 型、N 型、MN 型三种。MN 血型也因其凝集力的强弱而分为 M_1、M_2、N_1、N_2 亚型。MN 抗原在胎儿两个月时即可检出。由于 MN 抗原性质稳定,干燥 20 年以上的血痕、红细胞煮沸 30 分钟,高压 120℃经过 30 分钟,或反复冻融后均能检出。因此在法医血型检验中受到极大重视。另外 MN 血型分布频率较好,如上海调查汉族人群 M 型占 22%,N 型占 30%、MN 型占 48%。是属于高鉴别能力的血型系统。检验 MN 血型使用的抗 M、抗 N 血清是利用家兔免疫制备的。值得注意的是 N 抗原性比 M 抗原性弱,抗 N 血清有时与 M 抗原发生非特异性凝集,可能使血型鉴定发生错误,检验时应同时做已知 M 和 N 血痕对照。检验 MN 血型的方法有吸收试验、解离试验和混合凝集试验。

③Rh 血型检验

Rh 血型是红细胞膜抗原的一个独立系统,由于最初用恒河猴的红细胞免疫家兔制备出抗血清能凝集人的红细胞,并取猴子(Rhesus)的前两个字母命名。Rh 血型根据与抗 D 血清凝集反应分为 Rh 阳性和 Rh 阴性。上海地区人群调查 Rh 阳性为 99.60%。Rh 血型在临床输血时有重要作用。法医学检验 Rh 血型进行个体识别。Rh 血型有 6 种主要抗原,有 5 种抗 Rh 血清,能区分出 18 种表现型,用于亲子鉴定有很高的识别能力。

④P 血型系统

1927 年 Landsteiner 和 Levine 用人的红细胞免疫家兔,在分析免疫血清时,发现免疫血清除去异种凝集素后,只能与某些人血液发生凝集反应,而不能与另外一些人血液发生反应。这种血液抗原与抗体的反应不能用ABO型和MN型来解释，从而发现了P血型。免疫的血清称为抗P血清，凡能与抗P血清发生凝集反应者为P+，不能发生反应者为P-。以后在一些正常人、马、牛、猪、家兔血清中也发现了抗P抗体。

1951年Livine等发现Tja抗原，1955年Sanger研究证明Tja抗原不是独立的血型，而是P抗原的一部分，于是原来的P+被重新命名为P_1，原来的P-重新命名为P_2。P_1细胞上具有P_1和P两种抗原，P_2细胞只有P抗原，而这两种抗原都没有的细胞为p型。Matson于1959年又发现了P^K抗原，P^K型人血清中有P抗体。则P血型系统有P_1、P_2、P^K、p四种表现型，按Matson的理论是由P^1、P^2、P^K、p基因控制。P^1是显性基因，P^2对P^1是相对隐性，但对P^K和p又是显性基因，同样P^K对p是相对显性，只有p基因是隐性基因。P血型系统在汉族人群中分布是P_1型占34%，P_2型占66%，P^K和p非常稀少。出生时P_1抗原未完全发育，有人认为7岁时才发育成熟。成人中P抗原的强度差异也很大。检测P血型的血清通常是从猪、马、牛等动物中筛选的，检测P血型的方法，通常采用解离法、吸收抑制试验。

红细胞血型系统，如Lewis、KeLL、Dully等血型很少应用。

(2)血清蛋白型系统

血清蛋白型又称血清型，是指血清中用电泳方法和免疫方法以及免疫电泳方法测出不同蛋白组分的遗传多态性。

①结合珠蛋白型(Hp)

Hp型是人血清中一种α_2糖蛋白，它能与血红蛋白结合成复合物，又称为亲血色素蛋白或触珠蛋白。经凝胶电泳发现有3种型，被命名为Hp1-1、Hp2-1、Hp2-2型(图11-13)。少数个体中缺少Hp，称Hpo型。上海调查Hp1-1为9.91%；Hp2-1为35.34%；Hp2-2为53.94%；Hpo为0.81%。用等电聚焦电泳可以分出6种Hp亚型。该血型不稳定，可检出期限为1个月左右。

②血清型特异成分(Gc)

Gc又称维生素D结合蛋白，是血清中一组α_2球蛋白。用免疫电泳可以分出3种常见表型Gc1-1、Gc2-1、Gc2-2(图11-14)。用聚焦电泳可以分出6种亚型。Gc型有很高的个体识别能力。调查中国汉族群体Gc1-1占49.05%，Gc2-1占42.82%，Gc2-2占8.13%。Gc抗原属于不够稳定的蛋白，只能检出1~2个月的血痕。

③γ免疫球蛋白系统(Gm)

血清免疫球蛋白系统是一个复杂的多型系统，包括4个亚类23个抗原(因子)。使用每1种抗Gm血清检验血痕可以分为阳性和阴性两种型，阳性表示存在该种Gm因子，阴性则不存在该Gm因子。Gm因子比较稳定，对外界因素的影响有较强的抵抗能力，应用血凝抑制试验可以检出20余年血痕的Gm因子。婴儿4个月后合成自己的 Gm 型。国内制备出抗 Gm23、抗 Gm3 因子单克隆抗体,应用酶联免疫斑点法检验血痕 Gm23 因子、Gm3 因子取得了成功。在血型检验上已被应用。

④转铁蛋白(Tf)

是一类能结合运送铁的糖蛋白,属于 β_1 蛋白。普通电泳能分出 TfB、TfC、TfD,经聚焦电泳可以分 TfC_1、TfC_2C_1、TfC_1、TfC_1D 型。血痕在室温保存 6 个月可以检出 Tf 亚型。

⑤其他血清蛋白型应用于法医物证检验的有 α_1 酸性糖蛋白(ORm)、α_2 - HS 糖蛋白(α_2 - HSG)、备解素 B 因子(Bf)等。

(3)红细胞酶型

是生物体内存在的催化活性相同而分子结构和理化性质不同的一组酶,亦称同工酶。它作为人体遗传标记存在血液和各种组织中。由于同工酶的肽链多处氨基酸顺序和结构有相当大的差异,因此用电泳分离同工酶可以显示多态性,在法医学个体识别及亲子鉴定中均有重要作用。

①酸性磷酸酶(EAP 或 ACP1)

是一组水解酶,广泛存在于人体组织中,在红细胞和精液中活性最高。用凝胶电泳可以分出 A、BA、B、CA、CB、C 6 种型,国内报告仅检出 A、BA、B 型。调查北京地区汉族 EAP 分布:A(6.52%)、BA(31.44%)、B(62.02%)。血痕在 6 周内可以检出 EAP 各型。

②磷酸葡萄糖变位酶(PGM_1)

是一组在糖代谢中起重要作用的酶类,广泛存在于人体各种组织、血液、精液、阴道分泌物、毛根鞘细胞、齿髓细胞中。用普通凝胶电泳可以分出 $PGM_1$1—1、$PGM_1$2—1、$PGM_1$2—2 型(图 11 - 15)。用等电聚焦电泳可以检出 10 种亚型。PGM_1 具有相当的稳定性,室温存放 3 个月的血痕及冷冻保存 1 ~ 2 年的血痕均可检出,是法医物证检验应用最多的酶型。调查北京地区汉族 PGM_1 分布:$PGM_1$1—1(51.59%)、$PGM_1$2—1(39.47%)、$PGM_1$2—2(8.46%)、$PGM_1$6—1(0.28%)、$PGM_1$6—2(0.19%)。

③脂酸 D(EsD)

是一种能够水解羧酸酯键的酶类,存在于人红细胞和组织中,但在精液中含量很少。EsD 稳定性较低,室温保存 6 周的血痕可以检出酶谱。经凝胶电泳可以区分出 3 种常见型,即 EsD1—1、EsD2—1、EsD2—2(图 11 - 16)。辽宁省汉族人 EsD 频率分布情况为:EsD1—1(37.5%)、EsD2—1(50.7%)、EsD2—2(11.8%)。

④乙二醛酶(GLO—1)

GLO—Ⅰ与 GLO—Ⅱ构成乙二醛酶,使甲基乙二醛转化为乳酸和谷胱甘肽。GLO—1 具有多态性,经凝胶电泳分出 GLO—11—1、GLO—12—1、GLO—12—2 型(图 11—17)。GLO—1 存在于血液和人体多种组织中,包括皮肤、肌肉、脑髓。GLO—1 酶活性不稳定,血痕中 GLO—1 检出时间为 1 个月左右。

HLA 特异性 1984 年命名

A 座位	B 座位		C 座位	D 座位	DR 座位	DQ 座位	DP 座位
A1	B5	B49(21)	Cw1	Dw1	DR1	DQw1	DPw1
A2	B7	Bw50(21)	Cw2	Dw2	DR2	DQw2	DPw2
A3	B8	B51(5)	Cw3	Dw3	DR3	DQw3	DPw3
A9	B12	Bw52(5)	Cw4	Dw4	DR4		DPw4
A10	B13	Bw53	Cw5	Dw5	DR5		DPw5
A11	B14	Bw54(w22)	Cw6	Dw6	DRw6		DPw6
Aw19	B15	Bw55(w22)	Cw7	Dw7	DR7		
A23 (9)	B16	Bw56(w22)	Cw8	Dw8	DRw8		
A24(9)	B17	Bw57 (17)		Dw9	DRw9		
A2(10)	B18	Bw58 (17)		Dw10	DRw10		
A26(10)	B21	Bw 59		Dw11(w7)	DRw11(5)		
A28	Bw22	Bw60 (40)		Dw12	DRw12 (5)		
A29(w19)	B27	Bw61(40)		Dw13	DRw13 (w6)		
A30(w19)	B35	Bw62(15)		Dw14	DRw14(w6)		
A31(w19)	B37	Bw63 (15)		Dw15			
A32 (w19)	B38 (16)	Bw64 (14)		Dw16	DRw52		
Aw33(w19)	B39 (16)	Bw65 (14)		Dw17 (w7)	DRw53		
Aw34 (10)	B40	Bw67		Dw18 (w6)			
Aw36	Bw41	Bw70		Dw19 (w6)			
Aw43	Bw42	Bw71(w70)					
Aw66 (10)	B44 (12)	Bw72(w70)					
Aw68(28)	B45(12)	Bw73					
Aw69(28)	Bw46						
	Bw47	Bw4					
	Bw48	Bw6					

⑤其他酶型系统

腺苷激酶(AK)、腺苷脱氨酶(ADA)、葡萄糖-6-磷酸脱氢酶(G-6-PD)、磷酸葡萄糖脱氢酶(PGD)、谷丙转氨酶(GPT)等因个体识别能力低及稳定性和试剂等各种原因而应用较少。

(4)白细胞血型(HLA)

主要是指白细胞与其他组织细胞共有的而且是最强的同种抗原。根据控制HLA抗原遗传的座位不同,可以分为HLA-A、B、C、D、DR、DQ、DP位点,共发现124种抗原,各位点抗原命名见表。医学临床测定HLA用于组织器官移植的细胞配型,法医学用于个体识别和亲子鉴定。HLA的检测方法是淋巴细胞毒性试验,主要是对血液进行白细胞分型,尚未对血痕做HLA分型。

第三节　法医物证检验中的DNA分析

法医DNA检验与法医血清学检验相比较,两者所涉及的案件类型及所分析的生物检材是类似的,但是提取检测的对象不相同。法医血清学检验是分析生物体中的蛋白质,而法医DNA检验是分析细胞核或细胞器中的DNA。蛋白质大部分都有组织特异性,即在不同组织中含量、分布有差异。而DNA基本上没有组织特异性,即同一个体中任何组织的DNA都相同,因而法医DNA检验能利用嫌疑人的血液与现场其他类型的检材相比对达到准确识别个人的目的。另外,DNA一般都经过两层膜包裹(细胞膜、核膜或细胞器膜),具有抗酸碱能力和耐热性,因此比蛋白质的环境耐受性和稳定性强。尤其是人的线粒体DNA是多拷贝的,在无核细胞如红细胞和退化细胞如毛干中仍大量存在,故DNA检验对于微量、陈旧的检材来说有突出优势。DNA检验技术的优点使其在目前物证鉴定中收到了很好的效果,使一些多年前的悬案用其他方法无法鉴定,而经DNA检验得以破获。随着技术的不断更新,DNA检验将做到更加灵敏,在侦查破案中发挥更大的作用。当今社会经济高度发达,犯罪率急剧上升,罪犯的作案手段也越来越狡猾,这对公安科技工作者来说形势是很严峻的,对付智能犯罪,破案方法也须更多、更先进。从生物物证的角度来说,能够取证的检材量趋于减少,而且经常是腐败的或是污染的,DNA技术能做到微量、快速、同一认定,使物证检材在破案中的重要性大大提高,因而DNA技术受到一线办案人员的欢迎。

一、基础理论

(一)DNA的组成与结构

DNA是脱氧核糖核酸的英文缩写(deoxyribonucleic acid,DNA),由许多个核苷酸通过3',5'－磷酸二酯键彼此连接而成。存在于所有动植物细胞、微生物和病毒、噬菌体体内，是生命的最基本物质之一，对生物的生长、遗传、变异起着重要的决定作用。

(二)基因和基因组

基因(Gene)是指具有特定的核苷酸顺序的核酸片段，它是储存特定遗传信息的功能单位。

基因组(Genome)是指一个生物体的全部基因。

位点(Locus)是指在DNA上的某一段特异的位置。

(三)多态性

1. 概念

(1)多态性:DNA在序列上的变异。

(2)遗传标记(Marker):任何能够遗传的物理或分子特征，在个体之间存在差异并且易于用实验检测。

(3)等位基因(Alleles):一对同源染色体上同一位置的基因称为等位基因。

(4)纯合子(homozygous):在一对染色体上的等位基因相同，在DNA图谱上表现为一条带。杂合子(heterozygous):在一对染色体上的等位基因表现有差异性，则称为杂合子，在DNA图谱上表现为二条带。

2. 多态性种类

(1)序列多态性(sequence polymorphism)，指不同个体DNA其碱基排列顺序不同。

(2)长度多态性(length polymorphism)。DNA分子上有许多高变区(hyper－variable regions)，它是由顺序相同的重复序列单位(repeat sequence)重复排列组成的。含有这种重复序列的结构叫可变数目串联重复(variable numbers of tandem repeats，VNTR)。不同个体的等位基因上串联重复单位的重复次数不同，导致等位基因DNA片段长度不同，这种多态性就是DNA长度多态性。

(四)法医DNA分析技术及其应用的意义

法医DNA分析是分子生物学在法医学中的一个应用。用分子生物学原理与方法研究法医学中的个体识别与亲缘关系，并开展相关的检验。它是20世纪80年代中期发展起来的一门新的学科，涉及遗传学、群体遗传学、生物化学、分子生物学和计算机学等学科，是多门学科的交叉、综合学科。经过十多年的发展，建立了许多新的方法、技术，理论得到不断完善。法医DNA分析应用的意义表现在:

1. 认定犯罪分子。在性犯罪中通过分离法将女性物质祛除后得到纯的精子DNA，再进行DNA检验以认定犯罪分子。在凶杀案中如果发现嫌疑犯衣物上遗留的血液DNA分型图谱与被害人的相同，同样可以据此认定罪犯。

2. 对碎尸案件的身源鉴定以及亲子鉴定。由于人的各种组织细胞具有相同的

DNA 分型图谱,因此可以据此认定分离开的身体各部分和组织是否为同一人。同时由于 DNA 分型图谱带按孟德尔遗传规律遗传,其子代的谱带一半来自父亲,一半来自母亲。通过把尸体的 DNA 指纹图与父母的进行比对可以解决尸体身源问题,以及解决财产继承纠纷和移民纠纷等案件。

3. 对已发案件进行并案检验。DNA 分析技术对于检验连续发生的类似犯罪案件有着极大的作用。

4. 重新讨论没有解决的案件。由于 DNA 的稳定性使其在长期保存的物证中能保持完整, 因此可以将老物证中的 DNA 图谱与新近缉捕的嫌疑人的图谱进行比对。

法医 DNA 分析的主要任务是对人以及动物进行个体识别与亲子鉴定,确定个体的其他特征,也将是未来法医 DNA 分析可能担负的任务。

(五)DNA 分析技术用于法医物证检验的主要依据

DNA 分析技术用于法医物证检验的主要有以下依据:

1. 每个人具有的遗传物质 DNA 都具有唯一性,就像指纹一样互不相同,因此最早用于法医检验的 DNA 技术——限制片段长度多态性检验(RFLP)被人们通俗形象地称为 DNA 指纹技术。

2. 每个人细胞核的 DNA 都分别来自父母双方,于是通过母—子—父的三联体检验可以进行亲子鉴定。

3. 每个人不同组织细胞中含有的 DNA 都相同, 因此取嫌疑人的血可以与现场的精斑、毛发等进行比对。

4. 人细胞中线粒体 DNA 是母系遗传,因此通过检验线粒体 DNA 可以做母子鉴定、家系分析等。DNA 技术可以为各类涉及生物检材的案件提供证据,这些案件包括凶杀案、强奸案、碎尸案、亲子鉴定、交通肇事案、移民案、拐骗儿童案、换婴、违反计划生育等,还可用于医学诊断、骨髓移植鉴定等。对于案件中生物物证的鉴定可以通过了解物证的个体来源认定罪犯,可以确定身源,也可以对物证的种属、性别、ABO 等基因型进行鉴定。

5. DNA 的稳定性:蛋白质容易受温度、湿度、紫外线及细菌污染等的影响,经常会使血斑、精斑等的蛋白分型出现阴性或假阳性,能检测出结果的时间也非常有限,一般血斑、精斑等超过一周时将不能得出正确的检验结果。而 DNA 与蛋白质相比对于自然环境具有相对比较高的稳定性,目前 5 年以上的血斑、精斑也能成功进行 STR 分型。

(六)法医 DNA 分析的应用范围

法医 DNA 分析技术可以应用于所有涉及有细胞的生物物证的案件中。法医 DNA 检验可以进行检验的案件有:凶杀、性犯罪、恶性械斗、在现场无意中留下指纹、毛发、唾液(烟头、口香糖等)或面罩的盗窃案和抢劫案等,以及一些投毒案等;

碎尸案尸源认定;灾难性或空难事件中尸源认定、交通事故中尸源认定与确定带有可疑的血痕、组织或毛发等的嫌疑肇事车是否为肇事车的案件;拐卖儿童、离婚案、涉及移民、入户、寻亲、遗产继承、计划生育中超生和医院错抱婴儿的亲子鉴定;器官移植、医疗纠纷中的个体识别与亲子鉴定;等等。除此以外,还有动物的亲子鉴定以及植物的根、茎、叶、花、果与种子和细菌与真菌等微生物的多态性检验。

二、法医 DNA 分析技术

(一)历史

1985 年,英国莱斯特大学遗传学家 Jeffreys 等人发现人类 DNA 分子中存在一系列含有相同核心序列而长度可变的区域,从而发展了多位点的 RFLP 探针,即"DNA 指纹"图检验技术。发现"DNA 指纹"技术具有高度多态性,可利用"DNA 指纹"进行法医学同一认定鉴定。Jeffreys 将该方法成功地应用于一起移民纠纷案,由此开辟了法医 DNA 分析的先河。当时英国政府提出要对一名英国妇女与一名加纳儿童的母子关系进行确认,否则不同意该儿童入籍。经各种血型和酶型检验之后,这名妇女究竟是孩子的母亲还是姨母仍有疑问。Jeffreys 教授用 DNA 探针杂交的方法做出 DNA 指纹图,得出这名英国妇女是该加纳儿童母亲的结论。从此世界各地的法医学家纷纷效法,DNA 技术成为法医学领域的热点。DNA 技术的应用使法医物证检验能够做到认定个人,这是一个划时代的飞跃。但当时所应用的 DNA 指纹技术也有其局限性,例如:用同位素标记探针带来放射性防护问题;消耗的检材很大,现场生物检材常常不能检出图谱;操作复杂,检案周期长;腐败及细胞核极少的检材(如毛干、指甲等)还不能检验。

在 DNA 指纹技术诞生的同一年里 PCR 技术获得了突破性进展。PCR 是英文 Polymerase Chain Reaction 的缩写,即聚合酶链反应,是将所需要的 DNA 目的片段在体外酶促扩增,大大增加其拷贝数以备检测。Taq DNA 聚合酶的应用明显改善了 PCR 的特异性和产量,并使该过程得以自动化。PCR 具有多方面的优点,快速、灵敏,适用于微量腐败等条件较差的生物检材。而且 PCR 是一个分子生物学的基础手段,应用它发展了许多更新、更有效的方法,如 1996 年荧光标记 STR 复合扩增技术的建立增加了检验方法的灵敏度并拓宽了物证检验的领域,使法医 DNA 检验又上了一个新台阶,因而 STR - PCR 检验技术被誉为法医 DNA 检验第二代技术。人类线粒体 DNA 分析是从 Anderson 报道了线粒体 DNA 全部序列后,才开始了对线粒体 DNA 多态性的研究。经过许多人的探索,确定了线粒体 DNA 的遗传特性,建立了稳定可靠的分析方法,发现了个体多态性的遗传规律,并应用到法医学上来。1988 年,Higuchi 运用 PCR 技术扩增特异性线粒体 DNA 片段,进行序列测定,首次对单根毛囊进行了线粒体 D 环区的序列分析。1990 年,Orrego 等人进行了 mtDNA 非编码区序列测定,并进行母系单亲亲权鉴定的前期研究,发现外祖母与外孙的 mt DNA 序列相同。1991 年,Sullivan 等采用 PCR 方法,结合 DNA 自动测序仪测定了人类 mt DNA 序列，将此方法用于法医学检案。由于线粒体在细胞中数目极多，且在细胞核很少的组织如毛干、指甲中也存在，因此在法医学上应用后，大大拓展了检材的范围，增加了检验灵敏度。美国军事病理研究所曾用线粒体 DNA 测序技术对越战中遗留的美军士兵尸骨进行检验，成功地检出了在自然状况下保存了 25 年的骨骼中的线粒体 D – 环高变区基因型。

科学的道路是无止境的，更新、更先进的技术会不断被人们发明出来，十几年来由最初的 RFLP（DNA 指纹技术）拓展到了荧光标记 STR 复合扩增技术、线粒体 DNA 测序技术及其他 PCR 相关技术，并将这些技术应用于办案实践，成为打击罪犯和解决亲权纠纷最有效的技术手段。

（二）法医 DNA 分析技术的特点

法医 DNA 分析技术具有以下特点：

1. 遗传标记多，信息量大。

2. 标记的遗传类型全，有按孟德尔分离和自由组合律遗传的常染色体各遗传标记，也有父系遗传的 Y 染色体遗传标记和母系遗传的线粒体 DNA 序列差异。

3. 可分析的物证种类多，其存在比较广泛。

4. 方法灵敏，检材用量少。

5. 同一个体物证具有比对的通用性。

6. 自动化程度高，速度快。

7. 可以建立数据库，进行查档比对，检索破案。

（三）检材的发现，提取与保存

1. 现场生物检材发现

在 DNA 指纹时代，VNTR 单位点杂交时代，现场提取的微量人血迹、一枚烟头等无法成功地进行 DNA 检验。随着 DNA 技术的发展，如目前的荧光标记 STR 复合扩增技术和 mt-DNA 测序技术的建立，使检验方法变得越来越灵敏，对现场生物检材的要求也越来越低，因此发现生物检材"有用"意识非常重要。有人活动的地方就有可能留下细胞，有细胞就意味着可以进行 DNA 检验。在有用意识的支配下，去发现针头大小的血迹、桌面及纸张上的模糊指纹、一个酒瓶、一个饮料瓶、衬衫衣袖领、一堆果皮、一个果核等。

2. 现场生物检材提取

现场生物检材提取要注意以下几点：

（1）避免污染可能存在 DNA 的区域，不要直接用手接触物证检材或在其上咳嗽、打喷嚏。

（2）提取物证检材时应戴干净的乳胶手套，不同的检材之间应更换新手套。

（3）每项物证检材应分开独立包装。

（4）血斑、精斑和其他各种斑迹在封装前应彻底晾干。

(5)样品晾干后应用信封或纸口袋包装,而不要用塑料袋,因为特别是在湿度大的地区水会在其中凝集,水能加速 DNA 分子的降解。

(6)固定物体表面(例如桌子、地面)的斑迹用蘸湿蒸馏水的棉签擦拭斑迹区域直至斑迹转移到棉签上,晾干后用信封独立包装。

(7)其他现场生物检材提取:甲缝、头皮屑、耳机、手稿、吊绳、电话线、邮票、痰、口香糖、鼻涕、吸管、衣服、粘胶带粘口、隐形眼镜片、发梳、牙刷、唇膏、饮料瓶、罐头。

(8)包装上应清楚地标明案件编号、检材编号和提取人签名。

3. 生物检材保存

生物检材保存要注意以下几点:

(1)血液检材制成血斑后室温阴干或冷冻保存。

(2)其他斑迹均阴干保存。

(3)液体尿等冷冻保存送检。

(4)软组织的保存:传统一直用10%甲醛(福尔马林)固定保存人体脏器等软组织,便于组织学检验及研究。比较研究表明,福尔马林固定超过 3~4 天检材难于检出大片段 STR 位点,难以达到同一认定水平。而用70%或无水乙醇固定 1 年半(目前我们测试最长时间)的肌肉组织用 Profiler plus 试验盒仍可检见完整 Amel 及 9 个 STR 位点。为了预备以后的组织学及 DNA 检验,同一软组织最好制成 2 份,一份用福尔马林固定,一份用无水乙醇固定。

(5)保存生物检材均应干燥、透风、阴凉,如果无法满足这些条件,则最好用低温冰箱冷冻保存。

(6)保存的生物检材一定要标记好标签,否则保存已无意义。

4. 生物检材送检

生物检材送检要注意以下几点:

(1)送检注意事项:携带介绍信、工作证、身份证。

(2)检材应齐全,必要时先电话咨询。

(3)易臭、易腐败检材应置于冰壶中送检。

(4)送检前应详细了解案情,明确送检目的。

(5)送检检材应标记清楚提取地点、时间等。

(6)送检骨头时最好送检股骨、肱骨等大骨头,骨头应完整,不应锯开。

(7)mt DNA 检验常规送检检材为骨骼、牙齿、腐肉、毛干等。

(四)分析方法

1. DNA 指纹技术

(1)DNA 指纹技术

以人类肌红蛋白基因第一内含子中串联重复的核心序列多聚体为探针,对人基因组进行限制性片段长度多态性(RFLP)分析,检测到多条杂交谱带。在每个个体中,谱带的数量和相对位置构成了特定的图谱,由于这些图谱表现出高度的个体特异性,除同卵双生子外每个人均不相同,如同人类的指纹一样,能够进行个人同一认定,故称之为“DNA 指纹”(DNA fingerprint),分析 DNA 指纹的方法称之为 DNA 指纹技术。

(2)DNA 指纹技术原理

人类基因组中含有一系列的小卫星 DNA,各小卫星 DNA 构成单位——重复单位,其核心序列之间具有高度的同源性,在低强度杂交条件下可进行相互杂交,形成稳定的杂合分子。在以核心序列多聚体为探针,低强度杂交条件下进行限制性片段长度多态现象分析时,大量不同的小卫星 DNA 只要其序列与探针 DNA 序列的同源性程度达到能形成稳定杂交时便可被同时检出。由此不仅可以检测同一位点小卫星 DNA 重复单位的重复次数的差异,还可同时检测不同位点小卫星 DNA 间重复单位长度及重复数目的差异。

(3)DNA 指纹图

DNA 指纹图是基因组 DNA 经一定的限制性内切酶酶解后,电泳分离、转移,用核心序列多聚体探针杂交后所显示的高度多态性图谱(图 11 - 18)。

(4)个体特异性

人类基因组中含有一系列的小卫星 DNA,每个小卫星区域是由串联重复的一小段 DNA 序列组成(16 - 64bp),构成一个重复单位,而且每个重复单位内部含有一个核心序列,一般是 10 - 16 bp,其核心序列之间具有高度的同源性。小卫星 DNA 所具有的高度多态性是由于不同个体之间 DNA 片段串联重复单位数目的差异造成的。

(5)多位点探针

因为每个人的小卫星 DNA 重复单位内部含有一个核心序列,一般是 10 - 16bp,其核心序列之间具有高度的同源性。DNA 探针与被检测的 DNA 序列只要有 80% 以上的碱基能配对,就能杂交;大量不同的小卫星 DNA 只要其序列与探针 DNA 序列同源性达到能形成稳定的杂交时便可被检出。因此不仅可检出同一位点小卫星 DNA 重复单位数目的不同,还可检出不同位点小卫星 DNA 重复单位数目的差异。

2. STR-PCR 技术

(1)什么是 PCR 技术

PCR 是聚合酶链反应的英文缩写(Polymerase Chain Reaction, PCR),是一种对特定的 DNA 片段在体外进行快速扩增的新方法。

(2)PCR 技术原理

PCR 是一种利用两个与 DNA 相反链互补并位于靶 DNA 两端的寡核苷酸引物

经酶促反应合成特异DNA片段的体外方法,该反应包括模板变性、引物退火及引物延伸这三个步骤的重复循环,使每次循环中靶DNA的拷贝数几乎呈几何级数增长,提供足够的靶DNA量供分析使用。

(3)STR-PCR检验技术

①原理

短串联重复序列(STRs)是指由2-5bp核心序列组成的串联重复区域,长度小于300bp的DNA片段。STR位点广泛存在于人类基因组中,数目众多,是个体识别标志的丰富资源。以PCR为基础的STR检验扩增获得的STR产物片段长度小,约100~400bp,对DNA的需要量少,灵敏度高,更适用于降解检材的检验。检验中与等位基因混合物(Ladder)比对,可以直接对每一个样品DNA进行分型。STR位点扩增片段相近,扩增条件类似,能够进行多个位点的复合扩增,一次检验能获得较多的多态性信息,更加满足法医物证检验的要求。

荧光STR复合扩增检验技术一次可以扩增超过10个基因座;不同的荧光染料标记,可同时检测分子量范围重叠的STR等位基因;同时扩增13个基因座可以达到同一认定的目的。该技术已成为法医学上个体识别和亲子鉴定最主要的技术方法。

②技术流程

提取检材的DNA,然后进行PCR扩增,最后进行电泳检测并分析结果。

3.线粒体DNA测序技术

(1)技术方法的原理

线粒体是细胞质细胞器之一,在哺乳动物中,单个细胞中含有的线粒体数目在1000~10,000个之间,每一个线粒体内含有一个或多个闭合环状的双链DNA分子。人类线粒体DNA(Mitochondrial DNA,mt DNA)的长度为16,569bp。线粒体DNA的两条链成分不同,富含嘌呤的称为重链(heavy-strand),富含嘧啶的称为轻链(slight-strand)。

人类线粒体DNA可以划分为两个主要区域,其中较长的区域为蛋白编码区,较短的区域与转录和复制有关,为控制区(control region)。控制区也称替代环(displacement Loop,D-Loop)区,长度约为1.2kb,该区域具有高度的多态性,被划分为两个高变区(hypervariable region,HV-region)。法医DNA检验中主要测定人类线粒体DNA D环区的一段高变序列。根据TWGDAM(Technical working Group for DNA Analysis Methods)的界定,HV1位于线粒体DNA上16,024~16,365之间,HV2位于线粒体DNA上00073~00340之间。线粒体DNA具有母系遗传的特性,精子DNA无法进行线粒体DNA检验。

基于上述原因,线粒体DNA可应用于法医学检验,特别是应用于角质化检材(如毛干、指甲)、母系单亲检验、降解检材的检验。

(2)技术流程

首先,从检材中提取检材的DNA,然后进行PCR,最后进行线粒体DNA测序。图11-19为线粒体DNA全自动荧光测序结果。

(五)几种DNA检验方法的评估

1. DNA指纹技术

优点:DNA指纹技术能进行同一认定。

缺点:(1)DNA指纹技术实验周期较长(5天),实验环节多,不易掌握。(2)检材用量大,并且对基因组DNA质量要求高。一般要5μg以上的未降解的大分子才能进行DNA指纹技术的分析,在实际案件中获得如此大量的未降解的DNA是比较困难的。(3)检测出的众多等位基因没有明确的基因定位,发生突变或检验条件变化时会出现"陌生"谱带、谱带丢失或歪斜等情况,使结果难以解释。(4)电泳凝胶的变形和谱带的漂移等将不可避免带来误差,因此不是同一块凝胶的分析结果不能比对。这也就造成在以往检验过的案件中,如果嫌疑人被排除,在以后重新找到嫌疑人如果未保留检材时,将不能进行检验。

2. STR-PCR技术

(1)不同STR基因座之间片段长度差别不大、扩增条件类似,能够进行复合扩增,一次检验可获得较多的多态性信息,能进行个体的同一认定,是目前最为完善和发挥作用最大的技术。

(2)易于扩增并适用于陈旧、降解生物检材的DNA分析。

(3)检测的灵敏度高,适用于微量检材的鉴定。

(4)基于PCR技术的STR多态性分型技术简便,结果分析准确,分型程序明确规范。

(5)结果以数据方式表示,有利于实现DNA分型的标准化和自动化,有利于结果的计算机储存和交换,有利于不同实验室之间的比对。

3. 线粒体DNA检验技术

优点:(1)尤其适用于毛干和指甲等特殊生物检材的DNA分析,这是其他方法所不能替代的;(2)检测的灵敏度高,适用于微量、陈旧和高度降解的生物检材的鉴定。

缺点:(1)mt DNA分析提供的识别率相对较低,不能进行个体同一认定。(2)母系遗传的特点使同一母系的所有后代个体拥有相同的线粒体DNA序列,这限制了其在法医学中的应用。也不能进行父权鉴定。(3)线粒体DNA分析的灵敏度高,但同时也增加了污染的危险性。

(六)决定DNA鉴定准确性的因素

1. DNA模板质量

DNA检验成功及准确性的因素之一是获得高质量和一定量的DNA。质量指提取的 DNA 片段大、纯度高,量主要指提取的 DNA 要有一定浓度,DNA 模板用量须适量,太多则出现 pull-up 峰,太少则等位基因丢失、随机扩增等。

2. 检验方法

目前基于 PCR 技术的荧光标记 STR 复合扩增检验方法是一个结果分析准确分型程序明确规范的方法。

3. 送检的生物物证必须准确可靠,不能混淆。

4. 检验人员认真负责的工作态度。

三、DNA 分析技术的发展趋势

在法医物证学领域具有革命性变革意义的突破是法医 DNA 检验技术,其作用与意义在重大刑事案件、重大空难和海难等事故和国内的“打拐”专项斗争等中已得到充分的体现。通过各国法医学家的努力, 已经取得了可喜的成果。法医物证学正在全面向前发展。

(一)法医 DNA 分型技术的标准化与质量控制

实行 DNA 技术的标准化和质量控制将促使我国向国际法庭科学发展的步伐,方便国际交流。实行 DNA 技术的标准化,对于所有的检材,采用统一的、可重复的检验程序对其进行鉴定,可以增进结果的可信度,使公众放心接受检验结论。实行 DNA 技术的标准化,所得出的结果具有可比性。这样可以在不同的实验室之间进行检验结果的互查,验证结论的正确性。同时由于规范了 DNA 检验工作,可以建立统一标准的 DNA 信息数据库,方便实验室之间交换试验数据,进行信息共享。由此可以进行跨地域寻找嫌疑人,节省办案时间和人力物力,打击跨地区犯罪,同时提高对犯罪现场人体生物检材的采集和利用,便于案件的整体工作。随着计算机网络化的发展,可以方便地利用这一先进的技术来储存已得数据和进行数据比对与查找, 即使在不同的省份或不同的国家之间亦可进行,提高了办案效率。虽然这方面的工作已开始起步,但还需要进一步加强。

目前国内也正在致力于法医 DNA 检验质量保证体系和实验室规范化方面的建设。在公安部科技局和刑侦局直接领导下, 目前已颁布了《法庭科学 DNA 实验室规范》、《法庭科学 DNA 实验室检验规范》和《法庭科学 DNA 数据库建设规范》三个标准,这些标准的颁布为加强公安机关 DNA 实验室的规范化建设、规范 DNA 检验工作和统一标准建立 DNA 信息数据库、提高对犯罪现场人体生物检材的采集和利用以及对于维护法庭 DNA 鉴定实验室的鉴定水平、保证鉴定质量、提高 DNA 鉴定证据可信度可谓至关重要。

(二)法医 DNA 数据库

法医 DNA 数据库是国内外法医物证检验重要的发展方向。单纯应用 DNA 技术进行办案的方法,是完全依赖于物证检材与针对特定案件而提取的嫌疑人样本进行的人工对比。这一方法存在很大的局限性,一方面若罪犯不在特定案件的侦查范围内或未提取样本,就根本无从认定罪犯。另一方面物证检材、嫌疑人的检验信息局限在单一实验室或鉴定人,使得即便某一案件的物证检材与罪犯样本都已做过检验,若侦查未能将两者作为一个案件要求对比,也因这种局限性而无法进行认定。这大大降低了 DNA 检验技术的应用价值,致使在全国应用 DNA 检验的20,000余起案件中直接认定罪犯的案件只有三成左右,一大批犯罪分子,特别是一些恶性案件的惯犯,一直逍遥法外,并继续危害社会。

解决这一难题,更大限度发挥 DNA 检验技术作用的方法是建立全国 DNA 数据库,储存、检索、对比物证检材及特定人群的检验结果。已入库的任何个体一旦犯罪,通过网络查询将可直接得以认定。做到实验室间、鉴定人员间信息共享,使有关信息资源得到最大限度的应用。特别在解决流窜作案、串并案、异地查询以及提高工作效率等方面都是现有技术所无法取代的。西方发达国家的实际应用情况已充分证明了这一点,并已成为发达国家物证信息系统的核心组成部分。更为突出的是与指纹、影像、证件等数据库相比,信息 DNA 数据库具有更加突出的优势,如国际统一的数据格式和数据的唯一性、终生一致性、不可更改性以及判定血缘关系的特性等。这一综合技术手段将极大地拓展排查范围、节省人力物力、提高工作效率,有着巨大的发展潜力和极其广阔的应用前景,是各国政府高新技术项目的重点发展对象,也是目前反映一个国家打击犯罪技术水平与实力的"晴雨表"。

西方发达国家都依据各自的立法,建立了相应人群的数据库,但受人权、隐私权、人道、法律等社会问题的限制,特别是 DNA 检验所揭示的信息可能会导致保险、就业困难甚至歧视等方面的问题,使得建库对象十分局限,限制了 DNA 数据库作用的发挥。为此,美国国家未来 DNA 证据委员会提出了扩大建库范围的建议,有些州则已通过立法,CODIS 在未来的 5 年内将达到 150 万。英国政府也已提出了类似的动议,并计划为扩大建库范围投入 1.09 亿英镑。预计不久的将来建库对象范围会大大扩大,DNA 数据库将实现国际间的联网,使得任何留有物证的犯罪分子都无法逃脱法律的制裁。

(三)非人缘性生物物证等特殊问题将得以解决

非人缘性生物物证所包括的范围很广,如动物样品、植物样品和微生物样品等,目前不仅进行人的个体识别与亲子鉴定,还可以进行家畜、宠物、野生动物、昆虫等个体认定和亲子鉴定,并已经取得了肯定的可应用的结果,有些已经试用于刑事技术和司法鉴定。在植物和微生物的 DNA 分析上,在理论与技术方面都已具备了一定的基础,为将其应用于刑事技术和司法鉴定方面做了有价值的研究和应用尝试。这些成果为全面地利用各种生物物证、增加物证提供的信息种类和数量、提高其在侦查和破案中的线索价值和证据价值提供了可能。

早在 1992 年,美国植物学家就利用 RAPD 技术成功地对假紫荆树与假紫荆树豆荚进行了检验,解决了一起凶杀案;1997 年、1998 年美国还报道了利用 DNA 检验技术对猫的毛发进行检验侦破案件的情况;2000 年中国也有关于牛亲子鉴定的报道。尽管这类应用涉及众多学科,也存在有待认证与完善的问题,但已有的案例应用证实了该技术思路的可行性,预示着 DNA 检验技术在拓展物证范围方面的良好前景。

1. 昆虫 DNA 分析在司法鉴定中的应用

昆虫学对法医学尸体死亡时间的推断起着重要作用。早在宋慈的《洗冤录》中就介绍了根据物证上的昆虫确定罪犯。利用昆虫学进行死亡时间推断应用的理论基础是不同的昆虫在不同的生长时间其形态特征不同,不同环境下昆虫的生活史有所不同。然而利用形态学推断死亡时间的最大难题是大多数幼虫的形态相似,昆虫种类繁多,很难判断是哪一种昆虫。而且还必须将现场采集的幼虫拿到实验室进行培养至成虫,然后才能进行准确的鉴定,这样,势必延迟了数天,甚至数个星期。更为重要的是,在培养过程中,有些幼虫死了,或者有时在现场提取到的只是昆虫的一些残存物,已无法根据形态学进行鉴定。相反的,在实际工作中,要求在现场采集后能马上进行快速、准确可靠的鉴定。

以 DNA 为基础的分析方法可以分析任何阶段的昆虫,从而大大缩短时间。对于昆虫种类的鉴定,目前主要有两大类方法与标记:一是对 mt DNA 细胞色素氧化酶进行测序分析,或用限制性内切酶分析 CO－Ⅰ的 PCR 产物;二是用各种引物进行 RAPD 分析。

2. 动物 DNA 分析在司法鉴定中的应用

法医 DNA 学除了对人类进行 DNA 分析外,还进行对野生动物、家畜、宠物等的种属鉴定、个体识别及亲权关系鉴定。事实上,动物的毛、骨骼等很早就是司法鉴定的检验材料之一。随着法制的加强,侦审活动对证据的重视和科技的发展,已经有越来越多的刑事案件和民事案件涉及此类鉴定。

用于动物鉴定的 DNA 技术主要有线粒体 DNA 的测序分析、RAPD 分析和 STR 分析等。

3. 植物和微生物 DNA 分析在司法鉴定中的应用

犯罪分子在犯罪过程中无意间使自己身上、衣物、鞋袜、作案工具或交通工具携带有犯罪现场周围环境中的物体,如泥土、植物的叶片、花瓣、种子、花粉及果实或果汁等,或者尸体身上沾有这些物质,利用这些物质进行案件的分析,推断犯罪分子是否去过犯罪现场,或者确定第一犯罪现场位置,对一些案件的侦破起着重要作用。

利用周围环境中的物证,自古就有,都是应用植物的形态学特征或植物分类学特征,或者根据土壤的土质、色泽、矿物质等特征,加以区分、比较,这要求检验人员具有丰富的知识与经验、熟练的技术。而且,在实际案件中,犯罪分子身上或尸体上附着的植物或泥土样品条件很差,可能凭借普通分类学无法确认、区分它们,因此对这些植物和泥土样品的检验与利用较少。随着分子生物学技术的发展,可以应用 DNA 技术对这些样品进行分析、检验,确定它们的种类与周围环境的相似性。

1992 年美国亚利桑那大学植物基因学家蒂莫西·海伦贾特里斯用 RAPD 技术对一起凶杀案中涉及的两个假紫荆树的种子壳进行检验,为断案提供了有说服力的间接证据。

土壤中含有大量微生物,包括真菌和细菌等,不同地方的土壤中所含的微生物种类有所不同,即使同一地方不同地表的土壤,其所含微生物也不同,用 DNA 技术分析土壤中微生物的 r DNA 图谱,比较二者的图谱,观察 DNA 峰或谱带是否一致,计算二者的相似性,确认二者土壤是否有关系。新西兰环境科学研究所 Horswoll(2001)分析土壤中微生物的核糖体基因(r DNA)确定土壤是否一致。用 DNA 检验一起案件中涉及的靴子上的泥土与犯罪现场留下的靴子印的泥土中微生物,进行结果比较,二者的图谱非常相似,计算相似指数为 0.91,具有比其他地方的泥土高的相似指数,可以确定该靴子上的泥土与现场靴子印泥土一致,帮助办案人员确定拥有此靴子的人曾到过犯罪现场。

(四)应用单核苷酸多态性(SNP)分析系统揭示罪犯特征

寻找基因型与种族、地域、人类生理特征等方面的关联性是非常重要的,就此而言,单核苷酸多态性(SNP)分析系统具有较强的优势。单核苷酸多态性(SNP)主要是指单碱基的变异引起的 DNA 序列多态性。由于单个 SNP 和 Indels 仅表现出两种多态性,因此属于二态性的遗传变异。SNP 在基因组中数量巨大,每 400 ~ 1000bp 就有一个 SNP 位点,据估计在人类基因中约有 140 万 ~200 万个 SNP 位点已被测序和定位,这对连锁分析、复杂疾病(状况)的基因定位、疾病的关联分析、人类进化研究、人体特征和药物机理的研究具有重要意义。

研究发现:如果每个 SNPs 等位基因频率为 0.5,则 30 个 SNP 可以达到上述 13 个 STR 位点复合扩增系统的识别率;如果每个 SNPs 等位基因频率为 0.1,则需 60 个 SNPs 才能达其识别力。Rebecca Reynolds 等已成功地对 50 ~ 55 个 SNPs 复合扩增,然后进行两步杂交获及基因型,用于法医个体识别及亲权鉴定。M. Lareu 等用 DNA 微阵列进行 SNP 分型,发展了两种 DNA 芯片:一种含有 100 个常染色体 SNPs 的可用于亲权鉴定;另一种是 Y 染色体 SNP 芯片,可用于混合斑的鉴定。

所选择的 SNPs 位点在主要人群里其基因频率的显著差别将可为个体的地理区域生物学来源提供重要信息,虽然目前知道诸如此类的遗传标记还不多,但可以从成千上万个 SNPs 位点数据库里筛选,将会有足够的信息准确推测个体的地理区域生物学来源。

值得注意的是人类大多数的表现型变异与编码区的 SNPs 位点相关。虽然大多数情况是由基因与基因、基因与环境的反应来决定最终表现型,但随着检验技术的不断突破和对 SNPs 位点的深入研究,生物芯片技术在这方面已有研究报道。利用基因表达芯片,科学家已能准确判定同一品系小鼠的年龄,利用SNP芯片可判定个体对某些药物的反应、对某些疾病的易感性等,这预示着鉴别人类外观特征的遗传标记也必将得以发现,从而将赋予DNA检验以全新的定义与功能,在证据上判定嫌疑人是否是罪犯,在侦查上判定罪犯特征甚至确定何人是罪犯。相信在不远的将来,SNPs的基因分型信息将给人的生理特征提供有利信息,例如年龄、头发颜色、皮肤颜色、是否秃顶、是否色盲、是否自然卷发以及身高、体态、胖瘦和面部特征等,这将具有划时代的意义。

mt DNA呈母系遗传、Y染色体特异性遗传标记呈父系遗传的特性也已在家系判定等方面得到应用,随着数据资料的积累与研究的深入,用于种族、地区等方面的判定将指日可待。Y-SNP的研究主要集中在种族起源的预测上,Mark A. Jobling利用Y-SNP单倍型进行种族起源分析。Y染色体在男性决定中起重要作用,其为单倍型,Y染色体的大部分免于重组,引起Y染色体多样性在谱系中积累,并产生男性特异性单倍型;由于人群遗传和行为因素,这种单体型非随机分布在人群中。其分布有种群特异性,利用它可帮助推断犯罪现场某个体所属种群。如某Y-SNP在非洲人中出现率为15%,而在世界其他地方并没找到;另一单体型在撒哈拉人中出现率为53%,而在欧洲人中出现很少。随着更多的发现并进一步分亚型,将使种群特异性分析的可信度增加。

中华民族在历史上有按氏族聚居、子继父姓的习惯,形成了相对隔离的亚洲群,来自同一地区同一姓氏的个体往往是有亲缘关系的同一父姓的后代。因此他们之间有相同的Y-SNP单倍型。调查犯罪人群的Y-SNP单倍型分布,找出按不同民族——籍贯——姓氏等划分群体特征的Y-SNP单倍型,从而根据案件现场所遗留的生物标本的特征Y-SNP单倍型推断出犯罪嫌疑人的姓名、民族和籍贯等。

另外,临床医学检验、病原体检验可以描述个体感染病原体的种类、分型、亚型;免疫球蛋白基因检验可以反映个体被感染的历史;遗传缺陷检验可以揭示个体的症状表现。相关检验结果可为查找罪犯提供精确的性状特征,特别是未来医疗档案的网络化将使查询工作变得更加方便,依据各指标的群体分布数据可以计算特定指标的概率,甚至可以做到同一认定。

(五)DNA技术推断年龄

近年的研究表明,人类年龄超过20岁的个体,其组织细胞中线粒体DNA存在一段4977bp缺失的现象,与年龄增长存在一定的相关性。此研究为进一步通过线粒体DNA缺失确定个体的年龄提供了一个好的开端。

端粒(telomere)是指真核细胞染色体末端的DNA序列,其生物学功能是保持染色体的稳定。研究发现端粒DNA长度每年丢失41±717bp。端粒DNA丢失的速率在人的整个生长过程中是不相同的。青年时期端粒DNA的丢失较缓慢,随着年龄的增大,特别是进入老年后,端粒 DNA 长度由于不完全复制而逐渐缩短。不同种族、不同性别、不同组织端粒 DNA 有差异,端粒 DNA 长度不完全相同。这些发现提示,通过选择合适人群和组织,检测端粒 DNA 长度和端粒 DNA 量的变化,可以发现端粒 DNA 变化与年龄的关系,有可能用于法医生物学检材推断年龄的研究。

(六)DNA 分析在法医病理学中的应用

通过死后组织 DNA 变化与死亡时间的关系准确推断死后间隔时间(postmortemintreval,PMI)是法医病理学研究的重要内容;明确死后间隔时间,就可推断死亡时间。目前多用尸温的下降速度与死后时间的曲线关系来推断死亡时间。但该方法影响因素较多, 实际应用受到许多条件限制。玻璃体液离子成分及含量分析,对早期死亡时间推断有价值,但检验方法同样受到外界条件的限制,其可信度在死后 12 小时内较可靠。因此,寻找其他方法十分必要。研究表明,细胞核内 DNA 在死后即开始自溶性降解,3 天内受环境温度及死亡方式的影响较小。因此研究组织 DNA 含量变化规律与死亡时间的关系有重要价值。应用流式细胞仪分析组织中含降解 DNA 细胞数与含完整 DNA 细胞数的比例,显示其比值随 PMI 延长而增加。提示这种关系有可能用于推断死亡时间。

RT－PCR 技术在法医病理学中的应用 RT－PCR 技术在分子生物学中已广泛应用,该方法对 mRNA 的分析提供了一条可能的技术解决方案。例如,通过对肝鸟氨酸脱羧酶(ornithine decarboxylase)RNA 和蛋白的诱导情况检测,可观察到乙醇对肝脏的损害。

脑外伤后猝死的机理一直是法医病理学探讨的热点,尤其是那些暴力不甚严重,颅脑外伤不甚明显却意外死亡, 而常规检查又无明显特征性表现的案例,特别需要用可靠的方法明确鉴定。一些法医病理学家已经开始将 RT－PCR 技术运用到猝死机理的研究中。已观察到受伤后 10 分钟左右死亡的脑组织中热休克蛋白 70(HSP70)、热休克转录因子 1(HSF1)mRNA 的表达会明显增强。因此,RT－PCR 作为法医病理学新的研究视角和新的研究方法,需要在实践中不断地发展完善。

第四节　血痕性别检验
(sex of blood examination)

在人类体细胞和白细胞及淋巴细胞核中第 23 对染色体为性染色体,正常男性的性染体为 XY,女性为 XX。Y 染色体为男性体细胞所特有,故可以通过测定血痕中的 X 或 Y 染色体鉴定性别。

一、Y染色质检验

Y染色质是Y染色体长臂远端的一部分。男性体细胞经过荧光染料(盐酸阿的平或喹吖因)染色后,可在细胞核内看到圆形、椭圆形或条状的直径0.25~0.3微米的荧光小体(图11-20)。男性口腔黏膜上皮细胞Y染色质出现率为20%~50%,男性血痕中Y染色质出现率最高达70%。在案件中血痕检材观察到Y染色质达10%时,即可以确定为男性血。在女性血中不出现Y染色质,有时可以看到类似Y染色质的结构,但不超过5%。陈旧血痕Y染色质检出率降低,故必须尽快检验。

二、X染色质检验

在正常女性的细胞核中,有两条X染色体。其中一条具有活性,另一条在胚胎发育早期即呈异固缩失去活性,形成一个1.2×0.7微米的位于核膜内缘的浓染小体、多呈圆形或椭圆形,大小约为Y染色质的3倍,称为X染色质,又称Barr小体(图11-21)。正常女性X染色质存在于具有大核的细胞中,如颊部黏膜、阴道和尿道上皮细胞、羊水细胞,出现率为20%~40%。X染色质在白细胞中检出率不高,故不宜检验血痕中的X染色质。其检验方法是提取组织细胞涂片,氯化甲基硫堇染色,镜检。出现在核周围部的深蓝类圆形斑点即是X染色质。

三、血痕中性激素检验

睾酮是人体内主要的雄性激素,孕酮是人体内重要的雌性激素,在内分泌机能正常的人体内其含量是相当稳定的,可随年龄及女性月经周期和怀孕等发生规律性改变。因此,法医学测定性激素鉴定血痕性别有时会遇到困难,则必须与其他方法配合应用。

据上海内分泌研究所的测定:12例20~50岁健康男性睾酮的均值±SD为5700±4±1560微微克/毫升,16例女性(25~50岁)的正常值为590±220微微克/毫升。孕酮测定的正常值男性(6例)为480±170微微克/毫升,女性(5例)卵泡期为790±400微微克/毫升。张琦等研究将测定的血浆睾酮(T)及孕酮(P)按T/P算出比值后,再进行统计分析,结果男性T/P比值均数为6.33±3.34,女性T/P比值均数为0.47±0.23,两性间差别非常显著,$P<0.0005$,T/P比值男性比女性约高12倍。检测方法是放射免疫分析。据石津日出雄报道可以用该方法鉴定在室温中放置9个月的血痕性别。

第五节 分泌物和排泄物检验

从医学生理学上讲,分泌液是指人体各种腺体分泌的液体,如涎腺分泌唾液,消化腺分泌胃液、胰液、肠液，乳腺分泌乳汁，阴道口两侧的前庭大腺分泌液等。法医学将粪便、尿、汗液、呕吐物作为排泄物，其他体液作为分泌物。最常见的有唾液斑、精斑、尿斑、粪便、汗斑、阴道分泌物斑、乳汁斑等。

一、精斑检验

(一)精液

精液由精子和精浆组成。有形成分主要是精子，还有睾丸细胞、上皮细胞、淋巴细胞、前列腺卵磷脂小体、精素结晶等，这些成分占精液总量的10%，精浆约占90%。精浆主要是水分和一些无机盐类、蛋白、酶类。精浆由前列腺以及附睾、精囊、尿道球腺、尿道旁腺等分泌的液体组成。新鲜精液为灰白色黏稠状有特殊臭味的液体。一次的射精量与个体年龄和射精频度有关，一般为2～6毫升，每毫升含精子6000万～20,000万个。人的成熟精子似蝌蚪状，头部长3～5微米，中部长约6微米，尾部长40～50微米，全长50～60微米。精子头侧面观呈扁平的类椭圆形，正面观呈梨形，头前部为空泡，头后部为致密的细胞核。精子数每毫升精液少于5000万个为精子减少症。凡精子活动不良约占50%以上、畸形精子占10%以上、精液量少于1毫升者，均为不正常。精子在阴道内运动速度2～3mm/分，约5分钟达子宫颈部，约30分钟达子宫体部，约1小时达输卵管壶腹部，在子宫或输卵管内一般生存2～3日。

(二)精斑检验(examination of the seminal stains)

精液排出体外附着在衣物上，干燥后形成精斑。在纺织品上多为不规则地图形，小点状精斑为圆形。浓厚精斑呈灰白色糨糊状斑迹、有硬感和小鳞屑。淡薄精斑在深色物品上较难观察。精斑检验包括预备试验、确证试验、精斑型检验、精斑DNA检验。

1. 精斑预备试验(preliminary test for seminal stains)

预备试验即筛选试验。是对可疑精斑在肉眼观察和紫外线观察后进行的化学检验。预备试验方法很多，其阳性反应提示可能含有精斑，而阴性反应也不能否定精斑，还应用更灵敏的方法做确证试验。

(1)酸性磷酸酶检验。精浆中主要成分是前列腺分泌液，含有大量的酸性磷酸酶(ACP或SAP)，其活性比其他组织的ACP强50～100倍，精斑中ACP相当稳定。使用α－蒽醌重氮盐和β－萘酚磷酸钠试剂，在缓冲液中溶解后，取微量精斑检材加试剂1滴，在37℃条件下观察，1分钟内显橙红色反应为阳性，不显色为阴性。

(2)结晶试验。精斑中的卵磷脂析出胆碱，能与碘试剂形成过碘胆碱结晶，又称弗劳兰氏结晶。结晶呈褐色针状乃至菱形或茅头状。精斑中精素的分解产物与苦味酸结合，形成精素苦味酸结晶，呈黄色柱状、针状及十字形结晶，又称巴尔贝里氏结晶。

(3)锌检验。精斑中含有大量的锌,每克干燥精斑含锌约2毫克,是人体组织中含锌量最高者。乳汁含锌量也比较高,故检验锌仅作为精斑预备试验。使用1-(2-吡啶偶氮)-2-萘酚(PAN)1mg加入TritonX-100 0.2ml,溶于0.5M Tris 9.3ml,该试剂1滴与少许精斑作用2分钟,精斑呈现红色或粉红色。另外精斑与5%醋酸钠、50%硫代硫酸钠、双硫腙四氯化碳作用,立即出现猩红色或粉红色反应。锌检验可以检出腐败精斑中的锌。

2. 精斑确证试验(conclusive test for seminal stains)

这是对精斑的定性试验,对于案件中的检材进行精斑定性检验关系到案件性质和刑事责任。在精斑确证检验中经常遇到困难,所以成为研究的热点。检验方法也比较多,大致可分三类,即形态学检验、免疫学检验、生物化学检验。

(1)形态学检验即精子检验,是精斑定性最可靠的方法。在精斑中的精子牢固地附着在基质上,可以存在多年而形态不变,只是在检验中会使精子头尾分离,精子头易与植物细胞、阴道滴虫、酵母菌等相混淆,给精子认定带来困难。另外,输精管结扎者和精子缺乏症者的精斑中查不到精子,有时很微量的精斑也难以发现精子,使精子检验在实际应用受到限制。常规检验的方法是取检材浸泡液、离心、沉淀物涂片、干燥、固定、酸性品红和亚甲兰染色,或苏木素—伊红染色、镜检,至少要找到一个完整的精子才能认定精斑。若仅有几个精子头部,判定结果时应慎重。最好再配合使用其他方法进行确证。

(2)免疫学检验:主要是用特异性抗人精血清或抗P_{30}血清,以及抗人精单克隆抗体与检材浸泡液进行沉淀反应(环状沉淀、凝胶扩散或对流免疫电泳)、酶联免疫吸附检验。

①抗人精血清是用人精浆免疫家兔制备的,该血清必须经过纯化,除去其他抗体,使其对人精液发生特异反应,效价应在千倍以上。出现阳性沉淀反应或扩散反应可以认定精斑。

②抗P_{30}血清是经纯化的人精浆蛋白,由前列腺分泌的蛋白(分子量为30,000)免疫小鼠,获得杂交瘤细胞、筛选分泌抗P_{30}抗体细胞珠,制成的抗P_{30}单克隆抗体。该抗体特异性强、效价高,用双抗体夹心法可以测出稀释64万倍的精液。因此,可以检出微量的精斑。是一种比较理想的精斑定性方法。

抗人精液蛋白P_{30}血清已与胶体金制成金标抗P_{30}抗体试剂条,专门用于可疑精斑或微量精斑。试剂条灵敏度高、特异性强,对于稀释20万~30万倍的人精液或浓度在4mg/ml的人精特异蛋白P_{30}溶液仍能显示阳性结果,而且只对人精特异蛋白P_{30}起反应。

检测原理:所采用的高特异性抗人精特异蛋白P_{30} McAb,通过形成“胶体金携带抗体+抗原”的复合物,结合纸上层析色谱技术,在试剂条反应区检测线处与另一抗人精蛋白P_{30} McAb反应。形成“胶体金携带抗体+抗原+检测线处抗体”的夹心结构,从而将胶体金固定并显紫红色,剩余的胶体金又会使质控线(点加有胶体金携带的抗体的抗体,即抗抗体,如羊抗鼠 IgG)显紫色。当检材中不含人精蛋白 P_{30} 或含量低于试剂条检测灵敏度,则检测线处不显色,而质控线仍显色。

检验方法:打开试剂条包装,取出试剂条,将试剂条带有 MAX 标记一端插入检测液中,检测液面不应超过 MAX 线,检材液的浓度相当于 1000 倍的精液稀释液。试剂条一直浸泡在被检溶液中,一般观察为 5 ~ 15 分钟。

结果:试剂条反应区出现两条紫红色线为阳性,检出精斑;如仅出现一条质控线为阴性,未检出精斑;若无任何线出现或仅有检测线而无质控线,说明试剂条已经失效。

试剂条在 4℃或室温下避光干燥保存,有效期一般为 18 个月。

(3)生物化学检验:用层析法检验精斑的分解产物,如精素、胆碱。用凝胶电泳检验乳酸脱氢酶-X 带(LDH-X),检出时均可以确定为精斑。精素和胆碱检验在腐败的精斑中常能得到阳性结果。

3. 精斑型检验(Examination of seminal group)

(1)存在于精斑中的各种分型系统

在精斑中已经测出的血型有 ABO、Lewis、PGM1、GLO - 1、Fu(α - L - 岩藻糖苷酶)、PepA(肽酶 A)、DiA_3(黄递酶 3)、Gm、Km、Gc、ORM、HLA - A - B。精斑中检出的各种型与血斑的分型相同,检验方法也相同。但在实际检验中由于检材量和试剂等限制,经常检验的是 ABO、PGM、分泌型与非分泌型。

精液中的血型物质属于水溶性糖蛋白,耐热,易溶于水。可以用吸收试验、中和试验、解离试验、混合凝集试验、酶联免疫吸附试验检测。酶型和血清型用凝胶电泳检验,以及更灵敏的聚焦电泳检验。血型判定方法与血痕检验方法相同。

(2)分泌型与非分泌型测定

在精斑型检验中确定精斑是分泌型或非分泌型是非常重要的。如果受害者是非分泌型,在混合斑中检出的 ABH 型物质肯定来源于犯罪分子(应当排除含有丈夫的精液型)。如果被害者是 O 型时,被检出的 A 型或 B 型物质即是精斑型物质,对判定精斑型非常有力。因此,应该用吸收试验或中和试验检验精斑,它既可以确定精斑分泌型的 A、B、O、AB 型,又可以确定是否非分泌型,这是一举两得的方法。如果确定精斑是非分泌型,则可以用更灵敏的方法,如解离试验或混合凝集试验检出固有的型物质。

(3)混合斑中精斑 ABH 血型检验

在实际案件中提取的精斑多数是混合斑迹,精斑中混有阴道分泌物、血迹,如在内裤上附着的精斑还可能混有尿斑、汗斑以及粪便等,给法医检验其他血型物质带来困难。主要是受害人体液中的血型及精斑的血型同时被检出,难以确定精斑型。解决混合斑检验能排除受害人血型干扰,这是多年来国内外法医工作者一直研究的课题,我国在混合斑分离与检验方面已取得了一些成果,如研制出特异的抗人精液血清,包括抗 P_β 血清、抗人精特异蛋白血清。利用特殊的抗精蛋白血清与混合斑中精浆蛋白结合成复合物,即从混合斑的液体中沉淀精浆蛋白或吸附精浆蛋白,将精浆蛋白分离出来,再进行中和法、解离法、酶联免疫斑点法检验(见下表),所测出的型便是精斑型。在混合斑分离与检验时,如果受害人是非分泌型时,则不干扰中和法检验结果,检出的型即是精斑型;如混有血液型物质用中和法检验,则血液型不能被检出。

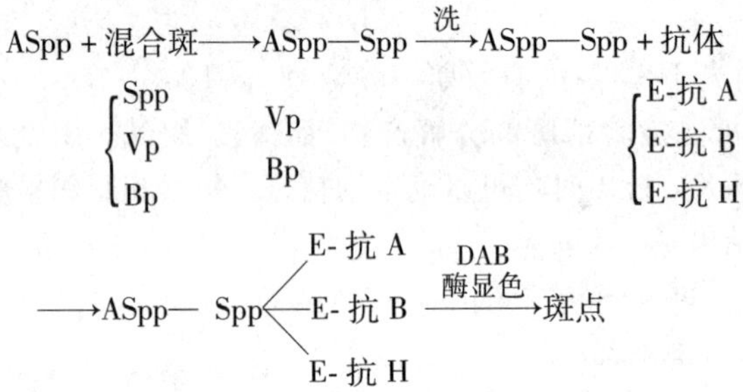

注:ASpp = 抗人精特异蛋白血清　　E-抗 A = 酶标单克隆抗 A
Spp = 人精浆特异蛋白　　E-抗 B = 酶标单克隆抗 B
Vp = 阴道分泌物蛋白　　E-抗 H = 酶标单克隆抗 H
Bp = 血清蛋白　　DAB = 二氨基联苯氨

酶联免疫斑点法分离与检验混合斑的精斑型

二、唾液斑检验(examination of saliva stains)

在刑事案件现场勘查中经常提取到烟头、手帕、毛巾、口罩或啃过的水果等,要求检验唾液及其血型。

(一)唾液斑定性检验

唾液斑含有大量的淀粉酶及少量的口腔上皮细胞,若在检验中能检出其中之一,即可确定为唾液斑。

1. 淀粉酶检出,唾液中含有大量的淀粉酶,能将淀粉分解为糖,再遇碘则不显蓝色,证明淀粉不存在,此谓淀粉消化试验。该试验不是唾液特有的试验,应根据案情判断是否为唾液斑。

2. 制备抗腮腺素血清与被检测的体液做环状沉淀反应,两液界面出现沉淀环,可以确认检材含有唾液。

3. 口腔黏膜上皮细胞检验,将检材浸泡、取沉渣涂片、HE 染色、镜检,若见有孤立的、细胞核大的境界清楚的鳞状上皮细胞,或同时见有食物残渣时,可确定为唾液斑。

(二)唾液斑的血型检验

唾液斑血型有 ABO、Lewis、Gm、Km 及唾液蛋白复合物各型,其中已测出 pr(富脯氨酸蛋白)、pa(腮腺酸性蛋白)、pb(腮腺碱性蛋白)。唾液中的 ABH 物质有分泌型与非分泌型之分,用吸收试验或中和试验确定。非分泌型也可以用抗 Lea 血清证实。唾液蛋白复合物用电泳分析检测。

(三)唾液斑的性别检验

唾液斑性别检验与血痕性别检验相同,主要是检验口腔黏膜脱落的上皮细胞中的 X、Y 染色质。

三、阴道分泌物检验

在强奸案和奸杀案或可疑为强奸等案件中,提取受害人阴道内容物或内裤检验精斑,或从嫌疑人、被告阴茎擦拭的检材,检验阴道上皮细胞及其 ABO 型对确定案件性质和发现嫌疑对象都是很有意义的。

(一)细胞学检验

取可疑斑迹,经生理盐水浸泡,离心后取其沉淀物涂片,染色、镜检。阴道分泌物斑可见有大量的有核未完全角化的上皮细胞,细胞大而扁平,细胞形状不规则,多伴有锐角或呈卷叶状,细胞核位于中央。而阴茎的脱落上皮细胞也是扁平上皮细胞,胞核均固缩消失,成为无核的角化上皮细胞,细胞边缘不整齐、多呈碎片状,细胞大小不一。如果检材的细胞量多,可以从细胞形态上区分女性阴道上皮细胞或阴茎上皮细胞。阴道分泌物斑有时还可以发现阴道滴虫和阴道杆菌。还可根据嗜碘试验判断富有糖原的阴道上皮细胞。

(二)血清学及酶检验

对于内裤上斑迹以及阴道内擦拭物,如经酸性磷酸酶试验,抗人精血清检验,抗 P_{30} 血清检验均为阴性时,也可判定为阴道分泌物。如能制备出特异的抗阴道分泌物血清做沉淀反应,可以准确判定混合斑迹中的阴道分泌物存在与否。

(三)阴道分泌物血型检验

阴道分泌物也含有 ABH 血型物质,也存在分泌型及非分泌型,也能检出酶型,如 PGM、EsD、GLO-1 等。如果与精斑混合时会干扰精斑型检验,在精斑血型检验之前应了解是否混有阴道分泌物及其被收集阴道分泌物者本人的血型(取唾液斑及血斑)。

(四)性别检验

有时在男性衣裤上发现可疑的阴道分泌物斑迹,虽经过细胞、血型检验,还要求进行性别鉴定。可以进行 X 染质检验和 DNA 检验。

四、尿斑检验

检验死者的衣裤和被褥或其他物品上的可疑尿斑、现场上湿泥土和冰雪上的可疑尿迹,对于分析死者濒死期情况以及发现嫌疑人,均能提供有价值的信息和证据。

(一)尿斑定性检验

在浅色纺织物上留下的尿斑,可以看到大片状不规则的带有边缘的斑迹,黑色或深蓝色衣物上的尿斑有时可析出少许白色盐类。检验尿斑的方法较多,但都不是特异的,如检验氨、尿素、尿中肌酸酐等都是尿中含有的化学成分,可以作为依据。

1. 次氯酸钠、水杨醛,在碱性条件下由尿的作用,最后形成稳定的二水杨醛联氮,反应终产物滴在滤纸上,在紫外线下发出强的黄色荧光。该荧光物质可以保持半年。该方法灵敏、操作简便,结果清晰易判。

2. 对尿斑浸泡液残渣涂片镜检,如检出尿道上皮细胞、蛋白管型,可以确定为尿斑。

3. 肌酸酐检验:肌酸酐同硝基氢氰酸钠作用,生成橙红色中间产物异亚硝基肌酸酐,后者在酸性条件下完成反应,生成蓝绿色亚铁氰化铁。

(二)尿斑血型检验

分泌型人尿中仅含少量的ABH血型物质,血型物质含量为唾液含量的1/250~1/1024。因此,测定血型时对尿浸泡液必须做浓缩、透析处理,用中和法测定血型。如果对尿液离心沉淀,得到上皮细胞,可做混合凝集试验测定血型。

五、粪便检验

在发生案件现场有时提取到较新鲜粪便,有可能是被害人或犯罪分子遗留,依据死者衣裤或被褥上遗留的粪便可以推断原始现场及死者在濒死期有大便失禁。性犯罪案件有时也须检验粪便。

(一)确证粪便

从现场上或被害人衣裤内提取的新鲜粪便,或从直肠内提取的粪便,通过外观形态、颜色臭味以及显微镜检验食物残渣、细胞、虫卵等即可以认定。如果粪便在室外日久风干,外观形态难以确认时,可以检验残渣中的各种成分,如谷物、淀粉颗粒、果皮、植物纤维、脂肪、未消化的肌纤维、寄生虫卵或虫体等即可确定为粪便。如果残渣中混有大骨片和毛发时,应属于食肉动物粪便;若粪便中发现初乳小体或乳汁球,可确定为乳儿的粪便。

(二)粪便血型检验

粪便血型仅能测定ABH型物质,也存在分泌型与非分泌型之分。粪便检材经16%的酒精充分浸出,经100℃30分钟煮沸,离心取上清液浓缩至1/5量,再加3倍量纯酒精,置冰一夜,离心取沉渣,用吸收试验或中和试验测定血型,使用效价8倍的抗A、抗B、抗H血清。粪便血型检验因其血型物质受细菌酶破坏,或因存放时间过久难以检出,因此,其血型检验准确性较其他检材低,血型判定时应慎重。

六、乳汁斑检验

干燥在衣服上的乳汁形成斑迹,附在白色基质上的乳汁斑呈灰白色。初乳斑呈微黄色,触摸时有一定的硬感,有必要与精斑鉴别。另外在检材上有乳汁斑,则证明是哺乳者或分娩后妇女穿着衣物,可以提供一些信息作为调查线索。

(一)乳汁斑定性检验

取可疑斑迹一小块,用生理盐水浸渍,提取浸出液;乳汁斑的浸出液呈混浊状乳白色。取浸出液一滴滴在玻璃片上,镜检时可见乳汁球,为强屈光性的脂肪小球,直径2~3微米。若是初乳,可见有核颗粒性桑葚状初乳小体,为颗粒状脂肪变性细胞组成,直径约30微米,还可见有乳腺上皮细胞或少许白细胞。如果需要证明是否为人乳,可以将检材浸出液与抗人血清沉淀素做沉淀反应,这是证明人乳最确实的方法。

(二)乳汁斑的血型测定

乳汁斑的血型测定包括:

1. 将人乳汁斑浸出液做吸收试验或中和试验。

2. 初乳中含有与人血清一致的抗A或抗B凝集素,可以剪取两块斑迹,置玻片两端各一块,分别加入A型及B型红细胞液,观察凝集反应,判定血型。

七、汗液及汗液脂肪分泌物检验

在刑事案件现场勘查中有时提取到遗留在现场的衣、帽、手帕、手表等物品,侦查人员有时要求检验遗留物品的血型,而被检物品上没有血迹,但是大多数有汗浸斑迹,在帽子的前额和枕部,衣领和腋下部,内裤裆部以及鞋袜、手帕等处都是汗斑较多的部位,或有明显的汗液脂肪分泌物。

汗斑的确证试验是检出汗液中含量较高的丝氨酸。丝氨酸反应相当灵敏,用一块5~15毫克的汗液斑迹就可以得到阳性结果。如果使用大量的检材可能检出血或其他分泌物的丝氨酸。丝氨酸的检出与汗斑形成的时间及汗液量有关,因此每次检验汗斑或汗液脂肪分泌物时,应当做几个数量不同的斑迹,检查丝氨酸反应,以便得到准确的结果。

混有血液的汗斑或汗液落在血斑上,洗衣粉或弱碱溶液浸泡过的衣物上,用丝氨酸反应可以检出汗液,但用肥皂洗衣服能把斑迹中汗液完全洗净而不能检出。在进行汗液检验时亦应用已知汗斑做对照检验。

汗液斑血型检验,目前仅限于ABO或分泌型与非分泌型。检验方法是解离法或混合凝集试验。这些试验还可以检验不适合指纹鉴定的残缺、局部、擦拭指纹的血型。经过粉末处理的指纹多数不影响血型测定。ABH抗原在汗脂分泌物中保存良好,一年以上的陈旧指纹也可以测定血型。在有嫌疑对象时应取其指印,以便了解汗液中型抗原的分泌程度。

八、鼻液斑检验

在现场地面或衣物上粘附的可疑鼻液斑迹被提取后,从外观形态上需要与精斑做鉴别,需要确证鼻液斑。遗留在现场的鼻液斑需要检验是否受害者本人的,或者是他人所留,要求检验血型。

(一)鼻液斑的证明

取斑迹一块,用生理盐水浸泡或用2% ~3%氨水浸出,浸出液离心后,沉渣涂片、染色,镜检可见有大量黏液及圆柱状上皮细胞,可以认定是鼻液斑。

(二)鼻液斑血型检验

检验鼻液斑ABO血型,按照唾液斑的检验方法进行。

第六节　人体组织检验

一、软组织检验

在凶杀和交通肇事及碎尸等案件中经常提取到人体脏器和肌肉皮肤等组织碎块,要求鉴定是何种组织、是否人体组织及其血型,有时在不同的地点发现组织块或四肢,检验是否同一人的组织或肢体,还有多人伤亡及烧死的尸体不能从外貌认定个人时均可以通过血型测定进行身源识别。

(一)血清学检验

鉴定组织的种属,应用抗人血清蛋白沉淀素血清检验可疑的人体脏器或组织,将检材尽量除去脂肪,取肌肉或实质性脏器,用匀浆机将组织粉碎后加生理盐水浸泡2~3小时,离心取上清液与抗人血清做沉淀反应。如是人体组织,在抗血清和检材浸出液之间产生沉淀线。也可以在琼脂板中进行扩散沉淀。脏器组织应做细胞学检验,确定是某种器官的组织。

(二)组织血型检验

检验软组织的ABO血型,首先将检材用乙醚或丙酮浸泡,除去脂肪。经甲醛固定过的脏器组织切取三块,每块$1cm^3$,经自来水冲洗72小时后,再行检验脱脂后的组织可以做解离试验及吸收试验,其检验方法同血痕ABO型检验相同。如果有必要时还可以检验人体组织的酶型,如PGM、ESD等。

(三)人体组织和脏器可以提取DNA做PCR位点检验以及性别检验

对于已经腐败或发霉的组织,由于细菌的繁殖,产生血型样物质,可导致血型误判。

二、骨组织检验

完整的人骨骼从形态学上即可以得到识别,而单块的细小骨片有时难以确定是人骨还是动物骨,所以需要进行骨组织学和血清学检验。现仅就血清学检验介绍如下:

(一)骨的种属检验

取骨片进行表面清洗、乙醚脱脂、干燥、磨成细粉、加蒸馏水煮沸2小时后,用聚乙二醇浓缩成蛋白浓度约0.9%的浓度,与抗人血清进行环状沉淀反应或琼脂糖板凝胶扩散试验,如出现沉淀反应可判定为人骨。

(二)骨血型检验

取磨细的骨粉150毫克,分为3份,分别与抗A、抗B、抗H血清(效价16倍)做吸收试验,也可以取骨粉做解离试验测定ABO血型。

(三)骨组织的DNA检验

以手术刀刮净骨骼表面垢物后,再用温热水冲洗2次,紫外光照射1小时。然后用电钻取出骨松质,并将其用研磨器进一步磨碎。然后经过裂解、脱钙、脱脂等处理之后,提取到DNA,再进行PCR位点检测。如果STR检测不理想,则做mt DNA测序。指甲检验与骨片检验相同。

第七节 毛发检验

一、毛发检验的意义

毛发是重要的物证之一,检验毛发在法医学鉴定中具有重要的意义。在法医物证检验中毛发检验仅次于血痕和精斑,而且毛发也经常是某些案件中唯一的物证。在法医学鉴定中常见的是头发和阴毛。因为头发和阴毛遗留在现场上的机会最多,而且也容易被发现提取。罪犯也难以避免遗留毛发。再者是毛发的组织结构和理化性质稳定,具有较强的抗腐败能力。在干燥、酸性环境及埋葬的条件下,可以经久保存。长沙马王堆一号汉墓古尸,虽经2100多年,死者毛发的形态结构基本上与现代人毛发无异。还有毛发可供检验的内容较多,从形态差异到血型检验,从微量元素分析到中毒检验,以及性别鉴定,利用毛发的损伤推断凶器种类,利用毛根细胞进行PCR检验,用毛干检验线粒体DNA等,使毛发检验的作用更加突出。

二、毛发的生理与结构

人体毛发有毳毛和硬毛之分,毳毛(汗毛)细软色淡,分布于全身。硬毛粗而硬,如头发、眉毛、睫毛、耳毛、鼻毛、胡须、体毛、阴毛、腋毛。

(一)毛发大体结构

毛发分为毛根、毛干、毛尖三部分,毛根起始端膨大呈球状,称为毛球。毛根周围有皮肤组织包裹,即毛囊。毛发形状有直形、波浪状或螺旋状,颜色有黑色、淡褐色、棕黄色、银白色、灰色。这与种族、年龄有关。

(二)毛发的显微结构

1. 毛干

毛干由毛小皮、皮质、髓质组成(图11-22)。

(1)毛小皮,是毛的最外层,是由角化的无核无色素的扁平细胞组成。这些细胞排列成屋瓦状覆盖在毛的表面,细胞游离缘指向毛尖。由于细胞重叠位置不同,形成细小波浪状花纹称毛小皮花纹(图 11 - 23)。毛小皮对毛发起保护作用。各种动物小皮花纹均不相同。

(2)皮质,在毛干的中层,是构成毛发的主要部分,由微细而长的纤维状角化细胞组成,顺着毛发的长轴排列,若干皮质细胞组成纤维束,纤维束的间隔内充满残余的细胞成分,其中包括大小不等的色素颗粒、气泡、蛋白以及残核。有色毛发的皮质细胞及细胞间隙内含有色素颗粒或色素液,这些色素含量决定毛发的颜色,老年人毛发因黑色素颗粒逐渐消失而变灰变白。

(3)髓质,在毛干的中心部分,由退化而形状不同的上皮细胞残渣组成,无核,胞质内有色素颗粒,细胞间有气室、含有空气,在显微镜透射光下观察呈黑色。

2. 毛根

毛干进入毛囊、终止于毛球的部分称为毛根,毛根的结构与毛干有差异,但二者之间变化逐渐移行,无明显界限。

3. 毛球

毛根的起端膨大如球状,底部有一凹陷。毛球细胞富有生长力,这些细胞是毛发本身和毛囊内根梢的生长点。

4. 毛乳头

真皮的网状结缔组织与血管和神经伸入到毛球底部凹陷内,称毛乳头。毛乳头对毛球具有营养作用,并接受通过毛发传递来的刺激。毛乳头破坏或退化,毛发即停止生长,并逐渐脱落。

5. 毛囊

由表皮下陷形成的内根梢和外根梢以及真皮结缔组织梢包围着毛根,称为毛囊。

(三)毛发的生长周期

毛发具有特殊的生长周期,许多哺乳动物定期换毛。人类是经常地进行新旧更换。毛发的寿命,头发约 2 ~ 5 年,阴毛 1 ~ 1.5 年,胡须 2 ~ 3 年,腋毛 1 ~ 2 年,小腿毛 0.5 ~ 1 年,睫毛和眉毛 3 ~ 6 个月,毳毛 3 ~ 4 个月。

人的毛发约有 10 多万根,头发约 8 万 ~ 14 万根,躯干四肢约 2 万根,健康人头发每日生长约 0.2 ~ 0.3 毫米,胡须每日生长约 0.4 毫米。每日脱落头发约 30 ~ 120 根。

人毛发生长过程呈现出周期性变化,根据毛根的细胞学改变,分为生长期和静止期。通常约有 85% 的毛发处在生长期,头发的静止期 3 ~ 4 个月。静止末期脱落,然后又开始一个新的生长周期。静止期毛球的细胞停止增生,发生角化和萎缩,向表皮移行,并与毛乳头分离,毛乳头逐渐退化和消失,此时毛发将自然脱落。在旧毛脱落之前,原来毛乳头处的外根梢细胞重新增殖形成棒状细胞索,底部与旧有的毛乳头相接触,以后从这个细胞索进行繁殖,形成新毛球和毛根,并形成新生毛发,将旧毛推落,新毛伸出皮肤表面。

人发中除含有机成分外,还含有多种微量元素,这些微量元素是人体的排泄物。目前,已分析出毛发含有钙、镁、铝、硅、钾、钠、锰、铁、镍、钴、锌、钡、铜、铅、锶、金、银、汞锑、铊、钛、钨、钼、钒、碘、磷、硒等。这些无机元素的含量与摄取食物中的无机元素含量有关。不同个体之间对元素吸收、贮存、分解代谢不同,则元素含量也不同。此外,性别、年龄、疾病等因素对毛发中的元素含量也有影响。毛发角蛋白中含3% ~5%的硫,燃烧时发出特殊臭味。毛发角蛋白中含有18种氨基酸。

三、毛发检验内容

(一)人毛与兽毛的鉴别

人毛与兽毛从毛的外表形态、颜色、长度粗细、软硬等可以区别,在显微镜下可从毛的结构上进行鉴别。参见下表:

人毛与兽毛的鉴别

毛的结构	人　毛	兽　毛
毛小皮	鳞片小、薄,纹理呈波浪状,小皮缘呈细锯齿状	鳞片大而厚,纹理粗大,小皮缘呈粗锯齿状
皮　质	宽、占毛干2/3以上,色素颗粒多在皮质的外围	窄、占毛干1/2以下,色素颗粒多并靠近髓质
髓　质	窄、不连续、占毛干1/2以下	宽、连续、占毛干1/2以上

(二)人体不同部位毛发的鉴别

在确认为人毛之后,尚需确定毛发来源于人体某一部位,可根据毛发的长短、粗细、色泽、形状、卷缩方向、末端特征、横断面的形状以及表面附着物等特点加以综合分析,做出部位判断。在案件中经常检验的是头发、阴毛,其他少见。

1. 头发,是人体最长的毛,由于种族和风俗习惯及生活环境不同,差异很大。东方人头发多呈黑色、黑褐色。白发与年龄、遗传或疾病有关。中国人多为直状发,西方人多为波浪形,黑人多为卷曲,一般头发长10 ~100厘米,直径为25 ~125微米,横断面呈圆形或类圆形,髓质位于中心、多为间断状,皮质色素颗粒分布较均匀。

2. 阴毛,多为S型或螺旋状,也有直状,长3 ~6厘米,呈黑色及黑褐色、黄褐色、灰白色,毛干横断面呈肾形或椭圆形、髓质多为连续状,毛表面有时附着精液或血液。

3. 腋毛,长度约1 ~5厘米,弯曲程度较阴毛低,毛尖较钝,黑褐色及黄褐色或白色,表面常附着脂肪性物质。

4. 胡须,男性青春期后开始生长,随年龄增加而增多、变粗,颜色加深,老年变白;胡须是人体最粗的毛,断面呈类三角形,髓质粗大而连续。

5. 眉毛睫毛,短而质硬,毛尖细,稍弯曲,长1~1.5厘米,老年时眉毛长可达3~5厘米,髓质粗大。

6. 毳毛,细软、长3~6毫米,颜色浅淡。

(三)毛发损伤检验

毛发质硬而具有韧性,暴力拔取、凶器打击、高温作用,能长期保留其损伤痕迹,根据毛发的损伤可推断暴力种类和致伤物。

1. 自然脱落或暴力拔脱。自然脱落毛发的毛球呈棒状、下方闭锁、无毛囊附着,毛根角化;用暴力拔下的毛发,毛干断端呈波浪状,内部结构变形,如果连根拔下则毛根部湿润、膨大,并附有白色根梢,毛球下端开放或呈沟状弯曲。

2. 锐器伤。被锋利刃器切断的毛发,断端平滑、整齐锐利、无碎裂;如被刃口较钝的凶器切断,断端为锯齿状或阶梯状。

用理发工具剪断的毛发,随着理发后时间的延长,毛发断端不断由平齐变成钝圆或圆形。

3. 钝器伤。当钝器打击毛发时,损伤的程度与致伤工具的质量、作用力的大小和毛发的衬垫物的性质有关。损伤毛发变扁平、发生挫压伤、皮质破裂,不完全断裂或完全断裂,断端不整齐或呈锯齿状。

4. 烧伤。毛发在150℃以上颜色逐渐变淡、卷曲;200℃以上变黑褐色,毛发角质膨胀;240℃以上高温,毛发基本炭化。毛发受到烧伤或烫伤时,毛发变脆、卷缩、膨胀,并形成很多空泡,烧焦,断裂。近距离射击时,毛发有弹头、火药烧灼痕迹和烟灰。

(四)毛发与纤维的鉴别

根据毛发的色泽与形态不难区分毛发与纤维。

1. 显微镜检验毛发具有毛小皮、皮质和髓质结构;纤维无上述结构。

2. 捻搓试验,将毛发横放在拇指和食指之间,按毛发长轴平行捻动,毛根部远离手指,毛尖移向手指;而纤维无这种现象。

3. 燃烧试验,检材量多时可使用。

(1)植物纤维和粘胶纤维能够连续燃烧,并有烧焦的气味,灰少而飞扬。

(2)动物毛则难于燃烧,有烧焦毛发气味,灰球不飞扬。

(3)合成纤维遇火收缩。

(4)矿物纤维不被燃烧。

4. 化学分析:氢氧化钠溶解试验,毛被溶解;植物、矿物纤维无变化。

5. 仪器分析:常用的红外光谱仪、气液相色谱仪、扫描电镜也可以区别毛发与纤维。

(五)毛发染色检验

作为物证送检的头发可能是人工染色的,染发的颜色通常在头发表面和毛小皮层,只有长期染色的头发才能进入皮质。未染色的毛小皮是灰白色的,因此毛小皮着色是染发的主要特征。此外,检验染过的头发时,几乎总能找到具有天然颜色的未染色部位,即新生长的部位。

现代人们不仅染发者较多,而且也有人用脱色的办法来改变头发的颜色。通常使用双氧水。这种头发在显微镜下用普通透射光或紫外线检验,几乎无法与天然浅色头发相区别。只有用偏光显微镜检验,才能鉴别天然的浅色头发和人工脱色头发,还能鉴别浅色头发和老年性白发。

长期埋在土中的尸体毛发颜色也有变化。

(六)毛发的性别检验

毛发的性别检验包括以下内容:

1. 有毛根梢细胞的毛发,可做性染色质检验。对 X 染色质用硫堇、甲紫等染色法,对 Y 染色质用二盐酸阿的平染色法检验。

2. 对毛根梢细胞的 DNA 进行 PCR 位点扩增后鉴定性别。

3. 对毛发做氯、硫、铁、锌、钙、镁含量分析,进行性别判定。氯、硫含量男高女低,钙、镁含量女高男低,铁含量男比女高,锌含量女比男高。

(七)毛发的血型测定

毛发的血型测定包括以下内容:

1. 毛发 ABO 型检验,毛发存在 ABH 物质,可用解离法或混合凝集法检验,以及 ABC 法检验。

2. 毛根 PGM、酶型检验,带有毛根梢细胞的毛根可以用凝胶电泳或聚焦电泳检验。

3. 毛根梢细胞 ESD 型检验,方法同血痕检验。

4. 毛发角蛋白聚焦电泳分析,得到的谱带可以分型。

(八)毛发微量元素含量测定

不同人种、职业、年龄、性别和不同地区的个体,毛发微量元素的种类和含量均有不同程度的差异。毛发理化性质稳定,又参与人体的新陈代谢,体内的微量元素和代谢产物在毛发中可以被测出。临床医学测定毛发的微量元素确定与某些疾病的联系,法医学测定微量元素进行个体识别。毛发元素的定量分析因仪器不同而产生误差。同时,元素分析方法目前尚未标准化,利用不同的方法进行分析,结果变动幅度较大。因此,尚不能列为常规的分析方法。在必要时通过元素分析取得一些资料作为参考。

比较常用的方法是中子活化分析,其灵敏度高于原子吸收光谱。另外,不破坏检材。对毛发中的多种元素可以进行有选择的测定。国内对毛发做中子活化分析通常测定Mn、Na、Cl、Al、Ca、S、Mg、Br、Cu等9～11种元素进行比对。因为对毛发进行元素含量比对,所以采用的比对头发应当是相同的部位和生长在同时期的毛发。检验人员取毛发检验样品一般取毛根上1厘米,所以取对照人员的头发应带有毛根。

第十二章　医疗纠纷的鉴定

第一节　医疗纠纷与医疗事故的概念

一、医疗纠纷的概念

医疗纠纷的概念直到目前为止尚无统一的认识。大多数认为，医疗纠纷是指医患双方对医疗后果及其原因产生分歧而向卫生行政部门或者司法部门提请处理的纠纷，集中表现为诊疗护理等医疗活动中是否存在医疗损害、医疗损害程度、双方责任等。它具有以下特点：主体为医患双方，客体为生命健康权或者身体权，存在于诊疗护理活动中。

二、医疗事故的概念

国务院 2002 年 4 月 4 日公布的《医疗事故处理条例》第 2 条规定："本条所称的医疗事故，是指医疗机构及其医务人员在医疗活动中，违反医疗卫生管理法律、行政法规、部门规章和诊疗护理规范、常规，过失造成患者人身损害的事故。"它具有以下特点：医疗事故主体是医疗机构、医务人员；主观方面是过失，排除了医疗故意行为引起的患者人身损害；客观方面是造成人身损害。

医疗事故常见原因列举：

1. 对危重伤病员，有条件留院治疗而借故推诿、拒收，以致延误或者丧失急救时机，或者不负责任将危重伤病员转院(转科)，造成不良后果的。

2. 擅离职守，工作失职，延误诊治和急救时机，造成不良后果的。

3. 诊疗工作中发现疑难问题，主观臆断，不请示或者不执行上级医师的正确指导，擅自盲目处理，或者上级医师漠不关心，不及时处理，造成不良后果的。

4. 手术前不认真讨论，不严格执行审批手续，不做必要的术前准备，不按手术操作规程，搞错部位，或在胸腔内、腹腔内遗留器械、纱布等异物，造成不良后果的。

5. 助产工作中，不认真观察产程进展，违反操作规程，造成产妇会阴三度破裂，或者婴儿坠地、骨折等不良后果的。

6. 护理工作中，不严格执行制度和操作规程，查对不严，交班不清，或者不遵医嘱，护理不当，造成不良后果的。

7. 不执行消毒隔离制度和无菌操作规程，供应未经消毒的器械、敷料、药品，造成严重感染或者交叉感染的。

8. 麻醉前不检查病员,不认真准备,选择麻醉方案错误,使用麻醉药物过量,或者操作不当,造成不良后果的。

9. 药剂工作中,由于配错处方、发错药物、搞错剂量、贴错标签、写错用法,违反配伍禁忌或者操作规程,消毒不严、制剂不纯,或者对处方中的重大错误未提出意见,仍照方发药,造成不良后果的。

10. 检验、放射、病理等医技部门工作中,拍错片,错报、假报结果,延误、影响诊断和治疗时间,配错血型或者交叉错误,发错血,造成不良后果的。

有下列情形之一的,不属于医疗事故:

1. 在紧急情况下为抢救垂危患者生命而采取紧急医学措施造成不良后果的;
2. 在医疗活动中由于患者病情异常或者患者体质特殊而发生医疗意外的;
3. 在现有医学科学技术条件下,发生无法预料或者不能防范的不良后果的;
4. 无过错输血感染造成不良后果的;
5. 因患方原因延误诊疗导致不良后果的;
6. 因不可抗力造成不良后果的。

第二节 医疗纠纷的司法鉴定

一、概念

全国人民代表大会大会常务委员会《关于司法鉴定管理问题的决定》第 1 条规定,司法鉴定是指在诉讼活动中鉴定人运用科学技术或者专门知识对诉讼涉及的专门性问题进行鉴别和判断并提供鉴定意见的活动。

最高人民法院制定的《人民法院司法鉴定工作暂行规定》第 2 条规定:司法鉴定是指在诉讼中,为查明案件事实,人民法院依据职权,或者应当事人及其他诉讼参与人的申请,指派或者委托具有专门知识的人,对专门性问题进行检验、鉴别和评定的活动。从该定义可以看出,司法鉴定有两个特点:一是在诉讼过程中进行鉴定;二是受人民法院指派或者委托。不具有这两个特点的,不能称为司法鉴定。医疗纠纷司法鉴定是指在医疗纠纷的诉讼中,人民法院依据职权,或应任何一方当事人的请求,委派具有专门知识、才能或者特别经验的人,对案件中涉及的某些专门性问题进行检验、鉴别和判断,从而为诉讼案件的公正裁判提供科学依据而从事的一项诉讼活动。因此,医疗纠纷司法鉴定属于民事诉讼程序的活动和人民法院的职权。医疗纠纷司法鉴定,包括人民法院委托医学会进行的事故鉴定和人民法院对外委托司法鉴定机构名册入册的机构进行的医疗过错鉴定。医学会对于医疗事故技术鉴定拥有专属权。《医疗事故处理条例》第20条明确规定:需要进行医疗事故技术鉴定的,由双方当事人共同委托负责医疗事故技术鉴定工作的医学会组织鉴定;最高人民法院《关于参照〈医疗事故处理条例〉审理医疗纠纷民事案件的通知》第2条也规定,人民法院在民事审判中决定进行医疗事故鉴定的,交由《医疗事故处理条例》规定的医学会鉴定。

二、任务

为诉讼的调解或者审判提供科学证据。主要包括:

1. 不良医疗后果发生的原因;

2. 医疗诊疗护理过程中是否确有过失或者过错;

3. 医疗护理过错与不良医疗后果之间是否存在因果关系;

4. 鉴定诊疗护理过失或者过错在不良医疗后果发生中的参与程度(原因力比例);

5. 涉及医疗事故罪或者非法行医罪时的医疗纠纷司法鉴定,必须依照我国刑法、刑事诉讼法的有关规定,对其做认定或者否定的鉴定,并提出认定或者否定的技术方面的依据;

6. 伤残等级、后续医疗费用的鉴定,以及医疗费用的审查鉴定。

三、注意事项

鉴定人为了更好地完成上述任务,必须不断提高自身的业务素质和政治思想素养,还要注意以下问题:

1. 认真倾听当事医患双方对事实的陈述、对病历材料的确认;

2. 全面掌握有关材料(包括影像学资料);

3. 系统全面地检查,包括尸体检查和活体检查;

4. 分析说明做到事实清楚、有理有据。所举事实一定来自病历材料和检验所见,理论依据要注明权威性文献出处;

5. 司法鉴定是科学实证活动,司法鉴定人对鉴定结论负责;经人民法院依法通知,鉴定人应当出庭作证。

第三节　医疗纠纷司法鉴定与医疗事故技术鉴定的异同

一、相同点

医疗纠纷司法鉴定与医疗事故技术鉴定都是对医疗过程中的医疗技术问题及其发生的后果进行鉴定;鉴定人都是依法取得相应执业资格的高级专业技术人员,

具有良好的业务素质和执业品德;鉴定程序基本相同;鉴定人的回避基本相同。

二、不同点

(一)鉴定的法律、法规依据不同

医疗纠纷司法鉴定的法律依据是按照最高人民法院《关于参照〈医疗事故处理条例〉审理医疗纠纷民事案件的通知》的规定,因医疗事故以外的原因引起的其他医疗赔偿纠纷,适用民法通则的规定。

医疗事故技术鉴定法律(法规)依据是《医疗事故处理条例》。

(二)机构设置和人员组成不同

医疗纠纷司法鉴定机构设置:具有司法鉴定机构资质,其人员组成是司法鉴定机构接受委托指派或者聘请的具有专门知识的有鉴定人资格的自然人。

医疗事故技术鉴定机构设置:鉴定机构是医学会。设区的市级地方医学会和省、自治区、直辖市直接管辖的县(市)地方医学会负责组织首次医疗事故技术鉴定工作;中华医学会负责组织疑难、复杂并在全国有重大影响的医疗事故争议的技术鉴定工作。这里所指的医学会是指按照1998年10月25日以中华人民共和国国务院第25号令发布的《社会团体登记管理条例》的规定,经县级以上人民政府民政部门审查同意、登记成立的医学会团体,即医学科学工作人员、医疗技术人员等中国公民自愿组成为实现会员共同意愿、按照其章程开展活动的非营利性医学社会组织。其人员组成是采用随机抽取的方式,在医学会的主持下,由医患双方在医学会组建的专家库中,随机抽取相关专业的若干名专家,组成专家鉴定组负责该案的鉴定,其目的是为了体现公开、公平、公正。然而由于医学科学的飞速发展,专业学科越分越细,因此有的案例难以保证抽取的专家对该医疗事故争议所涉及的专业问题具有相对权威的认识、分析、判断水平。

(三)鉴定主体不同

医疗纠纷司法鉴定主体是由司法鉴定机构执业的司法鉴定人以个人负责的方式直接进行鉴定,遇到疑难问题向临床医学专家咨询(或聘请临床医学专家参加鉴定)。鉴定人制作鉴定文书并在鉴定文书上签名,鉴定结论个人负责,鉴定人要承担出庭质证的义务。

医疗事故技术鉴定主体由负责组织医疗事故技术鉴定工作的医学会组织专家鉴定组进行。鉴定结论采用合议制,是按照少数服从多数的原则做出的,专家鉴定组成员无须在鉴定书上签章和出庭质证。

(四)鉴定的委托和启动程序不同

医疗纠纷司法鉴定,委托鉴定是司法机关,启动决定权在司法机关,按照《人民法院对外委托司法鉴定管理规定》组织鉴定:(1)法院在案件的审理中,有权决定是否实施司法鉴定,只要法院认为有必要,就可以由法定的鉴定机构进行鉴定;(2)当事人向法院申请鉴定,经人民法院同意后,由双方当事人协商确定有鉴定资质的鉴定机构、鉴定人员,协商不成的,由人民法院指定。

医疗事故技术鉴定的委托和启动程序有两种:第一种启动方式是发生在对医疗事故争议的行政处理中,“卫生行政部门接到医疗机构关于重大医疗过失行为的报告或者医疗事故争议当事人要求处理医疗事故的申请后,对需要进行医疗事故鉴定的,应当交由负责医疗事故技术鉴定工作的医学会组织鉴定”。因此是由卫生行政部门决定并启动的。第二种启动方式是由医患双方共同决定并启动鉴定程序的,“医患双方协商后共同启动解决医疗事故争议,需要进行医疗事故技术鉴定的,由双方当事人共同委托负责医疗事故技术鉴定工作的医学会组织鉴定”。

(五)鉴定所需材料的收集与提供方式不同

医疗纠纷司法鉴定所需材料较医疗事故技术鉴定更为广泛,除了发生纠纷医院方所有病史资料及检查原件外,还需要与本案有关的被鉴定人在其他医院的病史资料,且这些材料必须是由人民法院提供的。

医疗事故技术鉴定所需的材料通常是由医患双方直接提供的。

(六)鉴定的方法和手段不同

医疗纠纷司法鉴定,司法鉴定人应用医学理论和技术认定医疗纠纷事实,根据法医学因果关系原则、法学过错理论和卫生法律法规进行分析判定,最终认定医疗行为有无过错及医疗行为与损害结果之间有无因果关系。

医疗事故技术鉴定,专家鉴定组依照医疗卫生管理法律、行政法规、部门规章和诊疗护理规范、常规,运用医学科学原理和专业知识进行鉴定,最终认定是否为医疗事故;若为医疗事故,则进一步确认医疗事故等级、医疗过失行为责任程度。

(七)鉴定内容及其鉴定结论的作用不同

医疗纠纷司法鉴定,是判定医疗机构在医疗护理过程中有无过错,过错与不良医疗后果之间有无因果关系,以及医疗过错在不良医疗后果中的参与度,医疗过错所致损伤程度及伤残程度。鉴定为司法机关审理医疗纠纷、确定赔偿责任或者确立医疗事故罪的刑事责任提供判案证据。

医疗事故技术鉴定,是对医患双方所争议的医疗行为判断是否为医疗事故,和医疗事故等级、责任程度。鉴定结论为卫生行政部门对发生医疗事故的医疗机构及其医护人员进行行政处理与医疗事故的赔偿调解提供依据。

(八)鉴定文书内容不同

医疗纠纷司法鉴定,鉴定书是依据最高人民法院《关于民事诉讼证据的若干规定》中的条款制定的,其包含下列内容:(1)委托人姓名和名称、委托鉴定的内容;(2)委托鉴定的材料;(3)鉴定的依据及使用的科学技术手段;(4)对鉴定过程的说明;(5)明确的鉴定结论;(6)对鉴定人鉴定资格的说明;(7)鉴定人员及鉴定机构签名盖章。

医疗事故技术鉴定,鉴定书的格式由中华医学会统一制定,包括下列主要内容:(1)双方当事人的基本情况及要求;(2)当事人提交的材料和负责组织医疗事故技术鉴定工作的医学会的调查材料;(3)对鉴定过程的说明;(4)医疗行为是否违反医疗卫生管理法律、行政法规、部门规章和诊疗护理规范;(5)医疗过失行为与人身损害后果之间是否存在因果关系;(6)医疗过失行为在医疗事故损害后果中的责任程度;(7)医疗事故等级;(8)对医疗事故患者的医疗护理医学建议。

(九)鉴定监督机制不同

医疗纠纷司法鉴定,其监督机制有司法行政部门对司法鉴定人及其所在的鉴定机构的监督管理,同时还有法庭对鉴定人提交的鉴定文书的审查、鉴定人出庭质证等手段,对司法鉴定的鉴定结论起着强而有效的监督作用。

医疗事故技术鉴定,其监督机制是由卫生行政部门进行的,卫生行政部门在收到医学会出具的医疗事故技术鉴定书后,对参加鉴定的人员资格和专业类别、鉴定程序进行审核;必要时,组织调查、听取发生争议的双方当事人的意见。另外,如果医患双方对初次鉴定不服,依法可以申请再次鉴定,再次鉴定的专家组从特定的角度对初次鉴定起着审查监督作用。医疗事故技术鉴定鉴定人则无出庭质证的义务。

医疗纠纷司法鉴定与医疗事故技术鉴定两者之间构成逻辑上的包容关系,有些过错未达到医疗事故定性标准,但事实上已给患者造成了损害,这种情况,医疗纠纷司法鉴定即可能解决这个问题。

第四节　医疗纠纷的责任分析

最高人民法院公布的《关于民事诉讼证据的若干规定》第 4 条规定了八种侵权诉讼的举证责任认定方法,第 8 项是"因医疗行为引起的侵权诉讼,由医疗机构就医疗行为与损害结果之间不存在因果关系及不存在医疗过错承担举证责任",也就是俗称的"举证责任倒置"。

一、判断医疗机构医疗行为与损害结果之间是否存在因果关系

在医疗过程中,影响损害结果的条件很多,这些条件主要包括医生的治疗行为、医院的设施、患者的行为、患者的病情、患者的体质、第三人行为等,它们都可以成为损害结果发生的原因。判定医疗行为与损害结果之间是否存在因果关系,首先是判定事实因果关系:(1)直接因果关系,指医疗机构医疗行为,直接引起患方的损害结果,在其自然的和连续的顺序上不因任何新的独立原因所中断,若没有医疗行为与损害结果之间的因果关系,则不可能发生损害;(2)间接因果关系,出现在医疗机构医疗行为与其他原因相结合共同引起患方损害结果,或者由于医疗机

构医疗行为发动一组相关联的事件,而这些事件引起患方的损害结果。

其次是判定法律因果关系,旨在确定医疗机构医疗行为与损害结果之间存在事实上的因果关系的前提下,确定是否应当依法承担民事责任的问题。凡是确定医疗机构医疗行为应当依法承担民事责任的,则认定存在法律上的因果关系。在考虑是否存在法律因果关系时,所关注的不是事实本身,而是法律的规定、民事立法和司法政策,以及社会福利和公平正义等价值方面的要素。法律因果关系包括三个方面的内容:一是构成事实原因的行为和事件是否与责任主体有关;二是责任主体是否应当为此负责;三是责任主体在多大范围内承担民事责任。

二、判断医疗机构医疗行为是否存在过错

过错是指因故意或者过失施加损害于他人的违法行为(包括作为和不作为),为民事责任的条件。

医疗过错表现为患者的死亡、残疾、组织器官的损伤及健康状况相对于诊疗前有所恶化等情形,是对患者生命健康权和身体权的侵害。

(一)医疗过错致死亡

病人的死亡完全是由于医务人员的医疗过错行为所造成的。例如,使用青霉素不做药物过敏试验,发生病人用药后因药物过敏性休克而死亡。

病人死亡主要是由于医务人员的医疗过错行为所造成的,如果没有医疗过错行为的发生,病人是可以康复的,或者说是不会死亡的。例如,失血性休克的病人,由于医护人员检查不仔细,漏诊、误诊以致延误急救时机造成病人死亡。

(二)医疗过错致残疾或者功能障碍

残疾或者功能障碍完全是由于医务人员的医疗过错行为所造成的。例如,肾结核病人药物治疗不能奏效,需进行手术治疗,做病侧全肾切除,而手术误切健侧肾,造成肾功能不全。

残疾或者功能障碍主要是由于医务人员的过错行为所造成的,如果没有医疗过错行为的发生,残疾或者功能障碍是可以避免的。例如,股骨髁部骨折因骨折断端复位不佳和内固定物松动,固定不牢,致骨折畸形愈合,严重影响骨关节功能。

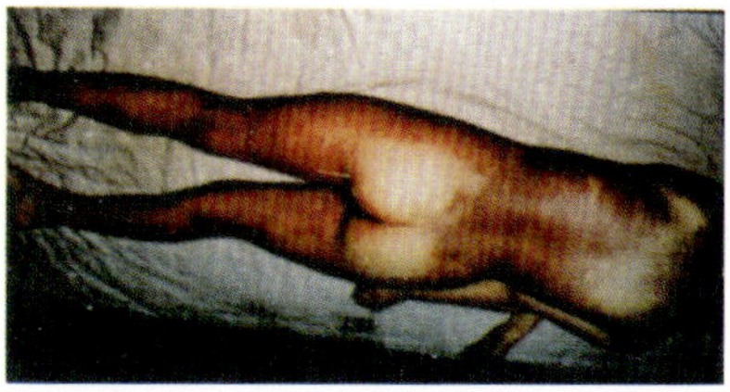

图 2-1 尸斑

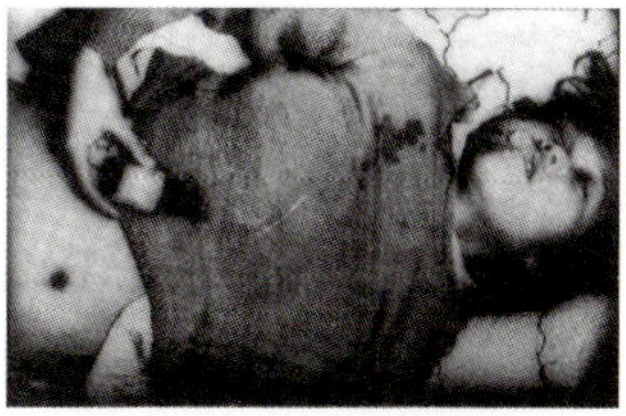

图 2-2 局部尸体痉挛，
手握敌敌畏瓶

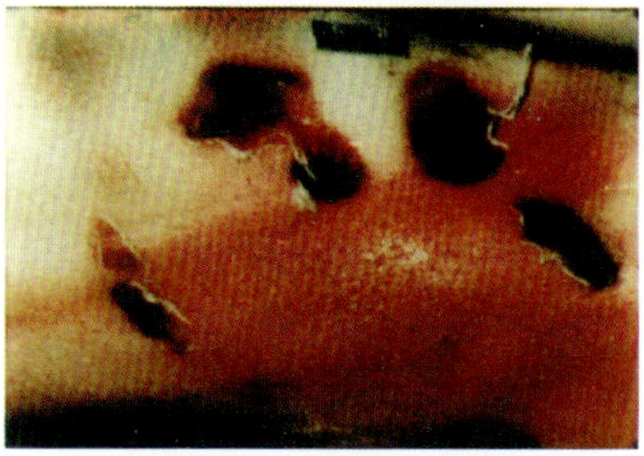

图 2-3 表皮剥脱的皮革样变

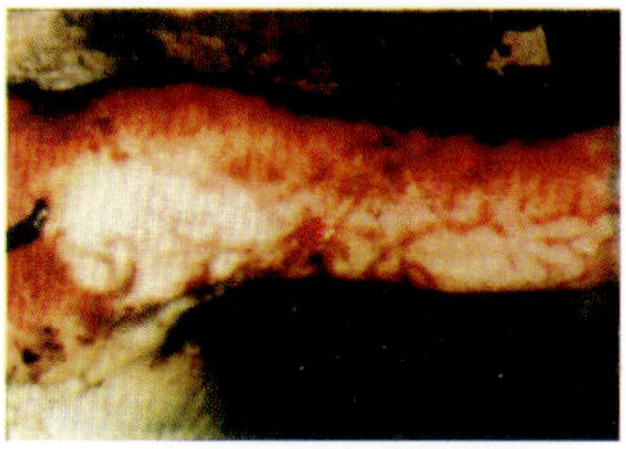

图 2-4 腐败血管网

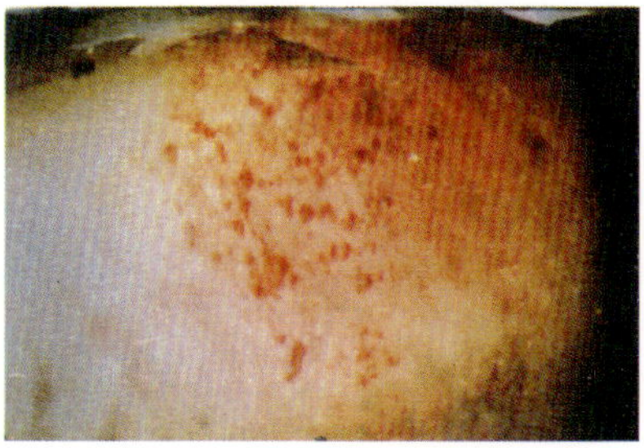

图 2-5 腐败水泡

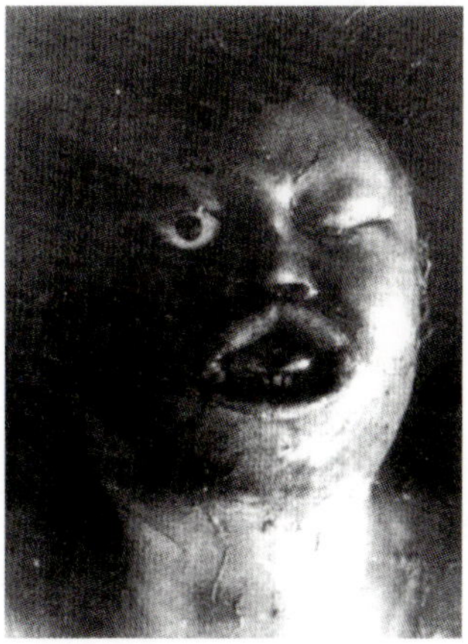

图 2-6 腐败巨人观

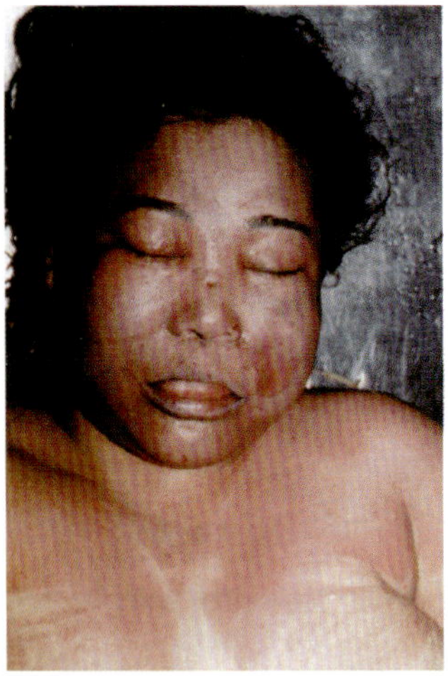

图 3-1 窒息所致颜面青紫肿胀

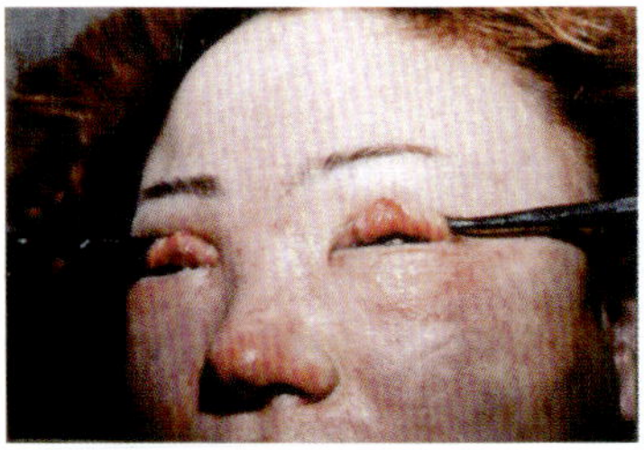

图 3-2 眼结合膜下出血点

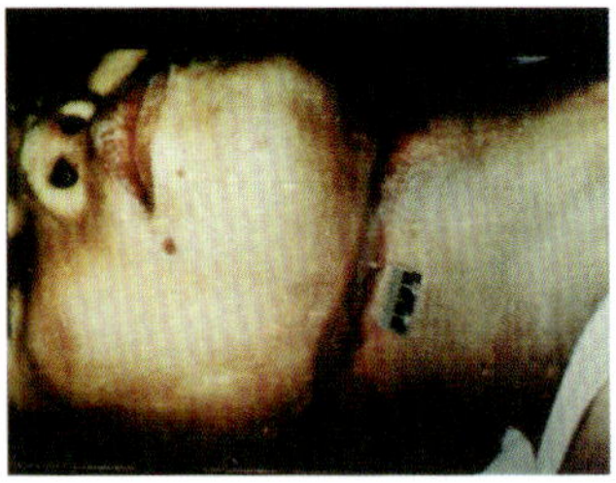

图 3-4 缢死索沟

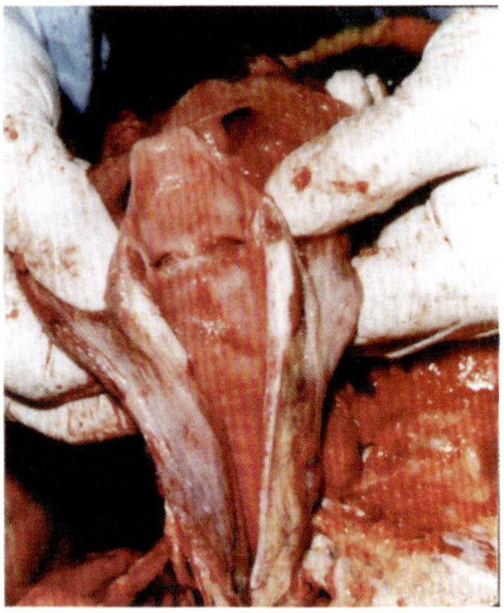

图 3-3 喉部黏膜下出血点

图 3-5 正位缢吊

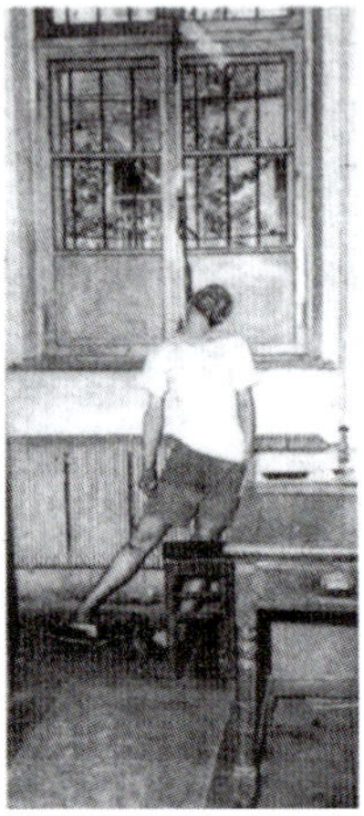

图 3-6 侧位缢吊

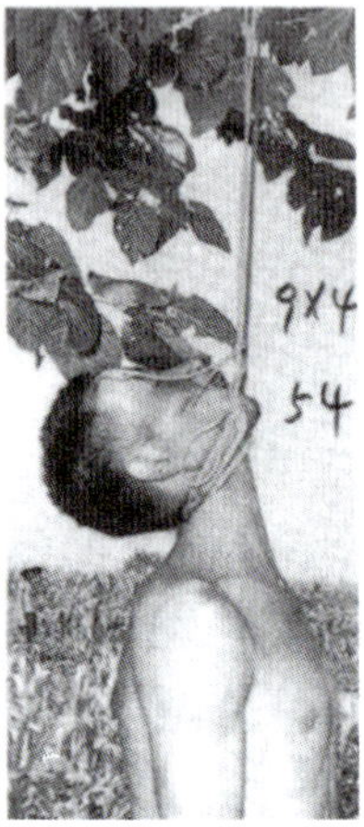

图 3-7 后位缢吊

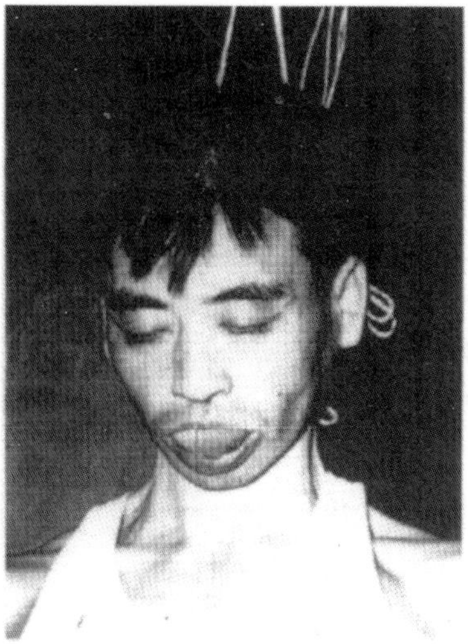

图 3-8 鼻涕流出，舌伸出牙列外

图 3-9 完全缢死

图 3-10 不完全缢死——立位

图 3-11 不完全缢死——坐位

图 3-12 不完全缢死——跪位

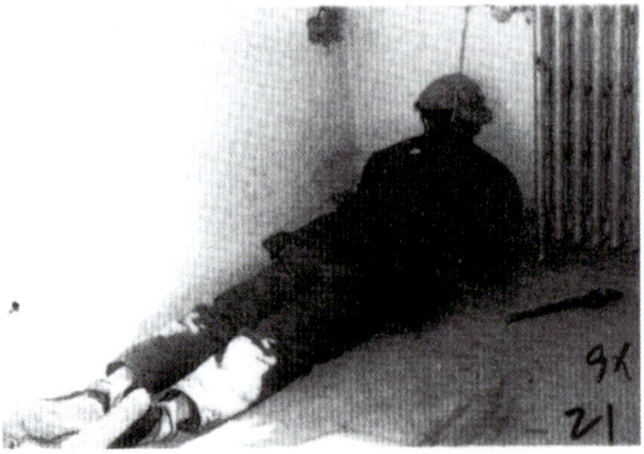

图 3-13 不完全缢死——俯卧位

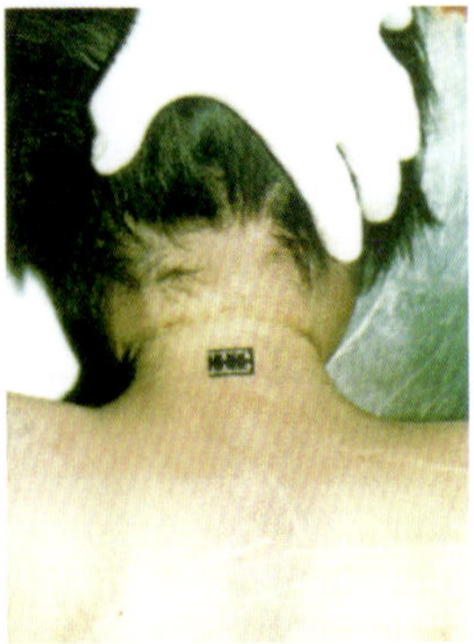

图 3-14 勒死索沟

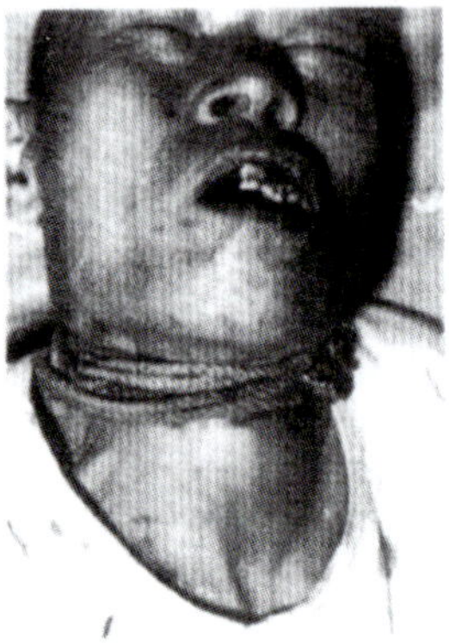

图 3-15 他杀勒死，颈部绳索缠绕达8圈

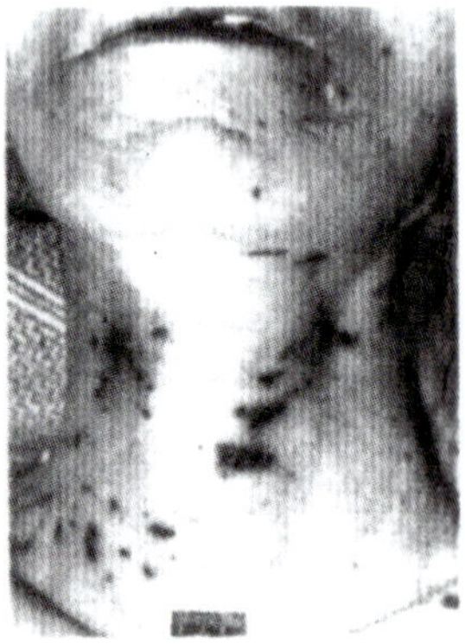

图 3-16 颈部掐痕

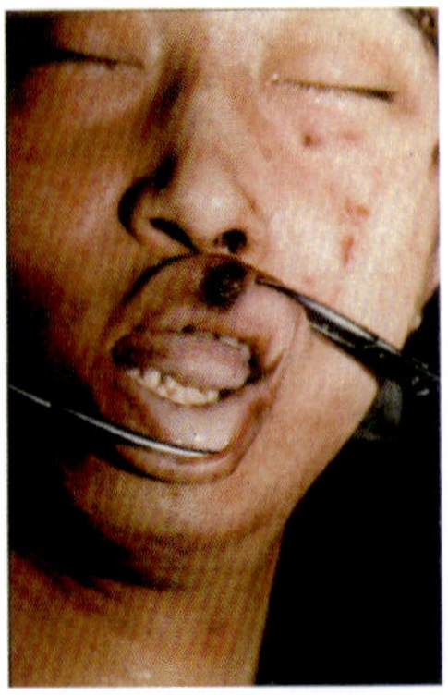

图 3-17 口唇内侧的硌垫伤

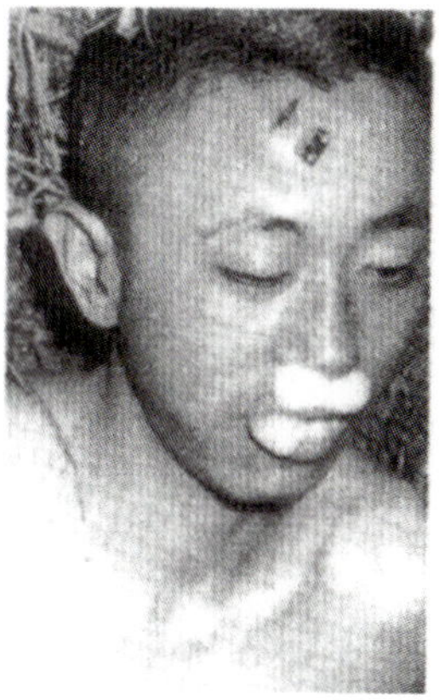

图 3-18 蕈形泡沫

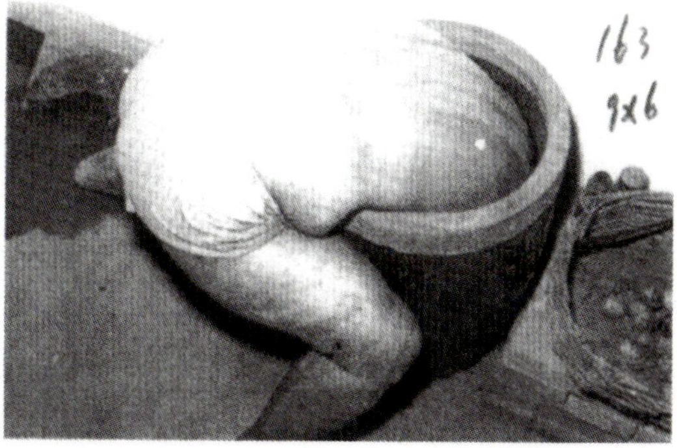

图 3-19 自杀溺死于水缸内

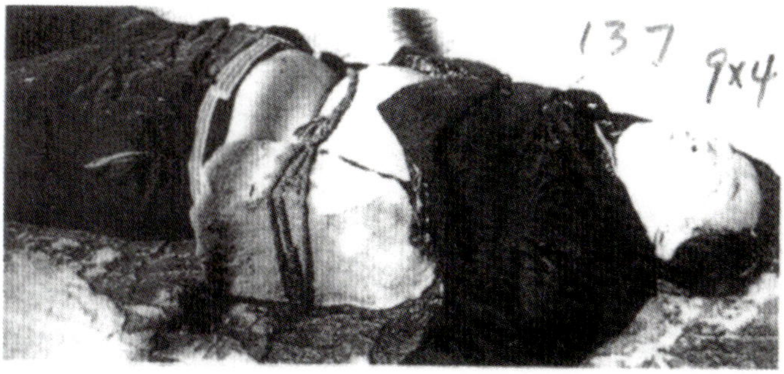

图 3-20 自杀溺死腰间捆有石块

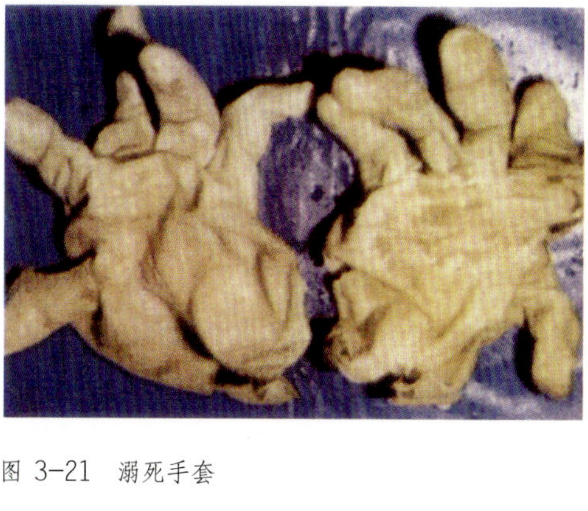

图 3-21 溺死手套

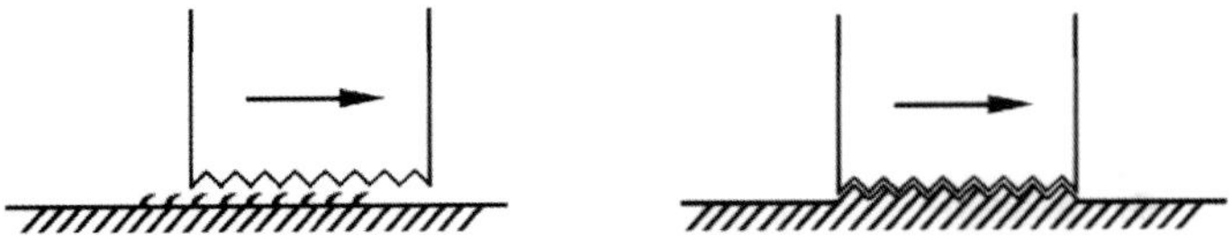

图 4-1 表皮剥脱的形成与方向示意图

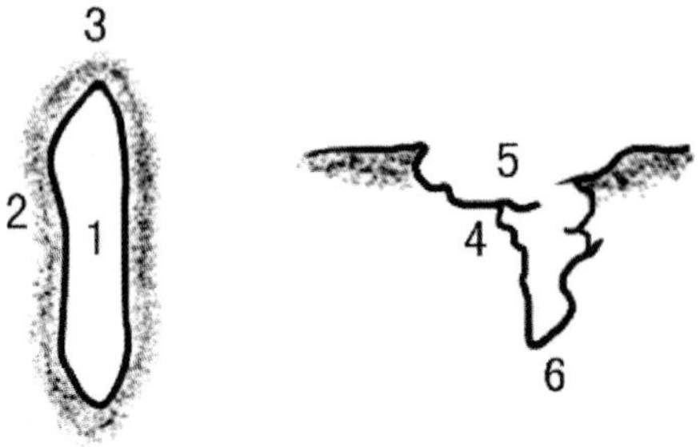

图 4-2 创的构成示意图

1.创口 2.创缘 3.创角 4.创壁 5.创腔 6.创底

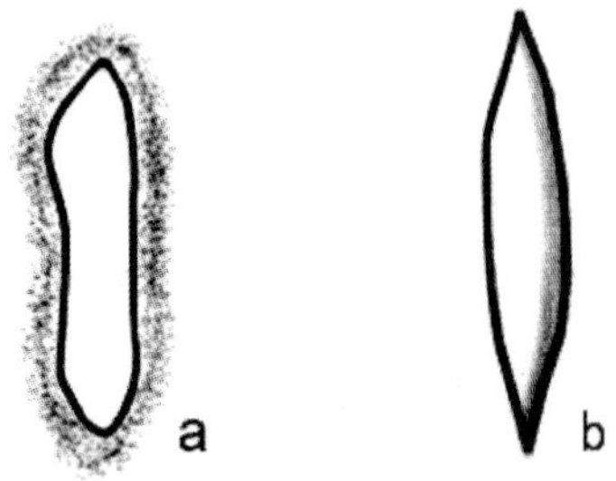

图 4-3 钝器创（a）、锐器创（b）示意图

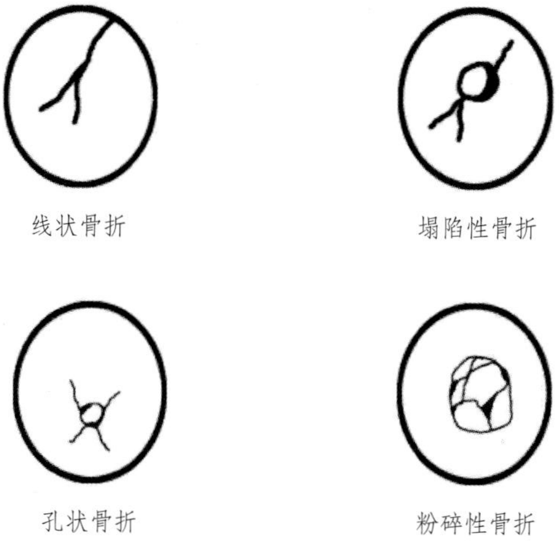

图 4-4　骨折的四种基本形态示意图

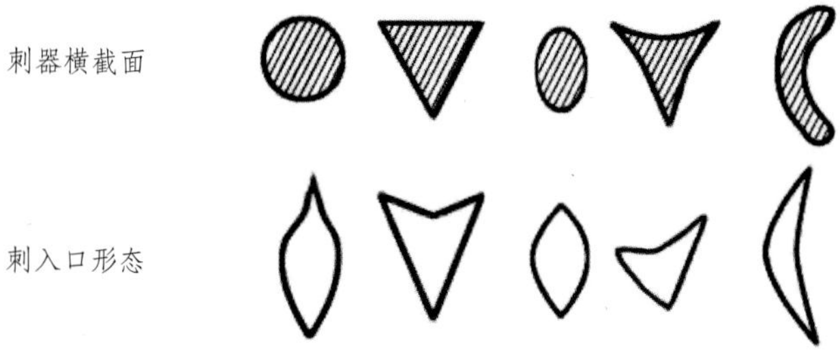

图 4-6　刺器的横截面及其刺入口形态示意图

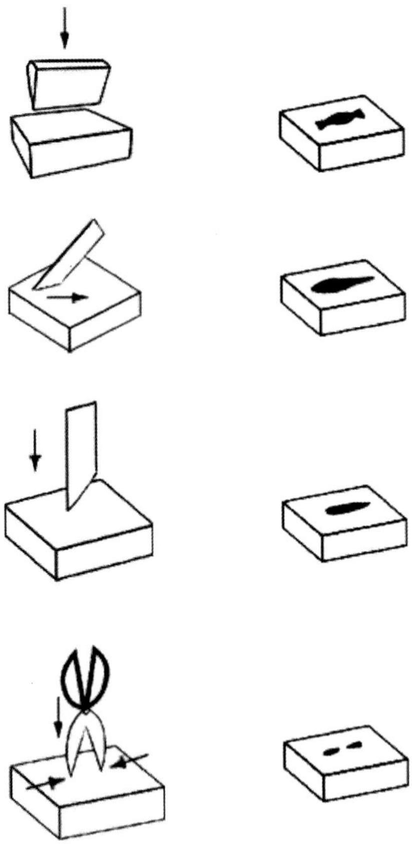

图 4-5 切、砍、刺、剪及刨口形态示意图

图 4-8　行人交通工具损伤示意图

（1）车速＞70km/h

（2）车速　40~70km/h

（3）车速＜40km/h

● 人体易损伤出

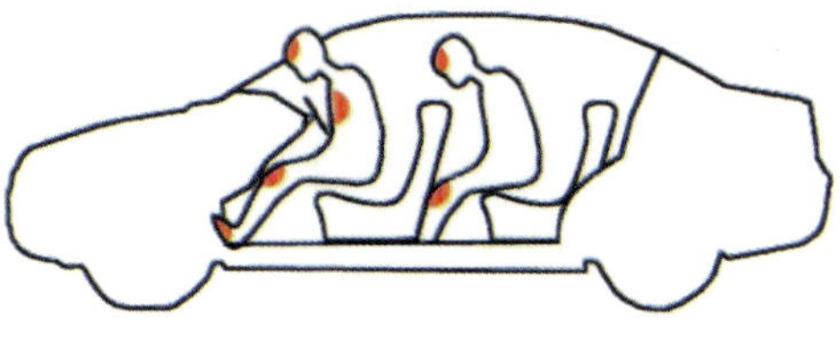

图 4-9　车内人员损伤示意图

1.驾驶员

2.乘客

●人体易损伤处

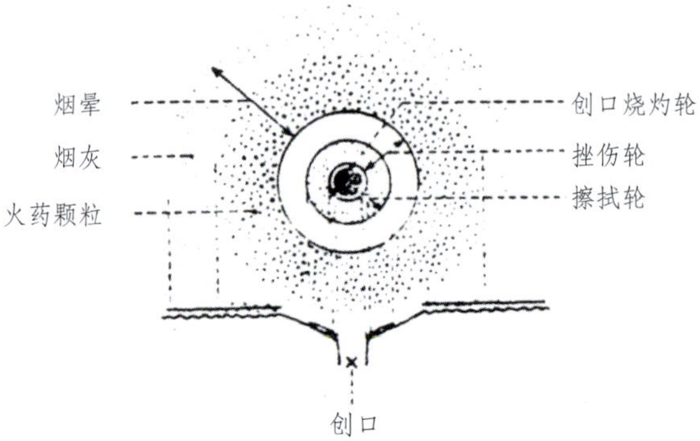

图 4-10 枪弹射入口示意图

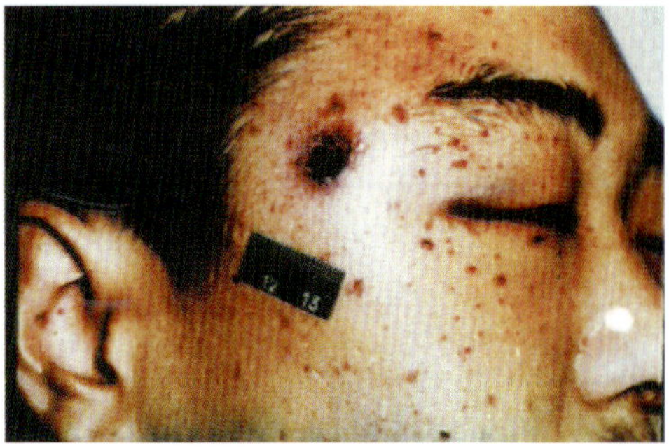

图 4-11 五四枪射入口

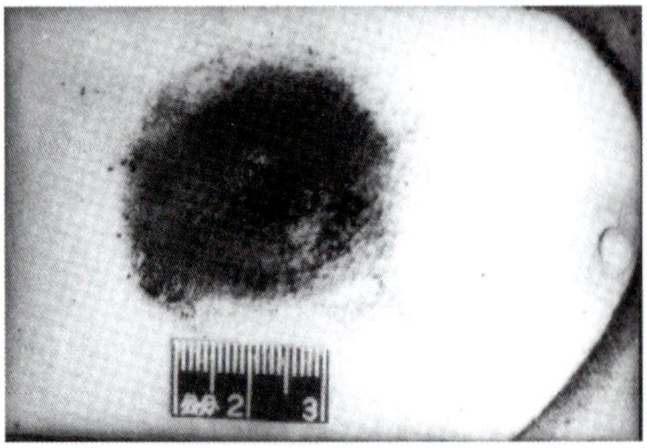

图 4-12 射入口的烟晕

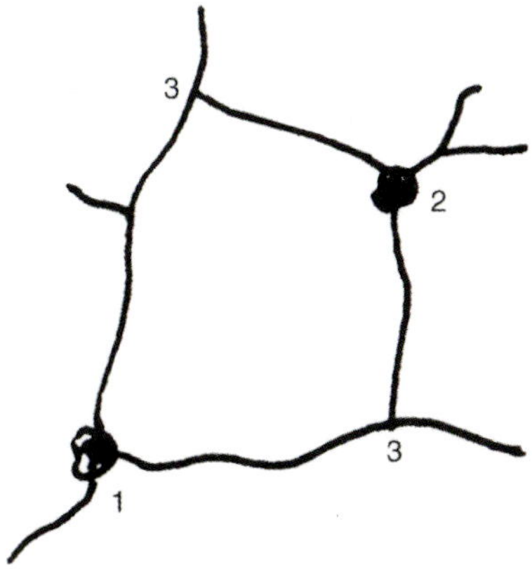

图 4-13 两次骨折的骨折线行走示意图

1.第一次骨折

2.第二次骨折

3.第二次骨折线被阻

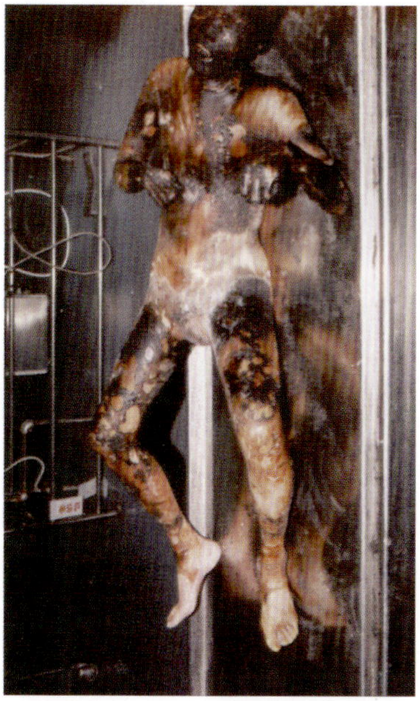

图 5-1 尸体广泛烧伤

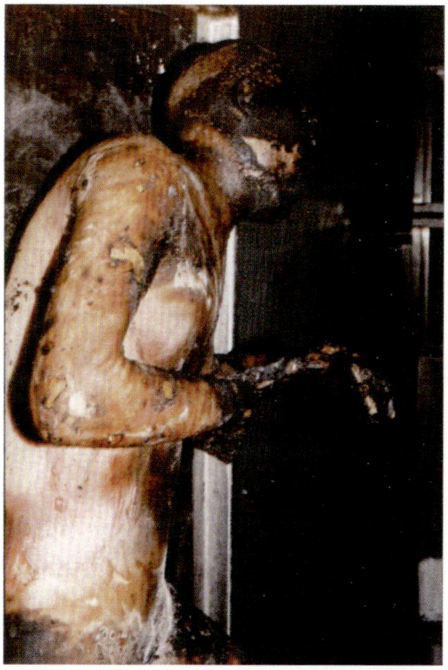

图 5-2 烧死拳击样姿势

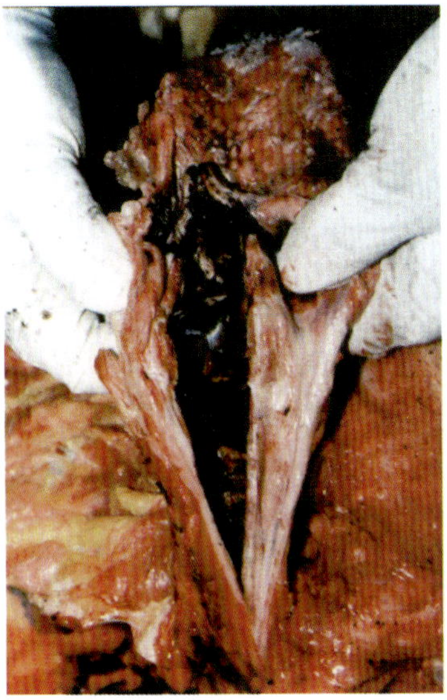

图 5-3 气管内有烟灰炭末

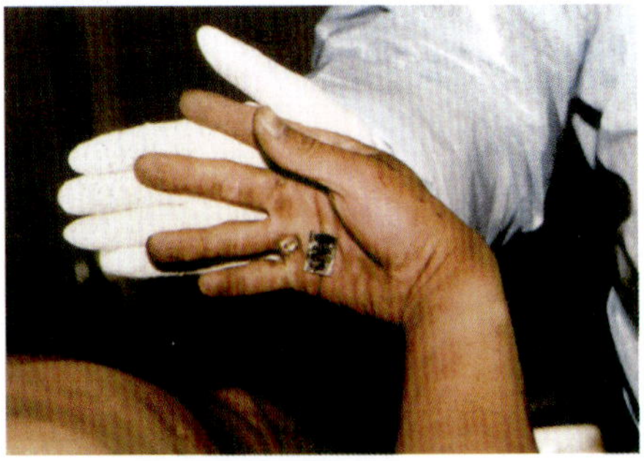

图 5-4 手掌上的电流斑

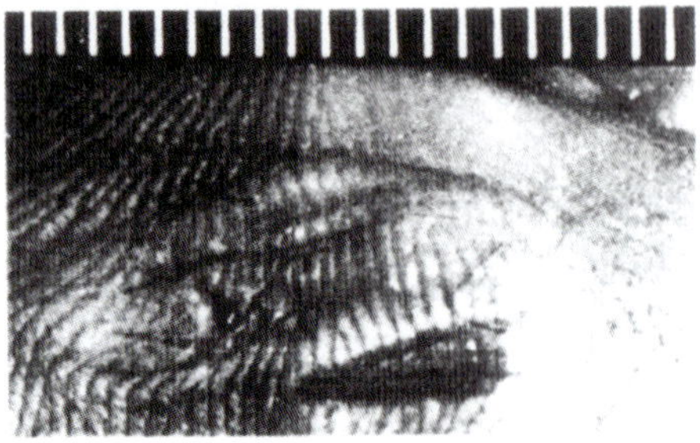

图 5-5 金属丝形成的犁沟状电流斑

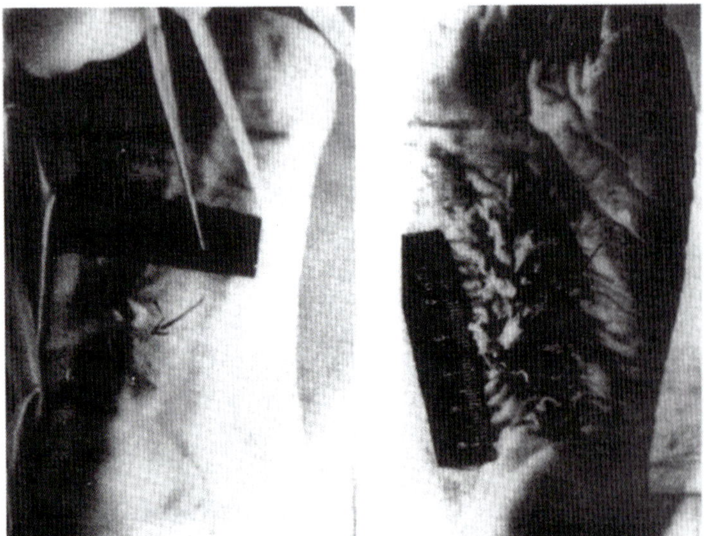

图 5-6 电流出口

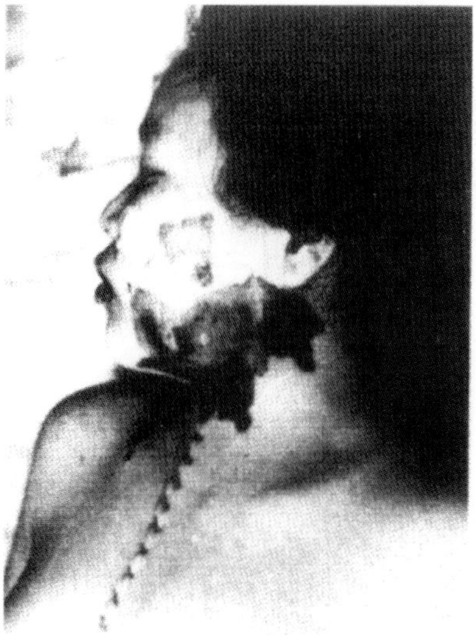

图 5-7 下颌颈部广泛性电烧伤

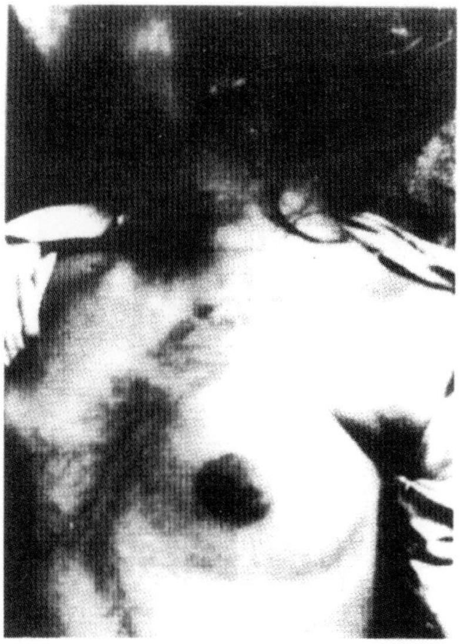

图 5-9 雷击纹

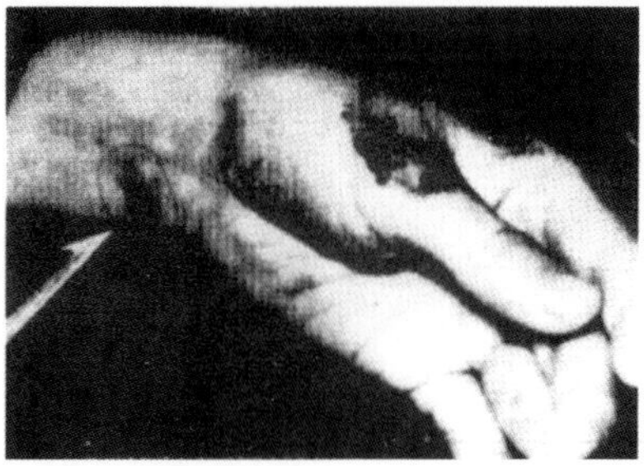

图 5-8 手及腕部的抵抗性电烧伤

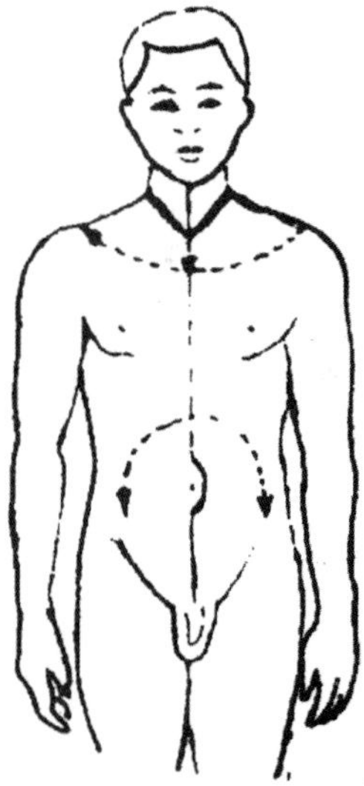

图 8-1
细直线示直线切法；
胸部虚线示“T”字弧形切法；
颈部实粗线示“Y”字形切法

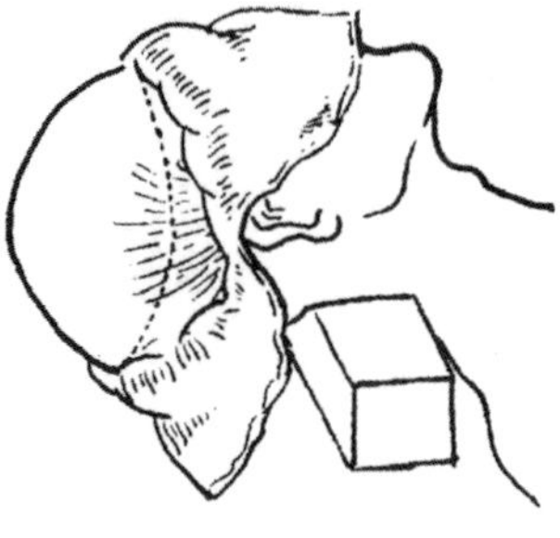

图 8-2 颅骨的锯线

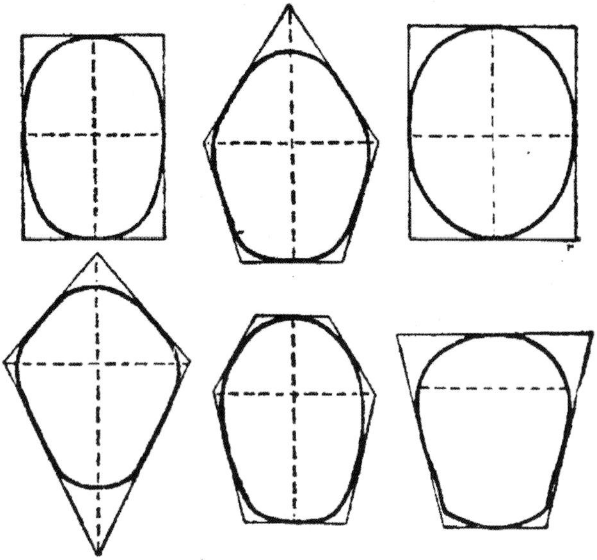

图 9-1　头型

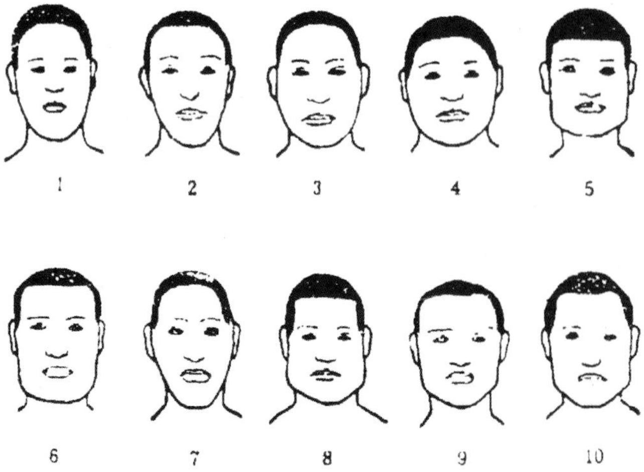

图 9-2　面型

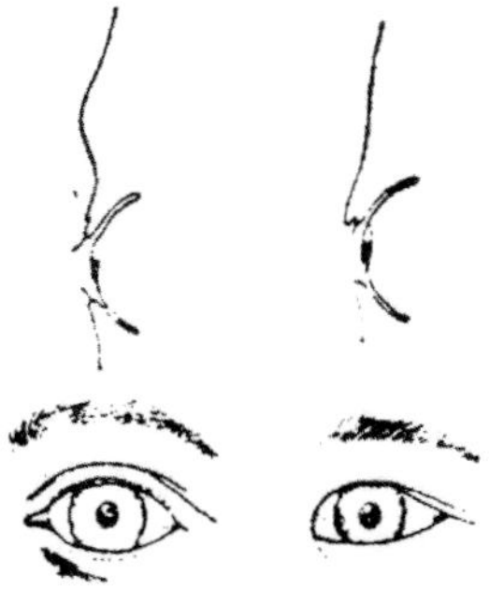

图 9-3　蒙古褶（左无蒙古褶、右有蒙古褶）

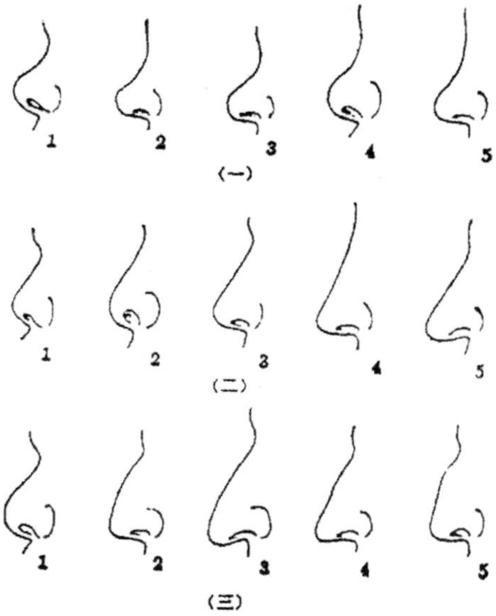

图 9-4　鼻梁形状

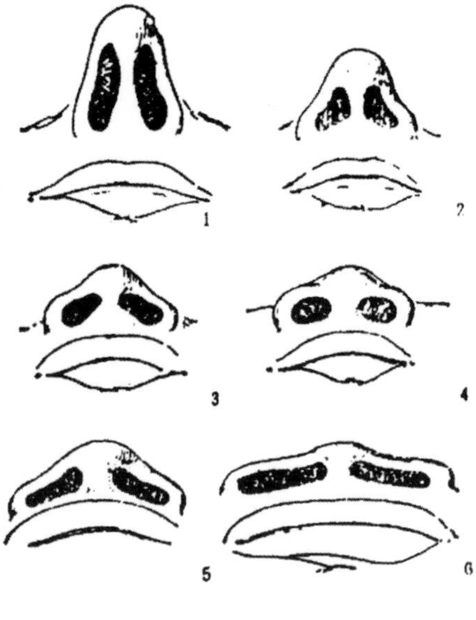

图 9-6　鼻孔形状

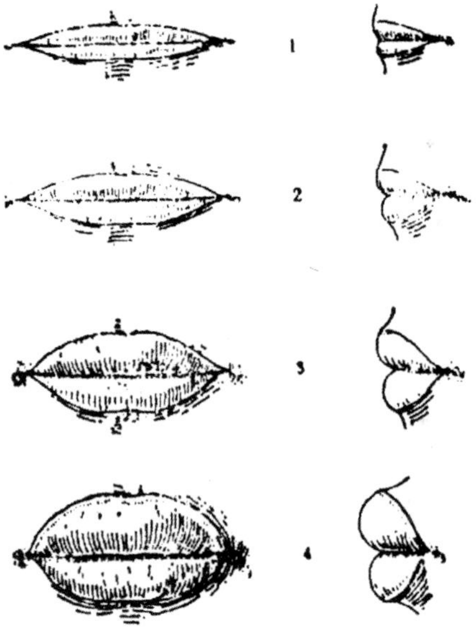

图 9-6 唇的厚度

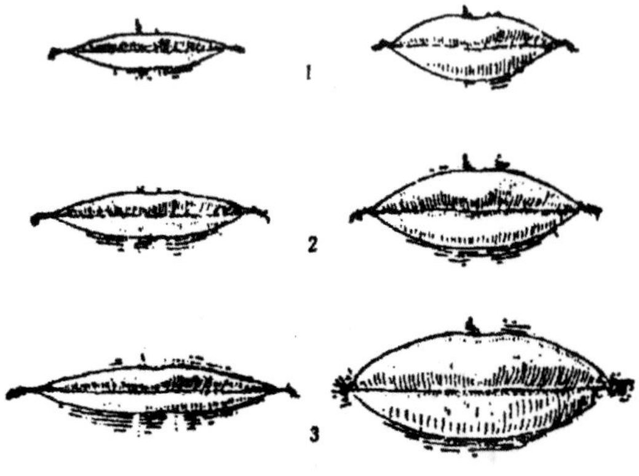

图 9-7 口裂宽度

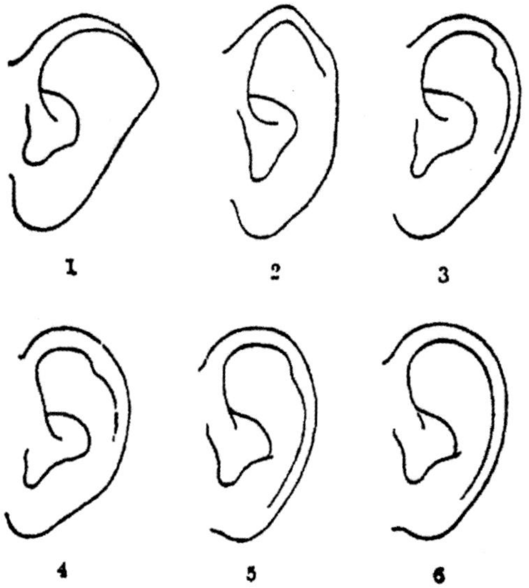

图 9-8 耳外形

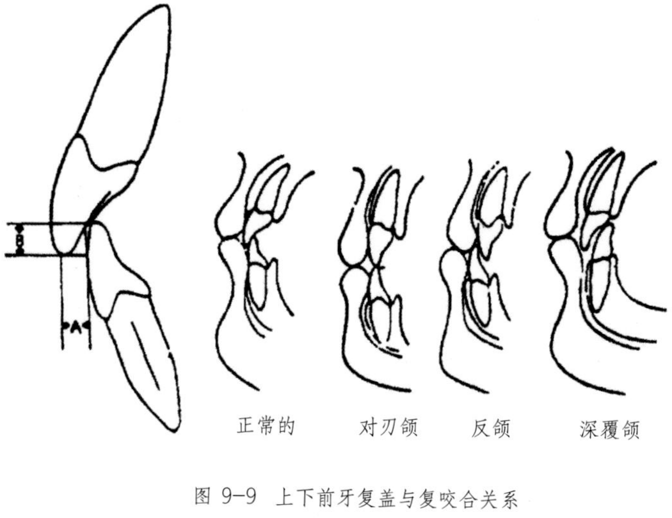

图 9-9 上下前牙复盖与复咬合关系

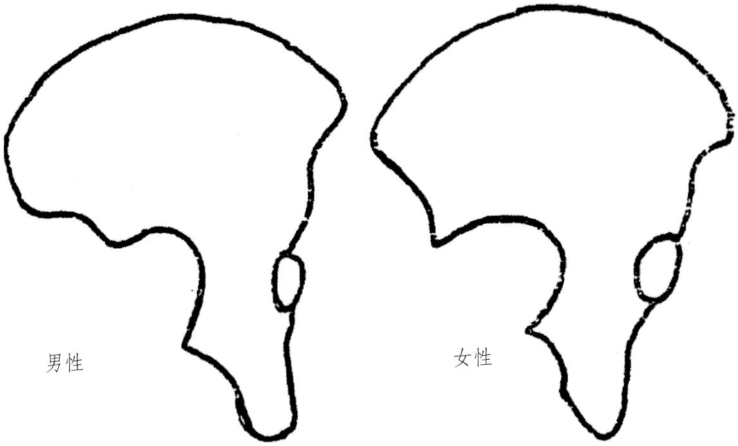

图 9-10 两性坐骨大切迹比较

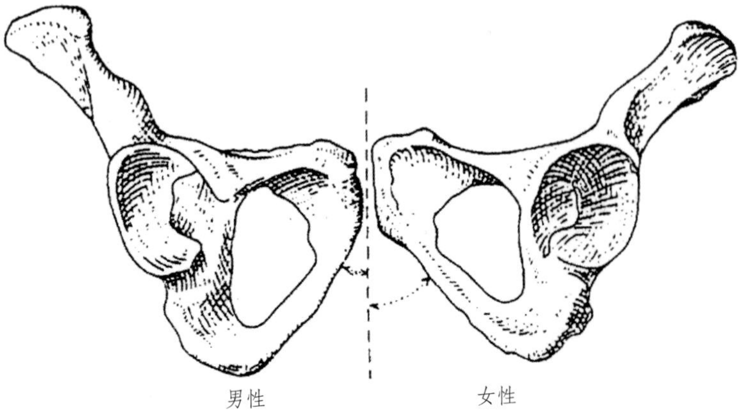

图 9-11 两性骨盆耻骨下角比较

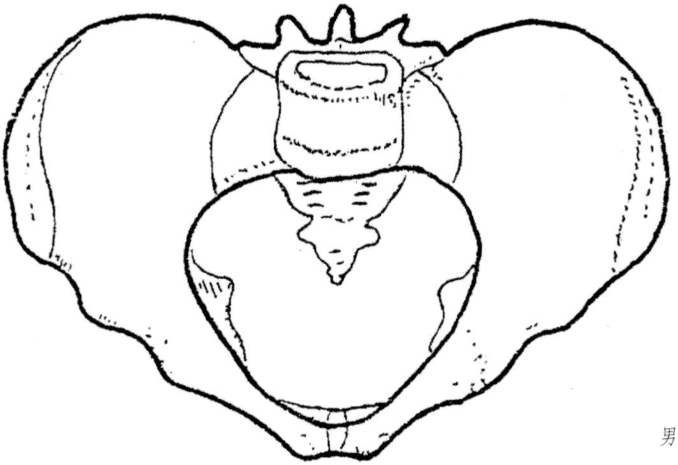

男性

女性

图 9-12 两性盆骨入口比较

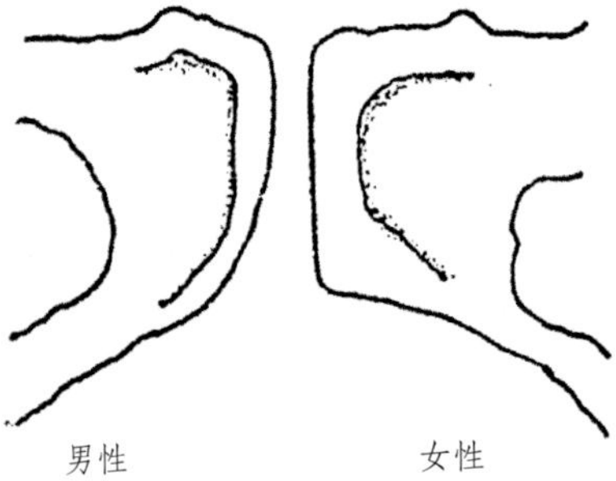

图 9-13 两性坐耻骨结合部比较

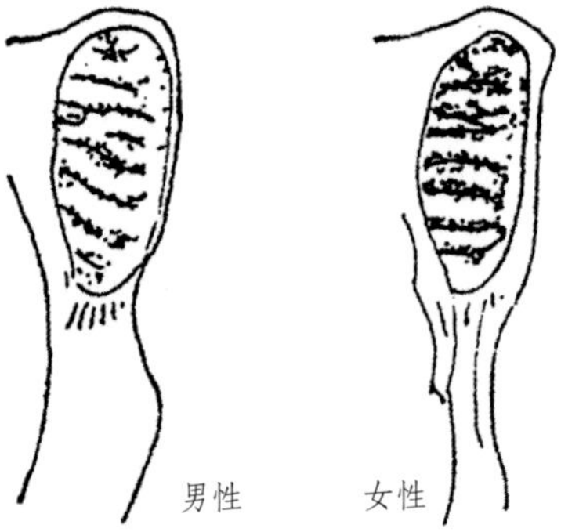

图 9-14 两性耻骨下支的比较

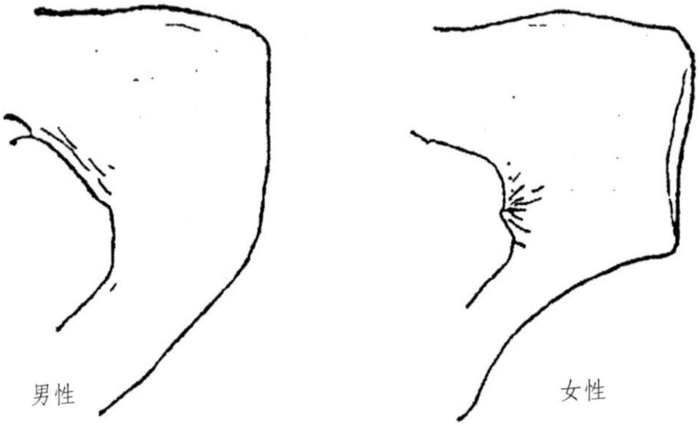

图 9-15 两性耻骨下支内侧缘比较

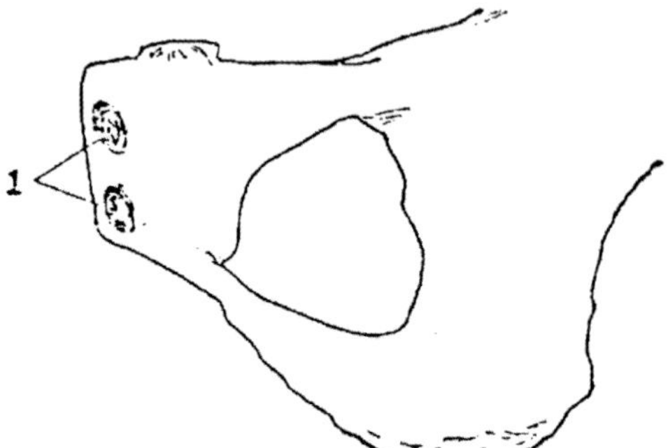

图 9-16 女性骨的分娩疤痕

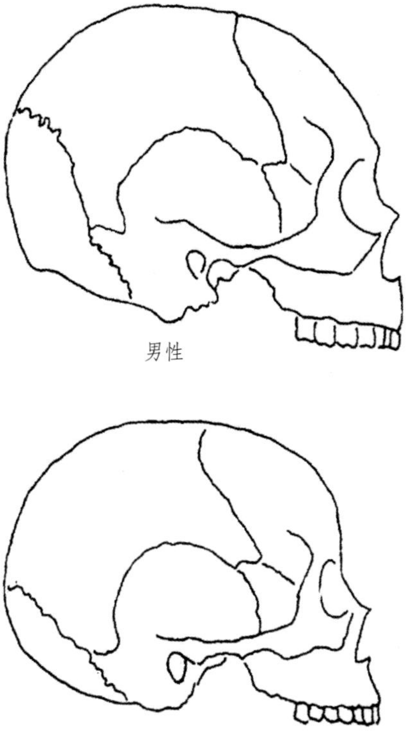

图 9-17 两性颅骨差异

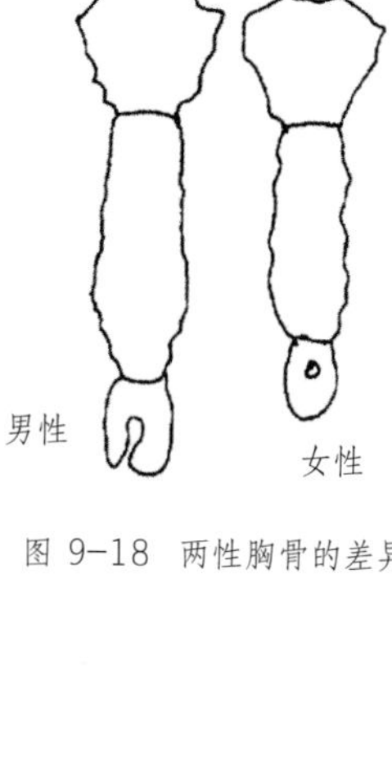

图 9-18 两性胸骨的差异

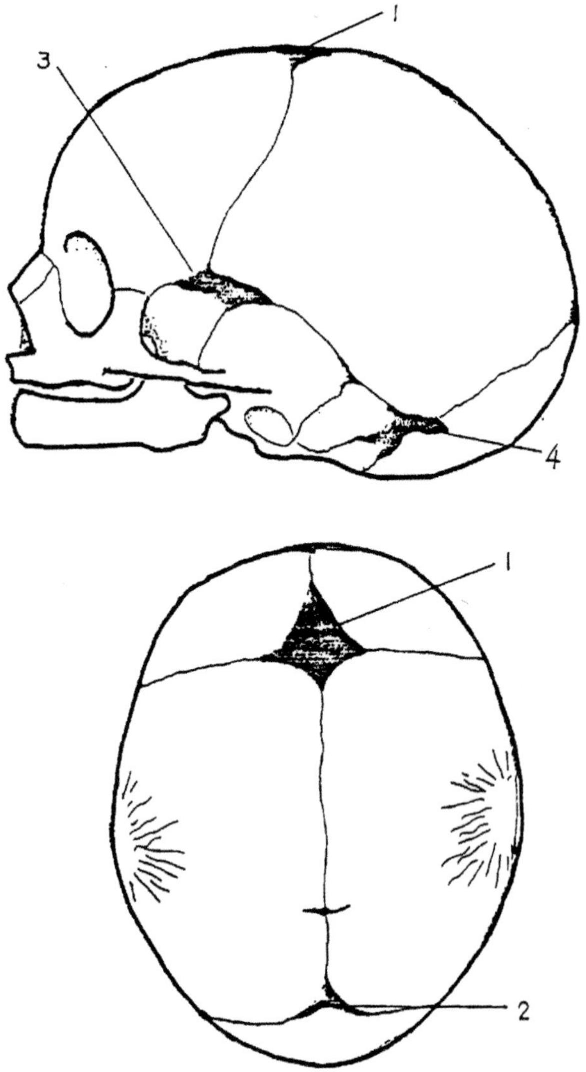

图 9-19 新生儿头骨缝合

1.前囟 2.后囟 3.蝶囟 4.乳突囟

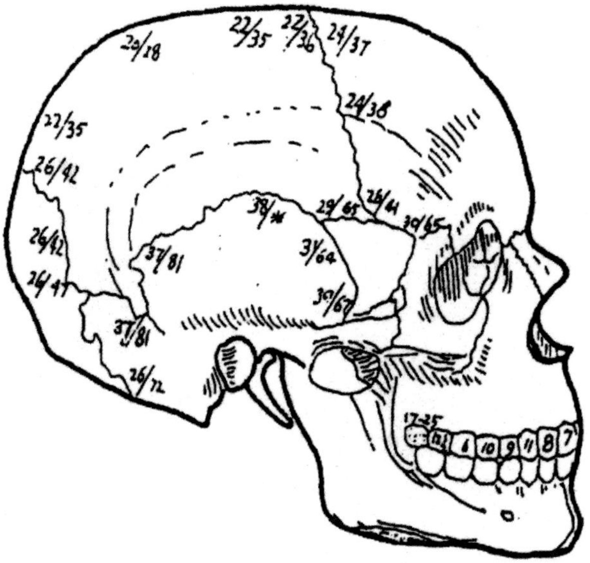

图 9-20　颅骨各缝愈合时间

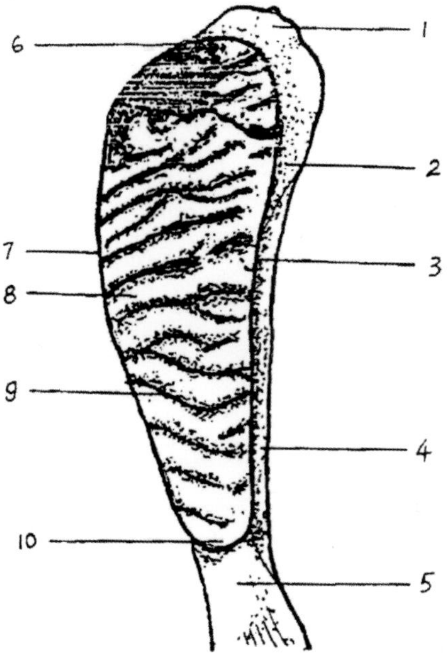

图 9-21　耻骨联合面形态结构
1.耻骨结节　2.倾斜面（上半部）　3.腹侧缘　4.倾斜面（下半部）　5.耻骨下支　6.上端　7.背侧缘　8.嵴　9.沟　10.下端

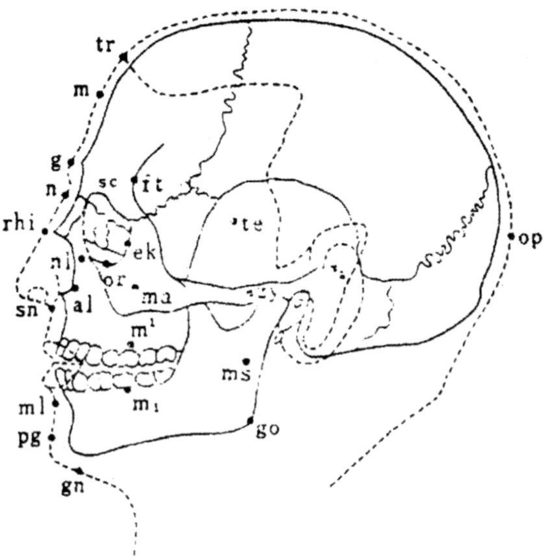

图 9-22 头面部软组织测量点

图 9-23 无名颅骨复原面貌

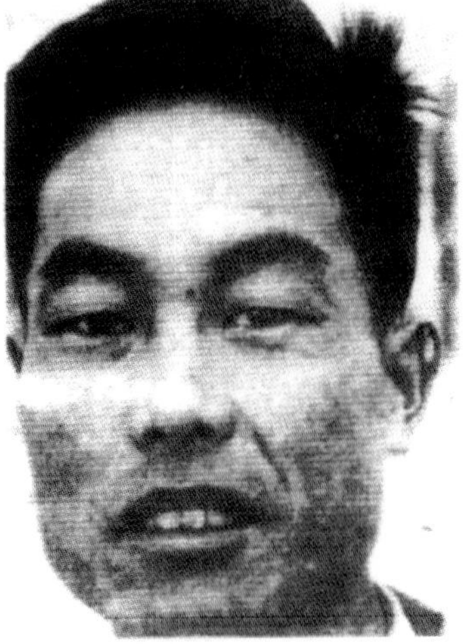

图 9-24 经辨认后提取的死者生前照片

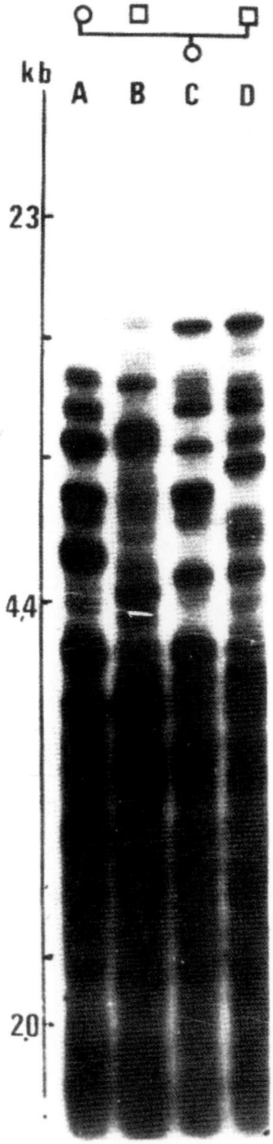

图 10-2

A 母亲

B 嫌疑父

C 孩子

D 生父

C 的非母带均在 D 中找到

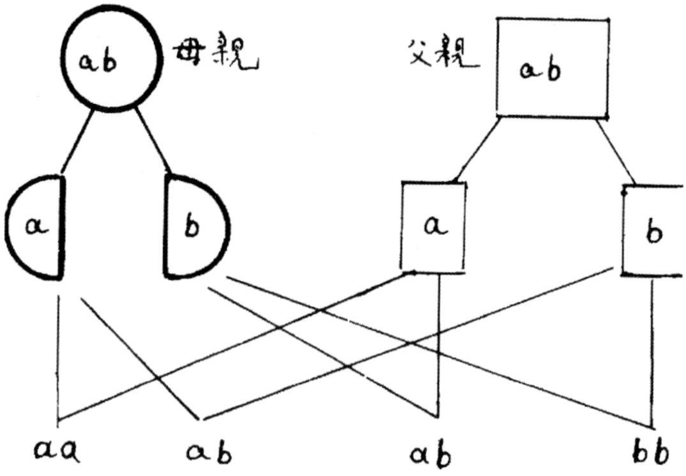

遗传实例：生死细胞（a、b）减数分裂时，将一半染色体分别授予两个配子，精子和卵子各携带一对基因之一，非a、即b。精卵结合后，其基因互相结合，形成三种可能的基因型；aa、ab、bb。

图 10-1

图 11-2 步行时落下的血滴，箭头表示步行方向

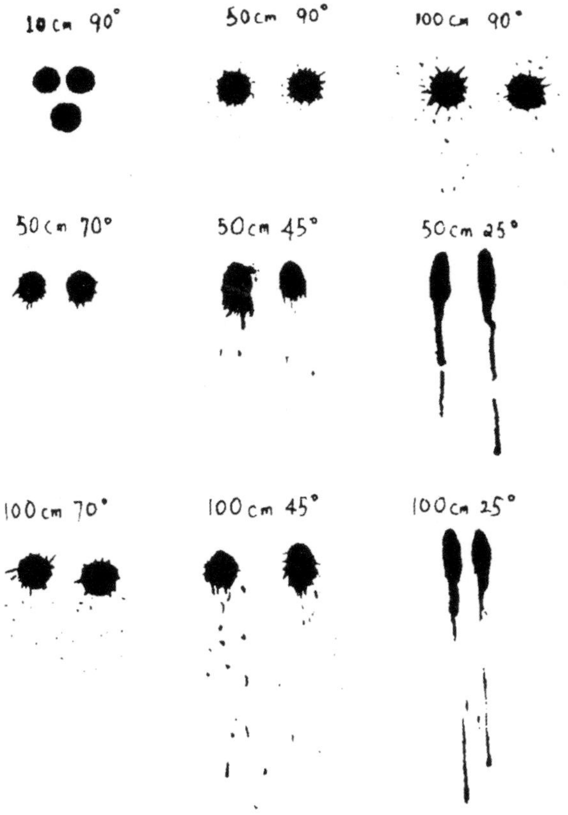

图 11-1 不同高度及斜度落下的血滴形状

图 11-3 喷溅状血痕
自右下向左上方

图 11-4 擦拭状血痕

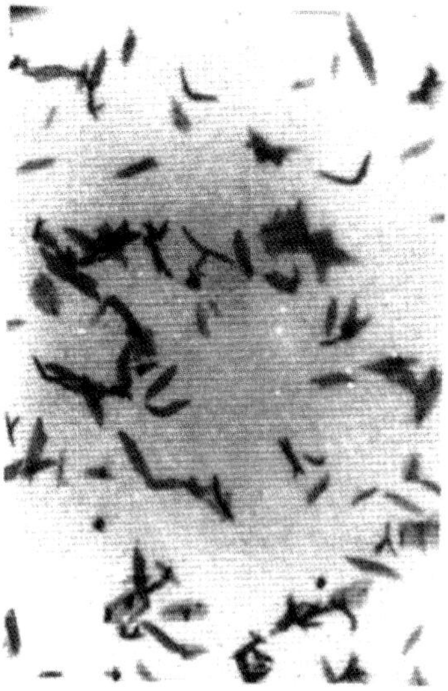

图 11-5

A 人血
B 抗人 Hb
C 沉淀环
图 11-6 环状沉淀反应

1.人血 2.检材 3.空白
4.盐水 5.检材 6.兔血清
7.抗人血红蛋白血清
1、2、5阳性、3、4、6阴性

图 11-7 琼脂糖胶双向扩散

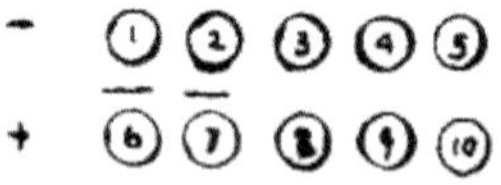

1.人血 2.检材 3.无血检材
4.盐水 5.兔血
6~10 兔抗人血清
1~2 孔阳性、3~5 孔阴性

图 11-8 对流免疫电泳

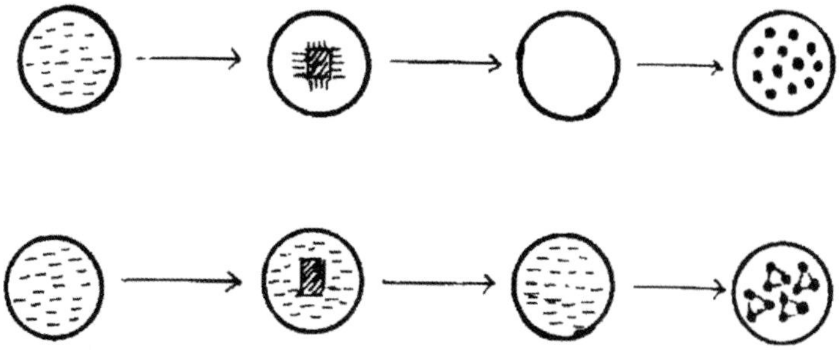

抗 A 血清 血痕吸收 去除血痕 A 型细胞
抗 B 血清 血痕吸收 去除血痕 B 型细胞

图 11-9 吸收试验

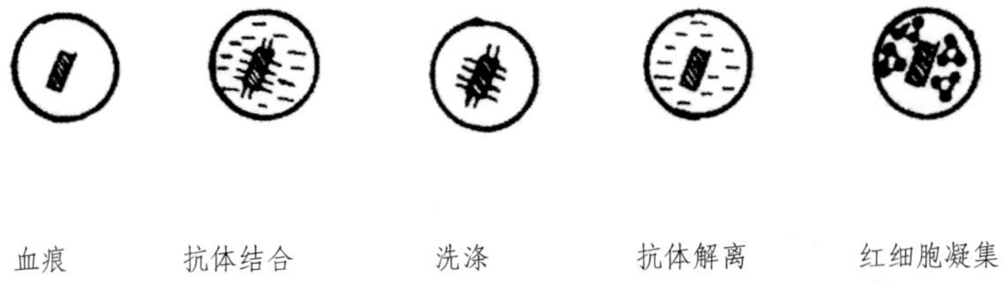

图 11-10 解离试验

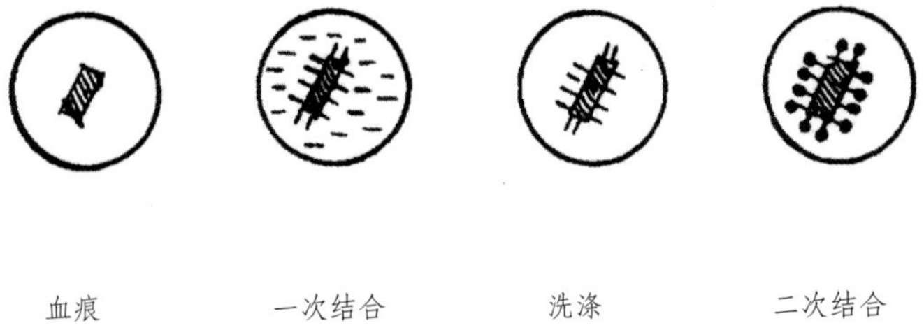

图 11-11 混合凝集试验

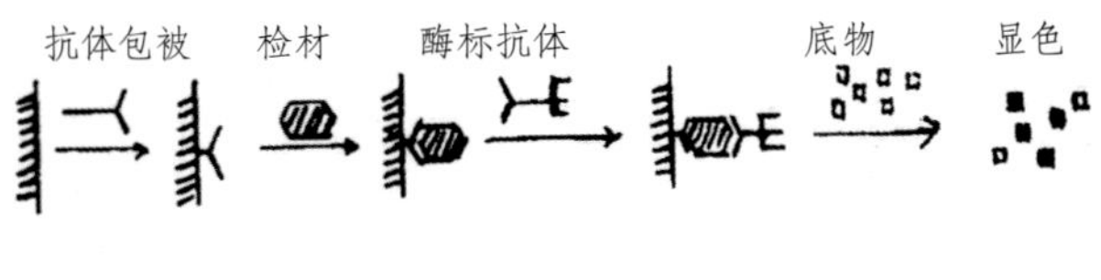

图 11-12 酶联免疫吸附
双抗体夹心型

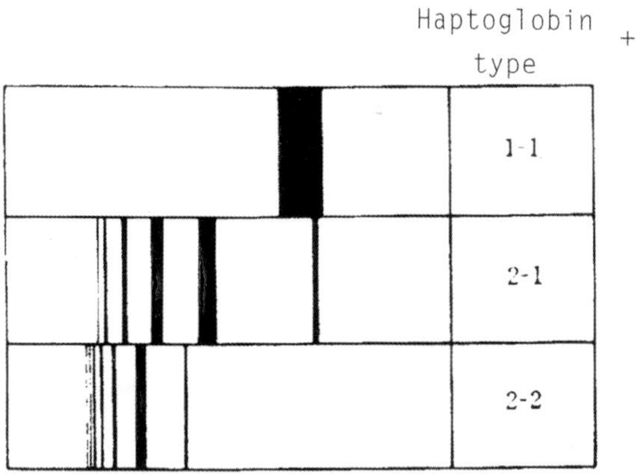

HP 型模式图

图 11-13 HP 型模式图

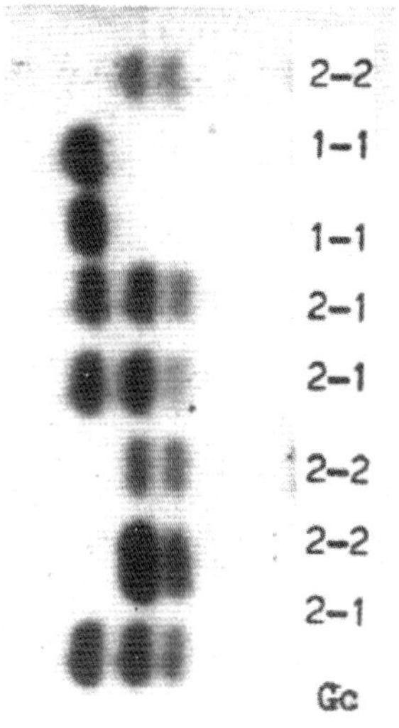

图 11-14

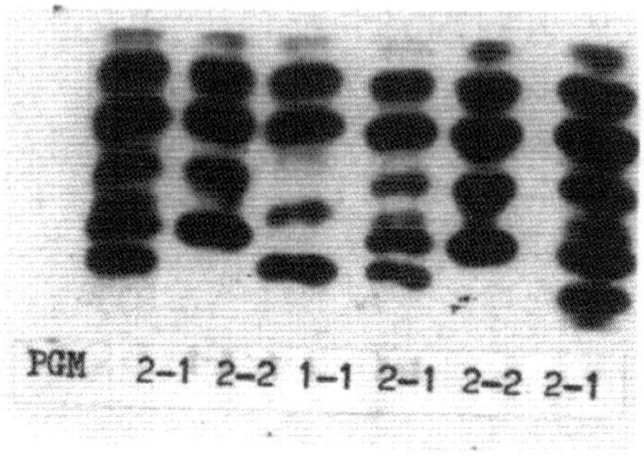

图 11-15

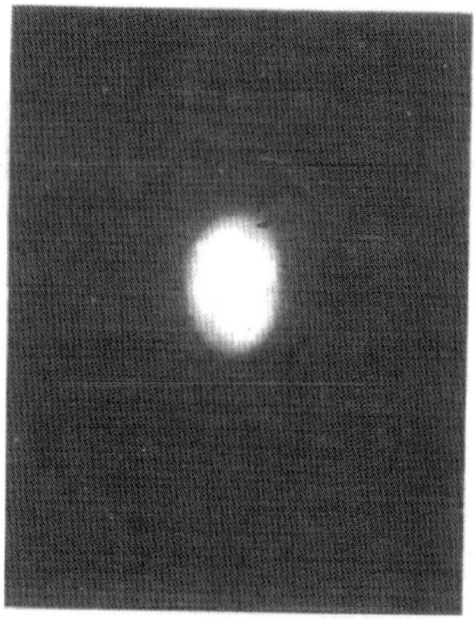

图 11-20 头发毛根鞘细胞Y染色质

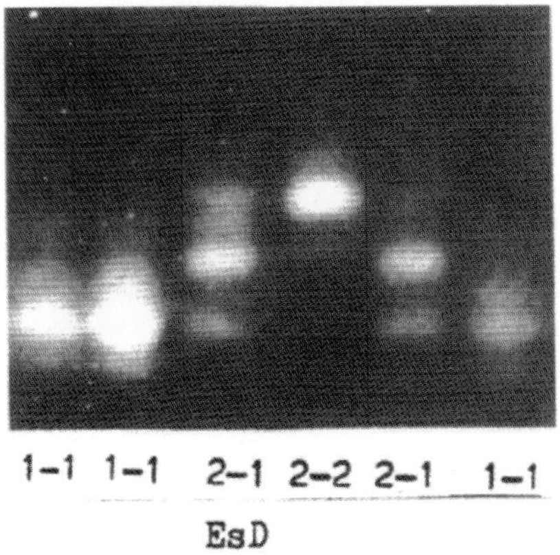

图 11-16

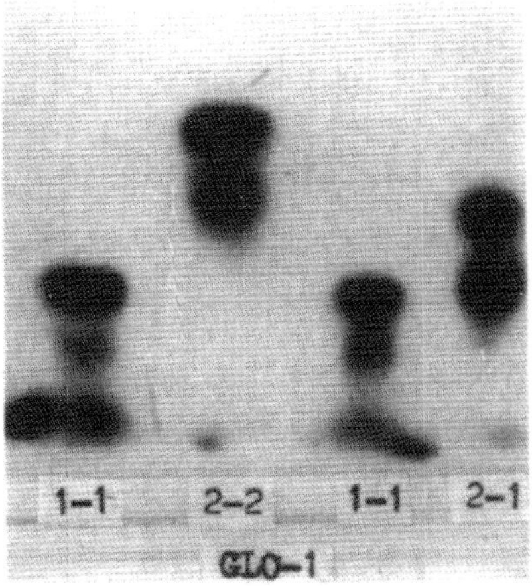

图 11-17

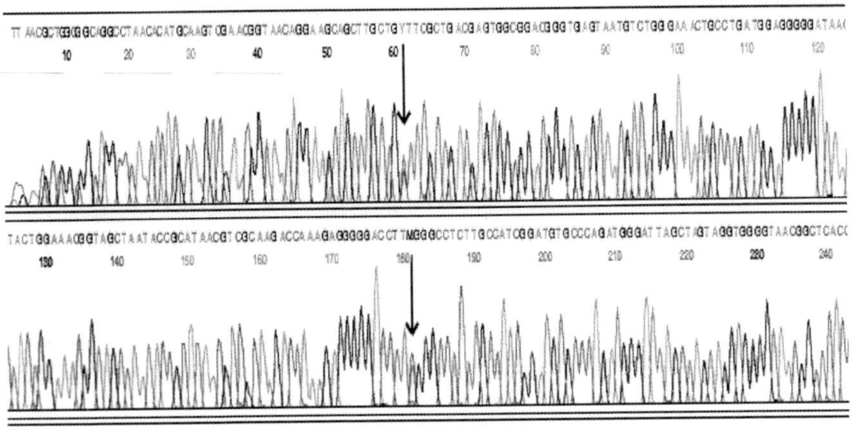

图 11-19 图为线粒体DNA全自动荧光测序结果

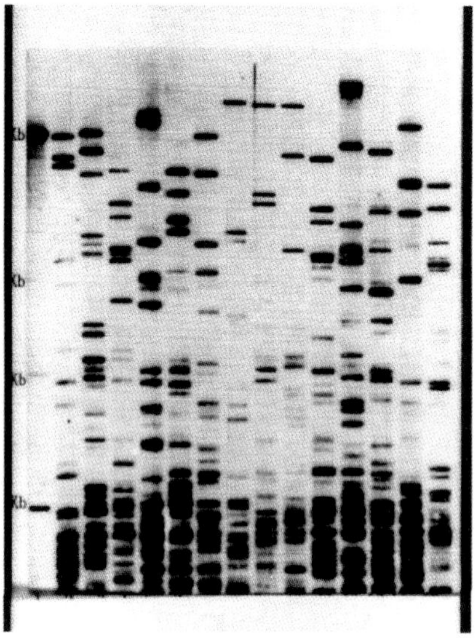

图 11-18 DNA指纹图

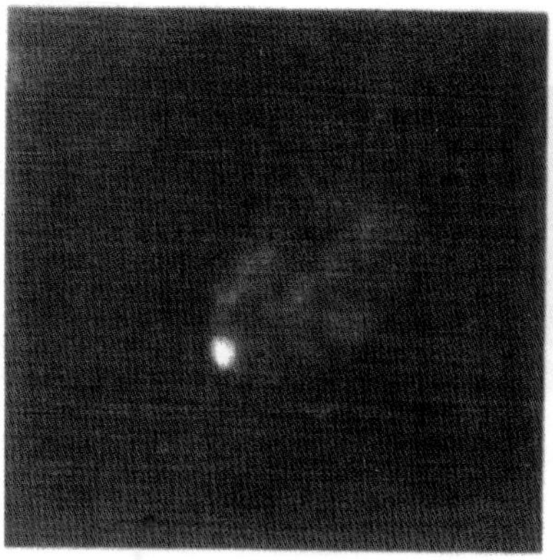

图 11-21 头发毛根鞘细胞X染色质

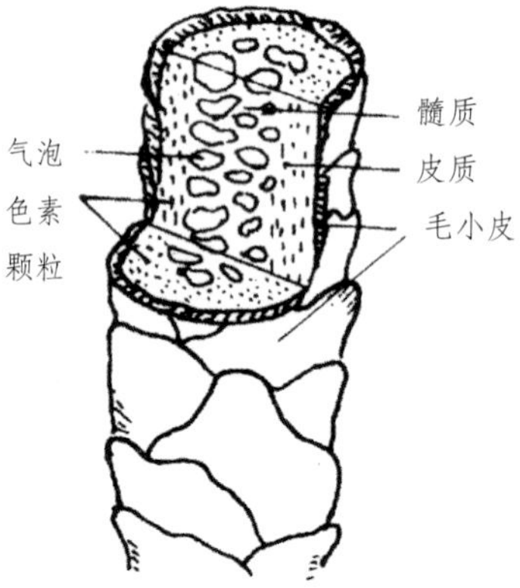

图 11-22 毛干组织结构模式图

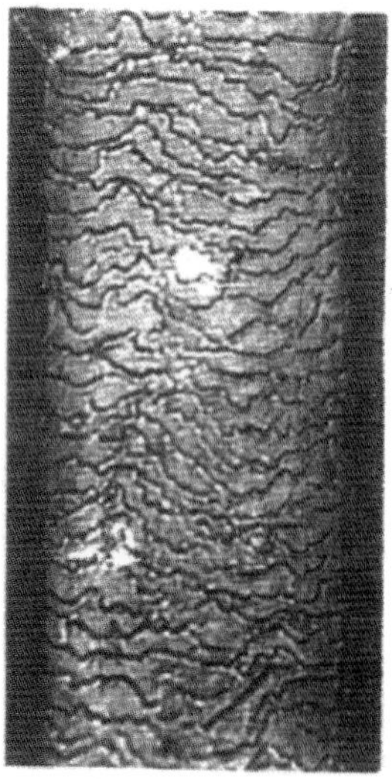

图 11-23 人毛发小皮纹